국경 없는 경영

초국적 솔루션

저자 Christopher A. Bartlett
Sumantra Ghoshal
역자 이재은 박정민

Managing Across Borders

The Transnational Solution

Harvard Business Review Press

도서출판 청람

저자 서문

우리는 〈국경 없는 경영: 초국적 솔루션*Managing Across Borders : The Transnational Solution*〉의 초판을 출판하게 한 일련의 연구를 끝낸 후, 몇 년이 채 지나지 않아 초판의 원고를 개정하게 되었다. 그것은 정말 색다른 경험이었다. 그 사이에 너무 많은 일들이 일어나 우리는 약간의 두려움을 느끼며 이 책의 개정판을 준비하였다.

우리는 초판에서 사용한 개념과 체계를 검토하고 우리에게 익숙한 몇몇 오래된 기업들과 다시 연락을 하는 과정에서 다양한 감정들을 경험하였다. 그러한 감정들 중 하나는 우리가 이 책을 연구하고 집필하면서 가졌던 놀라운 경험에 향수를 느꼈다는 것이었고, 또 다른 한 가지는 초판에서 발견된 어색한 표현이나 부적절한 예측에 대해서 당혹스러움을 느꼈다는 것이다. 하지만 그중에서도 우리가 느꼈던 압도적인 감정은 다름 아닌 이 책에 대한 만족감과 자부심이었다. 부끄럽게도 우리의 원고는 수많은 오류와 명백한 약점을 지니고 있었기 때문에, 이러한 만족감과 자부심은 자기만족에서 비롯된 만족감이라기보다는 우리가 제대로 된 시점에 원고작업을 할 수 있었던 것이 얼마나 행운이었는지를 인지하게 된 것에서 비롯된 만족감이었다. 9개의 핵심기업들에 종사하는 236명 경영자들의 관대한 협력을 통해, 우리는 새로운 초국적 경영 모델an emerging transnational management model을 살펴볼 수 있었다. 이 모델은 초판의 출간에 뒤이어 수년 동안 입증된 탄탄하고 영향력이 있는 통합된 네트워크 조직형태an integrated network organization form에 의해 뒷받침되는 모델이다.

21세기 말의 국제경영환경을 살펴보면, 우리가 초국적 모델transnational model이라고 묘사한 일종의 다차원적인 전략적 역량들과 유연한 조직적 역량들을 개발하는 많은 기업들을 볼 수 있다. 이것은 우리에게 커다란 만족감을 준다. 오늘날의 환경하에서 초국적 모델은 더 이상 단순한 이상적 모델이 아니며, 전 세계의 기업들이 일상적인 방식으로 구축하고 관리하는 기업형태가 되었다. 우리는 많은 지식과 풍부한 경험을 지닌 경영자들로부터 배울 수 있는 기회를 갖게 된 우리 자신이 엄청난 특권을 누리고 있다고 생각한다. 이 책을 연구하고 집필하는 끝이 없어 보이는 과정 내내, 우리가 수집한 방대한 양의 데이터를 이해할 수 없어 실망할 때마다 우리는 그저 우리의 작업이 쉬운 작업이라는 점을 스스로에게 상기시켰다. 업계의 선두 기업들과 자신들의 견해를 기꺼이 공유하려는 관대한 경영자들을 만나면서, 우리는 한 걸음 뒤로 물러서서 우리가 연구하는 매우 다양한 조직들에서 패턴과 트렌드를 발견할 수 있는 호사를 누렸다.

우리의 단순한 목표는 경영자들이 씨름하고 있는 크고 복잡한 세상을 미묘함이나 복잡함을 파괴하지 않고 새롭게 부상하는 전략적 이니셔티브와 조직형태의 본질을 포착할 수 있는 좀 더 단순한 개념과 체계로 바꾸는 것이었다. 사실 우리는 이 경험이 매우 신나는 경험이라는 것을 알게 되었다. 〈국경 없는 경영: 초국적 솔루션*Managing Across Borders : The Transnational Solution*〉의 초판을 출판한 후 몇 개월이 지나지 않은 시점에 우리는 이미 후속 프로젝트의 기획에 참여하였다. 그 프로젝트를 통해 우리는 이 책의 개정에 필요한 자료들을 획득할 수 있었다.

비록 이 책에 대한 우리의 연구가 글로벌화의 압력이 전 세계의 기업들에게 새로운 전략적 그리고 조직적 요구를 만들어내는 방식에 주된 초점을 맞추고 있었지만, 우리의 연구가 마무리될 무렵 우리가 훨씬 더 엄청난 변혁의 단지 한 부분만을 조사하고 있다는 것을 절실하게 깨달을 수 있었다. 글로벌화는 거의 지난 한 세기 동안(정확히 말하자면 지난 75년 이상

동안) 보지 못했던 방식으로 기업의 모델을 동시에 재구성하는 몇 가지 중요하고 긴급한 변화의 요인들 중 하나일 뿐이었다. 그리고 20세기가 끝나 갈 무렵에는 규제완화와 민영화의 바람이 전 세계를 휩쓸었다. 그동안 정보화시대와 지식혁명은 전체 산업의 전략적 특성들을 재구성하고 경제의 서비스부문 성장에 새로운 추진력을 제공하였다. 동시에 인수합병의 물결과 기업 간 제휴 및 파트너십의 급증은 규모 및 범위의 경제scale and scope economies 실현의 필요성을 확인시켜 주었고, 기업들은 더 유연한 네트워크조직에서 관리능력을 개발하도록 강요받았다. 그리고 사회적 · 정치적 · 경제적 혁명은 처음으로 전 세계 모든 지역의 문호를 개방했고, 정치적 블록과 경제적 제휴를 형성해 기업의 운영환경을 급격하게 변화시켰다.

이처럼 빠르고 더 경쟁적이며 지식집약적인 서비스 기반의 세상에서, 현대의 기업은 다각화전략의 탄생이 부문화된 조직구조와 이에 동반된 전문적 경영 모델의 창조로 이어졌던 1920년대 이래로 이전과는 다른 변화를 경험해야 했다. 리스트럭처링과 리엔지니어링에서부터 권한부여와 조직학습에 이르기까지, 지난 수십 년간 집중적으로 쏟아져 나온 관리체계와 이니셔티브는 우리가 '개별화된 기업individualized corporation'이라고 표현한 새로운 기업 모델로 전환하는 기업들의 단순한 징후였다(보다 자세한 연구결과는 1997년에 HarperBusiness에서 출판한 저자들의 저서 〈개별화기업*The Individualized Corporation*〉을 참고하기 바란다).

〈국경 없는 경영*Managing Across Borders*〉의 연구를 수행하며 얻은 이 새로운 연구결과가 우리의 이전 연구를 확장시키고 빛나게 하는 것은 놀랄 만한 일이 아니다. 최근의 연구를 통해 얻은 뒤늦은 깨달음과 풍부한 연구결과들을 반영하여, 우리는 이 책의 개정판을 출판하기로 하였다. 이로 인해 개정판의 제4부가 추가될 수 있었다. 제4부 '초국적으로의 전환Transformation to the Transnational'에서 우리의 초기 작업에서 묘사한 개념들을 몇몇 기업들이 어떻게 구현했는지를 기록하기 위해 초판의 출판 이래로 얻은 관점들을 사용했다. 결과적으로 우리가 원래 추적했던 9개의 기업들을 조사하는 동안, 우리는 또한 1990년대에 그들의 조직에 초국적 모델을 구축하고 도입한 몇몇 기업들의 추가적인 사례를 소개할 수 있게 되었다.

제4부에서 소개하고 있는 두 개의 새로운 장들은 '개별화된 기업individualized corporation' 프로젝트를 연구하면서 얻은 몇 가지 새로운 통찰력들을 반영하고 있다. 제11장에서는 기업들이 새로운 전략적 과제strategic imperatives를 실행하기 위해 점진적으로 새롭고 복잡한 조직형태를 구축하고 있지만, 이에 반해 많은 경영자들은 그들의 새로운 다차원 역할을 이해하고 유연한 네트워크방식으로 상호작용하는 데 어려움을 겪고 있음을 보여주고 있다. 문제는 어느 경영자가 다음과 같이 어려움을 피력한 문장에서 찾아볼 수 있다. "우리는 1세대 경영자들에 의해 운영되는 2세대 조직을 통해 3세대 전략을 구현하려고 노력했습니다." 이러한 어려움을 해결하기 위해 이 장에서는 초국적기업에서 요구되는 '3세대' 경영자들의 역할과 임무에 초점을 맞추고 있다. 또 제11장에서는 이러한 새로운 네트워크조직이 다양한 관점과 역량을 보유한 개인들의 통합과 효과성에 어떻게 의존하는지를 강조한다. 간단히 말해서 다국적기업은 조직에서 필요로 하는 다차원적이고 유연한 역량을 생산하며, 중간 역할과 관계성을 지닌 사업부, 지역 및 국가 경영자들을 개발할 때까지는 효과적으로 운영될 수 없다.

제12장에서는 초기의 연구가 완료되었던 1980년대 후반에서는 아직 볼 수 없었던 초국가적 조직개발을 향한 변천과정을 기록하였다. General Electric의 회장인 잭 웰치Jack Welch의 변화를 관찰함으로써 처음 얻어진 우리의 통찰력을 바탕으로, 역사가 깊은 국제적 조직인 스웨덴의 Asea와 전형적인 다국적기업인 스위스의 Brown Boveri의 합병을 통해 퍼시 바

르네빅Percy Barnevik이 명백하게 ABB라는 초국가적 기업을 창설하는 일을 떠맡았을 때, 우리는 아주 가까이서 이를 지켜볼 수 있는 영광을 누렸다. 오늘날 ABB는 정말로 퍼시 바르네빅이 만들어 낸 기업임에 이견이 없으며, 이 기업은 "크지만 작고, 글로벌화된 기업이지만 또한 현지화된 기업이며, 분권화된 의사결정구조를 지니고 있지만 중앙집권화된 의사결정구조를 지닌" 기업이다. 우리의 견해로 볼 때 ABB는 초국적기업의 가장 좋은 예시이다. 제12장에서는 (우리가 13장에서 묘사한 조직 해부학과 생리학의 관점에서) 조직의 구조적 그리고 과정적 변화를 강조할 뿐만 아니라, 가장 중요하게도 (우리의 용어로 조직사회학이라 부를 수 있는) 행동적 규범과 문화적 가치의 변화에 근거해 퍼시 바르네빅과 다른 사람들이 초국적조직을 만들기 위해 걸어간 발자취를 기술하고 있다.

마지막으로 이 개정판의 마지막 부분에 일부의 노트와 프레임워크를 포함했다. 이러한 노트와 프레임워크는 우리가 이 책에서 설명하고 있는 능력들을 구축하기 위해 노력하고 있는 기업들과의 후속 연구들을 통해 개발해 온 것이다. 우리가 세계적인 기업들의 경영자들과 협업을 했을 때, 그들은 우리가 설명한 개념과 모델을 활용해서 조직 내에서 구체적이고 실질적으로 사용할 수 있게 하는 것에 관심을 보였다. 부록으로 포함된 '응용 핸드북'은 그러한 상호작용의 산물이다.

이러한 부록을 추가하는 우리의 광범위한 목표는 경영자들이 이 책의 각 장에 제시된 개념들을 생각하게 하고 특정한 사업 상황에 적용할 수 있는 몇몇 질문과 연습문제들을 만듦으로써 경영자들에게 실질적인 도움을 주려는 것이다. 다양한 기업들과의 경험을 통해, 우리는 그러한 활동을 수행하는 것이 여러 측면에서 이익이 된다는 것을 발견했다. 첫 번째로 그러한 연습은 경영자들에게 예제들이 제시하는 비슷한 세계관과 언어체계를 제공할 수 있다. 더욱이 그러한 질문과 연습문제들은 경영자들에게 그들의 사업을 분석하고 그 핵심적 특성들을 서로 의사소통할 수 있는 프레임워크를 제공할 수 있다. 그리고 마지막으로 그러한 연습은 필요한 조치에 대한 합의를 끌어낼 수 있으며, 심지어 실행을 위한 프레임워크도 만들 수 있다. 우리는 새로운 부록이 아이디어를 뛰어넘어 실행으로 발전시키기를 원하는 기업들의 경영자들을 위해 실용적인 일련의 툴을 제공할 수 있기를 희망한다.

이 책 〈국경 없는 경영*Managing Across Borders*〉의 출판은 우리 두 저자의 직업 생활에서 가장 만족스러운 사건들 중 하나였다. 연구 프로젝트를 수행하면서 느낀 흥분과 우리의 연구결과가 인쇄되는 것을 보는 만족감뿐만 아니라 Harvard Business School 출판부의 엄청난 도움과 지지를 받는 축복 또한 받을 수 있었다. 초판에 적었던 감사의 글에서 우리는 초판의 출판에 특별히 도움을 주었던 편집자들과 직원들을 언급하긴 했지만, 출판사와의 관계는 시간이 지나면서 더욱 깊어져만 갔다. 최고의 전문성을 갖춘 직원들의 변함없는 지지와 좋은 우정은 우리 두 저자 모두에게 큰 의미로 다가왔다.

특히 우리는 출판사에서 뛰어난 능력을 지닌 디렉터 Carol Franco와 이 개정판의 배후에서 추진력을 발휘한 시니어 에디터 편집인 Kirsten Sandberg의 노력을 인정하지 않을 수 없다. 이 두 사람과 HBS 출판사의 모든 직원들이 보여준 지속적인 지원과 우정에 깊은 감사의 인사를 전한다.

Christopher A. Bartlett and Sumantra Ghoshal

차례

PART 01 초국적 도전

PART 02 초국적기업의 특징들

CHAPTER 05 | 경쟁력 구축: 통합된 네트워크

CHAPTER 06 | 유연성개발: 전문화된 역할과 책임

CHAPTER 07 | 학습 촉진: 다수의 혁신 프로세스

PART 03 초국적조직의 구축 및 관리

CHAPTER 08 | 다양성의 정당화: 다양한 관점들에서 균형 잡기

CHAPTER 09 | 복잡성의 관리: 유연한 조정방식의 개발

CHAPTER 10 | 헌신의 구축: 경영자의 사고방식에 매트릭스 세우기

PART 04 초국적으로의 전환

CHAPTER 11 | 초국적 경영자들의 개발: 새로운 역할과 과제

CHAPTER 12 | 변혁 프로세스관리: 합리화, 활성화, 재생

CHAPTER 13 | 초국적 솔루션

PART

01

초국적 도전

CHAPTER 01 조직적 역량: 다가올 전쟁터

CHAPTER 02 새로운 조직적 도전: 구조적 적합성을 넘어서

CHAPTER 03 관리적 유산: 조직적 자산과 제약

CHAPTER 04 새롭게 부상하는 조직 모델: 초국적기업

Managing Across Borders

CHAPTER 01 조직적 역량: 다가올 전쟁터

오늘날 세계 최대의 기업들은 끊임없는 변화의 물결에 휩싸여 있다. 글로벌 차원에서 새로운 압력들이 경쟁의 게임을 변화시키고 있으며 이로 인해 이들 거대 기업들은 자신들의 전통적인 범세계적 전략의 접근법을 재고하지 않을 수 없게 되었다.[01] 그에 따라 새로운 전략들은 결국 전 세계적인 운영관리를 위해 사용된 조직구조와 프로세스의 적절성에 대하여 의문을 제기하게 되었다.

특정 산업 내에서조차 세계적 기업들은 그들이 처한 환경적 변화에 대하여 매우 상이한 전략과 조직적 대응책을 개발했다. 비록 몇몇 기업들은 이러한 환경적 혼란environmental turmoil을 자신들의 이점으로 활용함으로써 번창해 온 반면, 상당수의 많은 기업들은 복잡하고 때로는 모순적인 요구사항들에 적응하는 데 힘쓰며, 겨우 명맥만을 유지해 오고 있다. 일부 탄탄한 입지를 굳히고 있는 굴지의 거대 세계기업들조차도 큰 손실을 입거나 심지어는 사업을 포기하는 상황으로 내몰리기도 했다.

우리는 세계적 기업들의 다양한 경험에서 비롯된 몇몇 자극적인 질문들을 집중적으로 탐구했다.

- 단지 20년이라는 기간 동안에 마쓰시타Matsushita는 어떻게 중간 규모의 일본 내수시장 전자제품 제조업체에서 200억 달러 규모의 세계적 기업으로, 그것도 모두가 인정하는 가전산업의 선두주자로 성장할

수 있었을까? 마쓰시타가 추월한 기업들 중 하나인 필립스Philips는 왜 가전산업의 변화에 적응하는 데 그리 힘들어 했을까? 제너럴 일렉트릭General Electric이 궁극적으로 자신들의 가전사업부문을 매각하도록 강요받는 상황에서도, 어떻게 마쓰시타는 여전히 살아남을 수 있었을까?

- 비누나 세제와 같이 브랜드 포장제품branded packaged products산업에서, 유니레버Unilever는 어떻게 반세기가 넘는 기간 동안 전 세계적으로 지배적인 지위를 고수할 수 있었을까? 프록터앤드갬블P&G : Procter & Gamble은 전후戰後 시기에 어떻게 해외시장에서 주요한 추진력을 발휘할 수 있었을까? 그리고 이 산업에서 지배적인 일본계 경쟁기업인 카오Kao는 엄청난 기술적 역량, 고효율적인 공장 그리고 입증된 마케팅능력이 있음에도 불구하고 왜 자신들의 국제화 추진력이 동아시아의 개발도상국들에서 정체되어 있는 것일까?
- 스웨덴의 에릭슨Ericsson은 역동적인 통신교환산업에서 어떻게 리더로서의 지위를 향상시킬 수 있었을까? 통신교환산업과 같이 매우 경쟁적인 글로벌산업에서 NEC가 이익을 창출하는 이면에는 어떤 비밀이 숨겨져 있는 것일까? 모든 통신기업들 중에서 가장 국제화되었으며, 규모면에서 AT&T에 이어 두 번째로 큰 회사인 ITT는 미국 통신교환시장으로의 진입계획을 포기하고, 거대한 유럽의 통신사업부문을 매각할 수밖에 없었다. 그 이유는 무엇이었을까?

이러한 기업들 중 일부가 해외사업운영에서 직면했던 실망과 실패의 주된 원인은 부적절한 전략적 분석 때문이 아니라 그들이 지닌 조직적 결함 때문이었다. 5년간에 걸친 연구를 통하여 세계적 기업들의 경영자들 중 대부분이 자신들의 글로벌 경쟁력을 강화시키기 위해서 어떤 일을 해야 하는지를 인지하고 있었다는 사실에 우리는 지속적인 감명을 받았다.

하지만 문제는 그러한 일을 수행하기 위해 조직적 역량을 어떻게 개발하느냐에 있었다.

느림보Laggards와 패자

변화된 사업환경에 효과적으로 대응할 수 있는 조직을 갖추고 1980년대에 진입한 세계적 기업은 매우 드물었다. 연구를 진행하는 동안 우리는 전통적인 산업 특성이 붕괴되고 재구성되는 것을 목격하였으며, 기업들은 한때 효율적인 조직구조와 관계들을 수정할 수밖에 없었다. 그러나 일부 기업들은 그러한 새로운 압력들에 대처하기가 특히나 매우 어렵다는 사실을 깨닫게 되었다. GE, 카오Kao 및 ITT가 직면했던 문제점들은 현재 세계적 기업이 마주하고 있는 새로운 도전과제를 단적으로 보여주고 있다.

경쟁력의 상실: GE의 사례

토머스 에디슨Thomas Edison의 혁신적인 천재성을 물려받은 세계에서 가장 존경받는 기업들 중 하나인 제너럴 일렉트릭General Electric의 경우 글로벌 가전산업에서 선두주자로서의 역할은 한때 GE가 소중하게 간직해 온 꿈이었고 터무니없지 않은 합리적인 기대였다. GE는 이 분야에서 가장 진보된 기술적 역량을 보유하고 있었으며, 가전산업에서 GE의 지배력은 GE가 연관산업에서 유사한 선도적 지위를 구축하는 토대를 제공했다. 하지만 수십 년간의 투자와 노력 끝에 GE는 일본기업의 도전에 패배를 인정하고, 해당 사업에서 철수하였다.

GE의 국제화 철학은 성공적인 미국의 기술과 제품을 국제화하기 위해, 모회사(미국에 위치한 GE 본사)가 지닌 방대한 기술 및 경영자원을 활용할 수 있는 작은 GE(해외자회사)를 각 국가에 구축하는 것이었다. 얼마의 기간 동안 이러한 전략은 GE의 가전사업부문에 실질적인 도움이 되었으며 이를 바탕으로 GE는 1960년대 후반까지 다소 분산되긴 했지만, 많은 국가의 시장, 특히 캐나다와 중남미시장에서 강력한 입지를 구축할 수 있었다.

1970년대 초반까지 라디오와 텔레비전분야에서 일본기업들의 도전이 격렬해지자, GE는 자신들의 글로벌 경쟁력을 향상시키기 위해서는 세계 여러 지역에 분산되어 있는 자신들의 해외사업체들을 보다 강력하게 통합할 필요가 있다는 사실을 깨닫게 되었다. 그러나 해외자회사들을 지배적인 국내사업운영의 부속물로 간주하는 조직적 사고방식organizational mentality은 GE가 이러한 전략적 과제의 긴급성을 제대로 인식하지 못하게 가로막았다. 1970년대 후반, 일본기업들의 위협은 결국 GE가 보다 강력한 조치를 취하게 하는 계기가 되었다.

GE의 '세계 아이언 프로젝트World Iron Project'는 글로벌 통합을 위한 시범 프로그램pilot program으로 고안되었다. 이 프로젝트는 GE가 제품혁신product innovations과 공정혁신process innovations을 통해 효율성을 달성할 수 있다는 것을 보여주었다. 실제로 GE는 이 프로젝트를 통해 표준 철standard iron제품을 재설계하여 불필요한 40% 정도의 부속품을 제거하고, 공정 변화를 통해 직접적인 노동시간을 25% 정도 단축할 수 있었다. 또한 이 프로젝트를 통해 GE는 싱가포르, 멕시코, 브라질에 세계적 규모의 공장을 구축할 수 있었고 이는 GE의 조달sourcing 패턴을 크게 변화시켰으며, 결국 이를 통해 GE는 효율성을 달성할 수 있었다. 그러나 GE의 이러한 조치는 경쟁자들에 비해 너무 약소했고 한발 늦은 조치였다. 일본의 경쟁기업들은 이미 추월할 수 없을 정도로 GE를 앞서갔고, 많은 소비자 제품분야에서 GE의 경쟁적 지위는 손쓸 수 없을 만큼 잠식되어 가고 있었다. 이로 인해 여러 국가에 위치했던 GE의 가전사업부문은 미국 국내시장으로 철수했고, 1987년에는 결국 프랑스기업인 톰슨Thomson에 매각되었다.

글로벌 통합Global Integration의 압력: 효율성Efficiency의 필요

GE의 실패는 광범위한 산업부문에서 미국과 유럽기업들을 괴롭혀 왔던 문제점 하나를 단적으로 보여주고 있다. 바로 글로벌 효율성global efficiency의 결핍이다. 테오도르 레빗Theodore Levitt은 통일된 하나의 세계시장을 창출하기 위해 지난 20년간 기술적 · 사회적 · 경제적 발전이 통합되어 왔으며, 기업들은 이러한 세계시장에서 경쟁력을 유지하기 위해 글로벌 차원에서 규모의 경제global-scale economies를 추구해야 한다고 보았다.[02] 레빗의 주장이 다소 극단적이고 일방적이긴 하지만, 그는 최근 전 세계시장들을 재편성한 변화의 힘에 대한 통찰력 있는 분석결과를 제시하고 있다.

일부 산업부문에서 주요한 기술적 혁신technological innovation은 산업경제의 근본적 재편을 이끌었고, 기업들은 글로벌 차원에서 자신들의 제품을 개발하고 제조할 수 있게 되었다. 이로 인해 기업들은 전 세계적으로 소비자 선호도와 니즈가 수렴되는 이점을 활용할 수 있었다.[03] 전형적인 예로는 트랜지스터와 집적회로가 라디오, 텔레비전, 테이프레코더 같은 제품의 디자인과 생산에 미친 영향을 들 수 있다. 이와 유사하게 쿼츠기술quartz technology의 도입은 시계 제조업을 규모 집약적인 글로벌산업scale-intensive global industry으로 만들었다.

심지어는 그러한 변화의 강력한 외부적 압력이 결여된 산업에서도, 경영자들은 글로벌 차원에서 규모의 경제를 달성할 수 있는 방법을 찾기 시작했다. 그들은 생산라인을 합리화하고 부품 디자인을 표준화했으며, 제조방식을 전문화했다.[04] 이러한 내부적 구조조정internal restructuring은 자동차, 사무용품, 산업용 베어링, 건설장비, 기계공구 등과 같은 다양한 산업분야에서 또 다시 (제2차) 글로벌화의 물결을 촉발했다.

보다 최근에는 전통적으로 내수시장에서만 사업을 영위해 오던 일부의 기업들조차도 국경을 넘어 글로벌시장에서 규모의 경제를 실현하기 위한 기회를 탐색하기 시작했다. 소비자 취향과 시장구조의 측면에서 발생되는 국가 간 차이에 대해 전통적으로 잘 대응해 온 브랜드 포장제품branded packaged products산업을 보유해 온 유럽에서도 이제 기업들은 그들의 공장을 리스트럭처링하고 전문화함으로써 (비록 그것이 제품의 규격을 표준화하고, 포장의 크기를 합리화하고 다국어 라벨을 인쇄하는 것에 불과하더라도) 상당한 규모의 경제를 실현하고 있다.[05]

이 기간에 기업들이 세계적으로 분산된 사업의 운영을 통합한 것은 꼭 경제적 측면의 요인만은 아니었다. 한때 한 국가의 시장과 다른 국가의 시장에서 확연하게 차이가 났던 소비자 취향과 선호도가 점차 동질화되기 시작했다. 다시 말해 이러한 영향은 전 세계적으로 제품의 표준화가 비교적 쉬운 사업부문(예컨대, 시계, 계산기, 카메라 등)으로부터 소비자의 선호도와 습관만이 매우 서서히 동질적으로 수렴되는 다른 사업부문으로 퍼져 나갔다. 다시 말하지만 주요한 외부적 불연속성external discontinuities이 그러한 변화를 더욱 촉진시켰다. 예를 들면, 1970년대의 오일쇼크는 더욱 작은 소형의 그리고 보다 연료 효율적인 자동차에 대한 전 세계적인 수요를 촉발시켰다. 일부 시장에서 기업들은 소비자 선호도의 변화에 영향을 미치는 역할을 하기도 했다. 오랜 기간 동안 모든 소비자행동 중에서 음식에 대한 취향과 식습관이 가장 많은 문화적 구속력이 있는 것으로 여겨져 왔다. 그러나 켈로그Kellogg, 맥도날드McDonald's, 코카콜라Coca-Cola 등과 같은 기업들이 입증한 바와 같이, 동양과 서양의 국가들에서도 동일하게 이러한 문화적으로 연계된 선호도culturally linked preferences조차도 바뀔 수 있다.[06]

따라서 기업들이 그들의 사업을 세계적으로 통합하게 하는 힘은 외부의 구조적 변화 혹은 불연속성에 의해 세계적 전략이 영향을 받는 산업에서 다른 산업, 예컨대 경영자들이 글로벌 경제에서 기회를 창출해야 하는 산업으로 확산되었다. 글로벌화에 대한 또 다른 힘은 간혹 '글로벌 체스global chess'라고 불리는 경쟁전략competitive strategy이었다. 이 게임은 통합적인 글로벌전략에 의해 유도되는 상호의존적 단위로서 전 세계적으로 사업을 운영하는 기업들만이 수행할 수 있었다.[07] 전통적인 다국적 접근방식traditional multinational approach은 각각의 국가시장이 독특하고 다른 국가의 시장과는 서로 독립적이라고 가정하는 반면, 이 전략은 재무적인 상호의존성financial interdependence의 효과를 강조했다. 소비자의 취향이나 제조상 규모의 경제와 상관없이, 전 세계적으로 사업을 운영하는 기업은 한 시장에서 벌어들인 자금을 다른 시장에서 자신의 입지를 구축하는 데 사용할 수 있었기 때문에 유리했다.[08]

산업부문마다 현지자회사를 독립적인 이익창출센터independent profit centers로 운영하는 기업들은 글로벌 체스 게임을 하는 경쟁기업들에 비해 불리함을 스스로 깨닫게 되었다. 이러한 이유로 자신들의 사업을 세계적으로 경영할 경제적·기술적 혹은 시장 측면의 이유를 발견하지 못한 기업들도 갑자기 경쟁전략의 이유를 들어 글로벌경영을 수행해야 했다.

따라서 다양한 이유와 끊임없이 증가하는 산업들에서, 기업들은 효율성의 이점을 포착하기 위해 이전보다 더 전 세계적으로 통합된 방식으로 떠밀리듯 사업을 경영할 수밖에 없었다. GE의 가전사업부문 같은 일부의 기업들은 결국 그러한 도전으로 압도당하고 말았다. 반면, 마쓰시타와 같은 다른 기업들은 이러한 새로운 요구에 대응할 수 있는 조직구축능력에서 경쟁우위의 주요한 원천을 발견했다.

지지부진한 국제화: 카오Kao의 사례

카오Kao는 비누, 세제, 개인생활용품을 생산하는 일본의 선도적 기업으로, 프록터앤드갬블P&G과 유니레버Unilever가 잠재적인 글로벌 경쟁자로 인정하는 동시에 두려워하는 기업이다. 이 기업은 강력한 일본기업들의 모든 핵심요소를 다 구비하고 있다. 즉 고효율의 중앙집중화된 생산체계, 거대한 내수시장에서 구축한 강력한 지위, 광범위한 해외 라이선싱licensing 프로그램을 통하여 점진적으로 확장해 온 정밀한 공정기술 등이 바로 그것이다. '뛰어난excellent' 10대 일본기업 중 하나로 호평을 받는 카오는 다른 국내 경쟁기업들을 희생물로 삼았을 뿐만 아니라, P&G와 같은 외국 경쟁기업의 도전을 물리침으로써 일본 내에서 자신의 입지를 지속적으로 강화해 왔다. 예컨대 P&G는 일본시장에서 1회용 기저귀를 처음으로 소개했고, 80%라는 압도적인 시장점유율을 확보했다. 하지만 이 제품 범주에 뒤늦게 참여한 후발주자였던 카오는 대대적인 혁신적 공세와 고품질 생산을 통해 30%가 넘는 시장점유율을 빼앗아 갔다. 카오의 이러한 노력과 더불어 다른 일본 내 두 기업의 1회용 기저귀 출시는 결국 P&G의 시장점유율을 한 자리 숫자인 8%로 추락시키고 말았다.

카오는 다른 많은 일본기업들과 마찬가지로 글로벌화에 전략적 몰입strategic commitment을 보여 왔다. 먼저 카오는 인도네시아, 말레이시아, 싱가포르, 필리핀, 태국, 홍콩 등과 같은 동아시아 나라들에서 해외사업을 구축했다. 제조규모 및 생산기술개발을 위한 이러한 동아시아의 기반을 활용하여, 카오는 선진시장인 미국과 유럽으로 진출을 시도했다. 그러나 수십 년에 걸친 상당한 투자와 상대적으로 낮은 원가에 고품질의 첨단기술제품을 공급한다는 평판에도 불구하고, 1980년대 후반까지 카오는 여전히 눈에 띄는 세계적 기업이 되지 못했다.

역사적으로 카오는 해외자회사들을 주로 본사의 표준화된 제품 및 서비스를 해외로 전달하기 위한 단순한 유통수단으로 간주했다. 그 결과 해외자회사의 전체 시스템은 강력한 본사의 기능적 역량에 의존했다. 이러한 조직형태는 흔히 시장개발 및 제품기술이 일본보다 뒤처지는 주변의 소규모 아시아시장에서는 잘 운용되었지만, 카오가 유럽과 북미의 대규모 선진시장에 접근하려 하자 그러한 조직형태는 카오에게 주요한 장애물이 되었다.

이러한 서구 선진시장에서 카오는 매우 상이한 소비자 특성, 습관, 기대 등을 발견했다. 예를 들면, 일본인들을 위해 개발된 샴푸, 탈취제, 목욕비누는 서구 소비자들의 요구조건에 항상 부합하지는 못했다. 일본의 매우 상이한 세탁 관례에 맞게 개발한 세제도 서양의 소비자들에게는 맞지 않았다. 일부 아시아시장에서 상당한 진보를 보인 제품기술들도 때때로 유럽과 미국에서는 평범하거나 부적절한 기술들이었다. 게다가 유통채널, 광고매체 그리고 기타 마케팅 인프라의 측면에서, 이들 서구시장들은 카오가 활동했던 아시아시장들에 비해 매우 정교하고 또 상당히 상이했다.

카오의 본질적인 문제는 부적절한 제품이나 마케팅전략이 아니라 시장간의 차이를 이해하고 적절하게 대응하는 능력이 부족한 것이었다. 1970년대에 카오는 스페인과 멕시코에서 공업용 화학기업들을 인수했고, 미국의 콜게이트Colgate 및 유럽의 바이에르스도르프Beyersdorf와 합작투자joint ventures를 했다. 그러나 이러한 조치들도 카오가 필요로 한 현지의 감수성과 시장 이해력 혹은 이러한 이해력을 적절한 제품 · 시장전략으로 전환시킬 수 있는 기업가적 역량을 제공해 주지는 못했다.

현지차별화Local Differentiation의 압력: 대응성Responsiveness의 필요

현지 요구사항에 대한 카오의 국가별 대응성의 결여가 지금까지 글로벌시장에 진출하려는 자신들의 노력들을 좌절시켰다는 사실은 "세계 소비자들의 니즈와 욕구가 돌이킬 수 없을 정도로 동질화되었으며, 선호도의 보편성commonality은 필연적으로 제품과 생산 그리고 무역 및 통상제도의 표준화로 이어진다"는 레빗Levitt의 주장이 가지는 한계를 보여준다.[09] 이는 실제로 많은 산업에서 장기적인 트렌드가 될 수도 있다. 반면 궁극적으로는 아마도 레빗이 지칭하는 '지구촌global village'을 지향하며 국제경제가 요동침에 따라 기업들이 향후 10년 또는 20년, 30년에 걸쳐 성공적으로 운영되려면 반드시 고려되어야 할 중요한 중단기의 장애물 및 반대의 경향countertrends도 존재한다.

카오가 경험했던 그러한 장벽 및 반대의 경향들은 세계적 기업들의 경영자들로 하여금 각 국가별 차이점과 그들이 사업을 운영하고 있는 현지국에서 현지의 이해관계에 보다 민감해지도록 만들었다.[10] 1970년대 후반까지 현지화의 영향력은 점점 더 시급하게 느껴지고 있었는데, 특히 많은 일본기업들이 그러했다. 실제로 세계화의 전략적 함의strategic implications가 서구 경영진의 사고를 지배하고 있었다면, 일본의 최고경영진들은 그와 반대로 현지화에 몰두해 있었다.

글로벌화의 전형적인 장애물은 항상 각 국가별 시장구조와 소비자 선호도의 차이에 그 뿌리를 두고 있었다. 명백하게도 레빗의 주장처럼 국제 교류 및 소통이 그러한 차이점들을 줄이긴 했지만, 여전히 전 세계에 걸쳐 소비자의 취향, 습관, 선호도는 동질성과는 거리가 있다.

많은 기업들이 전 세계에 걸쳐 판매될 수 있는 제품을 개발함으로써 소비자 취향 및 선호도의 수렴을 활용하고 또 가속화시키고 있다. 그러나 이러한 표준화된 제품에 대한 트렌드조차도 이면flip side을 가지고 있다. 많은 산업부문에서 규모가 크며 성장하고 있는 소비자집단은 획일화된 제품 디자인과 성능을 거부하고, 전통적인 선호도가 반영된 제품을 분명히 원함으로써, 경쟁기업들이 지역적으로 차별화된 제품과 서비스에 대한 이러한 니즈를 충족시킬 수 있도록 (종종 매우 수익성이 있는 제품에 대하여) 문호를 개방하고 있다.

다른 소비자 및 시장의 트렌드들도 글로벌 표준화의 힘을 상쇄시키고 있다. 통신시장으로부터 사무용 비품, 가전제품시장에 이르기까지, 소비자들은 개별 제품을 구매하기보다는 시스템을 선택하고 있다.[11] 타자기type-writer는 통합된 사무실시스템과 연계된다. 그리고 텔레비전 세트는 비디오카세트레코더, 하이파이시스템, 가정용 컴퓨터, 그리고 아마도 온라인 데이터 뱅크 및 정보 네트워크 등과 연결된 홈 엔터테인먼트와 정보시스템의 통합적인 한 부분이 되고 있다. 이러한 변화는 기업들로 하여금 자신들의 표준화된 하드웨어 위주의 제품들을 하드웨어, 소프트웨어, 서비스로 구성된 보다 유연하고 지역적으로 차별화된 시스템에 적응하도록 강요하고 있다. 이러한 환경에서 가장 규모효율적most scale-efficient인 글로벌 사업운영에 초점을 맞춘 기업들은 현지의 요구사항을 충족하는 소프트웨어와 서비스를 개발하는 기업에 비해 불리함을 지닐 수도 있다.

규모의 경제가 지닌 힘은 글로벌화의 중요한 장애물이 될 수 있다. 규모의 경제가 지닌 이점은 중앙 핵심지역(생산지역)으로부터 시장에 공급하는 추가적인 비용에 의해 상쇄되며, 그러한 비용은 운송비를 훨씬 상회한다. 특히 세계적 규모의 공장을 통해 전 세계의 수요를 조정하는 관리비용은 상당히 클 수도 있다. 또한 일부 제품의 경우 리드타임lead time이 너무 짧거나 시장서비스의 요건이 너무 높아서 다른 비용이 규모의 경제보다 더 중요할 수도 있다.

더욱 주목할 만한 것은 최근의 컴퓨터 지원 설계computer-aided design와 제조, 로봇공학 그리고 다른 첨단생산기술의 발전이 유연생산flexible manufacturing의 개념을 현실화시켰다는 것이다. 그로 인해 이전에는 최소효율규모minimum efficient scale를 달성하기 위해 단일 공장에서 수만 혹은 수십만 개의 표준화된 제품을 생산해야 했던 기업들이 이제는 비용 불이익cost penalty이 거의 없는 보다 작은 규모의 각 국가별 공장으로 생산을 분배할 수 있음을 깨닫게 되었다. 이러한 방식으로 그들은 경제적 효율성과 타협하지 않고도, 현지화된 소비자 선호도와 각 국가별 정치적 제약에 대응할 수 있게 되었다.[12]

그러나 현지화를 위한 가장 중요한 세력은 세계적인 생산업체들의 제품들로 자신들의 내수시장이 잠식되는 것을 지켜보는 현지국정부의 반응이었다.[13] 명망 있는 한 국제적 연구자가 결론 내린 바와 같이, 1960년대에는 세계적인 기업들이 주도권을 잡고 현지국의 주권을 궁지sovereignty at bay로 몰았다면 1980년대까지는 그 균형이 다른 방향으로 기울게 되었다.[14] 급속하게 성장하는 세계적 기업들의 힘, 특히 일본기업들의 세력은 늘어나는 수입품의 침투import penetration로 사회적 · 경제적 정책들이 차질을 빚었던 많은 국가정부의 시각에는 일종의 위협으로 비쳐졌다. 그러한 흐름을 저지하기 위해 많은 국가들은 이전에 서명했던 무역협정을 왜곡하거나 회피하기 시작했다. 1980년대 초반까지 전통적으로 자유무역을 가장 강하게 옹호하던 정부들 중 하나인 공화당 주도의 미국정부조차도 일본 수출품에 대한 일련의 질서 있는 오더리 마케팅orderly marketing*협정과 수출 자율규제voluntary restraints에 대한 협상을 시작했고, 다른 한편에서는 전 세계에 걸쳐 의회에서 늘어나는 수입품들에 대한 반대 정서의 고조와 함께 다양한 제약과 제재가 논의되었다.

많은 국가에서 정교해지는 산업정책들이 증가함에 따라 새로운 무역장벽들이 강화되었는데, 이러한 장벽들은 일본에서 수출된 조립용 부품knock-down kits들을 단순히 조립하는 현지공장의 설립과 같은 대응책을 좌절시켰다. 이러한 '단순 조립공장screwdriver plants'**은 단지 현지 미숙련 인력의 제한적 고용만을 창출하며, 결과적으로 현지에서 부가가치를 거의 창출하지 못하고 최소한의 기술이전만을 제공했다. 각 국가의 정부들은 곧이어 외국인 투자규정을 통해 필수적인 현지부품 의무사용수준, 기술이전, 재수출 약속부터 공장의 입지요건에 이르기까지의 다양한 기타 조건들을 규정했다.[15]

그에 따라 다양한 산업의 기업들은 현지시장의 차이점과 현지국의 압력

* 역자주: 장기적이고 안정적인 무역거래를 위해 수출을 질서 있게 하는 마케팅기법을 오더리 마케팅(orderly marketing)이라고 한다.

** 역자주: 단순하게 드라이버로 조립만을 하는 공장을 말한다.

에 보다 민감해지지 않을 수 없게 되었다. 카오가 발견했던 것처럼 현지의 니즈에 제대로 대응하지 못하면 국제적인 확장을 지향하는 노력을 약화시킬 수 있다.

황금알을 낳는 거위Crown Jewel*의 매각: ITT의 사례

1920년에 푸에르토리코 전화회사로 설립된 ITT는 현지국가의 이익과 현지국시장의 니즈에 적응하는 것을 토대로 글로벌 확장전략을 수립했다. 1980년까지 이 회사는 세계에서 두 번째로 큰 통신장비 공급업체가 되었다. ITT의 설립자이자 사장인 소스테네스 벤 대령Colonel Sosthenes Behn의 영향하에 ITT가 보유한 전 세계의 자회사들은 글로벌기업의 일부로서가 아닌 현지사업체로 보이기 위해 갖은 노력을 다했다. 가장 작은 현지국 자회사를 제외한 모든 자회사들은 자신의 제품개발, 생산, 마케팅, 설치, 서비스에 대하여 책임을 지는 완전히 통합된 자급자족단위fully integrated self-sufficient units로 설립되었다. 따라서 자회사들은 1930년대 보호무역주의자들의 압력을 극복할 수 있었을 뿐만 아니라, 제2차 세계대전 중에도 그들의 사업을 지속하여 통신시스템과 서비스를 연합국Allied(미국, 영국, 프랑스, 중국, 소련 등)과 추축국Axis(독일, 이탈리아, 일본 등) 양쪽에 제공했을 정도로, 이들 독립적인 현지사업체들은 강했다.

1950년대 중반 이후 해럴드 제닌Harold Geneen의 리더십하에서 회사의 경영 스타일은 눈에 띄게 변했지만, 각 국가별 자회사들(혹은 '시스템 하우스systems houses')의 역할은 그대로 유지되었다. 제닌은 벤Behn의 비공식적인 경영방식을 시스템과 공식적인 경영통제로 대체했지만, 해외자회사들이 계속 그들의 현지전략을 독립적으로 개발하고 실행하도록 허용했다.

* 역자주: 여러 사업부문 또는 자회사 중에서 자산가치, 수익가치 및 사업전망의 측면에서 가장 매력적인 사업부문이나 자회사를 지칭하여 crown jewel이라고 한다.

이러한 강력하고 독립적이며 기업가적인 각국의 자회사들은 ITT의 모든 주요한 혁신의 원천이 되었다. 그러나 그 결과로 생산된 제품들은 ITT의 전 세계 사업체에 걸쳐 상당히 다양했는데, 이는 ITT의 현지자회사들이 현지국의 기술 수요에 맞춤식 시스템을 고집했기 때문이다. 실례로 ITT의 프랑스 자회사가 매우 성공적인 펜타콘타Pentaconta 전기기계식 스위치의 개발을 주도했지만, 영국, 독일, 이탈리아, 벨기에의 자회사들은 각각 광범위한 현지국의 수정사항들을 반영하여 서로 상이한 버전의 전기기계식 스위치를 개발했다. 메타콘타Metaconta 축적 프로그램 제어방식SPC : Stored Program Controlled 전자 스위치의 스토리도 이와 동일했다.

두 사례 모두에서 ITT는 다양한 제품개발 노력을 통합해 하나의 글로벌 디자인으로 표준화하려 했지만 실패하고 말았다. 시스템 하우스(각 국가의 독립적인 해외자회사)들은 자신들이 자체적으로 제품을 디자인하고 개발할 수 있는 권한을 포기하지 않으려 했을 뿐만 아니라, 다른 자회사들과의 전통적인 경쟁적 라이벌 의식 또한 버리지 않았으며, 그들의 역량을 타 자회사들과 연합하지도 혹은 다른 국가별 단위조직에서 만들어진 개발에 의존하려 하지도 않았다. 이러한 단편화fragmentation는 다소 비경제적인 측면을 유도하기는 했지만, 그 대신 ITT는 현지에서 디자인된 제품을 각각의 현지국정부에 제시할 수 있는 현지자회사들의 능력으로 인해 현지국 정부로부터 정치적 보상을 받을 수 있었다.

1970년대 후반, 두 가지의 동시적 개발사항이 ITT의 전략적 도전과제로 등장했다. 첫째는 디지털 스위칭 기술의 부상으로 새로운 스위치를 개발하고 구축하는 데 수억 달러의 자금이 필요했다. 하지만 어떠한 한 국가의 단위조직(해외자회사)도 그러한 큰 투자를 운용할 수 있는 곳은 없었다. 둘째로 규제완화를 지향하는 트렌드로 많은 국가의 시장들이 글로벌 경쟁기업들에 개방됨에 따라 현지차별화에 대한 보상이 감소되었다. 그 결과 표준화된 글로벌제품의 디자인을 위해 각 국가별 사업체(해외자회사)의 기술적 역량을 통합하는 것이 전략적 과제strategic imperative가 되었다.

ITT의 영국 및 프랑스 자회사들은 상당수의 원천특허를 보유하고 있었고, ITT가 경쟁사에 비해 디지털 신호처리digital signal processing와 관련한 연구를 먼저 시작했음에도 불구하고, ITT는 상당량의 (여러 해외자회사로) 분산된 기술적 자원과 지식을 통합하는 데 실패했다. 대규모 시스템하우스(해외자회사)들은 서로 간에 협조하기를 주저했으며, 공통 표준common standards을 받아들이는 것에 저항했다. ITT가 시스템 12스위치System 12 switch를 개발하는 과정 동안 경영진은 만연되어 있는 노력의 중복duplication of efforts과 상이한 제품사양divergence of specifications을 극복하기 위해 고군분투했다. 하지만 총개발비용은 10억 달러를 초과했다.

1980년대 초의 규제완화 움직임에 대응하여 회사가 시스템 12를 미국시장에 출시하려는 결정을 했을 때 가장 큰 문제가 나타났다. 불운한 시스템 13ill-omened System 13의 생산을 위한 움직임을 눈치챈 본사 기술담당최고책임자chief technological officer의 간곡한 중단 요청에도 불구하고, 진정한 ITT 전통에 따라서 미국 자회사는 자체 제품개발에 대한 권리를 주장하고, 시스템 13을 위한 새롭고 주요한 연구개발 노력을 시작했다. 수년간에 걸친 노력과 수억 달러의 추가 R&D비용을 쏟아부은 후에야 비로소 ITT는 회사의 최첨단기술을 시의적절한 방식으로 이전하고 적용할 수 없었기 때문에, 미국 국내시장에서 철수하고 있음을 인정했다. 이는 결국 ITT가 전 세계 통신산업에 직접적으로 관여했던 산업에서 철수하게 한 실패작이었다.

전 세계적인 혁신Worldwide Innovation의 압력: 학습Learning의 필요

ITT의 실패는 전 세계를 대상으로 한 사업에서 경쟁을 위한 제3의 전략적 요구사항, 즉 전 세계적인 혁신을 국제적으로 개발하고 전파할 필요성을 보여준다. 주요한 글로벌 경쟁기업들이 사업운영규모와 국제적인 시장

지위에서 서로 동등해짐에 따라, 지식을 연계시키고 활용하는 능력이 점차 승자와 패자 그리고 생존자를 구분하는 중요한 요인이 되고 있다.[16]

경쟁적 게임에서 이러한 전환을 이끄는 트렌드는 앞에서 우리가 기술한 글로벌화 및 현지화의 압력으로부터 유래한다. 새로운 기술과 그것을 이용한 제품수명주기의 단축 그리고 이와 더불어 R&D비용의 증가는 기업들이 과중한 투자를 가능한 신속하게 환수하기 위해 전 세계를 대상으로 한 규모의 효율성을 모색하게 만들었다.

동시에 대부분의 최첨단기술들도 전 세계적으로 급속하게 전파되었다. 이는 부분적으로 현지국시장에서 팔리는 첨단제품들을 가급적 현지국에서 생산national production하고 그 첨단제품들에 현지국의 부품local contents들을 더 많이 포함시키려는 현지국정부의 요구에 대응했기 때문이기도 했다. 그러나 제품과 공정개발의 높은 비용은 기업들이 새로운 기술을 자발적으로 이전하도록 부추기기도 했다. 라이선싱licensing은 주요한 자금조달의 원천이 되었고, 교차 라이선싱cross-licensing은 기술격차를 메우는 수단을 제공하며, 공동개발 프로그램과 전략적 제휴strategic alliances는 글로벌 경쟁우위global competitive advantage를 신속하게 구축하기 위한 전략으로 부상하고 있다.[17]

전 세계적인 소비자 선호도의 수렴과 결합하여, 기술 확산은 혁신의 속도와 중심지the pace and the locus of innovation 모두에 상당한 영향을 미쳤다. 미국을 근거지로 한 기업들은 이제는 더 이상 제2차 세계대전 직후부터 수십 년 동안 흔히 그랬던 것처럼, 그들의 국내환경이 가장 수준 높은 소비자와 최첨단의 기술역량을 지님에 따라, 세계에서 가장 혁신적인 환경을 구비하고 있다고 여길 수만은 없게 되었다. 오늘날 최신의 소비자 트렌드 혹은 시장 수요는 호주나 이탈리아에서 부상할 수 있으며, 최신기술은 일시적일 수 있고, 그로 인한 혁신은 전 세계시장으로 전파될 수 있기 때문이다.[18]

또 다른 트렌드가 혁신에 대한 세계적인 접근방식의 필요성을 강화시킨다. 독립적인 제품에서 통합된 시스템으로의 점진적인 전환은 많은 산업에서 지역적으로 차별화된 소프트웨어와 시장 반응적 서비스의 중요성을 증대시켰다. 신제품들이 빠르게 글로벌시장에 확산되는 것에 비추어 볼 때, 글로벌 표준과 규격을 제정할 필요성이 매우 중요해졌다. 컴퓨터 소프트웨어, 비디오 레코딩 포맷 혹은 심지어 면도날 카트리지 디자인에 세계적으로 용인될 수 있는 표준을 설정한 기업은 해당 분야에서 수십 년 동안 자신의 지위를 방어할 수 있는 지배적인 경쟁적 지위를 구축할 수 있다.[19] 선도기업이 되는 데 따른 보상이 늘어남에 따라 기업들이 전 세계에 걸친 사업운영에서 신속하게 혁신을 창출하고 전파하는 것뿐만 아니라, 신제품을 해당 산업의 표준으로 확립시키는 것에도 주의를 집중하도록 부추겼다.[20]

다국적 · 글로벌 · 국제적기업들

GE, 카오 및 ITT가 전략적으로 무능하거나 경영 기량이 부족한 사례로 간주되어서는 안 된다. 실제로 세 기업들 모두가 탁월한 기업의 본보기로 자주 인용되곤 했다. 그들이 직면했던 문제들은 일반적인 것들이었다. 1980년대에는 글로벌 체스global chess 게임의 명백한 승리자가 드물었다. 이들 세 기업처럼 일부의 기업들은 뒤처지거나 보다 강한 상대에게 패배한 것을 인정했다. 브랜드 포장제품branded packaged products산업의 유니레버와 P&G, 가전산업의 필립스와 마쓰시타, 통신교환산업에서의 에릭슨과 NEC 같은 다른 기업들은 비록 경쟁에서 살아남긴 했지만, 새롭고 다른 조건하에서 실행가능한 경쟁적 지위를 유지하기 위해 분투하고 있었다. 세 개의 실패기업 및 정체기업과 여섯 개의 생존기업을 포함한 총 아홉 개의 기업들은 우리 연구의 핵심표본을 구성하며, 이 책의 초판 부록에 상세하게 기술되어 있다. 이들 기업들은 세 개의 세계적인 사업분야에서 미국, 유럽, 일본의 선도적 경쟁기업들을 대표한다([표 1-1] 참조).

이들 기업들의 사업부문 자체도 매우 상이한 전략적 특성이 있었다. 글로벌 효율성에 대한 요구는 가전산업분야에서 특히 강했다. 반면 브랜드 포장제품산업은 전통적으로 높은 수준의 국가별 대응national responsiveness을 요구했다. 다음으로 통신교환산업분야에서는 혁신을 개발하여 전 세계로 이전하는 능력이 종종 성공을 위한 가장 중요한 요건이 되곤 했다.

각 사업 내에서 기업들은 매우 상이한 전략적 지위, 조직적 구조 그리고 경영 프로세스를 지녔는데, 이는 지배적인 산업의 특성을 반드시 반영하지는 않았다. 우리는 우리가 연구한 아홉 개의 기업들로부터 나타나는 대표적인 세 가지 뚜렷한 모형을 발견할 수 있었다.

몇몇 기업들은 전 세계 국가별 환경적 차이에 매우 민감하게 대응할 수 있는 전략적 태도와 조직역량을 개발했다. 사실상 이러한 기업들은 여러 개의 국가적 사업체의 포트폴리오를 관리한다. 따라서 우리는 이들을 다국적기업multinational companies이라고 부를 것이다.

가전부문에서 전통적으로 필립스는 독자적으로 생존(자급자족)할 수 있는 국가별 조직들에게 상당한 전략적 자유와 조직의 자율권을 부여해 왔

| 표 1-1 | 연구의 표본인 아홉 개의 기업

산업	기업		
	미국	유럽	일본
가전산업	제너럴 일렉트릭(GE)	필립스	마쓰시타
브랜드 포장제품산업	프록터앤드갬블(P&G)	유니레버	카오
통신교환산업	ITT	에릭슨	NEC

다. 브랜드 포장제품부문에서 유니레버는 해외자회사들이 상당히 독립적으로 운영되는 것을 허용해 왔다. 그리고 통신부문에서 각 현지국의 정치적 기반들 간 연결고리를 구축하기 위한 ITT의 몰입은 ITT의 자회사들이 항상 현지회사인 것처럼 인식되도록 전 세계에 걸친 사업체들의 현지화된 운영을 개발하도록 유도해 왔다.

반면, 다른 기업들, 특히 일본기업들은 글로벌 효율성의 필요에 크게 영향을 받는 그리고 전략적 · 운영적 결정에 훨씬 더 중앙집권화된 국제적 운영방식을 개발해 왔다. 이러한 기업들은 세계시장을 통합된 하나의 거대한 시장으로 간주하기 때문에, 우리는 이들을 전형적인 글로벌기업 global companies으로 간주한다. 이들 기업들은 개별 국가나 현지시장을 분석단위로 고려하지 않고 글로벌사업환경과 전 세계의 소비자 요구를 지배적인 분석단위로 고려한다. 이들은 통합된 단일 세계시장을 탐색하기 위해 제품과 전략을 개발한다.

대부분의 다른 일본의 가전기업들처럼 마쓰시타도 수출중심의 전략을 통해 해외시장으로 진출했으며, 강력하게 중앙집권화된 제품개발방식, 생산운영방식 및 마케팅전략을 유지했다. 통신교환산업에서 NEC의 교환 switching사업부문이 먼저 국내시장을 활용하여 성장했기 때문에 NEC는 강력하게 중앙집권화된 역량과 본사 기반의 의사결정과정을 거치는 경향이 있었다. 이처럼 본국의 자산을 활용하여 국제적 확장을 수행한 NEC는 경쟁기업인 ITT에 비해 보다 더 글로벌 차원에서 조정된 전략을 개발할 수 있었다. 비누와 세제기업인 카오조차도 기술주도전략과 매우 효율적인 국내공장들을 지원하기 위해 강력하게 중앙집권화된 성향을 보였다.

세 번째 기업집단의 전략은 주로 모기업의 지식 혹은 전문기술을 해외시장에 이전하거나 적응시키는 것을 토대로 한다. 모기업은 해외자회사에 대해 상당한 영향력과 통제력을 유지하지만, 전형적인 글로벌기업보다는 덜하다. 국가별 단위조직(해외자회사)들은 중앙(모기업)으로부터 오는 제품과 아이디어를 응용할 수는 있지만, 다국적기업의 자회사들보다는 덜 독립적이고 자율권도 더 적다. 이들 기업들의 전략은 잘 알려진 국제제품 수명주기이론international product cycle theory에서 묘사된 세계적 지식 활용 패턴을 반영하고 있기 때문에, 우리는 이들을 국제적기업international companies이라고 부른다.[21]

GE는 다양한 해외시장에서 모기업의 기술과 기법technology and skills을 활용하여 국제가전사업을 관리했다. 이러한 전략적 철학은 P&G가 채택한 국제화전략의 특징이기도 했는데, 이 전략은 '프록터방식the Procter way'을 벗어나지 않고 P&G제품을 현지시장에 적응화adapt시키기 위해 P&G 국내 조직의 미니 복사판을 현지국시장에 구축하는 전략이다. 전 세계에 걸쳐 에릭슨이 보유한 현지자회사 네트워크는 NEC의 자회사들보다 훨씬 더 민감하고 반응적이었으며, 에릭슨은 ITT에 비해 한층 더 중앙집권화된 통제방식을 유지하고 보다 많은 부가가치를 창출했다. 그러나 에릭슨은 국제적 확장의 기반으로 모기업이 개발한 기술들을 이전하고 응용하는 데 지나치게 의존했다.

이들 아홉 개 기업들은 각각 저마다 자신의 특정한 전략적 역량을 활용함으로써 거대한 세계적 기업이 되었다([표 1-2]는 이들 세 개 유형의 기업들 간 핵심적인 차이점을 요약하고 있다). 그러나 특정한 전략적 접근방식에 지나치게 초점을 맞춘 것이 1980년대 중반에 각 기업들이 직면했던 문제점들의 핵심이었다. 이 시기의 환경적 압력들은 광범위한 사업부문에서 전략적 요구조건의 본질을 극적으로 바꾸어 놓았으며, 다국적 · 글로벌 · 국제적기업들의 전통적인 접근방식은 더 이상 적절한 대응방식이 아니었다. 새로운 도전과제는 새로운 해법을 요구했는데, 바로 여기에서 우리의 논제論題가 시작된다. 이 책에서 우리는 기업의 세계적 경영활동을 관리하는 새로운 접근방식을 제시하는데, 우리는 이 접근방식이 현재와 미래의 매우 경쟁적이고 불안정하며, 끊임없이 변하는 경영환경 속에서 특히 효과적일 것으로 믿는다.

| 표 1-2 | 다국적 · 글로벌 · 국제적기업들의 주요 전략적 역량 비교

다국적(multinational)기업	글로벌(global)기업	국제적(international)기업
국가 간 차이에 대한 민감도와 대응성을 통해 현지에서 강력한 입지를 구축함	중앙집권화된 세계적 규모의 사업활동을 통해 원가우위를 구축함	전 세계적인 확산과 적용을 통해 모회사의 지식과 능력을 활용함

초국적 해결책

GE, 카오, ITT와는 달리 우리 표본의 다른 기업들은 우리가 연구한 사업부문에서 주요 세계적 기업으로서의 지위를 확립하고 지켰으며, 일부는 번창하기까지 했다. 연구과정에서 우리는 다른 기업들은 극복하지 못했던 문제들을 어떻게 생존기업들은 극복할 수 있는지를 이해하게 되었다. 우리는 다음과 같은 세 가지 주요한 결론에 도달했다.

- 과거 세 가지 사업부문 각각은 하나의 지배적인 전략적 요구사항으로 특징지을 수 있었다. 그 결과 해당 사업부문의 전략적 요구사항에 기업의 역량이 부합하는 동안에는 기업들이 효과적으로 경쟁할 수 있었다. 그러나 1980년대 중반 즈음에는 글로벌 통합, 현지의 차별화, 전 세계에 걸친 혁신의 압력이 모두 강력해지고 강렬해져서 그 어느 것 하나도 무시할 수 없게 되었다. 효과적으로 경쟁하기 위해 기업은 글로벌 경쟁력, 다국적 유연성 그리고 전 세계에 걸친 학습역량을 동시에 개발해야 했다.
- 이러한 복수의 전략적 역량을 구축하는 것은 주로 기업들에게 요구되는 조직적인 도전과제였으며, 기업들은 전통적인 경영방식을 탈피

하여 새로운 조직모형을 채택해야 했다. 우리는 이러한 모형을 초국적 모형이라고 부른다. 우리가 여기서 기술하는 바와 같이 새로운 이 경영모형은 세계를 대상으로 한 전통적인 경영방식과는 다른 몇 가지 두드러진 특성이 있다. 우리는 초국적 방식의 채택이 P&G, NEC, 유니레버 같은 기업들이 새롭고 복잡한 국제경영환경에 효과적으로 대응할 수 있게 했다고 믿는다. 반면 이러한 조직적 역량을 개발하지 못했기 때문에 ITT, GE, 카오와 같은 기업들은 전략적 · 경쟁적 어려움에 직면할 수밖에 없었다.

- 이러한 조직적 역량이 쉽게 구축되고 관리되는 것은 아니었다. 다국적 · 글로벌 · 국제적 위치로부터 초국적 경영방식으로의 변화에는 시간이 필요했고, 최고경영층이 많은 관심과 노력을 기울여야만 달성될 수 있었다. 경쟁적이고 유연한 학습과 자기적응적 조직을 구축하는 데 따른 도전과제는 우리가 이 책에서 기술하고 보여줄 다양한 과업과 관련이 있다.

우리가 제안하는 초국적 해법은 패배자와 생존자 둘 다로부터 학습한 내용을 토대로 한다. 그러나 우리가 기술할 가상의 조직은 그 어떤 특정 기업을 나타내는 것은 아니다. 우리 표본 중의 그 어떤 기업도 초국적 특성을 모두 갖추지는 못했다. 그러나 생존기업 모두는 이러한 이상적인 조직형태를 지향하고 움직이기 위하여 조직적 특성과 역량을 개발하고 있었다.

이 책 제1부에서는 "왜 초국적기업인가?"라는 질문을 중점적으로 고찰한다. 우리가 연구한 산업 및 기업들로부터 얻은 증거를 이용하여, 기존의 조직적 역량이 변화하는 환경적 압력에 대해 적절한 전략적 대응책을 개발하는 해당 기업의 능력에 어떻게 영향을 미쳤는지를 보여줄 것이다. 제1부의 주된 목표는 왜 초국적조직이 국제적인 사업운영환경 변화의 실행가능하고 어쩌면 필수적인 대응책인지를 보여주기 위해 환경적 복잡성, 전략적 요구, 조직적 역량을 연계하는 개념적 주장을 개발하는 것이다.

제2부에서는 "초국적기업이란 어떤 기업인가?"라는 물음에 초점을 맞추어 초국적기업에 대해 상세하게 설명할 것이다. 제2부에서 제시하고 있는 여러 장章들은 초국적기업의 세 가지 핵심속성, 즉 자산 및 활동의 특징적인 배열, 조직적 역할 및 책임의 배분, 다중 학습과정의 촉진을 차례로 설명한다.

제3부에서는 구체적인 '실행방법'을 주로 논의한다. 제3부의 주된 목적은 경영자들이 초국적조직을 어떻게 구축하고 관리할 수 있는지를 제안하는 것이다. 제3부에서 논의하고 있는 3개의 장章들은 지역, 제품, 기능적 경영 관점들 간의 균형을 어떻게 개발할지를 기술한다. 즉 조정수단의 배열을 어떻게 구축하고 다양한 상황에서 그것을 어떻게 유연하게 활용할 것인가, 그리고 공유한 조직의 목적을 뒷받침하기 위해 각 개별 경영자들을 특정 역할로 끌어들일 수 있는 조직적 맥락을 어떻게 창출할 것인가를 설명한다.

초국적기업은 구체적인 전략적 자세나 특정한 조직형태가 아니다. 본질적으로 초국적기업은 새로운 경영 사고방식을 지닌 기업이다. 따라서 이 책의 가장 근본적인 목표는 초국적기업의 사고방식을 기술하고 설명하며 주창主唱하는 것이다. 우리는 국제적 환경하에서 운영되는 모든 기업들에게 적어도 초국적 해결책의 한 가지 요소가 꼭 필요하다고 믿는다. 이러한 사고방식 없이는 우리의 제안들 중 그 어느 것도 바람직한 결과를 만들어내지 못할 것이며, 일부는 역효과를 낼 수도 있다. 반면 초국적 사고방식을 채택하는 기업들은 우리가 제안하는 광범위한 경영방식을 실행하는 다양한 방법들을 발견하게 될 것이다.

CHAPTER 02 새로운 조직적 도전: 구조적 적합성을 넘어서

1970년대의 불안정한 국제경쟁환경이 1980년대의 10년 동안 더욱 심화됨에 따라, 경영자들에게 어떻게 새로운 '글로벌'환경에서 보다 효과적으로 사업을 영위할 것인지를 말해 주는 연구논문, 보고서, 권고사항들이 쏟아져 나왔다. 그중 일부의 조언은 사려 깊고 분별력이 있었지만, 대부분의 일시적 유행이 그러하듯이 '글로벌화globalization'는 곧 그 정의definition를 탐색해야 하는 용어가 되고 말았다. 그리고 1980년대 중반까지 저널리스트, 컨설턴트, 학자들이 글로벌화라는 새롭고 핫한 주제에 대한 신선한 통찰들을 앞다투어 제시하는 바람에 글로벌화를 정의하려는 전문가들이 넘쳐났다. 그 과정에서 몇몇 단순한 해법과 지나치게 일반화된 위험한 정의들이 나돌기 시작했다.

〈뉴스위크〉지는 전 세계적인 사업운영을 위해 필요한 적절한 전략과 체계를 마련하기 위해 고군분투하고 있는 경영자들에게 좋은 처방을 해주겠다고 약속했다. "기업제국의 재구축: 새로운 글로벌 공식Rebuilding Corporate Empires : A New Global Formula"이라는 매력적인 제목으로 다음과 같은 기사를 작성했다.

> "그것은 어쩌면 제국주의의 종말, 식민지 시대의 종언을 고하고 있는 것처럼 보인다. 미국과 유럽의 기업들은 멀리 떨어져 있는 해외자회사들을 통치하고 있

다. … 최고경영진들은 사업부들을 간소화하고 있으며, 표준화된 글로벌제품의 생산을 꾀하고, 의사결정권을 다시 본사로 회수하고 있다. … 우연치 않게도 이는 많은 일본기업들이 수년 동안 사용해 온 공식이다."[01]

그러나 많은 경영자들은 이러한 표준화standardization, 합리화rationalization, 중앙집권화centralization라는 깔끔한 공식을 납득하지 못했다. 많은 일본기업들이 이러한 접근방식을 사용하여 성공했던 것은 사실이었지만, 반면에 다른 기업들은 그렇지 못했다. 카오는 일본에서 P&G를 반복적으로 저지하거나, P&G로부터 시장점유율을 빼앗는 능력을 증명한 뛰어난 일본기업의 전형적인 예였지만, 해외시장에서 표준화, 합리화, 중앙집권화된 역량을 활용하는 데는 그리 성공적이지 못했다. NEC는 일본에서 강력한 통신기업이었지만, 해외 확장은 마쓰시타보다 훨씬 더 느리고 덜 화려했다. 또한 NEC가 해외에서 더 많은 경험을 쌓을수록, 표준화된 제품전략과 중앙집중화된 의사결정을 토대로 한 조직구조로부터 더 멀어지는 것처럼 보였다. 동시에 유니레버, 에릭슨, P&G와 같은 기업들은 어떤 '글로벌 공식'도 따르지 않고 매우 성공적으로 국제사업체를 운영한 것에 자부심을 가질 수 있었다.

명백히도 이러한 사안들은 〈뉴스위크〉지의 기사에서 기술된 것보다도 훨씬 더 복잡했다. 브랜드 포장식품분야의 기업들이 소비자가전산업에 속한 기업들과는 매우 상이한 수요에 직면해 있는 것처럼, 전략적 과업의 성격과 이를 관리하기 위한 적합한 조직구조는 산업에 따라 매우 다양했다.

마찬가지로 중요한 것은 해당 산업의 요구에 대응하는 기업의 능력은 기업 내부의 전략적 역량 및 조직적 역량internal strategic and organizational capability에 의해 제한을 받는다는 사실이다. 일본기업들이 할 수 있었던 것을 모방한 공식은 대부분의 미국 및 유럽기업들에게는 부적절했다. 하지만 단순한 글로벌 공식의 수용을 거부한 경영자들조차도 '조건부 적합성conditional fit'의 개념에는 관심을 보였다. 이 개념은 만약 어떤 기업이 자신이 속한 산업의 핵심성공요인key success factor을 결정하고 이를 달성하기 위한 전략적 역량과 조직적 역량을 구축할 수 있다면, 그 기업은 부상하는 경쟁적 환경에서 성공할 수 있어야 한다는 논리였다. 글로벌화의 공식에 대한 탐구는 적합성에 대한 탐색으로 대체되었다.

적합성fit에 대한 탐색

비교적 최근까지도 대부분의 세계적 산업들은 대체적으로 1차원적인 전략적 요건들을 제시했다. 각 산업에서 대응성 혹은 효율성 또는 지식이전은 매우 중요했고, 그에 부합하는 전략적 역량을 보유한 기업들은 보상을 받았다. 달리 말하면 기업의 성과는 주로 해당 사업분야의 지배적인 전략적 요건과 해당 기업의 지배적인 전략적 역량 간의 적합성을 토대로 했다

| 그림 2-1 | 산업의 요구사항과 기업의 역량

산업의 지배적인 전략적 요건 \ 기업의 주된 전략적 역량	대응성 (다국적기업)	효율성 (글로벌기업)	지식과 역량의 이전 (국제적기업)
대응성 (브랜드 포장제품산업)	유니레버	카오	프록터앤드갬블 (P&G)
효율성 (가전산업)	필립스	마쓰시타	제너럴 일렉트릭 (GE)
지식의 이전 (통신교환산업)	ITT	NEC	에릭슨

([그림 2-1] 참조).

다국적산업에서의 대응성

역사적으로 브랜드 포장제품기업들은 주로 상이한 시장의 니즈에 반응해야 했다. 예컨대, 세탁세제의 경우 세계적으로는 말할 것도 없고, 유럽 내에서조차도 표준화된 제품의 여지는 거의 없었다. 1980년까지 세탁기의 보급률은 국가별로 편차가 컸는데, 영국 가정의 경우 30% 미만의 보급률을 보였고 독일의 경우에는 85% 이상의 가정에 세탁기가 보급된 것으로 나타났다. 북유럽 국가에서 '끓이는 세탁boil washing'방식은 오랜 동안 표준세탁법으로 여겨져 왔던 반면에, 지중해 국가들에서는 찬물에서의 손세탁이 중요한 요구사항으로 여겨졌다. 또한 수질의 경도, 향香에 대한 선호도, 천의 혼합도, 세제의 인산 함량 관련 법령phosphate legislation 등에서의 차이는 기업들로 하여금 전략적 필요에 의해 각 국가별로 제품을 차별화하게 만들었다.

마케팅전략 역시 각 국가시장의 상이한 조건에 따라 수행해야 했다. 예컨대, 1985년에 독일에서는 5개의 체인이 독일시장의 65%를 점유했지만, 이탈리아에서는 그 어떤 체인도 소매시장의 점유율 2%조차도 차지하지 못했다. 판매촉진 기회와 가격책정 유연성도 다양했다. 예를 들면, 네덜란드에서는 그 어떤 브랜드도 매년 특정 분minutes수를 초과하는 상업방송(광고)시간을 구매할 수 없었다. 또한 독일에서는 프리미엄 혜택 제공, 쿠폰 제공, 그리고 이와 유사한 형태의 판매촉진은 현지법에 의해 사실상 금지되었다.[02]

또한 세제사업은 세계적 규모의 효율성을 구축할 기회를 거의 제공하지 않았다. R&D의 측면에서 보면 P&G와 유니레버 같은 소비재기업들은 최종제품의 생산에만 연관되어 있었고, 그 성분의 개발을 위한 대부분의 기초연구는 화학제품 제조업체가 수행했다. 이와 유사하게 비누 제조과정(유기화합물의 분자에 술폰산기를 도입하는 술폰화sulphonation, 혼합, 분무건조 및 포장 등)과 같이 비교적 단순한 과정은 상대적으로 작은 규모에서 효율적으로 수행될 수 있었기 때문에 극단적으로 작은 시장을 제외하고는 거의 모든 시장에서 개별적인 공장을 운영하는 것이 가능했다. 어떤 경우든 매출액의 40~50% 정도는 원자재 구매비용이 차지했고, 광고 및 마케팅비용은 20% 정도였으며, 자본과 관련된 비용은 총원가의 작은 부분만을 차지했다.

이러한 사업에서는 국가별 산업구조가 가장 적절했는데, 그 이유는 제품과 전략적 접근법에서의 현지차별화에 대한 필요성과 최소효율규모를 달성할 수 있게 만드는 국가별 기업의 근본적인 경제성 때문이었다. 따라서 우리는 이를 단지 각국의 국경이 느슨하게 연결된 다수의 국가별 조직구조로 구성된 다국적산업multinational industry이라고 부른다.

그러나 이와 같은 다국적산업에서 기업들은 다양한 전략적 태도strategic postures를 취했다. 우리가 제1장에서 본 바와 같이 카오는 주로 전 세계적으로 팔릴 수 있는 첨단기술의 제품을 개발할 수 있는 매우 효율적인 핵심공장과 중앙집권화된 R&D시설을 바탕으로 경쟁했다. 즉 카오의 글로벌전략은 세계를 차별화되지 않은 큰 단일시장으로 취급함으로써 경쟁우위의 구축을 추구하는 것이었다. 다시 말해 카오의 전략은 표준화된 제품설계, 중앙집권화된 글로벌 규모의 생산 및 본사에서 주로 수립하고 통제하는 전략과 관련된 경제성을 활용하는 것이었다.

P&G는 주로 미국에서 신제품과 신공정을 개발하는 데 초점을 맞췄고, 자신들의 강력한 기술력과 잘 다듬어진 마케팅 전문성을 이전하는 방식을 통해 해외시장으로 진출했다. 우리는 이러한 접근방식을 국제적 전략international strategy으로 기술한다.

대응성이 지배적인 전략적 과제였던 산업에서, 유니레버의 다국적전략

multinational strategy은 자연스럽게 적합성을 띨 수 있었다. 유니레버는 현지의 니즈와 기회에 민감한 강력한 국가별 기업(해외자회사)을 구축해 왔다. 유니레버는 본사의 지시를 최소화하며, 그들의 해외자회사들에게 현지사업을 기업가적으로 경영할 수 있는 자유를 부여했다. 결과적으로 유니레버는 전 세계에 걸쳐 지배적인 사업 기반을 구축하고 유지한 반면, P&G는 타이드Tide, 아이보리Ivory 그리고 성공적이었던 기타 미국 내 브랜드들을 해외에 소개했던 초기에 상당한 어려움에 직면했다. 유니레버는 자신의 전형적인 국제적 전략 태도를 수정하는 법을 서서히 학습했다. 카오의 글로벌전략global strategy은 제1장에서 본 바와 같이 훨씬 더 적합성이 떨어지는 것으로 입증되었다.

글로벌산업에서의 효율성 활용

1947년 벨연구소Bell Laboratories의 트랜지스터 개발은 가전제품의 새로운 시대를 예고했다. 진공관을 트랜지스터로 대체한 것은 핵심부품 생산을 위한 효율규모를 크게 확대시켰고, 뒤이은 인쇄회로기판PCBs: Printed Circuit Boards의 개발은 라디오, TV, 테이프레코더 등과 같은 제품을 조립하는 데 필요한 노동력의 양과 기술수준 모두를 크게 줄임으로써 대량생산mass production을 가능하게 했다.

1960년대 후반 집적회로integrated circuits의 등장으로 인해 부품의 수와 원가가 더욱 절감되었고, 최적 생산규모는 증가하게 되었다. 자동화된 기계를 사용함으로써 제조업체들은 원가를 절감하고, 품질도 극적으로 향상시킬 수 있었다. 온라인 테스트, 자재관리, 최종조립 및 제품포장도 자동화되었다. 그 결과 1960년 초반 연간 5만 세트 수준이었던 컬러TV의 효율적 생산규모가 1980년대 초반에는 연간 50만 세트대로 늘어나게 되었다.

한편 R&D와 마케팅분야에서도 규모의 경제가 중요해지고 있었다. 단일시장single market으로는 마이크로공학micromechanics, 마이크로광학micro-optics, 전자공학electronics에 필요한 최첨단기술을 개발하기 위한 수입을 창출할 수가 없었다. 이와 유사하게 거대한 소매체인의 부상으로 가전제품분야에서 마케팅의 규칙이 바뀌고 있었다.[03] 거대 소매체인들의 교섭력bargaining power은 제조업체들이 가져갈 수 있는 이윤을 쥐어짰다. 그와 동시에 제조업체들은 더 큰 규모의 광고예산을 편성해야 했는데, 그 이유는 기업들이 소비자를 교육하고 그들에게 제품의 편익을 전달하기 위해서 관련 지식이 풍부한 점포의 인력에만 더 이상 의존할 수 없었기 때문이다. 달리 말해, 기업들은 손익분기규모를 키워야 했다. 몇몇 산업 내 관계자는 이와 같은 생산, 연구개발, 마케팅 측면에서의 새로운 경제성을 고려한다면, 컬러TV 사업부문에서 글로벌기업으로 살아남기 위해서는 연간 총 250만에서 3백만 세트의 생산물량이 필요하다고 추정했는데, 이러한 규모는 불과 20년 전에 필요했던 생산물량의 적어도 20배에 달하는 엄청난 규모였다.

1970년대에 걸쳐 가전제품산업에서 나타난 분명하고도 지배적인 트렌드는 전 세계적 차원에서 규모의 경제로 누릴 수 있는 혜택을 점차 늘려가고 있다는 것이었다. 이와 같은 규모의 경제는 주로 기술적 변화, 소비자 취향의 동질화 및 현저한 무역장벽의 감소에 의해 고조되었다.[04] 다소 제한적으로 사용하는 용어로 말하자면, 이는 국가 간 차이에 비교적 제약을 받지 않는 세계적 규모의 필요성에 의해 정의되는 기본 특성을 지닌 전형적인 글로벌산업global industry이었다.

우리가 연구한 세 개의 가전기업들 중에서 마쓰시타만이 주로 생산에서 규모의 경제를 추구하는 전략을 구축했다. 1980년에 비록 회사의 해외매출이 총수익의 40%를 넘었지만, 마쓰시타는 130억 달러 가치의 총생산규모의 90% 이상을 일본에 위치한 전문화된 고효율공장에서 집중적으로 생산했다. 해외에 위치한 공장에서 생산되는 나머지 10%는 대만과 싱가포르 같은 국가에서 주로 단순 조립작업을 통해 생산되었다. 마쓰시타의 전반적인 전략은 세계적 규모의 공장에서 생산되는 상당히 표준화된 모델을 전 세계로 수출하는 데 중점을 두었다. 글로벌 규모의 효율성이 절대적으로 필요한 산업에서, 마쓰시타의 글로벌전략은 이상적인 것으로 나타났다.[05] 한때 해외시장에서 보잘 것 없는 기업이었던 마쓰시타는 채 20년도 지나지 않아 최고의 기업으로 성장했다.

동일한 사업부문에서 필립스는 근본적으로 다국적전략multinational strategy을 사용해 경쟁을 했다.[06] 필립스는 본사가 위치한 네덜란드에 총투자규모의 25%도 안 되는 적은 금액만을 투자하고 있었다. 필립스가 지닌 핵심적인 경쟁적 자산key competitive asset은 고도로 자율화되고, 자급자족할 수 있는 국가별 조직national organizations들을 포트폴리오로 구축하고 있었다는 것이었다. 이러한 국가별 조직들의 대부분은 제품개발에서부터 판매에 이르기까지의 전반적인 범위의 활동들을 수행할 수 있었다. 국가별 조직들은 현지시장의 니즈에 대응하여 핵심적인 제품과 전략을 현지에 적합하게 적응시키며 경쟁했다. 어떤 의미에서 필립스의 글로벌전략은 필립스가 보유한 여러 국가별 조직들의 다양한 전략들을 종합한 것이었다. 비록 필립스는 세계대전 후의 호황기에 번창했지만, 1970년대에 들어 산업의 경제와 글로벌 경쟁조건이 변화됨에 따라 여러 문제들을 경험하기 시작했다.

GE의 가전제품사업부는 주로 모기업이 지닌 방대한 제품군과 기술들을 해외에서 활용하는 데 중점을 둔 국제적 전략international strategy으로 경쟁했다. 결국 GE는 이러한 전략적 접근방식이 가전사업에서는 적합하지 않다는 사실을 깨닫게 되었으며, 결국 제1장에서 기술한 심각한 어려움에 봉착하였다.

국제적 산업에서 학습의 활용

통신교환산업은 전통적으로 가전산업이나 브랜드 포장제품산업보다 다차원적인 전략적 역량을 필요로 했다. 대부분의 국가에서 정부 소유의 우편, 전신 및 전화국PTT에 의한 독점적 구매는 대응성responsiveness에 대한 요구를 창출했는데, 이는 거의 모든 정부가 자국의 통신장비 제조업체를 개발한다는 전략적 중요성을 부여함으로 인해 더욱 강화되었다.[07] 동시에 글로벌 통합과 조정활동이 필요했는데, 이는 생산에서의 현저한 규모의 경제scale economies 및 다국적 대부기관들을 통해 구매자를 위한 복잡한 금융지원(신용거래)제도credit facilities를 제공할 필요성 때문이었다. 그러나 교환장치 제조업체들의 가장 중요한 과제는 새로운 기술을 개발하고 이용하여, 그것을 전 세계적으로 활용하는 것이었다. 여러 국가별 시장에서 학습의 이점을 적절히 활용할 수 있는 능력은 고도로 복잡한 이 사업부문에서 승자와 패자를 차별화시켰다.

역사적으로 통신교환기술의 확산은 전형적인 국제제품수명주기의 패턴을 따랐다. 대부분의 경우 신제품은 선진적인 서구 경제권 중 하나인 미국에서 최초로 개발되었는데, 미국에는 강력한 연구역량을 지닌 벨연구소가 있었다. 그런 다음 그러한 신기술 및 신제품들은 다른 선진 국가들로 전파되었는데, 보통 유럽 국가들에 먼저 신기술이나 신제품을 들여오고 일본이 그 뒤를 따르는 경우가 많았다. 그러고 나서 일단 기술이 잘 이해되고 제품 디자인이 표준화되면, 기업들은 초기 생산제품을 여러 나라에 수출하기 시작했다. 하지만 이러한 수출은 대개 현지정부의 요구에 대응하여 현지생산방식으로 신속하게 대체되었다. 현지자회사가 해당 기술에 대해 충분히 이해하고 난 후, 현지시장에 적합한 혹은 현지업체에 도움이 되는 제품을 개발하고 응용하는 것이 허용되었다. 이 시기 즈음 동일한 기술을 토대로 한 또는 전부 새로운 기술로 구축된 강화된 버전의 차세대 신제품이 전파될 준비를 마치게 되고, 동일한 주기가 반복된다.

우리가 정의한 바와 같이, 이러한 국제적 산업에서 성공의 핵심은 해외 자회사로 지식을 이전하고 제품수명주기를 효율적이고 유연하게 관리할 수 있는 능력에 달려 있었다. 그러나 이 산업분야에서 기업들은 매우 상이한 전략으로 경쟁했다. 예컨대, NEC는 일본 우편전신기관인 NTT와 협업을 통해 제품을 개발하는 전형적인 글로벌전략global strategy을 수립한 다음, 일본 내수시장과 수출시장 모두에 제품을 공급하는 중앙집권화된 대량생산체제를 구축했다. 반면 ITT는 앞에서 살펴본 바와 같이 자율적이고 기업가적인 국가별 자회사들(혹은 시스템 하우스들)의 강력함과 민감성을 바탕으로 한 전형적인 다국적전략multinational strategy으로 경쟁했다.

에릭슨만이 다음과 같은 국제적전략international strategy 모형으로 간주될 수 있었다. 작은 모국시장(스웨덴)은 이 산업에서 생존하는 데 필요한 R&D 노력을 뒷받침해 줄 수 없다는 사실을 깨달은 에릭슨은 자사의 혁신제품과 공정기술들을 해외시장에 이전하고 적응시키는 역량을 구축하는 전략을 수립했다. 본국에서 개발한 혁신기술의 이러한 순차적 확산은 NEC의 글로벌전략 혹은 ITT의 다국적전략보다 해당 산업의 요건에 훨씬 더 부합했고, 에릭슨이 전 세계에 걸친 통신교환산업에서 강력한 입지를 구축하는 데 도움이 되었다.

새로운 전략적 도전: 초국적성transnationality으로의 전환

1970년대 후반 이러한 산업들의 전략적 요구에 대한 우리의 묘사는 지나치게 단순화되었다. 부가가치사슬에서의 상이한 과업들은 저마다 다른 수준의 효율성, 대응성, 학습역량을 필요로 했다. 우리는 산업의 전략적 과업 요건에 가장 중요한 영향을 미친 환경적인 세력들의 활동을 '무게중심center of gravity'으로 기록했다.

1980년대에 이들 산업부문들은 각각 주요한 변화를 겪었다. 세 개 산업부문 모두에서 초기에 나타났던 환경적 압력의 지배력은 훨씬 더 복잡한 환경적 요구사항으로 대체되었다. 이러한 산업들에서 기업들은 이제 다양하고 때때로 모순적인 전략적 니즈들에 동시에 반응해야 한다. 오늘날 단지 효율성이나 대응성 또는 모기업의 지식과 역량의 활용 중 어느 하나만을 강조하는 상대적으로 1차원적인 전략적 역량으로는 어떤 기업도 성공할 수 없다. 경쟁에서 승리하기 위해 기업은 이제 동시에 세 개 모두의 목표를 달성해야 하는 다차원적인 전략적 역량을 개발해야 한다. 다차원적인 전략적 요건들을 충족시키면서 이 사업들은 이제 초국적산업transnational industries이 되었다.

브랜드 포장제품분야

지난 10년간 브랜드 포장제품산업부문에서 상당한 변화가 나타났다. 국가별 대응성과 차별성은 여전히 매우 중요한 사항이었지만, 글로벌 효율성과 전 세계에 걸친 혁신은 점차 실행가능하고 필수적인 것이 되었다. 여기에는 환경 변화가 한 역할을 했다. 예컨대, 세탁기 보급이 늘어나고 제품 디자인의 표준화도 증가함에 따라 세제사업에서 제품표준화의 기회도 증가했다. 에너지 의식의 확산으로 인한 저온 세탁과 전 세계적으로 의류에서 합성섬유의 비율이 증가하는 경향은 국가 간 세탁 관행의 차이를 좁히는 데 일조했다. 그러나 글로벌화를 향한 가장 큰 추진력은 기업들 자체로부터 나왔다. 일부 산업부문은 태생이 글로벌born global했지만, 브랜드 포장제품산업은 P&G, 유니레버, 헨켈Henkel, 콜게이트Colgate의 몇몇 경영자들이 주도적으로 세계화를 이끌고 있다.

1970년대 중반의 급격한 유가 상승은 소비자 화학제품 생산기업들의 원가를 현저하게 상승시켰으나 이와 동시에 야기된 경기침체로 인해 높아진 원가를 소비자들에게 전가시킬 수는 없었다. 원가절감방법을 모색하던 기업들은 다양한 고객집단이 바라는 여러 가지 제품의 속성을 유지하면서 표준화를 추진했다. 이러한 표준화는 상당한 수준의 규모의 경제를 실현할 수 있게 했는데, 이러한 규모의 경제는 주로 포장의 표준화, 유통의 경제성을 통해서 또 공통의 광고 및 판촉방식을 개발함으로써 실현가능했다.

본사와 다수의 해외자회사들이 공동으로 개발한 혁신은 수용가능한 수준의 비용으로 고객의 다양한 요구를 충족시킬 수 있는 상대적으로 표준화된 제품개발을 허용함으로써 다국적 유연성을 창출하는 중요한 도구임이 입증되었다. 제7장에서 우리는 P&G와 유니레버가 어떻게 이러한 접근방식을 활용하여 효율성과 혁신적인 효과성을 동시에 증대시킬 수 있었는지를 살펴볼 것이다.

1980년대 말에 브랜드 포장제품산업에서의 전략적 요구사항은 더 이상 현지차별화의 필요성에 의해 지배되는 것으로 간주할 수 없었다. 이 산업에서도 글로벌 효율성과 전 세계적인 혁신의 개발 및 확산이 중요한 경쟁우위의 원천이 되고 있었다.

가전제품분야

1980년대에 들어 가전제품산업에서의 경쟁 역시 보다 더 복잡해졌다. 이러한 중요한 트렌드는 각국 정부의 태도 변화 및 소비자 취향과 선호도가 전환됨에 따라 나타나게 되었다. 이와 함께 이러한 압력들은 국가별 차별화에 대한 니즈를 증대시켜, 주요 세계적 경쟁기업들이 글로벌 차원의 규모의 경제를 실현하는 동시에 현지의 니즈에 보다 더 대응적이 될 것을 요구했다.

현지의 제조업체들에 의한 반덤핑소송, 정부가 요구하는 오더리 마케팅orderly marketing협약, 그리고 무역수지 악화로 인한 정치적 압력 등과 같은 다양한 요인들로 인해 거의 모든 제조업체들이 미국 현지에 생산공장을 설치하도록 강제했다. 유럽에서는 현지부품 의무사용조건local content requirements이나 공식적인 할당제formal quotas 등과 같은 공식적 무역장벽과 프랑스 푸아티에Poitiers지역의 작은 내항을 통해 모든 VCR의 수입통관을 처리하는 프랑스의 우회방식과 같은 비공식적 무역장벽 모두가 꾸준히 높아지고 있었다. 일본의 제조업체들은 유럽경제공동체EEC : European Economic Community 내에 현지공장을 설치하고 제품을 생산하도록 강요받았다. 브라질, 멕시코, 인도 등과 같은 많은 거대 개발도상국가들에서 현지생산은 시장진입의 전제조건으로 남아 있었으며, 이전에는 보다 수입에 개방적이었던 몇몇 작은 국가들도 무역수지 악화로 인해서 수입품을 현지조립으로 대체함으로써 외화의 유출을 최소화해야 했다.

소비자들은 자신들의 독특한 취향을 충족시키는 차별화된 제품에 새로운 선호를 나타냄으로써 표준화된 글로벌제품의 과잉현상에 대응했다. 독립적인 제품보다는 판매시스템과 서비스를 지향하는 경향은 맞춤형 제품에 대한 이러한 요구를 더욱 강화시켰다. 현지소비자의 니즈에 대응하는 것으로 출발한, 급속하게 성장하는 영국 가전회사 암스트래드Amstrad 같은 기업들의 성공은 이러한 경향의 중요성을 입증했다. 또한 마쓰시타 같은 기업들은 표준화된 글로벌 디자인에 대한 이전의 편견bias을 뒤집어야 했다. 즉 소비자를 하나의 집단으로 다루기보다는 목표집단에 초점을 맞추고, 여러 시장에서 발생되는 차이점에 대응하기 시작했다. 마쓰시타는 휴대용 오디오 제품군을 1980년의 15개 모델에서 1985년에는 30개로 늘렸다. 또한 모델별 판매량은 60%대로 감소한 반면, 마쓰시타는 테이프레코더 모델의 수를 2배로 늘렸다.

지난 10년 동안 전 세계에 걸친 혁신의 압력 또한 증가하고 있다. 1960년대 후반 이래, 주요 산업의 재편으로 소수의 생존가능한 경쟁기업들만이 남게 되었는데, 이러한 기업들 모두는 규모의 경제를 포착하고 대응적인 전략을 개발하는 잠재력의 측면에서 대체적으로 유사한 면이 있었다. 전 세계적으로 더 복잡해지는 시장, 급변하는 기술 그리고 더 짧아지는 제품수명주기의 시대에서 성공적으로 혁신을 개발하고 확산시킬 수 있는 기업의 능력은 빠른 속도로 핵심적인 전략기술이 되었다.

비디오카세트레코더VCR의 개발을 떠올려 보자. 필립스와 미쓰시타는 이러한 신기술을 개발하는 데 선구적인 기업들이었으며, 1970년대 후반까지 두 기업은 곧 폭발적인 성장세를 보일 것으로 여겨지는 소비자시장을 차지하기 위해 애를 쓰고 있었다. 소니의 베타맥스 포맷에 도전하기 위해 마쓰시타는 VHS방식을 선보였고, 필립스는 V2000시스템을 들고 나왔다. 비록 소니가 경쟁자들보다 2년 정도 먼저 베타방식의 포맷을 출시했고, 필립스의 V2000시스템은 기술적으로 더 우월함을 인정받았지만, 1980년대 중반 무렵 최종적으로 경쟁에서 승리한 것은 마쓰시타의 VHS시스템이었다.

마쓰시타는 혁신의 개발과 확산이 글로벌 효율성과 국가별 대응성의 추구와 긴밀하게 연계되어 있으며, 이것들은 동등하게 경쟁우위의 중요한 원천이 되고 있다는 사실을 이해했다. 마쓰시타는 가능한 빨리 생산규모를 늘려 낮은 원가로 VCR을 생산하고자 노력했다. 하지만 마쓰시타는 시장 간 차별성에 대한 민감성도 갖춰야 했다. 예컨대, 미국 소비자들은 TV 프로그램을 녹화했다가 나중에 볼 수 있는 '시간차 시청time shifting'의 용도로 VCR을 사용하길 원했던 반면, 일본 소비자들은 주로 집에서 영화를 보는 용도로 VCR을 사용했다. 이에 마쓰시타는 미국에서 풋볼경기를 녹화할 수 있도록 2시간 분량의 재생시간을 지닌 테이프를 생산하려는 목표를 정했다. 그것은 신제품의 양호한 백업 소프트웨어를 제공하기 위해 각

국의 영화 배급업자들과의 계약에서도 동일하게 요구되는 민감한 사안이었다.

보다 중요하게 마쓰시타는 공격적으로 다른 주요 제조업체들(예컨대, 히타치, 샤프, 미쓰비시 등)에게도 자사의 VHS 포맷을 사용할 수 있도록 라이선싱계약을 체결하고, 제조를 하지 않기로 한 기업들(예컨대, RCA와 GE 등)에게는 OEM방식으로 제품을 공급했다. 그 결과 마쓰시타가 VHS 포맷의 VCR제품을 소개한 후 7년이 지난 시점인 1977년에 마쓰시타의 연간 생산량은 20만 대에서 680만 대로 증가하였으며, 제품가격은 초기보다 60% 정도 낮아졌다. 1980년대 중반 무렵 소니는 이 시장에서 5%의 시장점유율을 지키기 위해 안간힘을 쓰고 있었고, 필립스는 자사의 V2000시스템을 시장에서 철수시켰다.

콤팩트디스크와 디지털오디오테이프 플레이어의 소개는 신기술의 개발뿐만 아니라 그것을 신속하게 전 세계로 확산할 수 있는 기업운영의 내·외부 측면 모두에서 경쟁우위의 원천으로서의 혁신과 학습의 중요성을 강화시켰다.

1980년대 후반에 가전산업에서 효율성은 여전히 매우 중요한 전략적 요건이었지만, 국가별 대응성에 대한 압력과 효과적인 전 세계적 혁신 역시 경쟁우위의 핵심원천이 되었다. 이러한 보다 복잡한 환경에서 글로벌 효율성, 현지차별화 그리고 전 세계에 걸친 학습역량을 동시에 개발할 의지가 없거나 개발할 수 없는 기업들은 더 이상 효과적으로 경쟁할 수 없었다.

통신교환분야

1980년대는 통신교환산업의 지배적인 특성이 재편되고, 그 전략적 요건이 변경되는 중요한 변화가 초래되었다. 차세대기술이 동시다발적으로 개발되고 세계의 거대 시장 중 일부에서 통신산업에 대한 규제완화로 인해서 글로벌 효율성은 필수적이며 동시에 실행가능한 것이 되었다. 또한 새로운 디지털 전자교환기술에 대한 R&D비용은 이전 전기기계 세대의 R&D비용을 훨씬 상회하였다. 일부 기업들은 디지털 교환기술이 탑재된 제품을 개발하기 위해 10억 달러를 지출했다고 보고했으며, 이러한 비용 수준은 명백하게도 글로벌 효율성을 갖추어야만 확보될 수 있는 수준의 비용이었다.

그와 동시에 각 국가의 정부들은 점점 더 증가하는 통신산업의 전략적 중요성을 인식했다. 컴퓨터와 통신기술의 융합으로 인해 디지털 스위치 분야는 한 국가의 정보기반시설에서 핵심적인 위치로 자리매김하였다. 그로 인해 통신회사들은 전 세계 각국 정부의 요구에 민감하게 대처하는 것이 매우 중요해졌다.

이러한 이유로 1980년대 동안 통신교환산업에서의 전략적 요건들 역시 점차 다차원적이 되었다. 세계적 규모의 효율성, 국가별 유연성 및 대응성 그리고 전 세계적으로 혁신을 개발하고 확산할 수 있는 능력을 보유하지 못하는 기업은 이제 이 산업의 재편과정에서 살아남지 못할 것이다. ITT의 경험에서 입증된 바와 같이 거대 기업들조차도 이러한 변화에 취약할 수 있고 실패의 대가도 매우 가혹할 수 있다.

우리가 연구한 세 개의 산업이 특이한 것은 아니다. 토공용 중장비 및 자동차산업에서부터 복사기 및 전동공구에 이르는 많은 다른 사업부문들이 1980년대에 이와 유사한 환경 변화에 직면했다. 순수한 글로벌산업, 교과서적인 다국적산업 혹은 전형적인 국제적산업들은 점점 줄어들고 있다. 대신 글로벌 효율성, 국가별 대응성 그리고 전 세계적인 혁신 및 학습 활용의 동시적 요구로 인해 점점 더 많은 사업들이 영향을 받고 있다. 바로 이러한 것들이 초국적산업의 특징이다.

구조적 적합성을 넘어서

전 세계 많은 기업의 경영자들은 오랫동안 다양한 전략적 역량을 개발해야 할 필요성 때문에 고전해 왔다. 그러나 이러한 해법에 대한 그들의 탐색은 대부분 적합한 조직구조에 대한 탐구로 바뀌었다. 복수의 사업부를 갖는 M-form구조multidivisional structure가 다각화전략을 촉진한 방식이라는 것에 영향을 받은 경영자 세대는 모든 주요한 전략적 문제에는 그에 적합한 구조적 해법이 있다고 믿으며 성장했다. 국제적 확장에 따라 점증하는 복잡성에 직면하여, 그들은 자연스럽게 새롭게 적용할 수 있는 조직구조에서 그 해법을 찾으려 했다.[08]

조직개편을 선호하는 또 다른 이유들도 있었다. 공식적인 구조는 경영진이 책임과 관계를 재정의할 수 있는 강력한 수단으로 인식되었다. 또한 이것은 최고경영진이 현명한 선택을 하고 즉각적인 영향을 미치며, 모든 최고경영진에서부터 하위관리자에 이르기까지 모든 관리수준에 강력한 변화의 신호를 보낼 수 있게 해주었다.

스토포드Stopford와 웰스Wells는 전 세계를 무대로 활동하는 미국에 근거지를 둔 187개 대기업의 조직구조를 연구했는데, 그들의 기념비적인 연구결과는 그러한 믿음을 반영하고 또 강화했을 수도 있다. 스토포드와 웰스는 많은 후속 연구, 컨설팅 조언, 관행의 벤치마크가 된 국제적 조직의 '단계 모형stages model'을 제시했다.[09]

[그림 2-2]에 요약된 연구결과는 전 세계적으로 운영되는 기업들은 통상적으로 국제적 확장의 여러 단계에서 상이한 조직구조를 채택하고 있다는 것을 시사한다. 스토포드와 웰스는 전략적 · 관리적 복잡성을 포착하기 위해 두 가지 변수를 정의했는데, 이는 국제적으로 판매된 제품의 수([그림 2-2]의 수직축상에 제시된 '해외 제품다각화foreign product diversity 정

도')와 해당 기업에 미친 해외판매의 중요성(수평축상에 제시된 '총매출액 중 해외매출액의 비중foreign sales as a percentage of total sales')이다.

스토포드와 웰스는 해외판매 비중과 해외 제품다각화수준이 미미한 해외확장의 초기단계에서 세계적인 기업들은 통상적으로 해외사업부구조international division structure를 통해 자신들의 해외사업을 관리한다고 주장했다. 그 후 일부의 기업들은 해외 제품다각화수준을 현저하게 높이지 않은 채 해외매출 비중을 늘려 가는데, 이러한 기업들은 통상적으로 범세계적 지역별 구조worldwide area structure를 채택하게 된다. 반면 또 다른 기업들은 해외 제품다각화수준을 상당히 늘려 가는데, 이런 기업들은 범세계적 제품사업부구조worldwide product division structure를 채택하는 경향이 있다. 마지막으로 총매출액에서 해외매출액이 차지하는 비중과 해외 제품다각화수준 모두가 높은 경우, 기업들은 주로 글로벌 매트릭스구조global matrix structure에 의존한다.

비록 이러한 아이디어들이 기술적descriptive 모형으로 제시되었지만, 이는 곧바로 컨설턴트, 학자, 경영자들에 의해 규범적prescriptively으로 적용되기 시작했다. "구조는 전략을 따른다structure follows strategy"는 유명한 명

| 그림 2-2 | Stopford와 Wells의 국제적 구조단계 모형

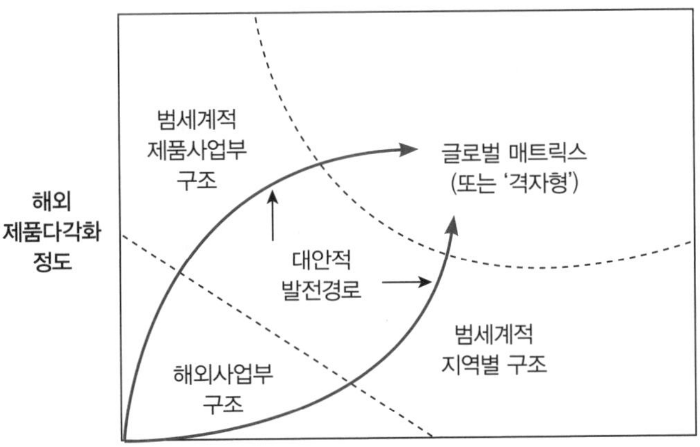

제를 제시한 챈들러A. Chandler가 당황할지도 모르겠지만, 많은 기업들에게 구조는 전략을 따르기보다는 유행을 더 쫓는 것 같았다. 이 논쟁은 종종 '중앙집권화centralization'와 '분권화decentralization' 간 단순한 선택의 문제나 제품 및 지리 기반의 구조product and geography based structures의 가치 비교에 대한 일반화된 논의로 축소되었다.

1980년대에 접어들어 점차 증가하는 복잡성, 다양성, 변화에 직면한 많은 세계적 기업들의 경영자들은 조직구조의 개편방안을 모색했다. 일반적인 통념상의 준비된 해법은 글로벌 매트릭스global matrix구조를 채택하는 것이었다. 하지만 대부분의 기업들에게 글로벌 매트릭스구조를 선택한 결과는 매우 실망스러웠다. 글로벌 매트릭스라고 하는 약속의 땅은 그들이 물러설 수밖에 없는 조직의 수렁으로 밝혀졌다.

매트릭스 조직구조의 실패

이론상 이 조직구조를 선택한 해법은 효과가 있어야 했다. 이론상으로는 일선 경영자들이 동시에 상이한 관리부서(예컨대, 지역사업부와 제품사업부 또는 지역사업부와 기능별 사업부 혹은 기능별 사업부와 제품사업부 등)에 보고함으로써 해당 기업은 중앙집권화된 효율성, 현지대응성 그리고 기능별 역량의 구축 및 활용 간의 적절한 균형을 유지할 수 있어야 했다. 다양한 의사소통과 통제 채널은 각각 특정한 전략적 역량을 구축함으로써 복합적인 경영 관점들을 육성할 수 있는 잠재력을 제공했다. 또한 이론적으로는 매트리스 조직 내의 힘의 균형을 전환시키는 능력은 매트릭스 조직에 높은 유연성을 부여해야 했다.[10] 하지만 현실은 그렇지 않은 것으로 판명되었고, 매트릭스 조직구조를 채택한 기업들의 역사는 대체적으로 불행했던 것으로 드러났다.

글로벌 매트릭스 조직구조를 선구적으로 채택했던 다우 케미컬Dow

Chemical은 결국 지역별 경영자들에게 명확한 책임을 부여하는 보다 전통적인 지역별 구조로 되돌아갔다. 이와 유사하게 한때 글로벌 매트릭스 조직의 교과서적 본보기였던 시티뱅크Citibank도 수년간 요란스럽게 홍보를 하며 진행한 일련의 실험 후에 이러한 이중보고방식의 조직구조를 포기했다.[11]

글로벌 매트릭스 조직구조로 실험을 한 대부분의 기업들은 동일한 문제에 봉착했다. 매트릭스 조직구조는 이중적인 지휘체계를 통하여 모든 사안들을 처리하도록 강제함으로써 상이하게 전달되는 관점과 관심의 차이를 더욱 심화시켰다. 사실 별로 중요하지 않은 사소한 차이조차도 열띤 이견과 논쟁의 대상이 될 수 있었다. 그러나 글로벌 매트릭스 조직구조의 디자인 바로 그것이 상반된 견해와 중복된 책임을 지닌 경영자들 간 차이점의 해결을 가로막았다. 뿐만 아니라 지리적 거리, 시간, 언어, 문화의 장벽은 그러한 차이점들을 직면하고 해결하는 중요한 과정을 방해했다.

그 결과, 매트릭스 조직구조를 채택한 기업들은 의사결정이 느리고, 때로 그 과정이 험난하며, 비용이 많이 드는 관리 프로세스를 개발하였다. 경영자들 간 의사소통은 통상 중복적이었고, 업무 승인과정은 비용과 시간이 많이 소요되었으며, 지속적인 출장과 빈번한 미팅은 기업의 관리비를 급격히 증가시켰다.

조직적 역량의 구축

구조적 적합성structural fit을 탐색하는 기업들의 근본적인 문제는 공식적 구조formal structure라는 단 하나의 조직적 변수에만 초점을 맞추고 있다는 것인데, 이는 세계적 기업이 직면하고 있는 전략적 과제의 복잡성을 제대로 포착하지 못하고 있다. 이러한 공식적 구조는 역동적이고 신속하게 진화하는 과업환경에서 정적static인 역할, 책임 및 관계를 정의한다는 문제가 있다. 설상가상으로 조직들은 하룻밤 사이에 그러한 역할, 책임 및 관계에 대해 주요한 재편을 강행함에 따라, 기업들의 구조조정 노력들은 종종 해로운 것으로 드러났다.

P&G, 에릭슨, 필립스, 유니레버, NEC 등과 같은 기업들은 공식적인 구조가 강력하지만, 전략적 변화에는 영향을 미치지 못하는 무딘 무기라는 점을 인식했다. 다차원적인 전략적 역량을 개발하기 위해서 기업이 그러한 구조의 문제를 뛰어넘어 근본적인 조직적 역량을 확대해야 한다는 사실을 배우게 되었다. 그 과정에서 중요한 과제는 핵심적인 의사결정시스템을 재정비하는 것이었다. 그렇게 함으로써 관리시스템, 커뮤니케이션 채널 및 대인관계 등과 같은 기업의 경영 프로세스는 공식적인 구조보다 더 미묘하지만 효과적인 변화를 관리하기 위한 수단을 제공했다. 게다가 환경적 요건의 복잡성과 변동성을 감안할 때 구조적 적합성은 관련성이 떨어지는 동시에 달성되기가 더 어려워졌다. 그들은 다차원적인 전략적 과업에 성공적으로 대처하기 위해서는 전략적 유연성과 조직적 유연성의 구축에 의존해야 한다는 것을 인식했다.

필립스와 마쓰시타는 자신들이 보유하지 못한 전략적 역량, 즉 필립스는 마쓰시타와의 경쟁관계를 유지하기 위한 효율성을, 마쓰시타는 필립스의 국가별 조직national organizations이 지닌 역량과 대적하기 위한 민감성과 반응성을 구축하기 위해 갖은 노력을 다하면서도 괄목할 만한 유연성을 보여주었다. 이와 유사하게 1980년대에 브랜드 포장제품산업에서 유니레버와 P&G는 그들의 사업을 글로벌 차원에서 통합시키고 전 세계적인 차원에서 혁신을 개발하고 확산시키는 한편, 해외자회사의 창조성과 추진력을 보호하기 위해 노력을 기울였다. 그리고 통신교환산업에서 에릭슨과 NEC는 우리가 초국적전략의 특징으로 기술했던 효율성, 대응성, 혁신의 다차원적 역량을 구축하고 있었다.

브랜드 포장제품산업에서 기업들이 직면하고 있는 전략적 도전과제는 가전산업에서 세계적 경쟁기업들이 직면하고 있는 전략적 도전과제와는 명백하게 동일하지 않았다. 또한 이처럼 다양한 기업들은 유사한 전략을 채택하지도 않았다. 그러나 세 가지 광범위한 전략적 세력의 본질, 강점, 그리고 이것들의 혼합은 산업 전반에 걸쳐 다양한 반면, 대부분의 사업부문에서 단일의 지배적인 역량을 기반으로 경쟁적 지위를 방어하는 것은 점점 더 어려워지고 있다. 이러한 변화에 대한 인식으로 많은 경영자들은 그들의 주된 도전이 지배적 산업의 수요에 적합한 전략적 역량을 개발하는 것이 아니라, 보완적이고 유연한 방식으로 관리할 수 있는 경쟁우위의 다차원적인 원천을 구축하는 것이라고 확신했다.

관리적 유산의 역할

그러나 우리가 연구한 기업들이 동일하게 광범위한 전략적 목표에 직면한 경우에도, 구체적인 수행과업과 조직의 도전과제는 매우 상이했다. 전략적 변화의 복잡한 과정을 통해 그들의 방식을 찾는 과정에서, 모든 기업들은 한 가지 근본적인 교훈을 얻었다. 그것은 바로 새로운 전략적 역량을 구축하고 관리하는 기업의 능력은 기존의 조직적 속성들existing organizational attributes에 좌우된다는 사실이다. 여기서 기존의 조직적 속성들로는 수십 년간에 걸쳐 구축된 기업의 자산 및 역량의 형태, 신속하게 전환될 수 없는 경영책임과 영향력의 분배, 구조적 변화 이후 오랫동안 지속되고 있는 일련의 관계 등을 들 수 있다.

우리는 이러한 속성들을 통칭하여 한 기업의 관리적 유산administrative heritage이라고 칭한다. 전략적 계획은 하룻밤 사이에 다시 작성하거나 폐기할 수 있는 반면, 기업의 조직적 역량의 초점을 다시 맞추는 것은 보다 어렵다. 관리적 유산은 한 기업의 가장 큰 자산, 즉 주요 역량의 근원 중 하나인 동시에 가장 중요한 부담 중 하나이기도 하다. 그 이유는 관리적 유산이 변화에 저항하고, 그에 따라 전략적 역량의 재편 혹은 확장에 장애가 되기 때문이다.

우리가 연구한 모든 기업들에 있어, 1980년대의 요구사항에 대응하기 위한 핵심적인 과제는 전략을 정의하는 것이 아니라, 새롭고 보다 복잡하며 역동적인 초국가적 자세transnational posture를 구축하는 데 방해가 되는 1차원적인 조직적 역량과 경영상의 편견을 극복하는 것이었다. 기업은 시행착오를 통해 이러한 한계와 편향이 자신들의 관리적 유산과 일치되지 않는 한 극복될 수 없다는 것을 알게 되었다. 따라서 기업들은 자신들의 관리적 유산의 본질과 조직적 역량이 어떻게 더 나은 우위로 사용될 수 있는지를 이해할 필요가 있었다.

CHAPTER 03

관리적 유산: 조직적 자산과 제약

전 세계에 분산되어 있는 사업체들을 어떻게 경영할 것인지를 결정함에 있어, 우리가 연구한 대부분의 경영자들은 그들이 어디로 가고 있는지에 집중했다. 그들은 자신들이 어디에서 왔는지는 스스로에게 거의 자문하지 않았는데, 이러한 질문은 때때로 매우 중요한 질문으로 판명되었다. 기업들은 다양한 역사적 · 구조적 요인으로 형성된 기존의 조직적 역량이라는 맥락에서 새로운 환경적 요구에 대응해야 했다. 이러한 관리적 유산은 기업의 중요한 자산이었지만 그와 동시에 변화의 과정에서 강력한 장애물이 되기도 했다.[01]

과거에 얽매인 기업들

오늘날 국제경영환경에서의 전략적 과업 요건에 대응하는 기업의 능력은 내부역량internal capability에 제약을 받는데, 이러한 내부역량은 기업의 관리적 유산에 의해 형성된다. 내부역량은 상당히 긴 기간에 걸쳐 개발되며, 하룻밤 사이에 혹은 경영진의 지시로 변경할 수도 없다.[02] 대신, 어떤 한 기업이 부상하는 국제적 환경의 요건에 적응하는 첫 단계는 자사의 '일처리방식way of doing things', 즉 자사의 역사corporate history를 이해하는 것이다. 이러한 분석은 구축되고 활용할 수 있는 몇몇 특성과 수정되고 극복해야 할 다른 특성들을 드러낼 것이다. 우리는 유니레버와 P&G가 추구한 국제화전략의 비교를 통해 관리적 유산의 차이가 어떻게 기업의 전략적 자세를 형성하고, 미래의 방향을 제약하는지를 살펴볼 것이다.

유니레버의 독립적인 제국

유니레버의 국제적 조직은 윌리엄 레버William Lever가 수출사업체를 설립한 날로부터 형성되기 시작했다. 1880년대 중반에 영국은 자국 기업이 영국 내수시장에 유통하는 비용보다 근소하게 비싼 운임으로 아프리카, 인도, 극동, 남미로 상품을 운반할 수 있는 풍부한 해상운송체계를 구축함으로써, 이미 세계 비누 교역의 중심지가 되었다. 윌리엄 레버는 각각의 해외시장에 적절한 책임자들을 배치하고, 그들이 다른 영국 수출업체와 현지의 경쟁기업들에 대항하여 시장점유율을 확보하게 했다.

천성적으로 레버는 자기사업의 모든 측면을 면밀히 주시하는, 꼼꼼하고 실무적인 현장형 경영자였다. 그랬기 때문에 레버는 해외자회사들의 수가 증가하고 지리적으로 분산되어 감에도 불구하고, 빈번한 해외출장을 통해 해외자회사들의 책임자들 모두와 긴밀한 개인적 접촉을 유지했다. 뿐만 아니라 레버는 언제나 영국인 출신을 해외자회사의 책임자로 임명하고, 그들에게 변함없는 충성을 요구했다. 그러나 해외사업이 지속적으로 확장됨에 따라, 연로한 수장이 된 레버는 모든 진전사항들을 따라잡을 수 없게 되었고, 그의 결정은 점차 변덕스러워지고 불운하게 되었다.

여러 해에 걸쳐 조직 내에서는 이미 레버의 중앙집권화되고 극히 개인적인 경영스타일에 우려의 목소리가 높아져 있었다. 그러던 중 1925년 레버가 세상을 떠나자, 유니레버의 전 세계적 사업운영과 관련된 몇몇 중요한 변화가 일어났다. 대표적으로 1926년에 유니레버의 해외사업을 총괄하는 책임을 지는 해외위원회OSC : Overseas Committee가 설치되었다. OSC의 초대의장인 그린할프H. R. Greenhalgh는 해외자회사의 경영자들에게 현지자율권을 부여해야 한다는 확고한 신념을 가지고 있었다. 그린할프는 해외위원회의 역할이 해외자회사에게 지시instruction가 아닌 지침guidance을 제공하고, 연간 매출액 및 이익의 추정치를 승인하며, 재무 데이터 및 일선현장의 연락사항에 대한 정기적인 흐름을 모니터하는 것이라는 견해를 가지고 있었다. 그 결과, "해외자회사들을 관리하는 과업은 문제들을 분석하고 해결하는 것이 아니라 사람들을 개발하고 관리하는 것"이라는 강력한 기업의 규범이 세워졌다.

유니레버의 변화를 이끈 다른 영향요인들은 경영자들이 지닌 책임의 분권화 경향을 강화시키고, 한때 강력하게 중앙집권화된 경영시스템의 권한을 축소시켰다. 현지경쟁기업의 수가 점점 늘어나고 그들의 수준이 세련되어짐에 따라, 유니레버는 거대한 규모의 수출사업들 중 상당부분을 현지에서 직접 제조하는 방식으로 대체시켜야만 했다. 1920년대 후반과 1930년대에 무역장벽이 높아지면서 현지에서 생산하려는 경향은 더욱 심화되었고, 얼마 지나지 않아 유니레버의 거대한 국가별 자회사들 대부분이 완전히 통합된 지급자족적fully integrated, self-sufficient인 형태로 운영되었다. 또한 소비자의 취향, 선호도, 관행뿐만 아니라 시장구조, 유통채널, 현지규제 등의 측면에서 나타나는 국가별 상당한 차이들은 자회사들에게 그 어느 때보다 훨씬 더 제품과 마케팅전략을 현지에 맞게 적응시킬 것을 요구하였다. 몇몇 유니레버 해외자회사들은 심지어 자체적으로 완전히 현지화된 제품을 개발하기도 했는데, 이러한 사업운영의 독립성은 현지자회사들의 경영자율권managerial autonomy을 강화시켰다.

1930년대에 유니레버는 내부적으로 '~화~ization'정책으로 알려진 정책을 펼치기 시작했다. 인도를 시작으로 유니레버는 경영진 및 기술진의 직위에 영국인보다는 현지국 출신의 인력을 활용할 필요성을 인식했다. 이와 같은 '인도화Indianization'의 선례는 전 세계적으로 모방되었는데, 특히 많은 신생 독립국가들이 강력한 민족주의의 파동을 느꼈던 제1차 세계대전 후의 시기postwar years에 특히 그러했다. 이러한 '~화~ization' 경향은 유니레버의 각국 자회사들의 독립성을 증대시켰다.

제2차 세계대전의 발발로 이러한 변화가 신속하게 본국까지 이루어졌다. 로테르담이 나치에게 함락당하고 런던과의 소통이 점차 어려워지게 된 시기에, 현지자회사들은 독자적으로 운영하지 않을 수 없게 되었다. 한때 영국 본사에 물어봐야 했던 결정사항들이 현지에서 이루어졌으며, 본사에 대한 국가별 자회사의 보고는 기본적인 사항만으로 줄어들었다. 그리고 인력부족으로 인해 사실상 본사로부터의 지원은 거의 이루어지지 않게 되었다.

유니레버는 전후시대에 독립적으로 운영되는 해외자회사들을 중심으로 구축된 강력한 경영철학을 바탕으로 부상했는데, 유니레버의 그러한 해외자회사들에는 최대한의 책임과 자율권을 부여받은 경영자들이 있었다. 기업 이사회의 역할은 제반 계획과 예산을 승인하고, 자본지출을 통제하며, 중역진을 임명하고 발전시키는 것이었다. 현지의 경영자들은 자신이 처한 특정한 환경적 기회와 제약들을 반영한 전략을 개발하고 실행할 수 있는 상당한 자율성이 있었다. 얼마 되지 않아 유니레버의 신조가 된 표어는 바로 '현지주도권과 분권화된 통제local initiative and decentralized control'였다.[03]

P&G의 지식이전

창립 150주년인 1987년에 P&G는 유니레버의 기업 역사와는 매우 상이한 자사의 역사를 되돌아보았다.[04] 유럽계 라이벌회사였던 유니레버와 마찬가지로 P&G의 기업문화도 창업자의 강하고 끈기 있는 가치관에서 유래했다. 윌리엄 프록터William Procter와 제임스 갬블James Gamble의 종교적 신념은 근면, 철저함, 자기훈련, 높은 윤리적 기준, 개인에 대한 존중 등과 같은 유산을 남겼다.[05] 하지만 유니레버와는 달리, P&G는 제2차 세계대전 후까지도 열정적으로 해외시장에 진출하지는 않았는데, 여기에는 지리적 · 역사적 요인들이 작용했기 때문이었다. P&G의 본사는 국제무역과는 거리가 먼 신시내티에 있었고, 미국은 영국과는 달리 강력한 기성품시장ready-made markets이 없었다. 그럼에도 P&G는 근본적으로 미국 국내시장에 초점을 맞췄는데, 그 이유는 미국시장이 엄청난 성장 기회를 충분히 제공할 정도로 크고 풍부했기 때문이었다.

제2차 세계대전 이전에 P&G는 매우 제한적인 수출활동을 했으며, 캐나다, 쿠바, 필리핀, 인도네시아에서의 사업운영은 미국사업의 부속물로 간주되었다. 1930년 영국기업 토마스 헤들리Thomas Hedley를 인수했던 시도조차도 국제적인 확장을 위한 전략적 계획의 일환이라기보다는 별개의 거래로 이루어졌다.

하지만 제2차 세계대전이 끝난 후, P&G는 해외시장을 성장과 이익의 중요한 원천으로 보기 시작했다. 비록 회사가 전시에 시도했던 노력 중 일부가 군수품 생산으로 전용되고 필리핀과 인도네시아에 있던 공장들이 손상되었지만, P&G는 유니레버보다는 더 나은 모습으로 전쟁의 소용돌이에서 빠져나왔다. 그리고 1930년대에 들어서 P&G는 비非비누세제non-soap detergents에 대한 연구를 수행했는데, 이를 통해 P&G는 세계시장 개척을 위해 경쟁우위를 확보할 수 있는 선도적 기술적 지위를 누릴 수 있었다.

자사의 가장 성공적인 몇몇 미국 브랜드를 해외시장에 이전시키려는 수차례의 시도가 실패로 끝난 후, P&G는 유니레버가 자사의 제품과 마케팅 접근방식을 각각의 국가별로 상이하게 적응시키는 것을 오래 전부터 기업의 신조로 삼아 왔다는 것에서 교훈을 얻었다. 그렇게 학습한 새로운 교훈은 20년 동안 P&G의 국제사업운영을 총괄했던 월터 링글Walter Lingle에 의해 매우 중요한 시기였던 전후기간postwar period에 회사의 정책으로 변환되었다. 그는 다음과 같이 단호하게 말했다. "우리는 단순히 미국적인 방식으로 제품을 만들어 팔 수는 없을 것입니다. 해외시장에서 그런 방식은 통하지 않습니다. 해외시장의 소비자들은 미국적 방식을 받아들이지 않을 것입니다."

그러나 P&G의 국제화정책과 관행은 유니레버가 반세기에 걸쳐 구축한 해외자회사의 전체적인 제품개발 자율성에 비하면 한참이나 뒤떨어진 것이었다. P&G의 현지자회사들은 현지의 니즈에 부합하도록 제품을 수정하고 마케팅 접근방식을 수정할 수는 있었지만, 혁신과 전반적인 전략은 본사로부터 지시를 받아야 했다. 그럼에도 P&G가 추구하려는 새로운 유연성은 대부분의 해외자회사 경영자들로 하여금 강력하고 상당히 독립적인 현지자회사를 개발할 수 있게 했다.

유니레버와는 달리, 국제화를 추진하려는 즈음에 P&G는 이미 안정적이며 성숙된 기업이었다. 그렇기 때문에 P&G는 이제 막 추진하기 시작한 해외사업에 어쩔 수 없이 영향을 미칠 수밖에 없는 기존의 제품, 정책, 관행 등 강력한 회사의 전통을 보유하고 있었다. 실제로 링글은 각각의 국가들에 따라 제품을 수정해야 할 필요성을 강조했다. 하지만 그는 P&G의 '일처리방식way of doing things'이 한 세기 동안 P&G가 이룬 두드러진 성공의 경험을 대표하기 때문에, 이러한 지혜가 해외시장에서도 활용되어야 한다고 굳게 믿었다. 링글은 자신의 견해를 다음과 같이 솔직하게 표현했다.

> 우리는 P&G가 다른 국가에서 성공할 수 있는 최선의 방법이 바로 가능한 한 미국 내 P&G 조직과 정확하게 동일한 조직을 각 국가에 구축하는 것이라고 판단했습니다. 우리는 미국에서 우리에게 성공을 안겨주었던 정확하게 동일한 정책과 절차가 해외에서도 똑같이 우리에게 성공을 가져다줄 것으로 믿습니다.[06]

따라서 P&G의 해외운영은 두 가지 중요한 측면에서 모회사와 연계되어 있었다. 해외자회사들은 모회사의 첨단기술과 마케팅 전문성에 의존했을 뿐만 아니라, 미국회사의 복사판으로서 동일한 원칙, 동일한 정책 및 동일한 관행에 따라 운영되도록 구성되었다.

P&G의 국제화에 영향을 미친 다른 중요 요인도 있었다. 비록 다양한 관세장벽들과 시장 간 상이성이 여전히 존재했지만, 이러한 장애물들은 1960년대에 들어서 점차 약화되고 있었다. 1958년 로마조약Treaty of Rome의 체결로 유럽경제공동체EEC가 창설되었으며, 이에 따른 유럽시장의 개방은 P&G의 자회사들에게 새로운 기회를 제공했다. 하지만 분명하게도 P&G는 완전히 자급자족할 수 있고 독립적인 현지자회사를 개발하려는 동기가 유니레버에 비해 적었다. P&G는 유럽 최대의 경쟁기업인 유니레버보다 훨씬 더 적은 수의 공장을 지었으며, 이들의 독립성을 보장하기보다는 해외사업체들 간 상호의존성을 높였다. 예를 들면, P&G의 프랑스 자회사는 이탈리아에서 세제를 생산하는 이탈리아 자회사를 위해 적극적으로 원재료를 공급했을 뿐만 아니라, 다른 국가의 자회사들에게도 향수제품들을 공급했다. 그리고 1960년대 후반에 프랑스 공장들이 불법파업으로 문을 닫았을 때, 이탈리아, 벨기에, 독일 자회사들이 프랑스시장에 자신들의 제품을 공급했다.[07]

1963년, P&G 유럽 자회사들의 공통적인 R&D 니즈를 충족시키기 위해 유럽기술센터ETC : European Technical Center가 설립되었다. 비록 현지자회사들이 자체적으로 제품개발역량을 갖추고 있었지만, 브뤼셀에 위치한 이 센터는 생산라인의 현지화 및 분산화의 균형을 유지해 주었다. 궁극적으로 ETC의 역할은 국가별 자회사들의 모든 사업운영을 조정하고 통제하는 지역 본사regional headquarters의 성격으로 확대되었다.

새로운 도전과제에 대한 적응

매우 상이한 관리적 유산을 지닌 유니레버와 P&G는 1970년대 후반과 1980년대 초의 기간 동안 고도로 차별화된 국가별 시장을 수렴하게 한 산업 변화에 다른 방식으로 대응했다. 유니레버는 그러한 도전과제를 인식했지만, 이보다는 해당 시장에 새롭게 설립된 라이벌에 더 신경을 썼다. 반면 유니레버의 독립적이고 자율적인 자회사관리의 오랜 역사와는 상관없이, P&G는 자신의 가공할 기술력과 마케팅역량을 여러 국가별 자회사들에게 신속하고 어려움 없이 이전하는 것처럼 보였다. 이에 유니레버도 1962년 자사의 국가별 자회사들에 대한 유사한 전략적 통제를 위해, 3개 주요 사업부문인 세제, 식용지방, 냉동제품 등 각각의 사업부문에 중앙생산조직을 처음으로 만들었다.

그러나 반세기에 걸친 물리적 고립과 제도화된 자율권은 유니레버의 국가별 자회사들에게 너무나도 바꾸기 어려운 수준의 독립성을 부여했다. 기업의 전통에 따라 새로운 집단의 책임자는 각 국가별 자회사들을 전략적으로 통제하기 위해 경영자보다는 '제품 조정자product coordinators' 위주로 임명되었다. 유니레버 내에서 이러한 '조정업무coordinations'는 국가별 자회사들에게 지시하기보다는 설득하기를, 감독하기보다는 조언하는 것으로 기대되었다. 하지만 그러한 유니레버의 기대와는 다르게, 강력한 각 국가별 자회사의 경영자들은 자회사의 독립성을 지키기 위해 자신들의 모든 힘을 다 쏟아부었다. 그로 인해 20년이 흐른 후에도, 전 세계적으로 조정된 전략을 개발하고 실행하는 유니레버의 능력은 유럽에서 일부 미미한 성공을 거두는 데 그치는 한계를 보였다. 전 세계를 대상으로 하는 유니레버의 조정활동은 여전히 갈 길이 멀다.

비록 P&G의 경영자들도 국가별 자회사들의 운영 독립성에 대해 이야기했지만, 유니레버의 국가별 자회사들에 비하면 P&G의 국가별 자회사들은 자율성이 훨씬 낮았다. P&G 자회사들은 모회사의 구조와 강력한 정책 및 관행으로 제약을 받았다. 뿐만 아니라 모회사의 고위 경영진들이 다양한 조정 및 통제수단을 도입하기 시작함에 따라, P&G 국가별 자회사들은 좀처럼 자유로운 의사결정을 내릴 수도 없었다. 1970년대 후반에 ETC는 유럽을 기반으로 한 생산, 중앙에 집중화된 연구개발, 심지어는 여러 사업단위 간 조직화된 마케팅 프로그램의 합리화를 위해 적극적으로 노력했다. P&G는 유니레버보다 훨씬 신속하면서도 어려움 없이 각 국가별 사업운영에 대한 전략적 통제를 달성할 수 있었다.

관리적 유산은 우리가 연구한 모든 기업에게 중요한 영향을 미쳤다. 한 조직의 전략적 역량은 시간이 흐름에 따라 구축되며, 쉽게 해체되거나 변화될 수 없다. 유니레버와 마찬가지로 필립스도 매우 자율적인 국가별 자회사들의 느슨하게 연계된 네트워크를 개발해 왔다. 반면 마쓰시타는 본사가 의사결정권한의 상당부분을 보유하고, 보다 많은 조직적 자원을 본사에 집중시켰다. 이와 유사하게 ITT의 경우 비록 국가별 자회사들이 전략적 · 운영적인 측면에서 상당한 자유를 누리고는 있었지만, 경영 프로세스는 엄격한 관리 및 재무적 통제하에 놓여 있었다. 반면 에릭슨은 그와는 정반대의 접근방식을 택했다. 에릭슨은 핵심전략과 사업운영 사안에 대해서는 확고한 중앙통제를 유지했지만, 상대적으로 단순한 계획시스템과 재무적 통제방법을 사용했다.

이제 필립스에서는 관리적 유산의 중요성을 잘 이해하고 있다. 거의 20년 전, 필립스의 경영진은 "비유럽계 경쟁기업들이 그들의 본국시장에서와 동일한 규모로 유럽에서 사업을 할 수 있도록 허용하는" 경제적 · 정치적 · 기술적 요인들에 대응하기 위해 '국가별 조직의 세계적 연합world federation of national organizations'을 구축한 경영시스템역량에 관해 우려하게 되었다. 이에 경영진은 1972년에 위원회를 구성하여 필립스 내에서는 '노란 책자The Yellow Booklet'로 널리 알려진 자체 보고서에서 이러한 상황을 조사하여 발표했다. 명확하고 간결한 용어로, 이 보고서는 "판매하는 제품 유형의 수를 줄이고, 생산을 집중화하며, 각 개별 국가조직들national organizations 간 상품의 흐름을 증가시키기 위해서, 회사의 활동규모를 늘리는 것이 필립스에게 시급한 사안"임을 언급했다.

이러한 보고서를 바탕으로 전략적 과제를 매우 명확하게 인식하고 있었음에도 불구하고, 필립스는 그 후 15년 동안 자신들에게 필요한 변화를 실행하기 위해 발버둥 쳐왔다. 전 세계적 규모를 달성하고, 다양한 제품 라인을 표준화하고, 국경을 넘어 활동과 정책을 조정하기 위해 현지공장의 네트워크를 합리화하려는 결정은 중요한 조직적 의미를 내포하였다. 그러한 조직적 과제가 바로 필립스가 해결해야 할 주요한 장애물이었다. 필립스의 풍부한 관리적 유산이 하룻밤 사이에 바꿀 수 없는 조직적 구조와 경영 프로세스를 구축했고 강화해 왔다.

관리적 유산의 형성요인들

많은 요인들이 기업 내 자산의 구성, 책임의 분배, 지배적인 경영 스타일 그리고 뿌리 깊은 조직적 가치관을 형성한다. 하지만 우리가 연구한 기업들에게 가장 큰 영향을 미친 것들은 바로 기업의 규범과 우선순위에 영향을 준 리더십의 영향, 근본적 가치관과 관행에 대한 본국 문화의 영향 그리고 조직적 역사의 강력한 영향 등이었다.

리더의 역할

무엇이 기업의 규범, 가치관, '일처리방식way of doing things'을 형성했는지에 대한 질문에, 경영자들은 흔히 기업의 창립자 혹은 또 다른 핵심중역의 영향력을 언급한다.[08] 일부 기업에서는 리더가 해당 기업의 전략적 방향에 지속적인 영향을 미쳤다. 이는 NEC의 사례에서 명백하게 살펴볼 수 있다. 1969년 1월에 NEC의 사장에 새로 지명된 고지 고바야시Koji Kobayashi는 컴퓨터와 커뮤니케이션기술의 융합에 대한 자신의 비전과 연계된 전략적 과정을 계획했다. 그가 'C&C 철학C&C philosophy'이라고 명명한 이 비전은 향후 20년간에 걸쳐 NEC의 모든 전략적 결정을 지배했다. 1980년 후반 즈음에 고바야시의 C&C 철학은 NEC가 지닌 관리적 유산의 일부로 확고하게 자리 잡았다.

다른 기업들의 경우, 리더의 영향력은 주로 조직구조에서 감지되기도 한다. 예컨대, 필립스는 핵심적인 의사결정사항에서 기술적 이익과 상업적 이익 간의 균형을 바로잡는 지속적인(그러나 때때로 해로운) 경영 관행을 보유하고 있었다. 이러한 필립스의 경영 관행은 기술 지향적 엔지니어인 제라드 필립스Gerard Philips와 뛰어난 세일즈맨이었던 그의 동생 안톤 필립스Anton Philips 간에 형성된 기업가적인 창립자관계로까지 거슬러 올라갈 수 있다.* 그들의 관계는 제품사업부PDs : Product Division와 개별 국가조직NO : National Organization이라는 이중 경영구조dual-headed management의 관행으로 제도화되었는데, 이러한 이중 경영구조의 관행은 필립스가 90년이 넘는 세월 동안 모든 핵심적인 결정사항을 형성한 조직적 규범이었다. 1980년대에 이르러서야 필립스는 의사결정을 신속하게 수행하기 위해 이중 경영구조를 단일 경영구조single-headed management로 대체하기 시작했다. 그럼에도 불구하고 필립스 경영진들의 행동은 여전히 기술부서와 판

---

* 역자주: 형제인 제라드 필립스와 안톤 필립스는 미묘한 경쟁관계를 통해 필립스의 균형을 유지했다. 예컨대, 안톤이 팔 수 있는 양보다 제라드가 더 많이 생산하려 한다든지, 반대로 제라드가 생산할 수 있는 양보다 안톤이 더 많이 판매하려 하는 경우에 둘 간의 경쟁관계로 인해 필립스는 자연스럽게 생산과 판매 간의 균형을 유지할 수 있었다. 보다 자세한 내용은 C. A. Bartlett의 〈필립스와 마쓰시타: 지속되는 경쟁(*Philips versus Matushita: The Competitive Battle Continues*)〉을 참고하기 바란다.

매부서 간의 경쟁역학을 반영하고 있었으며, 경영진들이 의사결정을 내리기 위해서는 협상을 해야 했다.

해럴드 제닌Harold Geneen은 ITT의 조직과 경영 프로세스에 중요한 영향을 미쳤다. 그의 후임자들이 회사의 전략에 다시 초점을 맞추고 조직을 개편했지만, 제닌의 영향력은 그가 유명한 경영시스템과 검토 회의를 통해 주입시킨 회사의 규율에서 여전히 감지된다.

우리가 리더의 영향력이 지닌 잠재력을 가장 명확하게 인식할 수 있었던 기업은 바로 마쓰시타였다. 이 기업에서는 모든 종업원들이 어떻게 기업의 목표와 철학이 마쓰시타 고노스케(혹은 회사 내에서 통상적으로 알려진 그의 이니셜 K.M.)의 가르침이나 실천으로부터 직접적으로 파생되었는지를 말할 수 있다.

1932년 5월 5일, 기업 창립 14주년 기념일에 마쓰시타 고노스케는 그의 경영철학과 각각 25년씩 10개 단위로 구분한 기업의 향후 250년간의 계획을 발표했다. 그러한 마쓰시타의 경영철학은 "문화와 정신cultural and spiritual" 훈련 프로그램을 통하여 제도화되었고, 전 세계에 걸쳐 분포되어 있는 마쓰시타의 사업체들에서 열리는 아침 조례의 기본적 토대를 형성했다. 이 경영철학은 마쓰시타의 근본목표를 정의하고 그것들이 어떻게 성취되어야 하는지를 기술한다. 마쓰시타의 경영철학에서 "기업의 존재 이유가 고품질의 제품을 저렴한 가격에 충분히 공급함으로써 사회에 공헌하는 것이며, 이익은 사회공헌에 대한 보상으로 발생된다는 것"을 제시한다. 이는 다음과 같은 마쓰시타의 7대 정신으로 요약된다. 즉 산업을 통한 봉사, 공정함, 조화와 협력, 진보를 위한 노력, 예의와 겸손, 조정과 동화, 감사 등이 바로 그것이다. 마쓰시타 내에서는 이러한 가치관들이 상투적인 문구 이상으로 간주된다. 마쓰시타의 경영자들은 지속적으로 이러한 가치관들을 참고하며, 가장 기본적인 운영상의 의사결정에서조차도 도움을 받기 위해서 이를 사용한다.[09]

창립자의 지속적인 영향력은 현재의 조직구조에서도 감지된다. 약한 자신의 건강을 염려했던 고노스케는 전형적인 보통의 일본기업들에서보다 더 많은 업무의 위임이 필요하다고 느꼈다. 이러한 이유로 1933년, 마쓰시타는 사업부제 구조divisionalized structure를 채택한 세계 최초의 기업들 중 하나가 되었다. 고노스케는 각 사업부에 자체의 전략, 제품개발, 재무, 사업운영에 대한 전적인 책임을 부여하고, 엄격한 성장 및 수익 목표달성에 대한 책임을 지도록 했다. "한 사업부에서는 하나의 제품만을 생산하는 시스템"하에서, 그는 소규모 사업환경과 회사의 초기 성장을 견인한 기업가적 정신을 유지할 수 있었던 반면, 250년간에 걸친 마쓰시타의 원대한 계획의 다음 단계를 완수할 수 있는 경영자들을 육성할 수 있었다. 비전, 가치관, 경영 관행에서 마쓰시타 고노스케는 마쓰시타의 관리적 유산에 심대하고 지속적인 영향을 미쳐 왔다.[10]

비록 마쓰시타가 극단적인 사례를 대표하고 있기는 하지만, 개별 리더의 강력한 영향력은 결코 특이한 사례는 아니다. 대부분의 기업들은 소수의 핵심인사들의 신념과 결정사항들에 의해 돌이킬 수 없을 정도의 큰 영향을 받아 왔다. 이처럼 강력하게 유지된 신념과 가치관들을 변화시키려는 시도들은 때때로 좌절되곤 했는데, 그 이유는 부분적으로 그러한 가치관이 기업신화의 전설적인 인물과 연계되어 있기 때문이다.

국가문화의 영향

한 나라의 역사, 기반시설, 문화의 영향력은 해당 국가 내 기업 경영자들의 규범, 가치관, 행동뿐만 아니라 그 국가 내에서 영위되는 삶의 모든 측면에 스며들어 있다. 국가적으로 영향을 받은 행동 특성들은 각 기업들이 지닌 '일처리방식way of doing things'의 뿌리 깊은 일부가 되고, 그 기업의 국제적 조직구조와 프로세스를 형성한다.[11]

경영사학자인 알프레드 챈들러Alfred Chandler는 문화적 가치관과 사회구조가 영국기업의 경영 관행에 미치는 영향을 추적했다.[12] 영국의 독특한 지리적 위치, 정치경제, 법률구조, 사회역사, 교육시스템 등과 관련된 이유로 인해 영국기업들은 공식적인 구조보다는 개인적 관계를 보다 중시한 가족경영family management시스템하에서 발전했다. 뿐만 아니라 영국기업들은 기술적 혹은 운영상 세부사항의 조정보다는 광범위한 재무적 통제에 더 많이 의존했다. 챈들러에 따르면 제2차 세계대전 때까지 대부분의 영국 대기업들의 경영 프로세스는 '가족자본주의family capitalism'에 의해 지배되었다. 이들 기업이 해외로 확장해 나감에 따라 가족 구성원 혹은 직접 선정한 '믿을 수 있는 직원들'을 해외사업의 관리자로 파견하는 경우가 많았다. 해외사업에 대한 통제는 주로 가족의 유대감 혹은 선정된 직원의 개인적 충성도를 통해 이루어졌다. 가족의 원로는 핵심 외국사업체를 방문하기 위해 연례적인 출장을 가기도 했을 것이고, 아마도 자신이 선정한 해외사업의 관리책임자들과 연락을 주고받기도 했을 것이다. 그러나 이러한 접촉을 제외하고는, 그들의 해외사업은 흔히 전 세계를 대상으로 한 통합적인 사업이라기보다는 하나의 투자 포트폴리오로 간주되었다.

이러한 문화적 영향은 레버 형제들과 이후의 유니레버에서 매우 뚜렷했는데, 유니레버의 중요한 해외사업은 윌리엄 레버에게 직접적으로 보고하는 신뢰받는 경영자들로 구성된 하나의 내부모임inner circle에 의해 관리되었다. 윌리엄 레버가 세상을 떠난 후 해외위원회OSC : Overseas Committee가 가부장적인 감독 역할을 하는 제도적 전형institutional embodiment이 되었다. 필립스 역시도 이와 같은 가족경영의 모델을 따랐다. 필립스 가족은 제2차 세계대전이 끝난 후까지도 회사의 최고경영진을 지배했다. 필립스의 해외사업운영은 내부적으로 '네덜란드 마피아Dutch Mafia'로 알려진 신뢰받는 한 그룹의 지명자들에 의해 관리되었다. 그렇게 지명된 해외사업의 책임자들은 필립스의 기술, 상업적 목표, 전반적인 전략에 대한 이해를 바탕으로 네덜란드 모기업과 전 세계에 분산된 개별 국가조직NOs 간 관계에서 중요한 연계 역할을 수행했다.

반면, 미국기업들의 경영활동에 영향을 미친 문화적 요인들은 유럽과는 완전히 달랐다. 미국기업에 영향을 미친 문화적 요인들은 19세기 후반과 20세기 초 미국사회에 만연했던 개척정신과 무한한 기회의식으로 특징지어졌다. 미국은 유럽처럼 소수의 사회경제적 계층에게 부와 권력이 집중되지 않고 평등한 사회로 부상했다. 이러한 미국식 평등사회에서는 영국의 가족지배 대기업에서 발견되는 엘리트주의와 가부장주의가 발달하기 어려웠다. 새로운 전문경영인 계층의 개발을 함양하는 기업성과주의corporate meritocracy가 부상했는데, 기업의 소유주는 이들 전문경영인에게 사업운영의 권한을 위임했다. 챈들러는 이러한 경영문화를 '경영자본주의managerial capitalism'로 기술했다.[13]

전문경영인들에 대한 기업 소유주의 책임과 권한의 위임은 조직 전체에 전파되는 기업의 규범을 확립시켰다. 1920년대 미국에서 시작된 제품다각화product diversification 경향으로 여전히 여러 사업부문의 경영자들에게 더 많은 책임을 위임해야 할 필요가 있었다. 이러한 위임은 최고경영층이 통제수단으로써 정보에 대한 접근성을 유지할 수 있는 경우에만 성공할 수 있었다.

따라서 사업부구조를 바탕으로 구축된 전형적인 미국식 경영 프로세스가 개발되었고, 이는 미국기업들이 해외로 진출해 나감에 따라 전 세계로 이전되었다. 이처럼 전문경영인에게 책임을 위임하고, 정교한 경영시스템을 통하여 조정 및 통제를 하는 이 조합은 엄청나게 강력하다는 것이 입증되었다. 프랑스 저널리스트인 장자크 세르방 슈레베르Jean-Jacques Servan-Schreiber*는 미국기업들의 엄청난 국제적 성공이 재무적 혹은 기술적 강점

* 역자주: 유명한 프랑스 주간지인 〈렉스프레스(*L'Express*)〉의 설립자이며, 1960년대 미국의 부상을 유럽의 관점에서 저술한 책 〈미국의 도전(*American Challenge*)〉의 저자이다.

보다는 아주 새롭고 또 상당히 심각하지만 여전히 유럽인들에게는 수수께끼 같은 미국식 조직을 유럽으로 확장한 것에 기인한다고 진단했다.[14]

우리는 앞서 연구한 3개의 미국기업 모두에서 정교한 시스템과 통제의 영향력을 살펴보았다. P&G가 '프록터방식Procter way'으로 묘사되는 명확한 정책과 관행 그리고 통제의 수단으로 한 장짜리 메모one-page memos를 사용한 것처럼, GE가 사용한 전략계획시스템strategic planning systems은 전 세계 기업들의 모델이 되었다. 반면 ITT는 책임의 위임과 균형감 있는 경영통제를 가장 잘 보여주는 예시이다. 문화적인 규범들과 결합된 해럴드 제닌Harold Geneen의 영향력은 ITT를 시스템 지배적이고 통제 지향적인 미국기업의 전형으로 만들었다.[15]

유럽의 가족자본주의 그리고 미국의 경영자본주의와는 대조적으로, 일본의 문화유산cultural heritage은 챈들러가 '집단자본주의group capitalism'라고 부른 경영방식을 육성했다. 많은 관찰자들이 언급한 바와 같이 일본사회의 동질성, 도쿠가와 시대 동안의 고립주의, 동양 종교 및 철학의 영향은 집단행동을 강조하고 대인관계의 화합에 가치를 부여한 강한 일본식 문화규범을 더욱 강화시켰다. 이러한 가치관은 일본의 상업조직으로도 옮겨갔고, 독특한 경영 스타일과 조직 관행을 형성하는 데 일조했다.[16]

기업 차원에서 집단 지향적인 가치관은 자이바쯔Zaibatsu*와 기타 기업집단enterprise groups or Keiretsu에 반영되었는데, 이들은 자신들의 계열회사들을 가부장적으로 감독했다. 조직 내에서 이러한 가치관은 널리 퍼진 고

* 역자주: 일본의 재벌은 제2차 세계대전을 기준으로 '자이바쯔(재벌)'와 '게이레츠(기업집단)'로 구분할 수 있다. 자이바쯔는 제2차 세계대전 이전의 재벌을 일컫는 용어로 재벌가가 실질적 대주주이면서 계열회사의 독점적 지배권이 있는 형태를 말한다. 대표적인 자이바쯔로는 미쓰비시(三菱), 미쓰이(三井), 스미토모(住友) 등을 들 수 있다. 반면, 게이레츠는 제2차 세계대전 이후의 기업집단을 지칭하며, 자이바쯔와는 달리 사장회를 중심으로 한 상호주식보유제도로 형성되어 있으나 실질적인 대주주는 없다는 특징이 있다. 대표적인 사장회로는 미쓰이 계열의 '二木會'(1961), 미쓰비시 계열의 '金曜會'(1954), 스미토모 계열의 '白水會'(1951) 등을 들 수 있으며, 후요(芙蓉), 다이치강교(第一勸銀), 산와(三和) 같은 은행 계열의 기업집단들도 대표적인 일본의 게이레츠이다.

용주와 종업원 둘 다에 의한 종신고용서약lifetime employment commitments의 규범이나 네마와시nemawashi* 혹은 린기ringi** 같은 경영 관행에서 분명해졌는데, 이는 정보공유와 공동의사결정을 제도화시켰다.[17]

이러한 영향들은 경영자와 기업을 문화적으로 매우 의존적인 시스템으로 결속시킴으로써, 많은 기업들이 국제적으로 확장해 나갈 때 장애요인으로 나타났다. 일본식 경영시스템은 지나치게 소통중심적이었고 관계의존적이었기 때문에, 사업운영단위가 상당한 시간과 거리의 장벽으로 분리되어 있을 경우에는 제대로 그 기능을 발휘하지 못했다. 또한 언어 및 문화적 장벽으로 인해 기업 내에서 이미 운영되고 있는 경영 프로세스에 비非일본인을 통합시키는 것이 매우 어려웠다. 그리고 종신고용서약과 조직 내의 종업원들을 승진시켜야 할 필요성 때문에 일본기업들은 본국에서의 사업을 더욱 확장해야 하는 반면, 해외시장은 재벌관계로 연계된 무역회사 혹은 해외판매 계열사를 통해 진출했다. 결국 일본기업들은 이러한 일본식 시스템의 미묘함을 잘 이해하고 있는 사람들이 관리할 수 있는 일본 본사에서 의사결정권한과 통제권한을 계속 보유하였다.

이와 같이 일본 고유의 문화적 영향을 받은 경영철학 때문에 카오의 국제적 확장은 제기능을 발휘하지 못했다. 또한 카오에 비해 장애가 덜했지만 NEC와 마쓰시타 둘 다의 관리적 유산도 일본문화에 강한 영향을 받았다. 일본에서 마쓰시타는 분권화된 경영 스타일로 잘 알려져 있었다. 그러나 심지어는 1980년대에 들어서도, 마쓰시타의 해외사업운영은 모기업의 제품에 상당히 의존하였는데, 실제로 마쓰시타가 생산하는 전체 물량의

* 역자주: 네마와시(nemawashi)는 원래 나무를 옮겨심기 전에 행하는 일련의 준비작업을 말하지만, 주로 일을 진행할 때 사전협의나 사전교섭 등을 통해 관계자들로부터 미리 양해를 구해 놓는 것을 가리키는 말로 사용된다.

** 역자주: 린기(ringi)는 일본의 품의제도(조직에서 어떤 행위에 대한 의사결정을 할 때 하급자가 입안하여 지휘계통을 거쳐 결재권자의 승인을 받아 시행하는 제도)를 말한다. 여기서 린(rin)은 '상사에게 안을 제출하고 그들의 승인을 받는 것'을 의미하며 기(gi)는 '심의와 결정'을 의미한다.

90% 이상이 일본에서 집중적으로 생산되었다. 그리고 마쓰시타의 모든 기술 및 신제품은 일본 내 본사로부터 개발되었다. 책임 및 권한위임은 필립스나 GE보다 더 제한적이었으며, 통상 마쓰시타가 문화적으로 연계된 시스템을 해외로 확장할 수 있을 때에야 비로소 책임 및 권한위임이 이루어졌다. 당시 외국에 주재하고 있던 일본 경영자들은 본사에 집중적으로 전화연락을 하고, 일본 본사와 해외자회사를 빈번하게 왕래하며 네마와시와 린기에 관여했다.

조직 역사의 영향

경영진이 해외로 사업을 확장하기로 결정하는 맥락과 그러한 결정을 실행하는 환경도 지속적인 영향을 미친다. 제품, 시장 그리고 사업운영방식에 대한 초기의 선택은 미래의 옵션을 제약하는 자산의 구성과 조직구조에 관한 결정을 통하여 고착화locked in된다. 역사적 맥락의 영향은 다양하고 종종 변동성이 심하며, 경제적 · 정치적 · 사회적 요인들에 의해 형성되는 국제경영환경에서 특히 중요하다.

제2장에서 살펴본 바와 같이 비록 전략적 세력들이 산업별로 매우 상이하긴 하지만, 기존과는 다른 시대로 확장해 가는 세계적 기업들에 미치는 영향에 대해서는 일부를 일반화할 수는 있다.[18] 20세기 초반의 몇십 년 동안 많은 기업들, 특히 유럽과 북미의 기업들은 대량생산, 저렴하고 안정적인 유통, 그리고 대량상품화로 가능해진 규모의 경제를 포착하는 것에 그들의 생존이 달려 있다는 사실을 알게 되었다. 그로 인해 경영자들이 추가적인 규모의 잠재력을 위해 해외시장을 눈여겨 본 것은 자연스러울 수밖에 없었다.

일부 기업들은 오늘날 우리가 전형적인 글로벌전략이라고 부르는 전략을 재빠르게 개발했다. 예를 들면, 싱어Singer는 재봉틀을 전 유럽에 보급하고, 아시아, 아프리카, 심지어는 다시 미국으로까지 수출하기에 충분한 생산능력을 갖춘 대량생산시설을 스코틀랜드에 구축했다. 또 스탠더드오일Standard Oil을 창업한 존 D. 록펠러John D. Rockefeller는 하루에 2만 배럴을 생산할 수 있으며, 그중 2/3를 수출하는 고효율적인 3개의 정유공장으로 세계 등유 생산의 1/4을 장악했다. 그리고 포드자동차의 창업자인 헨리 포드Henry Ford는 고도로 효율적인 하이랜드 파크 공장에서 생산한 자동차를 수출함으로써 저가 자동차분야의 세계시장을 지배했는데, 이러한 포드의 전형적인 글로벌전략을 50년 후에 일본인들이 모방했다.

그러나 대부분의 기업들에게 이러한 글로벌 통합에 대한 장벽은 너무 높았다. 심지어는 앞서 살펴본 싱어, 스탠더드오일, 포드 등 3개 기업들조차도 얼마 지나지 않아 글로벌시장에 대한 그들의 접근법을 수정해야 했다. 광범위한 제품다양성으로 인해, 잘 구축된 국가별 선호는 한 국가의 소비자 수요와 다른 국가의 소비자 수요를 확연하게 차별화시켰다. 과거에도 그랬지만 20세기 초반에도 동일하게 국가별 시장을 구분하는 물류장벽logistical barriers은 매우 중요했다. 제품을 전 세계적으로 운반하는 데 따른 선적 지연과 비용은 제한적인 범위의 제품을 제외하고는, 글로벌 대량생산의 경제성economies of global mass production을 완전히 상쇄시켰다. 그리고 곧바로 현지경쟁기업들이 출현했다. 해외시장에서 세계적 기업들의 수출이 현지기업들의 도전을 받음에 따라 세계적 기업들은 보다 직접적이고 시의 적절한 방식으로 대응할 수 있는 완전히 통합된 현지자회사를 세우는 것이 종종 바람직한 것처럼 보였다.

이 시기 동안 유럽국가의 기업들, 특히 광범위한 해외자회사를 거느린 기업들은 해외투자 확대를 주도하고 있었다.[19] 예를 들면, 1914년 영국은 전 세계에서 발생되는 외국인투자주식의 절반을 차지하고 있었으며, 프랑스, 독일, 네덜란드가 추가로 43%를 차지했다. 당시 미국의 비중은 6%에 지나지 않았다.[20]

1930년대와 1940년대에는 정치가 국제경영환경을 지배했다. 1920년대 후반부터 발전하기 시작한 보호무역주의의 압력은 미국에서 스무트 홀리Smoot-Hawley 법안과 전 세계에서 그와 유사한 법안들이 통과된 1930년대 중반에 이르러 절정에 달했다. 이로 인해서 전 세계적으로 규모의 경제를 가장 헌신적으로 추구하는 기업들조차도 종종 관세장벽을 회피해 현지에 생산설비를 구축하지 않을 수 없었다. 따라서 현지자회사들은 통상적으로 현지의 니즈를 충족시키기 위해 자신들의 제품과 심지어는 제조공정까지도 현지에 적합하게 수정하는 완전히 통합된 현지역량을 구축해야 했다. 이로 인해 본사에 대한 현지자회사의 의존도는 감소했고, 현지자회사를 통제하는 본사 경영자의 역량도 마찬가지로 감소하게 되었다.

세계대전이 다가오자, 해외자회사들은 모기업으로부터 더욱 고립되었는데, 특히 유럽에 위치한 기업들이 그러했다. 예를 들면, 독일이 자산을 몰수할 수도 있다는 두려움으로 필립스는 영국과 미국의 자회사들을 분사spin off시켜, 법적으로 독립적인 신탁회사 소유의 기업으로 재편했다.

전후 국제적 환경은 이전과 매우 달랐다. 소비자들이 전쟁으로 미루어 두었던 구매를 만회하려 함에 따라, 전 세계적으로 수요가 폭발적으로 증가했다. 생산재부문에서 유럽경제는 전후 재건과정을 거치고 있었으며, 새로운 국제금융기관들은 많은 개발도상국에게 대규모의 개발 프로젝트 자금을 조달해 주었다.

몇몇 사유로 미국 기반의 기업들은 전 세계적인 전후 붐의 이점을 누릴 수 있는 최적의 위치에 있었다. 많은 유럽의 경쟁기업들은 손상된 국내사업운영의 재건에 몰두했던 반면, 대부분의 미국기업들은 전쟁의 상처를 입지 않은 채 세계시장에 진출할 수 있었다. 보다 중요한 사실은 많은 미국기업들이 그들의 경쟁우위를 강화시킬 수 있는 신기술과 역량을 보유하고 있었다는 것이었다. 미국의 기술주도권technological hegemony은 의문의 여지가 없었으며, 많은 미국 기반 기업들이 요청하지도 않은 수출주문과 라이선싱licensing 기회로 인해 해외시장으로 끌려 들어갔다. 1960년 즈음에 미국은 전 세계 해외투자의 59%를 차지했으며, 과거 해외시장을 지배했던 유럽 4개국의 비중은 33%로 떨어져 미국에게 추월을 허용해야 했다.[21]

이 기간 중에 국제화된 기업들은 국가별 차이에 대응해야 할 압력을 보다 적게 받았다. 국제무역환경에서의 제약들이 줄어들어 자율적인 현지사업운영의 필요성이 감소했으며, 대규모의 병력 이동과 전후 물자의 결핍은 현지의 선호도를 동질화시키는 효과를 가져왔다. 보다 강력한 영향은 기업들이 자국시장에서 개발한 지식을 보다 덜 발전된 해외시장환경에 이전시키고 관리함으로써, 이를 자본화할 수 있다는 인식을 했다는 것이었다. 실제로 기업들의 해외 확장 패턴이 보편화되고, 특히 미국을 근거지로 한 기업들에서 더욱 그런 패턴들이 자주 나타나게 되자, 하버드대학교의 연구자인 레이몬드 버논Raymond Vernon은 이를 국제제품수명주기 모델의 기초적 토대로 사용했다.[22]

지식의 단계적인 국제적 이전은 기술혁신뿐만 아니라 마케팅기술과 경영역량에도 적용되었다. 미국적 마케팅시스템은 대중전달mass communication 매체로서 텔레비전의 등장으로 극적으로 변화되었다. 그리고 슈퍼마켓, 할인전문점, 교외 쇼핑몰의 성장으로 유통혁명이 야기되었다. 뿐만 아니라 제품의 편의성과 포장도 새롭게 강조되기 시작했다. 이러한 경향들이 미국에서 처음 나타났기 때문에, P&G와 같이 미국에 본사를 둔 기업들은 다른 나라들에서도 이와 비슷한 변화가 발생될 때 순차적으로 전 세계로 이전할 수 있는 마케팅 지식과 역량들을 개발할 수 있었다.

1960년대와 1970년대에 이르러서는 새로운 세력들이 국제환경을 조성하고 해외로 사업을 확장하는 기업들의 사업운영에 영향을 미치고 있었다. 관세 및 무역에 관한 일반협정GATT : General Agreements on Tariffs and Trade에 의거한 지속적인 협상과 합의로 인해 20세기 초부터 국제경제가 보였던 것보다 더 적은 관세와 비관세장벽을 지닌 환경이 조성되었다. 그리고 그로 인해 20세기 초부터 수십 년 동안 유지되던 보호무역주의의 경향이 반전되었다.

보다 개방적인 무역환경은 글로벌 소싱global sourcing을 가능하게 만들었고, 기타 세력요인들은 경제적 자립성을 재형성시켰다. 운송비는 컨테이너 및 초대형 화물선의 등장으로 완전히 재구성되었다. 신제품과 새로운 공정기술은 규모의 경제에 대한 기회와 그 필요성을 증대시켰다. 전기기계기술electromechanical technologies로부터 전자기술electronic technologies로의 전환은 많은 산업의 경제적 측면에 커다란 혁명을 불러왔다.

한편 이 기간 중에 해외여행과 국제적 커뮤니케이션의 극적인 증가로, 한때 글로벌화의 중요한 장벽이었던 국가별 소비자 취향의 차이가 점차 사라졌다. 몇몇 산업부문에서 국제적인 소비를 위해 제품들을 표준화할 수 있었고, 다른 많은 산업부문에서도 특정 시장을 위해 약간 수정된 기본적인 디자인으로도 세계적인 수요를 충족할 수 있었다. 두 경우 모두 각 국가별 시장에서의 독특한 현지제품에 대한 니즈는 거의 사라졌다.[23]

그러자 이제 많은 일본기업들이 해외로 진출하였다. 당시의 지배적 조건에 부응하여 일본기업들은 앞서 국제화했던 기업들의 전략이나 역량과는 매우 상이한 전략적 추진력과 조직적 역량을 개발했다. 예를 들어, 마쓰시타는 표준화된 글로벌제품을 개발하고 그것들을 핵심장소에서 제조하여 전 세계로 수출하는 이상적인 입지를 구축했다. 반면 필립스는 '현지를 위한 현지제품local-for-local'이라는 기준 아래 현지에서 제품을 개발, 제조, 마케팅했으며, GE는 미국의 기술과 혁신을 해외로 이전하는 능력을 토대로 국제적인 전략을 구사했기 때문에 마쓰시타의 방식과는 차이를 보였다.

대부분의 일본기업들의 해외사업 경험은 일본과 이웃한 아시아 국가들에 국한되었기 때문에, 그들은 종종 유럽 및 미국 경쟁기업들의 거대하고 정교한 국가별 시설과 역량에 상대가 될 수 없다는 것을 느꼈다. 게다가 잘 발달된 일본 무역회사들은 새로운 시장에 보다 쉽게 접근할 수 있는 수단을 일본기업들에게 제공해 주었다. 또한 많은 기업들은 그들의 새롭고 효율적이며 규모 집약적인 공장들이 경쟁기업의 하류downstream(소비자 상대의 영업활동 등)의 강점을 상쇄시킬 수 있는 가치부가체인의 상류upstream(생산부문)에서 경쟁우위를 제공했다는 것도 인식했다. 따라서 일본기업들은 제품의 개발, 원자재조달, 제조에 대한 엄격한 중앙집중적 통제를 통하여 달성한 글로벌 규모의 원가우위와 고품질의 이점을 강조하는 수출 기반의 전략을 선호했다.

관리적 유산: 전략적 · 조직적 결과

제2장에서 우리는 환경적 요인들이 기업의 전략적 측면을 형성하는 산업 특성에 어떤 영향을 미쳤는지를 살펴보고, 다국적 · 글로벌 · 국제적기업들의 특성을 요약했다.

이와 유사하게 한 기업의 관리적 유산 역시 그 기업의 조직형태와 역량에 영향을 미친다. 우리는 독특한 구조적 형태, 관리과정, 경영진의 사고방식 등으로 각각 특징지을 수 있는 세 가지 매우 다른 조직적 모델을 관찰했다. 첫 번째 그리고 아마도 가장 널리 퍼진 유형은 우리가 다국적조직모델multinational organization model이라고 부르는 유형이다. 이 모델은 전쟁 전 기간prewar period에 해외로 확장해 나간 기업들이 채택한 전형적인 조직형태였다. 우리는 경제적 · 정치적 · 사회적 세력들이 기업으로 하여금 국가별 시장을 구별하는 차이에 대응하여 해외사업을 운영할 수 있도록 조직적 자산과 역량을 어떻게 분권화하도록 했는지를 설명했다. 결과적으로 분배된 자원과 위임된 책임의 조합은 분권화된 연합체decentralized federation로 설명할 수도 있다.

이러한 구조는 그 시기에 해외로 확장해 나간 많은 유럽기업들의 경영 규범에 특히 잘 맞았다. 가족 소유구조family ownership의 지속적인 영향으로 조직의 여러 프로세스들은 공식적인 구조와 시스템보다는 개인적 관계와 비공식적인 접촉을 바탕으로 구축되었다. 그리고 그러한 경영 프로세스는 해외자회사의 관리를 위해 파견된 신뢰할 수 있는 책임자에게 사업 운영의 독립성을 위임하는 경향을 강화시켰다. 통제와 조정은 주로 본사의 최고경영진과 자회사 경영자들 간의 개인적 관계를 통하여 이루어졌다. 이러한 사회적 통제과정social control process은 통상 회계의 통합을 허용하고 자본유출과 배당금의 본국 송금을 관리하기 위한 다소 단순한 재무 시스템으로 보완되었다. 이러한 조직에서 지배적인 경영사고방식은 기업의 전략을 전 세계 핵심시장에서 입지를 강화하고, 독립적인 사업 포트폴리오로 해외사업을 관리하는 것으로 보았다. 이 접근방식은 말그대로 다국적인 방법으로, 각 국가별 해외자회사는 현지환경에서 자신의 입지를 최적화하는 것이 전략적 목표인 독립적인 실체로 관리되었다.

다국적조직의 특성은 다음과 같이 정의된다. 즉 다국적조직은 자산과 책임이 분권화된 연합체, 비공식적인 인적 조정에 단순한 재무적 통제가 더해진 관리 프로세스 그리고 자신들의 해외사업체를 국가별 자회사의 포트폴리오로 바라보는 지배적인 전략적 사고방식을 지닌다([그림 3-1] 참조).

두 번째 기본적 조직형태는 국제적 조직 모델international organization model이다. 이 형태의 조직구조 및 프로세스는 전후 초기 수십 년 동안 지배적이었다. 당시에 국제화된 기업들의 핵심과업은 기술이나 시장개발이 덜 진전된 해외로 지식과 전문성을 이전하는 것이었다. 이 시기에는 각 국가별 시장의 차이와 국제적 장벽이 사라지고는 있었지만 그 속도는 상당히 더뎠다. 그러한 상황에서 현지자회사들은 종종 신제품 또는 전략을 현지

| 그림 3-1 | 다국적조직 모델

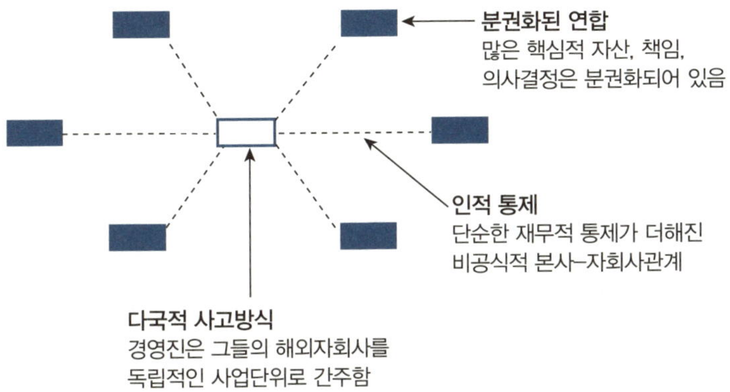

의 상황에 적합하게 자유롭게 수정할 수는 있었지만, 신제품, 신공정 혹은 아이디어에 대한 모기업의 의존성으로 이 유형의 현지자회사들은 전형적인 다국적조직보다 훨씬 더 심하게 본사로부터 조정과 통제를 받았다. 국제적 조직 모델의 구조적 형태는 조정된 연합체coordinated federation로 설명할 수 있다.

미국을 기반으로 한 기업들의 경영문화는 이러한 구조에 잘 부합한다. 이들 기업들은 책임을 위임할 의지를 내포하는 전문경영시스템의 명성을 구축했으며, 정교한 경영시스템과 특정 영역에서 전문성이 있는 본사 전문가들을 통해 전반적인 통제력을 유지했다. 이러한 시스템으로 정기적인 정보흐름을 위한 채널을 제공하고, 본사의 직원들에게 이를 해석하도록 했다. 경영권을 보유한 최고경영진은 독립적인 자회사들의 자율경영팀을 통제할 수 있었고, 자회사가 나아갈 방향을 유도할 수 있었다.

국제적인 사업운영에 대한 모기업 경영진의 태도는 다소 우월적이고 편협했는데, 그 이유는 아마도 새로운 아이디어와 개발품들이 모두 모기업으로부터 나왔다고 가정했기 때문이었다. 해외시장에 대한 기업 경영진의 이해도가 증대되었음에도 불구하고, 이들은 종종 해외에서의 사업운영을 본국시장에서 개발된 역량과 자원을 활용하는 것을 주목적으로 하는 부속물로 간주하는 것처럼 보였다.

비록 국제적 조직 모델의 구조가 다국적조직 모델의 형태를 닮기는 했지만, 해외자회사들은 지식과 정보의 이전을 위해 본사에 더 많이 의존했다. 또한 모기업은 본사와 자회사 간 연계에서 공식적인 시스템과 통제를 더 많이 사용했다(국제적 조직 모델을 도식화한 [그림 3-2]를 참조).

세 번째 조직형태는 전형적인 글로벌조직 모델global organization model이다. 이는 헨리 포드와 존 D. 록펠러와 같은 세계화의 선구자들이 채택한 가장 초기의 기업형태 중 하나였다. 즉 이 모델의 기업들은 엄격하게 통제된 (중앙)본사의 전략하에 전 세계로 출하될 표준제품들을 생산하기 위해 세계적 규모의 시설을 구축했다. 그리고 바로 이 모델이 1970년대와 1980년대 초에 많이 연구된 일본의 세계적 경쟁 모델을 뒷받침하는 조직형태였다.

이 조직형태는 자산, 자원 그리고 책임의 중앙집중화를 바탕으로 한다. 글로벌조직 모델에서 해외사업체는 글로벌수준의 규모를 구축하기 위해 해외시장에 도달하는 수단으로 간주된다. 해외자회사의 현지조립공장이 비록 경제적 혹은 보다 자주는 정치적 압력에 좌우될 수도 있지만, 자회사의 역할은 판매와 서비스에 한정된다. 즉 현지자회사의 역할은 제품을 조

| 그림 3-2 | 국제적 조직 모델

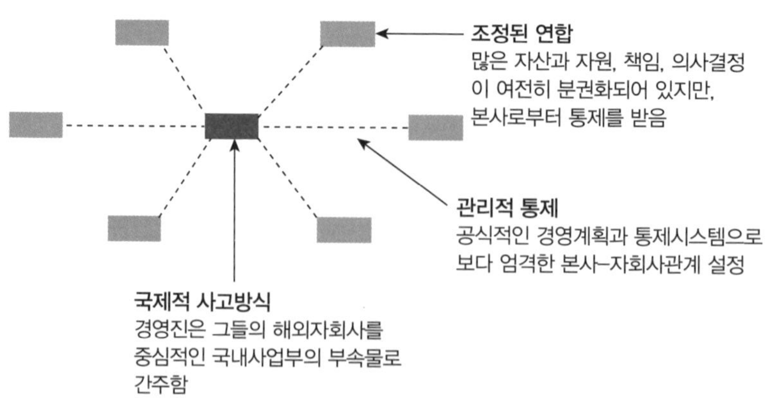

립하여 판매하고, 본사에서 개발한 계획과 정책들을 실행하는 것에 국한된다. 다국적조직 모델 혹은 국제적 조직 모델에서의 자회사들과 비교해보면, 글로벌조직 모델의 자회사들은 신제품 혹은 전략을 고안하거나, 심지어는 기존의 제품이나 전략들을 수정하는 자유조차도 훨씬 적게 부여받는다. 이러한 구조적 형태는 중앙화된 허브centralized hub로 설명될 수 있다.

이 형태는 일본기업들의 경영규범과 프로세스에 적합했다. 중앙집중화된 의사결정과 통제를 바탕으로, 이들 기업은 집단 지향적 행동에 근거한 문화적으로 종속적인 경영시스템을 유지할 수 있었다. 이들 기업의 경영 프로세스는 집중적인 의사소통과 개인적 상호의존성 및 헌신의 복합적인 시스템을 필요로 했기 때문에, 그러한 것들을 해외로 이전하기는 매우 어려웠다. 하지만 의사결정이 일본 본사에 집중되어 있는 경우에는 매우 효과적으로 운영되었다. 당연하게 해외자회사들은 자원과 사업방향을 본사에 의존했다. 본사 경영자들이 자회사의 사업운영을 엄격하게 통제했고, 제품, 지식, 지원의 흐름은 본사에서 자회사로 흐르는 일방통행이었다.

글로벌조직 모델의 경영자들은 그들의 맞수인 다국적 및 국제적 조직 모델의 경영자들보다 더 세계시장에 초점을 맞췄다. 그러나 국가별 자회사들은 독립성을 거의 갖지 못했기 때문에, 글로벌조직의 경영자들은 현지환경의 차이를 충분히 이해하지 못했다. 지배적인 경영 관점은 세계가 차이점보다는 유사점이 더 중요한 단일 통합시장이 될 수 있고, 되어야 하며, 또 그렇게 다루어져야 한다는 것이었다. 이 모델에서는 전 세계가 주된 분석단위였다.

따라서 전형적인 글로벌조직 모델은 중앙화된 허브형태, 의존적이며 엄격하게 통제된 자회사 그리고 세계를 하나의 경제 실체로 바라보는 경영의 사고방식이 조합된 것으로 정의된다([그림 3-3] 참조).

역사적 · 문화적 · 개인적 영향력에 의해 형성된 세 가지 조직 모형은 명백하게도 매우 상이한 전략적 역량이다. 다국적조직 모델에서는 기업들이

|그림 3-3| 글로벌조직 모델

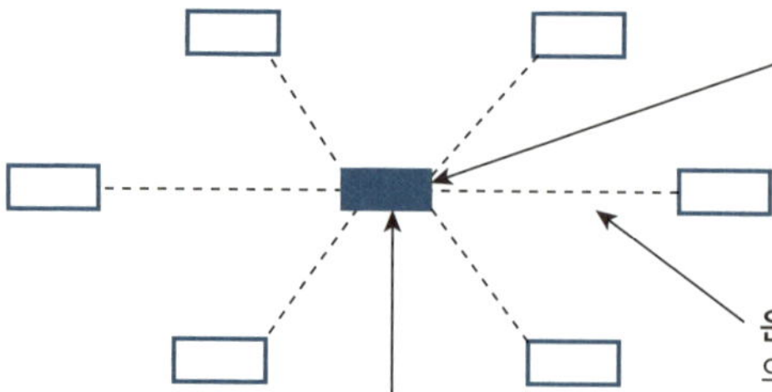

현지시장의 차이와 국가별 정치적 요구사항에 극도로 민감하게 반응한다. 이에 반해 국제적 조직 모델은 모기업으로부터 지식과 기술을 자회사로 이전하고 그것을 현지의 니즈에 적응시킬 수 있는 효과적인 수단을 제공한다. 그리고 글로벌조직 모델은 조정된 전략의 개발을 촉진하고 글로벌 규모의 효율성을 포착할 가능성이 가장 높다.

기업성과 : 환경–전략–구조의 연계

환경–전략–구조 패러다임은 기업성과의 차이를 이해할 수 있는 강력한 방법을 제공한다. 간단히 말하면 이 패러다임은 우수한 기업의 성과가 기업전략과 환경 요구사항 간, 그리고 조직구조와 전략 간의 양호한 적합성으로부터 초래된다는 사실을 제시한다.

제2장에서 우리는 환경–전략의 연계성에 초점을 맞추고, 최고의 성과를 내는 기업은 그 전략이 해당 산업의 요건에 부합하는 기업임을 입증했다. 다시 예를 들어 언급해 보면, 글로벌 가전산업에서 글로벌전략을 추구

함으로써, 마쓰시타는 다국적전략을 구사한 필립스와 국제적 전략을 취한 GE를 훨씬 앞섰다. 그러나 해당 산업의 요건들이 보다 복잡해짐에 따라 전략적 적합성의 1차원적 개념unidimensional concepts of strategic fit은 보다 역동적인 형태의 전략적 유연성으로 대체되고 있다.

본 장에서 우리는 전략–구조 간의 연계성, 그리고 특히 기업의 관리적 유산이 그 구조와 경영사고방식에 미치는 영향을 강조했다. 우리가 연구한 기업의 많은 경영자들은 조직에 대한 계획된 전략적 점검 혹은 조직이 그들의 계획을 제약 혹은 완전히 가로막을 수도 있는 가능성에 대한 함축성보다는 전략과 환경 간의 접점interface에 대해 더욱 많은 우려를 나타냈다.

제2장에서 우리는 필립스와 유니레버의 경영자들이 사업 변화에 대응하기 위해 취한 초기 행동들의 일부를 살펴보았다. 양사의 뿌리 깊은 전략적 · 운영적 분권화의 전통 때문에 제품개발을 중앙집권화하려는 양사의 노력은 실패로 끝났다. 그러한 규범과 그것을 반영한 경영 프로세스의 변화는 구조적 혹은 전략적 변화가 효과를 발휘할 수 있기 전에 필요했다.

유사하게 마쓰시타의 사업부구조가 이제 문제들을 만들어내고 있다. 저성장 시기에 마쓰시타가 지녔던 수익성 지향의 평가시스템은 사업부 경영자들로 하여금 단기적 결과를 강조하고, 위험한 개발투자를 회피하게 만들었다. 뿐만 아니라 사업부들 간의 경쟁은 사람, 자원, 정보의 공유를 방해했다. 마쓰시타가 생산하는 제품들이 독자적인 장비보다는 점점 더 다기능적 시스템으로 전환되어 감에 따라, 이러한 방해물은 여러 제품집단의 협력이 요구되는 자사의 신제품 창출역량에 점차 심각한 결과를 초래했다. 마쓰시타는 사업부시스템에 구현된 뿌리 깊은 철학과 가치관으로 인해, 이러한 문제들을 해결하는 데 어려움을 겪고 있다.

일부 연구자들은 기업들이 적합성을 되찾기 위해 그들의 전략 혹은 공식적인 조직구조를 변화시킬 수 있음을 암시한다. 그러나 우리 연구결과는 전략과 구조 모두가 기업의 고유하고 뿌리 깊이 배어든 관리적 유산의 산물이기 때문에, 그러한 변화를 달성하기가 극히 어렵다는 것을 시사한다.

우리의 연구결과가 기업들이 변화할 수 없다는 것을 암시하는 것은 아니다. 실제로 이 책의 목적은 변화가 가능함을 강조하고, 일부 기업들이 새로운 전략적 도전과제에 어떻게 적응했는지를 기술하며, 경영자들이 자신의 조직에서 변화를 관리하는 방법을 어떻게 배울 수 있는지를 제안하는 것에 있다. 그러나 경쟁적 전략 혹은 공식적인 조직구조에서의 변화는 실행하기가 어렵고, 설사 변화를 실행했다고 하더라도 기업의 가치관과 경영 프로세스에서의 변화가 서로 부합되지 않고서는 거의 효과를 보기 어렵다. 요약하면 특정 기업의 모든 변화는 관리적 유산의 자산과 제약 측면을 명백하게 이해하는 것에서부터 시작해야 한다.

초국적기업으로의 변화

제2장에서 우리는 1980년대에 많은 전 세계적 산업이 전통적인 글로벌, 다국적, 국제적 형태에서 초국적 형태로 변모되었다는 가설을 제기했다. 성공을 위한 핵심역량으로 효율성, 대응성 혹은 학습을 요구하는 대신에, 이제 이들 사업들은 해당 사업에 참여하는 기업들에게 경쟁력을 유지하기 위해 세 가지 강점 모두를 동시에 달성할 것을 요구한다. 그 결과, 대부분의 기업들은 그러한 환경적 도전에 대응해야 하는 문제에 직면해 있다. 심지어는 그들의 관리적 유산이 관련 사업의 1차원적인 전략적 요건에 부합했기 때문에 한때는 성공적이었던 기업조차도, 이제는 새로운 역량을 개발해야만 한다.

기업들은 문제에 대한 인식이 서로 다르다. 역사적인 전략적 자세가 산업의 요구사항에 잘 부합했던 마쓰시타, 유니레버, 에릭슨은 이러한 도전을 변화하는 산업의 요건에 적응하기 위한 한 방편으로 보고 있다. 반면, 필립스, 카오, NEC와 같은 다른 기업들은 지배적인 전략적 니즈에 맞는 적합성을 개발해야 한다고 믿는다. 하지만 자신들이 보유한 특정 역량을 보호하고, 현재 부족한 역량을 개발해야 한다는 본질적인 측면에서, 두 집단의 문제점은 유사했다. 그러나 각 집단의 인식은 그러한 문제점에 대하여 각기 특유한 의미를 부여했다. 비교적 성공적이었던 기업들은 과거의 전략들이 매우 큰 성공을 거두었기 때문에 변화를 꾀하기가 어려울 수도 있다. 반면 뒤처져 있는 기업들은 전체적인 전략의 방향을 재설정할 필요성을 느끼고, 과거에는 덜 중요했지만 이제는 점차 중요해지고 있는 그들의 역량을 보호하지 않을 수도 있다.

개념적으로 우리는 산업부문들이 점차적으로 유사한 초국적 형태로 진화해 나가고 있음을 이미 기술했다. 그러나 실제적으로는 기업들은 매우 상이한 특정 도전과제들에 직면해 있다. 마찬가지로 관리적 유산의 차이는 심지어 동일한 사업부문에서 경쟁하는 기업들의 적응과정도 매우 상이하게 만들고 있다.

시간이 지남에 따라 시행착오를 통해 기업들은 특정한 유사성을 개발하고 있다. 근본적으로 기업들은 국경 없는 경영에 관한 공통적인 비전을 발전시키고 있다. 이러한 비전은 보호해야 할 자산임과 동시에 극복해야 할 제약으로서 관리적 유산의 중요성을 인지한다. 또 다른 핵심적인 믿음은 초국적사업에 필요한 다차원적인 전략적 역량을 발전시키는 첫 번째 단계는 조직적 역량을 구축해야 한다는 것이다. 어떤 특정 조직적 형태나 전략적 자세보다도 그러한 경영사고방식이 우리가 초국적조직이라고 부르는 기업의 핵심에 자리하고 있다. 제4장은 이와 같은 초국적조직에 대해 기술한다. 이 책의 나머지 부분은 이러한 초국적기업을 어떻게 구축하고 경영할 수 있는지를 제안한다.

CHAPTER 04

새롭게 부상하는 조직 모델: 초국적기업

제2장에서 기술한 바와 같이 세계적 기업 경영자들의 대부분은 글로벌 효율성, 국가별 대응성 그리고 전 세계를 대상으로 한 지식개발 및 활용능력을 동시에 달성할 필요성을 인식하고 있다. 그러나 그들 중 일부는 그러한 목표가 본질적으로 달성되기 어렵다고 여긴다. 그들은 세 가지 목표들 중 양립할 수 없는 모순점들을 인식하고, 적어도 잠정적으로는 그것들 중 하나에 초점을 맞추려고 한다. 하지만 초국적기업은 이러한 모순점들을 극복하는 기업형태이다.[01]

우리는 왜 전통적인 경영방식이 오늘날 초국적산업들의 다차원적이고 역동적인 수요에 효과적으로 대응할 수 없는지에 대해 간단히 논의하는 것으로 이번 장을 시작하고자 한다. 그런 다음 초국적조직이 다양한 전략적 요구사항들 간의 모순을 극복하게 해주는 몇 가지 핵심속성을 강조한다. 그러고 나서 초국적조직을 구축하고 관리하는 것과 관련된 주요 경영과제에 대한 간단한 논의로 본 장을 마무리 짓는다. 뒤이은 장들에서는 이러한 요약사항을 보다 자세하게 부연 설명할 것이다. 본 장에서 우리의 주된 목표는 이 책의 제2부와 제3부에 대한 개념적 요약 및 로드맵을 제공하는 것이다.

초국적기업에 대한 우리의 설명은 어떤 특정 기업을 지칭한다기보다는 이상적인 조직형태를 기술하는 것이다. 사실 이러한 조직형태를 개발하고 관리하는 것은 쉬운 일은 아니다. 실제로 우리가 연구를 수행하는 동안에도, 연구대상인 9개 기업들 중 2개 기업은 우리가 초점을 맞추고 있었던 사업부문을 포기했다. 변화하는 사업부문에서 해당 기업이 번성하기 위해서는 초국적조직을 구축할 필요가 있었는데, 두 기업 모두 부분적으로는 (물론 우리는 대부분이라고 말하겠지만) 사업 포기결정이 초국적조직의 형태로 발전하는 데 겪은 어려움에 기인한 것이었다. 연구대상 중 나머지 기업들은 다음과 같은 하나의 공통적인 특성을 공유했다. 그것은 바로 최고경영진은 매우 상이한 형태의 세계적 조직을 구축하고 관리해야 할 필요성을 인식하고 있었다는 것이었다. 그러한 인식은 기업들이 초국적기업의 조직역량을 개발하기 위해 강력하고 지속적으로 노력하게 만들었다.

딜레마와 상충관계trade-offs

우리가 연구한 9개의 기업 모두는 효율성, 대응성, 지식을 동시에 관리해야 할 필요성을 묵시적으로 인식하고 있었다. 그러나 우리가 제시한 바와 같이 그들 기업은 다른 것들보다 더 어려운 도전과제가 있음을 발견했다. 기업들이 전통적으로 서로 다른 전략적 과제에 접근했던 방식은 다른 것들을 희생하거나, 적어도 심각하게 양보하지 않으면 어떤 하나의 목표도 달성하지 못하게 하는 딜레마로 유도했다.[02] 이러한 딜레마는 기업들이 자산과 역량을 설정하고 해외자회사에 역할을 부여하며, 기업 내에 지식을 확산시키는 방식으로부터 비롯되었다([표 4-1] 참조).

글로벌기업은 본사에 통합된 자원과 역량을 가지고, 모든 활동에서 잠재적인 규모의 경제를 활용함으로써 효율성을 추구한다. 그러나 이러한

| 표 4-1 | 다국적 · 글로벌 · 국제적기업의 조직적 특성

조직적 특성	다국적기업	글로벌기업	국제적기업
자산 및 역량의 배치	분권화시키고 국가별로 자급자족할 수 있게 함	중앙에 집중시키고 글로벌 차원에서 규모의 경제를 추구함	핵심역량의 원천은 중앙에 집중시키지만, 나머지는 분권화시킴
해외자회사의 역할	현지의 기회를 감지하고 활용함	모회사의 전략을 실행함	모회사의 역량을 현지에 맞게 적응시키고 활용함
지식의 개발 및 확산	개별 자회사 내에서 지식을 개발하고 보유함	중앙에서 지식을 개발하고 유지함	중앙에서 지식을 개발하고 해외자회사들로 지식을 이전함

자산의 구성은 현지자회사들이 어떠한 여유자원slack resources도 없이 경영되기 때문에 현지시장의 니즈에 대응하기 위한 동기나 능력을 갖지 못하고 있다는 것을 암시한다. 유사하게 지식과 기술의 중앙집중화는 글로벌기업이 혁신을 관리하는 데 매우 효율적이다. 따라서 상대적으로 저렴한 원가와 빠른 속도로 신제품과 새로운 프로세스를 창출할 수 있다.

그러나 안타깝게도 혁신에 대한 책임을 지는 본사의 조직은 종종 본국시장 밖의 현지시장에서 시장의 니즈와 생산 현실을 충분히 이해하지 못한다. 설사 본사가 다양한 현지 니즈를 이해하는 경우라도 모든 요구조건을 만족시키려는 과도한 제품 요건overspecification 혹은 아무것도 만족시키지 못하는 원대한 절충안grand compromise 등으로 인해 본사의 대응이 부적절할 수도 있다. 해외자회사의 제한적인 자원과 한정된 실행 역할은 글로벌기업이 본국 외의 해외시장환경에서 학습하는 기회를 가로막게 된다. 이는 글로벌조직이 글로벌 효율성이라는 비장의 무기를 위험에 빠뜨리지 않고서는 극복할 수 없는 문제이다.

분산된 자원과 분권화된 의사결정구조를 지닌 다국적기업의 해외자회사들은 현지의 니즈에 반응할 수는 있지만, 여러 현지국가로 활동을 세분화하는 것은 필연적으로 글로벌 효율성의 측면에서 불이익을 초래한다. 뿐만 아니라 지식이 전체 기업 차원에서 통합되지 않고 다국적기업의 다양한 자회사들 사이로 원활하게 이전되지 않기 때문에 학습 측면에서도 어려움을 겪게 된다. 현지혁신은 종종 자회사의 근거지와 자율성을 보호하기 위한 자회사의 관리 노력에 지나지 않는 것들이나 차단된 소통 또는 NIHNot-Invented-Here신드롬에 의해 야기된 부수적인 것들의 재발명을 보여준다.

반면 국제적기업은 모기업의 지식과 역량을 보다 잘 활용할 수 있다. 그러나 국제적기업이 갖는 자원의 형태와 사업운영시스템은 국제적기업을 글로벌기업보다 덜 효율적이고, 다국적기업에 비해 덜 대응적으로 만든다.

초국적기업의 속성

초국적기업은 문제를 매우 상이한 방식으로 재정의한다. 초국적기업은 효율성 자체가 아닌, 글로벌 경쟁력을 성취하는 수단으로써 효율성을 모색한다. 초국적기업들은 현지대응성의 중요성도 인정하지만, 이 역시도 해외사업운영의 유연성을 성취하기 위한 도구로 활용한다. 혁신은 기업의 모든 구성원들을 아우르는 보다 큰 조직학습과정의 결과로 간주된다. 이러한 사안들에 대한 재정의는 초국적기업 경영자들이 보다 넓은 관점을 개발하게 하고, 매우 상이한 선택기준을 채택하도록 유도한다.

통합 네트워크형태

전통적인 세계적 경영 모형들 각각의 밑바탕에는 어떻게 기업들이 글로벌 경쟁지위global competitive positions를 가장 잘 구축할 수 있는지에 관한 몇 가지 묵시적인 가정이 깔려 있다. 글로벌global기업은 규모scale와 원가우위cost leadership를 달성하는 것이 경쟁우위의 핵심원천이라고 가정한다. 반면 다국적multinational기업은 차별화differentiation가 성과를 향상시키는 주된 방식이라고 본다. 그리고 국제적international기업은 본사에서 창출된 혁신을 활용하여 원가를 절감하거나 수익을 증대하고 혹은 둘 모두의 성취를 기대한다.

초국적transnational기업은 이러한 각각의 접근방식들이 부분적으로는 맞고 또 그 자체의 장점들도 있지만, 어느 것도 전체적인 진실을 대표하고 있지는 않다고 인식한다. 즉 글로벌 경쟁우위를 달성하기 위해서는 원가와 수익을 동시에 관리해야 하고, 효율성과 혁신이 모두 중요하며, 혁신은 조직의 많은 상이한 부분에서 일어날 수 있다. 따라서 자산을 중앙에 집중시키거나 분권화하는 대신, 초국적기업은 사안에 따라 선택적인 결정을 한다.

특정한 자원과 역량은 규모의 경제를 실현할 뿐만 아니라 특정 핵심역량을 보호하고 기업운영에 필요한 감독기능을 제공하기 위해 본국 내에 가장 잘 집중화되어 있다. 기초적인 연구는 종종 핵심역량으로 간주되며 본국에서 가장 잘 수행된다. 재무기능이나 국제 경영진의 개발도 어느 정도는 그와 유사하게 본국에서 수행된다.

다른 특정 자원도 초국적기업에 의해 중앙에 집중화되지만, 그곳이 반드시 본국에 있을 필요는 없다. 노동집약적인 제품을 생산하기 위한 전 세계적 규모의 공장들은 멕시코나 싱가포르 같은 저임금 국가에 세워질 수도 있다. 특정기술의 발전상태는 일본, 독일 혹은 미국에서 관련 자원과 활동의 중앙집중화를 요구할 수도 있다. 이러한 유연한 중앙집중화는 저렴한 투입원가 또는 부족한 자원에 쉽게 접근할 수 있다는 이점을 통해 규모의 경제가 주는 혜택을 보완한다.

일부의 다른 자원들은 차별화의 이점에 비해 잠재적인 규모의 경제효과가 적거나, 유연성 창출과 단일시설에 대한 전적인 의존을 피해야 할 필요성 때문에 현지기준에 적합한 방식으로 분권화될 수도 있다. 현지적응형 시설들은 환율변동, 파업, 자연재해, 기타 혼란으로부터 보호받을 수 있고, 글로벌 차원에서 수행되는 조정의 필요성을 감소시킬 수도 있다. 또한 이러한 현지시설들은 작은 효율성의 희생을 감수할 만한 가치가 있는 국가별 자회사의 조직역량을 구축하는 데도 도움이 될 수도 있다.

초국적기업은 일부의 자원을 본국에 집중시키고, 또 다른 일부의 자원은 해외에 집중시키며, 나머지 자원들을 많은 국가별 사업조직에 배분하기도 한다. 그 결과 초국적기업은 분산되었지만 전문화된 복잡한 배열의 자산과 역량을 갖게 된다.[03] 더 나아가 초국적기업은 강한 상호의존성을 통하여 분산된 자원을 통합한다. 세계적 규모의 싱가포르 생산공장은 호주, 멕시코, 독일에 있는 세계적 규모의 부품공장에 의존할 수도 있다. 또한 전 세계의 주요 판매자회사들은 결국 완제품을 싱가포르에 위치한 생산공장에 의존할 수도 있다. 이러한 상호의존성은 순차적sequential이라기보다는 상호호혜적reciprocal이라 할 수 있다.[04] 영국 자회사는 하나의 제품군을 프랑스 자회사에 의존할 수 있는 반면, 프랑스 자회사는 다른 제품군을 영국 자회사에 의존할 수도 있다. 이러한 상호의존성의 일부는 자산과 자원의 전문화되고 분산된 형태로부터 초래되는 자동적인 결과이다. 그러나 그러한 상호의존성은 때때로 상호의존적인 자회사들 간의 자기강제적self-enforcing 협력을 구축하기 위해 특별히 설계되기도 한다.

제2장에서 논의한 바와 같이 예측하기 어려운 환율, 소비자 취향, 기술변화에 대처하기 위한 유연성과 함께, 글로벌 경쟁력은 규모의 경제, 범위의 경제, 요소비용의 경제 등을 동시에 최적화할 것을 점점 더 요구하고 있다. 초국적기업이 지닌 조직적 자산 및 역량의 복잡한 형태는 전통적인 조직의 중앙집권화 혹은 분권화보다는 이러한 최적화에 더욱 가깝다.

제3장에서 우리는 통상적으로 글로벌 · 다국적 · 국제적기업들과 어울리는 양식화된 대표적 조직 모형 세 가지, 즉 중앙화된 허브, 분권화된 연합체, 조정된 연합체 등을 살펴보았다. 초국적기업의 자산 및 자원의 분배는 통합된 네트워크로 가장 잘 표현된다. 이 방식은 초국적기업에서 관리되어야 하는 부품, 제품, 자원, 사람 그리고 정보의 매우 중요한 흐름을 강조한다.[05] 따라서 초국적기업은 물리적 시설의 합리화를 넘어서 과업과 경영의 관점을 통합해야 하는데, 풍부하고 복잡하게 연계된 의사소통체계, 작업의 상호의존성, 공식 및 비공식적 시스템 등이 바로 초국적기업의 진정한 특징들이다.[06] 제5장에서 우리는 이러한 초국적기업의 조직 모형을 묘사하고, 어떻게 이러한 형태를 구축하고 관리할 수 있는지를 제안한다.

차별화된 조직의 역할과 책임

글로벌조직에서 글로벌 효율성에 따른 원가 및 품질의 우위는 고객들이 선호도에서 특유한 개인적 차이를 피하고 표준제품을 수용하게 하는 충분한 가치를 제공할 것으로 예상된다. 반면 다국적조직에서는 각 국가별 시장에 대한 맞춤형 제품과 전략은 그로 인해 야기될 수도 있는 더 높은 원가를 상쇄할 것으로 추정된다. 그리고 국제적 조직은 이 두 가지의 중간쯤에서 제품 및 공정의 종류를 현지자회사가 선택할 수 있게 허용하고, 현지시장의 조건에 부합시키기 위해 사소한 것들을 수정할 수 있게 한다.

그러나 이러한 모든 조직들은 하나의 공통적인 추정을 한다. 즉 자회사의 역할은 그 자체 환경 내에서의 활동, 즉 현지활동으로 제한된다. 반면 본사는 다수 환경에서 기업의 사업운영에 영향을 미치는 사안에 대한 결정권을 갖는 글로벌 차원의 역할을 수행한다.

우리는 제2장에서 초국적산업에서 대응성에 대한 니즈가 복잡하다고 주장했다. 소비자들은 차별화된 제품을 요구하면서도, 글로벌 표준제품과 동일한 고품질이면서 저렴한 가격의 제품을 원한다. 이러한 환경에서 다국적조직의 현지를 위한 현지대응성local-for-local responsiveness은 경제적으로 실행하기가 점차 어려워지는 반면, 글로벌조직의 세계를 위한 본사의 둔감성center-for-global insensitivity은 국가별로 보다 반응적인 경쟁기업들에 비해 점차 취약해진다.

현지대응성에 대한 도전은 경제적 · 기술적 · 정치적 · 사회적 환경의 예측할 수 없는 빈번한 변화로 인해 악화된다. 오늘날 실제적인 도전과제는 대응적이 되는 것이 아니라, 현지 소비자의 취향, 기술, 규정, 환율 그리고 상대적 가격의 변동에 따라 지속적으로 대응성을 유지할 수 있는 역량을 구축하는 것이다. 소싱sourcing, 가격책정, 제품디자인 그리고 전반적인 전략의 유연성은 이제 '필수 차별화requisite differentiation'를 유지하기 위한 핵심이다.[07] 중앙집권화된 그리고 분산된 조직형태들은 두 가지 모두 너무나 유연성이 부족해서 이러한 도전과제에 부응할 수 없다.

초국적기업은 많은 방식으로 다국적 유연성multinational flexibility을 구축함으로써 대응성을 개발한다. 초국적기업은 약간의 여유자원을 포함시켜 생산설비를 설계하고, 예측하지 못한 수요나 공급의 변동에 대응할 수 있는 유연한 자동화설비를 채택한다. 또한 초국적기업은 기본적인 부품과 핵심디자인은 표준화된 반면, 제품의 특색과 스타일은 현지시장에 맞게 차별화할 수 있는 모듈식 구조modular structures를 갖춘 제품을 만들어낸다. 가장 중요한 것은 초국적기업이 자신들의 조직 내 여러 다른 부문으로 역할과 책임을 체계적으로 분화systematic differentiation한다는 것이다.[08]

그러한 차별성이 모든 시장에서 필요한 것이 아니라 일부 시장에서만 필요하다는 것을 인식하고, 초국적기업은 국가별 자회사의 역할을 다양하게 구성한다. 일부 시장에서 초국적기업의 해외자회사들은 글로벌 표준제품을 채택하고, 본사의 결정을 효과적이고 효율적으로 실행하는 것으로 역할이 한정된다. 반면 다른 자회사들에게는 현지에 적합하도록 제품을 차별화하도록 독려한다. 후자의 범주에 속하는 해외자회사는 때때로 다른 자회사들이 채택하는 제품을 직접 개발하기도 한다. 이런 경우 본사는 자회사에 대한 주도적인 역할을 포기하는데, 이는 전통적 기업들에서 나타나는 조직적 역할의 획일성과 극명하게 대비되는 초국적기업의 핵심속성이다.

소비자의 취향 외에도 정부의 규정, 최첨단기술의 가용성, 세계적 경쟁기업들의 입지 등 이러한 것들 모두가 초국적기업의 자회사 역할을 결정하는 데 고려된다. 상당히 규제가 심한 국가에 위치한 해외자회사는 자율적인 역할이 주어지고 분권화된 연합체방식으로 관리되는 반면, 보다 개방된 경제시스템을 지닌 국가에 위치한 자회사는 통합되고 상호의존적인 방식으로 관리된다. 또한 글로벌 경쟁기업들의 본국이나 탁월한 기술 중심지centers of technological excellence(기술적 핵심센터)에 위치한 자회사들은 경쟁기업들의 자금흐름을 방해하거나, 초국적기업이 해당 기술을 전 세계적으로 활용하는 데 도움이 되는 역할과 자원을 배정받을 수도 있다. 뿐만 아니라 자회사들이 지닌 내부자원과 역량도 그들의 역할과 책임을 결정하는 요인이 될 수도 있다.[09] 전략적으로 중요한 위치에 있는 자회사가 세계적인 역할을 수행하는 데 필요한 자원을 보유하지 못할 수도 있는 반면, 중요하지 않은 환경에 위치한 자회사가 풍부한 자원을 보유할 수도 있다. 따라서 그들의 역할은 그에 따라 조정될 수도 있다.

제6장에서 우리는 일부 기업들이 어떻게 그러한 차별화된 시스템을 구축하는지를 기술하고, 어떻게 다른 기업들이 그와 유사한 역량을 개발할 수 있었는지를 제안한다. 그러나 자회사 역할에서의 차별성은 초국적기업의 보다 넓은 내부적 차별화시스템system of internal differentiation에서 단지 한 측면에 불과할 뿐이다. 사업, 제품, 기능 등 이 모두는 산업구조, 경쟁적 입지, 전략적 과제의 특성을 고려하여 상이하게 관리된다. 이러한 내부적 차별화시스템은 글로벌 · 다국적 · 국제적기업의 전통과는 매우 상이한

전반적인 경영사고방식임을 암시한다. 이러한 초국적 사고방식이 없이 우리가 제시한 체계 혹은 어떤 다른 차별화시스템을 기계적으로 채택하는 것은 효과적일 수 없다. 반면에 초국적 사고방식 없이 무분별하게 시스템을 채택하는 것은 내부적인 규범의 파괴, 엄청난 모호성의 창출, 보상받는 혜택 없이 복잡성을 증대시키는 등의 심한 역기능을 초래할 수 있다. 그러나 초국가적 사고방식을 채택하는 기업에서는 이러한 차별화시스템이 세계적 사업운영에서 기업이 유연성을 구축하고, 최소한의 효율성을 희생하며, 때때로 상당한 경쟁력 향상을 누리는 대응성을 성취함으로써 역동적이고 자기규제적인 프로세스가 된다.

다중의 조직 프로세스관리

전 세계적으로 운영되는 대부분의 거대 기업들은 혁신을 관리하는 것이 핵심적인 전략적 역량임을 인식했다. 많은 산업에서의 구조적 변화로 인해 경쟁력이 떨어지는 경쟁기업이 사라짐에 따라, 생존기업들은 종종 그들이 상당한 규모와 차별화된 역량을 보유하고 있다는 사실을 발견했다. 따라서 생존기업들 간 경쟁은 부상하는 경향을 감지하고 창의적인 대응책을 개발하며, 그들의 혁신을 전 세계에 확산시키는 기업의 능력, 즉 전 세계를 대상으로 한 학습역량으로 전환되었다.[10] 이러한 움직임은 통신산업의 사례에서 명확했다. 학습은 가전산업에서 중요한 게임의 원천이 되고 있으며, 브랜드 포장제품산업에서도 핵심적인 경쟁역량으로 부상하고 있다.

전통적으로 글로벌기업들과 국제적기업들은 혁신을 창출하고 활용하기 위해 중앙집권화된 프로세스에 의존했다. 즉 본국에서 새로운 기회를 감지하고, 신제품이나 프로세스를 창출하기 위해 모기업에 전적으로 집중된 자원을 사용한다. 그리고 그 후 전 세계의 적절한 장소에서 혁신을 채택하는 방식을 따랐다. 반면에 다국적기업들은 현지혁신에 과도하게 의존했다. 그들의 자율적이고 자급자족적인 국가별 자회사들은 현지환경의 니즈를 충족시키는 신제품이나 프로세스를 창출하기 위해 자체적으로 보유한 자원을 사용했다. 본 장 앞부분에서 우리는 이러한 전통적 혁신 프로세스가 지닌 일부의 한계점을 기술했다.

초국적기업의 경영자들은 혁신과 학습관리에 있어 매우 상이한 방식으로 접근한다. 초국적기업들은 환경적 니즈와 기회들이 각 국가별로 광범위하게 다르다는 것을 인지하고 있다. 일부 시장들은 보다 세련된 소비자들을 보유하고 있으며, 몇몇 국가에서는 핵심경쟁기업들이 보다 적극적으로 활동한다. 또 일부의 환경에서는 특정 기술이 다른 기술보다 더 첨단적이다. 뿐만 아니라 본국이 일부 사업과 활동 측면에서는 가장 중요한 환경일 수도 있지만 반드시 전부가 다 그런 것은 아니다.

이러한 초국적기업의 경영자들은 역시 기업의 여러 부분들이 상이한 역량을 보유하고 있다는 것을 인식하고 있다. 때때로 기업의 핵심적인 물리적 자산과 조직적 자산은 현지의 수요에 대응하기 위해(혹은 단순히 우연하게) 해외에서 개발되고 현지에 배치되어 있다. 세계적 기업이 다양한 환경적 자극에 노출되는 것은 국내기업에 비해 상당히 중요한 잠재적 이점을 세계적 기업에 제공한다. 광범위한 고객의 선호도, 경쟁기업의 행동, 현지정부의 요구사항 그리고 기술적 자극 등은 조직 내의 학습과 혁신을 촉발할 수 있다.[11] 초국적기업의 경영자들은 기업 전체를 이롭게 하는 본국환경 외의 해외자원을 막을 이유가 없다고 생각한다. 오히려 그들은 이러한 조직적 자산의 개발을 장려하고, 전체 기업이 그러한 자산에 접근할 수 있도록 보장해야 한다고 본다.

본사에서 디자인한 제품과 프로세스는 초국적기업에서도 여전히 중요한 글로벌 역할global role을 수행한다. 그러나 혁신은 자회사들에 의해서도 창출된다. 글로벌기업 또는 국제적기업에서처럼 부상하는 글로벌 기회에 대한 본사의 해법을 찾거나, 다국적기업에서처럼 각각의 환경에서 상이한 현지의 해법을 찾는 대신에, 때로 초국적기업은 분산된 조직들을 위한 세계적 해법을 개발하기 위해 중앙시설 및 많은 국가별 자회사들의 자원들을 공동으로 활용한다. 효율적인 현지공장들이 국제적 생산센터로 전환될 수도 있다. 혁신적인 국가별 혹은 지역별 연구개발 실험실은 특정 제품 및 프로세스 개발을 위한 '세계적 우수센터worldwide centers of excellence'로 지정될 수도 있다. 그리고 창의적인 자회사의 마케팅 그룹이 특정 제품 및 사업을 위한 세계적 전략을 개발하는 데 선도적인 역할을 맡을 수도 있다.

이러한 초국적기업의 혁신과정은 전통적인 본사 및 현지과정들을 지원하고 보완한다. 전 세계적 학습과제는 기업이 혁신적인 제품 및 프로세스를 개발할 수 있는 가능한 모든 방법을 육성할 것을 요구한다. 전 세계적 학습에 대한 사안은 앞으로 살펴볼 제7장의 주요한 주제가 될 것이다. 제7장에서 우리는 여러 기업들의 구체적인 다수의 혁신 사례들을 검토하고, 경영자들이 이러한 혁신과정의 효율성과 유효성을 어떻게 향상시킬 수 있는지에 대한 몇 가지 일반적인 지침을 제공할 것이다.

내부적으로 일관된 조직시스템

[표 4-2]는 다국적 · 글로벌 · 국제적기업의 핵심적인 조직적 특성들을 [표 4-1]로부터 다시 요약하고, 초국적기업의 특성을 추가하고 있다. 초국적기업의 특성은 내부적으로 일관internally consistent되고, 상호적으로 강화mutually reinforcing되는 것이다. 통합된 네트워크형태, 자회사 역할 및 책임의 차별성 그리고 다수 혁신과정의 동시적 관리는 통합적이고 생존가능한 조직시스템을 집합적으로 구성한다.

자원의 통합된 네트워크형태는 우리가 기술했던 보다 복잡하고 유연한 대응성뿐만 아니라 초국적 혁신의 개발을 위해서도 필수적이다. 조직단위

| 표 4-2 | 초국적기업의 조직적 특성

조직적 특성	다국적기업	글로벌기업	국제적기업	초국적기업
자산 및 역량의 배치	분권화시키고 국가별로 자급자족할 수 있게 함	중앙에 집중시키고 글로벌 차원에서 규모의 경제를 추구함	핵심역량의 원천은 중앙에 집중시키지만, 나머지는 분권화시킴	분산되어 있으며, 상호의존적이고, 전문화되어 있음
해외 자회사의 역할	현지의 기회를 감지하고 활용함	모회사의 전략을 실행함	모회사의 역량을 현지에 맞게 적응시키고 활용함	통합된 전 세계적 운영을 위해 각각의 해외자회사들이 차별화된 기여를 함
지식의 개발 및 확산	개별 자회사 내에서 지식을 개발하고 보유함	중앙에서 지식을 개발하고 유지함	중앙에서 지식을 개발하고 해외자회사들로 지식을 이전함	지식을 공동으로 개발하고 전 세계적으로 공유함

의 차별화되고 전문화된 역량은 새로운 제품과 프로세스를 창출하는 데 필수적인 상호협력을 하게 만든다. 단위조직 간의 호혜적 상호의존성은 이러한 협력이 자체적으로 유지될 수 있게 한다.

동시에 조직 역할의 차별성은 기업의 특정 부서가 전문화된 자원과 역량을 개발하도록 유도하여, 결국 그들이 다양한 혁신과정에서 특유한 역할을 수행하게 한다. 바로 이러한 과정의 존재 자체가 차별화된 역할과 전용된 자원dedicated resources에 대한 필요성을 창출한다. 초국적기업의 세 가지 특성 모두가 복잡한 조직시스템 속에서 서로 얽혀있는 것이다. 초국적조직을 특징짓는 것은 특별한 구조 혹은 심지어 구체적인 '일처리방식 way of doing things'이라기보다는 바로 이러한 복잡한 조직시스템이다.

초국적기업의 구축 및 관리

초국적기업의 강점은 또한 그 자체로 문제의 원천이 되기도 한다. 분산되고 전문화된 자산의 형태, 조직적 역할과 책임의 다양성 그리고 혁신과 학습과정의 다중성은 자칫 내부적 분열과 낭비dissipation를 초래할 수도 있다. 이러한 조직을 제대로 작동시키려면 경영진은 동일하게 강력한 통합과 통일의 힘을 결집시켜야 한다.[12] 그렇지 않으면 조직이 경쟁력을 갖추기 위해 너무 분산되거나, 유연성을 갖추기 위해 너무 상호의존적이 되거나, 학습역량을 개발하거나 활용하기 위해 지나치게 복잡해질 수도 있다.

초국적기업을 효과적인 전략적 실체로 구축하고 관리하기 위해서 경영진은 다음과 같은 관리적 도전과제를 맞닥뜨려야 한다([표 4-3] 참조). 첫째, 경영진은 조직 내의 다양한 관점과 역량의 균형을 맞출 수 있어야 하며, 어떤 하나의 경영집단이 다른 집단을 지배하지 않도록 보장해야 한다. 둘째, 조직단위의 역할과 책임의 차이를 고려하여, 경영진은 각 단위조직과 과업이 가장 적절한 방식으로 관리될 수 있도록 일련의 유연한 협력과정을 구축해야 한다. 그러나 적절한 시스템과 경영 프로세스가 필수적이긴 하지만, 시스템과 경영 프로세스 자체만으로는 그러한 조직에서 거대

| 표 4-3 | 초국적기업의 구축 및 관리

전략적 역량	조직적 특성	경영진의 과제
글로벌 경쟁력	분산되고 상호의존적인 자산과 자원	다양한 관점들과 역량들을 정당화시킴
다국적 유연성	차별화되고 전문화된 자회사의 역할	다양하고 유연한 조정 프로세스를 개발함
전 세계적 학습	지식을 공동으로 개발하고 개발된 지식을 전 세계적으로 공유함	공유된 비전을 구축하고 개인적인 헌신을 끌어냄

한 원심력에 대응할 수 없다. 따라서 초국적기업 경영자들의 가장 중요한 과업은 개별 구성원의 근본적 수준에서 조직을 통합하기 위한 공유된 비전과 개인적 헌신을 독려하는 것이다.

관점과 역량의 균형

제2장과 3장에서 우리는 사업부문에서 변화하는 전략적 요구에 대응하려는 기업들을 기다리고 있는 몇 가지 위험을 살펴보았다. 시간이 지남에 따라 대부분의 기업들은 다소 편향된(어떤 경우에는 매우 왜곡된) 조직적 역량과 경영 관점들을 개발하였다. 유니레버가 달성한 초기의 국제적인 성공은 국가별 시장구조와 현지소비자 선호에 대한 민감성 때문이었다. 성공의 결과, 유니레버는 다국적 대응성multinational responsiveness을 기초로 한 전략을 개발한 반면, 글로벌 효율성과 전 세계적인 학습을 소홀히 했다. 반면, 마쓰시타는 초기 성공을 세계적 규모의 연구개발과 일본 내에 위치한 생산공장의 운영 때문이라고 생각했고, P&G는 강력한 국내기술과 마케팅 전문성을 전 세계에 걸쳐 활용했다는 것에서 성공의 원인을 찾았다. 유니레버처럼 두 기업들도 경쟁우위를 형성하는 단 하나의 지배적 원천에만 초점을 맞추었고 그에 따라 그들의 경영 관점과 역량은 편향되었다.

기업이 직면한 조직적 어려움으로 1차원적인 강력한 전략적 편향은 더욱 강화되었다. 해외시장으로 나아가는 바로 그 행동이 조직의 복잡성을 배가한다. 통상적으로 세 번째 차원은 기존의 국내사업부 그리고 기능별 조직구조에 추가되어야 한다. 지리적 차원을 경영 프로세스에 통합시키려는 트라우마는 경영진들의 관계를 긴장시킨다. 기능적인 전문성과 정보로의 접근은 본사 직원들에게 균형 유지라는 중요한 역할을 부여했다. 본사 직원들의 효과성과 정당성을 유지하면서 제품부서를 만드는 것은 대부분의 기업들에게는 충분히 어려운 일이었다.[13] 지역을 중시하는 경영, 즉 지리적 사업부를 추가하려는 생각과 관점 및 역량의 측면에서 3자 간의 균형을 유지하겠다는 생각은 대부분의 경영자들에게 겁을 주고 있었다. 중요한 과제는 거리와 시간으로 나뉜 해외자회사들 간 그리고 문화와 언어로 구분된 경영자들 간에 발생하는 긴장을 완화시키는 것이었다.

많은 기업들에서 가장 중요한 전략적 과업에 대응하는 집단이 조직의 권력을 획득한다.[14] 유니레버의 지역담당 경영자들은 유니레버가 국가별 시장의 니즈를 감지하고 대응할 수 있게 기여했는데, 이를 통해 그들은 유니레버 내의 지배적인 집단이 되었다. 그 지역담당 경영자들은 유니레버의 다국적전략에 핵심적인 분산된 대응성dispersed responsiveness을 끌어내는 과정에서 매우 결정적인 기여를 했기 때문이다. 미쓰시타의 경우 강력한 제품사업의 경영자들이 대부분의 의사결정을 지배했는데, 이는 그들이 속한 강력한 사업부의 경영이 글로벌 규모의 효율성에 의존하는 기업의 핵심이었기 때문이다. 놀랄 것도 없이 역사적으로 강력했던 P&G의 기능적 집단은 많은 조직개편 속에서도 영향력을 유지할 수 있었다. 그 이유는 전문화된 기술 지식과 마케팅 지식을 지닌 기능적 집단의 경영자들이 전세계적인 학습에 매우 중요한 회사의 핵심역량core competencies을 구축하고 이전하는 기업의 전략에 필수적인 존재였기 때문이다.[15]

그러나 초국적기업은 각 조직단위들의 생존력과 효과성을 유지시킬 수 있는 다차원적인 조직을 개발해야 한다. 특정한 사업, 기능 혹은 지역별 관리에 호의적인 어떠한 편향도 제거되어야 하며, 비록 영향력의 수준에는 차이가 있더라도 각각의 관점을 대표하는 의사결정과정을 채택해야 한다.[16]

ITT, 카오, GE의 경험이 알 수 있듯이 1차원적인 경영에서 다차원적 경영으로 옮겨가는 것과 대립되는 관점 간의 균형을 유지하는 것이 결코 쉬운 일이 아니다. 제8장에서 우리는 P&G와 에릭슨과 같은 일부의 기업들이 어떻게 그들의 조직에서 이러한 균형을 창출했는지를 기술할 것이다. 우리는 그들의 경험을 1차원적 편향을 극복하는 데 실패한 기업의 경험과 비교하고, 경영자들이 초국적기업에 필요한 다차원적인 조직역량을 어떻게 구축할 수 있는지에 대한 다소 광범위한 결론을 도출할 것이다.

유연한 조정 프로세스의 개발

구조와 관계에서의 변화는 기업의 경영 프로세스에 영향을 미친다. 기업들이 보다 다차원적인 역량을 개발함에 따라 과업과 역할에서의 차이는 경영 관점의 다양성을 증폭시킨다. 대부분의 기업에서 이러한 경영 관점의 다양성은 기존의 경영 프로세스를 통해서는 효과적으로 통합될 수 없다. 다양한 조직단위들의 점증하는 상호의존성은 이용가능한 통제시스템에 추가적인 압력을 가하고, 보다 정교한 조정역량의 필요성을 강조한다.

외부환경의 변동성은 유연한 조정 프로세스의 필요성을 심화시킨다. 소비자의 니즈, 기술, 정치적 압력, 경쟁적 전략들은 끊임없이 변하기 때문에 조정의 필요성에 대해 정적static인 견해가 있거나, 문제점에 대하여 유연하지 못한 접근방식을 지닌 기업들은 ITT가 그랬던 것처럼 중요한 어려움에 직면할 것이다.

대부분의 기업들은 조정과 통제를 위한 하나의 주요 메커니즘인 '일 처리방식way of doing things'에 집중하는 경향이 있다. 예를 들면, ITT에서 조직 전반에 걸쳐 고도로 공식화, 제도화된 해럴드 제닌Harold Geneen의 정교한 통제 메커니즘은 곧 ITT의 '시스템'이었다. 카오에서는 조정과 통제가 주로 중앙집권화된 의사결정을 통해 이루어졌다. 중앙 본사의 경영진은 거의 대부분의 전략적 과업뿐만 아니라 심지어는 운영상의 과업에도 직접적으로 관여했다. 유니레버는 조직을 단결시키고, 상이한 지역별·기능별 책임을 지는 경영자들을 통합하기 위해서 주로 사회화socialization에 의존했다. 여기서 사회화는 모든 경영자들에게 공통의 문화와 공유된 관점을 불어넣는 복잡한 프로세스를 의미한다. 그러나 단 하나의 단편적인 메커니즘이 세계적 기업들에게 일어나는 복잡한 조정의 니즈들을 처리할 수는 없었다.

초국적기업은 구체적인 역할 배정에서의 단기적 전환과 기본적인 책임 및 보고관계에서의 장기적인 재배정 등, 이 모두를 처리하기 위해 고도로 유연한 조정 프로세스를 필요로 한다. 뿐만 아니라 초국적기업은 매 의사결정마다 역할과 관계를 수정할 수 있어야 한다. 또한 초국적기업은 다수의 조정수단을 개발하고, 특정 과업의 니즈에 대한 세심한 평가를 토대로 부족한 조정자원을 배정해야 한다.[17]

초국적기업의 그러한 특성이 통합해야 할 사안의 수number of issues를 극적으로 확대시킨다. 그러나 다음과 같은 세 가지 흐름이 중요하다. 첫째, 기업은 부품, 구성요소, 완제품의 흐름을 조정해야 한다. 둘째, 기업은 단위조직들 간 자금, 기술, 기타 부족한 자원들의 흐름을 관리해야 한다. 셋째, 기업은 혁신과 학습역량에 핵심적인 지능, 아이디어, 지식의 흐름을 연계시켜야 한다.

초국가적 기업은 중앙집권화(고위 경영진에 의한 실질적인 의사결정), 공식화(선택의 지침이 되는 시스템 및 절차의 제도화), 사회화(경영자들의 판단에 영향을 미칠 수 있도록 경영자들 간 공통의 목적, 가치관, 관점의 맥락을 구축하기)를 포함하는 조정 프로세스의 포트폴리오를 구축한다.[18] 초국적기업은 보다 풍부하고 차별화된 종류의 조정을 하기 위해 단 하나의 프로세스보다는 전체적인 프로세스의 포트폴리오를 사용한다. 부품, 구성요소, 완제품의 흐름은 종종 시스템을 통하여 관리되며, 자원의 흐름은 보통 최고경영진의 보다 실질적인 관여를 통해 지시된다. 그리고 정보와 지식의 흐름은 주로 경영자들의 규범적 통합과 공통적인 문화 및 통일된 비전으로 유도되는 메커니즘을 통하여 촉진될 수도 있다. 유사하게 조직의 상이한 부분들은 다르게 관리될 수도 있다. 일부의 사업부조직, 기능별 조직, 지역별 조직들은 보다 많은 지시와 중앙집권화가 필요한 반면, 다른 부문에서는 공식화 혹은 사회화가 주요 통합 프로세스가 될 수도 있다.

제9장에서는 초국적기업이 어떻게 다양한 조정수단을 개발하고 배치하는지를 검토할 것이다. 우리는 필립스, 유니레버, 에릭슨의 경험을 통해, 조정과정에서의 차별화 프로세스를 살펴보고, 상이한 과업을 위해 다른 수단을 선택하는 것을 설명할 것이다. 또한 우리는 이들 기업들이 초국적 사업운영방식에서 피할 수 없는 강력한 구심력 구축powerful centripetal forces과 불가피한 분열의 압력pressures of fragmentation에서 균형을 잡기 위해 내부시장 메커니즘internal market mechanisms을 통한 관리된 통합의 보이는 손과 보이지 않는 조정의 손 둘 다를 어떻게 사용하는지도 기술할 것이다.[19]

비전과 참여co-option를 통한 조직 통합

초국적 경영의 프로세스는 두 가지 중요한 방식에서 전통적인 조직의 프로세스와 다르다. 첫째, 1차원적 시스템과 관행이 새로운 조정 메커니즘에 의해 보완됨에 따라 통제에 대한 의존이 약화되는 경향을 띤다. 둘째, 프로세스들은 모든 사안들은 물론 사업과 조직단위들을 넘나들며 차별화된 방식으로 관리된다.

조직의 역할과 경영 프로세스에서의 내부적 차별성은 기업 내의 심각한 갈등을 유도할 수 있다. 기업의 모든 차원에서 사기를 유지하고 통일감을 주기 위해, 초국적기업은 자산의 재구성 및 경영 프로세스의 개조를 넘어서야 한다. 최고경영진은 기업의 전반적인 사안에 대하여 기업 내 모든 구성원들의 개인적인 헌신을 얻어내야 한다. 우리는 이러한 프로세스를 참여co-option라 부른다. 참여의 통합적인 효과는 아무리 정교한 구조나 시스템의 효과보다 종종 더 강력한 것으로 드러난다.[20]

그러한 헌신을 끌어내기 위해서는 각 개인이 기업의 목적과 가치관을 이해하고 공유하며, 보다 폭넓은 목표와 목적을 식별하며, 기업의 핵심전략을 받아들이고 내면화해야 한다. 본질적으로 기업은 조직의 구체적인 경제적 목적을 초월해 지지하고 소중히 여길 만한 가치가 있는 보다 큰 사명을 위해 전반적인 경영사고방식을 구축해야 한다. 제10장에서 우리는 이러한 사고방식이 조직에 어떻게 배태되고embedded 배양될 수 있는지를 기술할 것이다.

어떤 복잡한 조직에서든 전반적인 기업의 목표에 대한 개별 구성원들의 헌신을 얻어내는 데 따른 주된 어려움은 핵심적인 지위에 있는 경영자들의 제한적인 관점과 편협한 이해관계이다. 조직구조나 조정시스템도 세계적 이해보다 자신들이 속한 현지의 이익을 우선시 여기는 현지경영자들의 전형적인 계층적 충성심을 완전히 해소할 수는 없다. 따라서 초국적기업이 추구하는 규범적인 통합을 위한 근본적인 전제조건은 정교한 인적자원관리시스템이다. 즉 초국적기업은 채용, 훈련 및 개발, 경력관리시스템을 활용하여 기업의 구성원 개인이 다양성과 복잡성에 대처할 수 있도록 돕는다.[21]

이러한 것들이 바로 오늘날 국제적 경쟁환경에서 운영되는 기업들에게 점점 더 필요성이 높아지고 있는 조직 모형으로서 초국적기업이 갖는 광범위한 특성이다. 이 책의 다음 부분에서 우리가 관찰한 몇몇 표본기업들이 창출한 초국적기업의 특성과 역량에 대해서 보다 자세하게 살펴볼 것이다.

PART

02

초국적기업의 특징들

Managing Across Borders

CHAPTER 05

경쟁력 구축: 통합된 네트워크

1970년대 초반 세계 최대의 가전기업들을 관찰한 사람이라면 아마도 15년 후에 동일한 기업을 식별하는 데 어려움을 겪을 것이다. 예컨대, 1970년대 초반에 필립스는 전 세계 45개국 500개가 넘는 공장을 보유했었다. 필립스의 관행은 오랫동안 현지국의 문화와 경제에 몰두함으로써, 자신들의 광범위한 사업 포트폴리오로부터 가능한 많은 제품들을 현지시장을 위해 생산해 왔다. 필립스의 개별 국가조직NOs은 매우 자율적으로 운영되었고, 그들의 대부분은 자체적인 제품개발역량을 보유하고 있었다. 1970년대 초반 필립스가 보유한 현지맞춤형 제품의 범위는 엄청났다. 하지만 15년 후 필립스는 효율적인 세계적 규모의 국제생산센터IPC: International Production Centers에서 주요 제품들을 조달하였고, 연구소와 제품개발시설이 통합된 글로벌 R&D 네트워크를 통해 신제품 및 기술을 개발하고 있었다. 또한 필립스는 전 세계적인 수익의 책임을 지는 강력한 제품사업부조직을 통해 전반적인 제품전략을 관리하고 있었다.

같은 기간 동안 마쓰시타도 필립스와 동일하게 인상적인 변화를 겪었다. 1970년대 초, 마쓰시타는 여전히 본질적으로 가전분야에 집중된 그리고 급속히 성장하는 수출사업을 주로 수행하는 일본기업이었다. 비록 개발도상국 정부의 압력으로 인해 현지국 내에서의 생산이 장려되긴 했지만, 마쓰시타의 몇 안 되는 해외공장들(가장 오래된 공장이 고작 십년 정도밖에는 되지 않았음)은 기술, 자재 그리고 경영지침 등을 거의 전적으로 본사에 의존하는 초기단계의 위성적 사업운영embryonic satellite operations을 벗어나지 못하고 있었다. 그러나 1980년대 후반경, 마쓰시타는 26개국에 걸쳐 50개 이상의 생산법인을 보유했으며, 생산법인 중 몇몇은 현지에서 조달한 재료와 장비를 사용하여 현지시장에 맞게 적응시킨 제품을 생산하고 있었다. 현지화에 대한 마쓰시타 사장의 의지는 마쓰시타의 해외생산능력을 향후 십년 이내에 회사 전체의 10%에서 25%로 늘리는 야심찬 목표에 반영되었다.

동일한 15년의 기간 동안에 벌어진 가장 놀랄 만한 일은 아마도 GE 가전사업부문의 변모일 것이다. 1970년대 초반, GE는 전 세계에 걸쳐 자급자족할 수 있고, 시장 반응적인 국가별 자회사를 구축해 가는 주요한 국제화과정의 한 가운데에 서 있었다. 하지만 15년이 흐른 뒤 몇몇 전략적 방향의 재설정을 거친 후에 GE는 가전사업부문 전체를 포기했다. 이러한 변화는 가전산업에서만 일어나는 특이한 일은 아니었다. 우리가 연구한 모든 기업들은 최근에 세계적인 자산 및 자원의 주요한 재배치를 실행했거나 실행하는 도중에 있었다. 브랜드 포장제품산업의 경우 그러한 변화가 비교적 점진적으로 일어난 반면, 기술혁명과 전 세계적인 규제완화 경향에 직면한 통신교환산업 내 기업들은 보다 극적이고 긴급한 조치를 취했다. 각 기업들은 자산 및 자원의 구조조정을 통하여 전략적 '적합성fit'을 달성하려는 분석적인 이상analytical ideal과 관리적 유산의 제약 내에서 기존 조직을 적응시키려는 경영상의 현실managerial reality 사이에서 어느 정도 균열의 조짐을 보였다.

분석적 이상 : 재구성을 통한 적합성

자산과 자원을 재구성하자는 제안은 기업의 단기적 수익성을 위협하거나 장기적인 국제적 생존가능성에 의문을 제기하는 위기 상황 속에서 가장 자주 제기된다.[01] 필립스는 1970년에 16퍼센트 그리고 그 이듬해에 21퍼센트라는 놀라운 수익 감소를 겪고 난 이후 1971년에 처음으로 자산과 자원을 재구성하는 조치를 취했다. 이사회는 최고위급의 검토위원회를 구성하고, 그 위원회의 보고서를 바탕으로 구조적 변화의 시동을 걸었다. 변화의 추진력momentum은 글로벌시장에서 일본기업에 비해 지속적으로 경쟁력이 뒤처지는 문제점에서 비롯되었다.

필립스가 고도로 분산되고 비교적 덜 조정된 배치를 다시 검토하는 동안 여러 다른 종류의 세력들이 마쓰시타의 고도로 중앙집권화된 조직에 여러 과제를 던지고 있었다. 1970년대 초, 미국의 TV 제조업체들은 일본의 컬러TV 수출업체들을 대상으로 미국 사법부U.S. Department of Justice에 반덤핑 소송을 제기했다. 이후 10년에 걸쳐 이러한 정치적 압력이 선진 국가들로 퍼져 나갔는데, 특히 1980년대에 일본산 VCR이 시장을 휩쓰는 바람에 보호무역주의 정서가 심해진 유럽에서 그러한 경향이 심했다. 그러나 정치적 압력으로 인해 마쓰시타의 구조적 위기가 촉발되었다면, 한국과 대만의 새로운 저원가 경쟁자들의 등장 및 1986년 한 해 동안에만 약 5억 달러의 전 세계 매출액을 감소시킨 엔화가치의 상승으로 인해 마쓰시타의 위기는 더욱 가중되었다.[02]

GE의 가전사업도 일련의 문제들로 시달리고 있었다. 즉 GE는 1960년대에 일본 수입품으로 인한 미국 내수시장 점유율의 하락, 1970년대의 자사기술의 이전가능성이 한계에 이르렀다는 인식, 1980년대 발생된 수익성의 위기 등은 지속적으로 글로벌 규모의 생산효율성을 달성하지 못하는

GE의 무능력에 의해 촉발되었다. GE는 자사의 구조적 배치를 수정하는 것으로 각각의 문제에 대응했다.

세 개 기업 모두에서 경영자들은 자산의 재구성, 자원 재분배, 과업 및 책임의 재정의를 통해서 주요한 문제들(어떤 성질의 것이라도)을 해결하려는 경향을 보였다. 구조조정에 대한 편향은 이해할만 했는데, 그 이유는 그것이 수량화quantifiable할 수 있는 잠재적 영향력을 지닌 구체적인 반응이며, 변화가 필요한 조직에 보내는 명백한 신호이기 때문이다. 게다가 그러한 조치는 그 당시의 여러 학술적 이론들과 컨설팅 조언들로 뒷받침되고 있었다. 글로벌화의 세력들이 더욱 명확하게 정의되고 널리 확산됨에 따라 사회적 통념은 환경적 특성과 기업의 역량 간 '적합성fit'을 모색하는데 초점이 맞춰졌다.

거시경제학자들은 비교우위론theory of comparative advantage의 근간이 되는 요소비용factor cost의 차이(특히 인건비labor costs)를 활용하기 위해 해외투자를 제안했다.[03] 산업조직industrial organization분야의 연구자들은 국경을 가로지르는 수직적 통합vertical integration across international boundaries이 경쟁우위의 원천이 될 수 있다고 주장했다.[04] 그리고 국제경영분야의 이론가들은 다국적기업의 생존가능성을 설명하기 위해 자원과 지식의 국제화 모형을 개발했다.[05]

이후 컨설턴트들과 응용분야의 연구자들은 가치사슬value chain의 개념을 통해 그러한 여러 개념들을 경영학적 용어로 옮겼다. 그들은 복잡한 기업의 운영사항을 일련의 부가가치 요소value-added elements로 자세히 분류하고, 한 기업이 지닌 경쟁우위의 원천을 요소별로 각각 비교분석했다. 분석결과 한 기업의 경쟁적 입지는 기업이 어떤 활동을 수행할 것인지, 어떻게 그러한 활동에 집중할 것인지, 그러한 활동을 어느 지역에서 수행할 것인지, 그러한 활동들을 어떻게 연계할 것인지와 같은 의사결정에 따라 좌우된다는 사실이 극적으로 입증되었다.[06]

이러한 접근방식들을 사용하여 많은 경영자들은 완전히 다른 방식으로 그들 기업의 국제경영방식을 살펴보기 시작했다. 예를 들어, 해외사업운영은 더 이상 단순히 증가하는 시장에 도달하는 수단으로 간주되지 않았다. 대신에 해외사업운영은 저비용 생산의 핵심이 될 수도 있었다. 경영자들은 세계적 성공이 전 세계에 걸친 자산과 자원의 기반을 적절하게 구축하는 것과 밀접하게 연계된 것으로 보았다. 그러한 '이상적인 구성ideal configuration'을 매우 파악하기 힘든 개념으로 만들어 버린 요소비용, 환율, 현지국 환경의 지속적인 혼란에도 불구하고, 일부의 기업들은 이 목표에 중점을 두는 것처럼 보였다.[07] 가전사업분야에서 GE가 겪은 경험이 좋은 예시를 제공한다.

GE의 글로벌 효율성 추구

우리가 연구한 가전산업기업들 중에서 아마도 GE가 가장 단단한 토대를 구축하고 있었을 것이다. GE는 미국시장에서의 큰 입지, 풍부한 자본과 경영자원 그리고 견고한 기술적 유산을 누리고 있었다. 그러나 해외시장에 대한 GE의 접근방식은 놀라울 정도로 일관성이 없었고, 심지어는 변덕스럽기조차 했다. 수차례에 걸쳐 반복적으로 GE는 변화하는 해당 산업의 수요에 부합하기 위해 경쟁우위의 원천을 재정의하려는 시도를 했고, 자신들의 전략적 방향을 변경할 때마다 구조조정을 했다.

GE는 AEG, 톰슨Thomson, 도시바Toshiba 같은 기업들과 지분참여를 통해 합작투자 및 라이선싱계약을 체결하는 등 제2차 세계대전 이전에 몇 건의 중요한 해외투자를 수행했다. 하지만 GE는 미국의 독점금지 압력antitrust pressures으로 인해 자신들의 국제적 제휴를 청산하고 해외사업을 덜 강조할 수밖에 없는 상황에 처하기도 했다. 1960년대에 들어서는 EEC의 등장과 GATT 케네디라운드협상으로 인해 GE는 자신들이 그동안 국내시장을 강조해 온 정책에 대한 재평가를 했다. 1964년, GE의 신임 회장인 프레드 보쉬Fred Borsch는 급속하게 발전하는 보다 개방된 세계시장으로 GE가 어떻게 확장해 나아가야 할지를 연구하기 위한 스터디그룹을 설립했다. '보쉬의 지침Borsch directive'으로 알려진 이 스터디그룹의 연구결과는 GE가 '국제적으로 진출할 것'을 촉구했다.

보쉬의 지침은 시장 지향성market orientation을 유지할 필요성을 강조하고, 분권화에 대한 몰입commitment to decentralization을 재확인하며, 고객의 니즈에 대한 부응을 토대로 전 세계적인 확장에 보다 공격적으로 접근할 것을 지시했다. 가치사슬의 하류에 대한 이러한 명확한 초점은 해외확장에 대한 새로운 자원의 몰입과 결부되어 GE의 모든 사업부들이 새로운 해외사업체를 구축하는 주요한 노력들을 촉발시켰다. 이러한 아이디어는 모기업의 기술적 자산을 활용하여, 그것을 현지시장의 니즈에 적응시킬 수 있는, 소위 미니 GE들mini-GEs을 구축하는 것이었다. 이는 결국 GE의 네덜란드 경쟁사인 필립스가 그 시기에 선도적인 국제적 가전회사가 되기 위해 따랐던 접근방식과 유사했다. GE는 신설투자greenfield investments를 통해 현지공장들과 시설들을 설립했으며, 전 세계에 걸쳐 정부의 지원을 받아 기업인수와 합작투자를 수행했다.

모기업으로부터의 수출이 현지생산으로 대체되고, 유통업체들도 GE의 판매회사로 대체됨에 따라, GE의 해외종업원 수는 1965년 이후 10년 동안에 4만 명에서 10만 명으로 150% 증가했다. 반면 동일한 기간에 GE의 미국 내 인력은 단 15%만 늘어났다. 이 시기에 연간 미국 내 매출은 단지 7.8% 증가한 데 비해 해외매출은 연간 18%나 증가했다.

그러나 GE는 이러한 극적인 국제적 가치부가의 형태로 조직적인 전환을 실행하면서 문제점들에 직면했다. 독일 TV 제조업체를 인수하여 유럽에서 TV세트 사업을 추진하려는 것 같이, GE의 노력이 수포로 돌아간 몇몇 계획들도 있었다. 가장 핵심적인 문제는 GE가 갑작스럽게 스스로 발견했는데, 이는 GE가 현지시장에 대한 충분한 지식을 보유하고 있지 않았다는 것이다. 새로운 공장, 이전된 기술 그리고 본국에서 배치된 경영자들로도 현지의 유통, 경쟁, 규정 및 소비자 선호도를 제대로 이해하기에는 역부족이었다.

더군다나 GE의 기술적 전문지식은 해외사업운영에 거의 관심을 보이지 않았던 국내사업부 경영자들의 손에 굳게 남겨져 있었다. 최고경영진들은 국내제품 및 공정에 대한 정보를 해외로 보내라고 재촉했지만, 현지의 니즈에 적응시키려는 시도를 거의 하지 않았다. 미국방식의 NTSC 표준이 아닌 PAL 송신시스템을 사용한 컬러TV를 도입했던 브라질 자회사의 사례처럼, 해외자회사들이 다른 기술을 필요로 할 때 모회사는 도움을 줄 수 없었다. 미니 GE의 개념이 새로운 것이었기 때문에 GE의 현지자회사들 대부분은 필립스의 전형적인 개별 국가조직NOs의 자급자족방식을 개발할 충분한 시간적 여유가 없었다. 그 결과 GE의 본국제품과 프로세스가 현지환경에 적합하지 않았을 때 사업은 실패했다. 브라질 현지 브랜드의 컬러TV가 소개된 해인 1967년에 GE는 브라질 TV 시장에서 철수했다.

1970년대 초까지 레지널드 존스Reginald Jones의 리더십하에 GE는 새롭게 부상하고 있는 일본기업들의 경쟁적 위협을 GE의 전 세계적 사업운영을 위한 주요한 전략적 사안으로 적절하게 인식하고 있었다. 새롭게 구성된 GE의 전략적 사업단위SBUs : Strategic Business Units들에게 전 세계 사업운영에 대한 책임이 주어졌다. 미니 GE의 시대는 과거 속으로 사라졌고, 대신 '직접 연결direct connect'된 글로벌경영의 철학이 자리를 잡았다. GE의 정책회보에 기술된 것처럼 중앙 SBU는 "현지회사의 기획 및 운영기능에 대한 지침을 제공하고, 일상적인 경영결과를 포함하여 현지국에서의 투자 및 사업결과에 대한 책임을 졌다."

또 다시 GE는 해외사업에 대한 구조조정을 단행했는데, 이번에는 전략적 우선순위에 부합하지 않거나, 자사의 기술을 활용할 수 없는 국가별 공장을 폐쇄했다. 극동지역에 위치한 생산업체들이 엄청난 원가우위를 누릴 수 있음을 인식함으로써, GE는 가치사슬의 상류활동에 보다 많은 관심을 기울이기 시작했다. 저원가를 실현한 일본 경쟁기업의 심각한 압력하에서 오디오제품사업부는 해당 사업의 경쟁력을 유지하는 데 필요한 저렴한 노동력을 확보하기 위해서 싱가포르에 생산공장을 설치했다. GE의 몇몇 사업부는 부품과 하위부품들을 고임금 국가에 위치한 공장에서 내부적으로 제조하기보다는, 구식 제조기술과 최소효율규모minimum efficient scale에도 못 미치는 저원가의 공급업체들로부터 조달하기 시작했다.

그러나 또 다시 GE의 구조조정은 의도한 결과를 달성하지 못했다. 현지국정부의 관료들은 자국 내 공장 폐쇄와 자국 생산품을 대체한 수입물량의 증가에 분노하여, 종종 수입규제를 통하여 GE의 새로운 접근방식을 억제했다. 또한 내부적으로도 GE의 국가별 자회사 경영자들은 자신들의 자율성과 현지 책임권한의 축소에 낙담했다. 회사를 떠나지 않은 현지 경영자들은 현지의 사업을 제대로 이해하지 못하고 일방적으로 지시만 하는 (현지 경영자들이 느끼기에) 중앙 SBU 경영자들에게 종종 분노를 느끼고, 심지어는 적대적인 관계 속에서 사업을 운영했다. 1980년대 초쯤에는 GE의 가전사업부문 경영자들 대부분은 회사가 너무 늦게 너무 작은 조치들을 취했고, 사업을 살리려면 추가적인 주요한 구조조정이 필요하다고 느끼게 되었다.

1981년, 잭 웰치Jack Welch가 GE의 새로운 대표이사로 취임했다. 극적으로 변화하는 국제경쟁환경에 대한 우려로 웰치는 회사의 자원을 보다 소수의 사업에만 집중하기로 결심했다. 웰치는 경영권을 잡은 직후 GE의 다양한 사업부문을 세 개의 포괄적인 영역으로 재구성했다. 세 영역은 조명, 가전제품, 모터 등과 같은 핵심사업 영역, 의료시스템, 항공기 엔진, 공학자재engineered materials 등이 포함된 첨단기술 영역, 그리고 GE의 신용, 정보 및 건설회사 등과 같은 서비스 영역 등이었다. 각 사업 영역의 경영자들은 만약 해당 분야에서 자신의 사업이 전 세계 상위 2위 안에 들지 못하는 경우에는 동 사업부문이 매각되거나 폐쇄된다는 통보를 받았다.

웰치가 GE의 미래를 대표하는 주요 사업 영역 3개를 선정했을 때, 오디오 및 비디오사업부의 많은 직원들은 자신들의 사업부가 핵심사업 영역에서 제외되었다는 사실을 알고 충격에 빠졌다. 원가상의 입지, 기술적 기반, 일본기업들의 시장 침투 상황 등을 고려할 때, 웰치는 GE가 전 세계에서 1등이나 2등의 가전 경쟁기업이 될 수 있을지에 대한 의문을 품고 있었다.

얼마 후 GE는 주로 멕시코와 캐나다에 남은 TV부문의 해외사업운영을 중단하고, 한동안 미국 공장의 경쟁력을 강화시키기 위해 노력했다. 그러나 결국 GE는 자신들의 경쟁자였던 일본기업들로부터 TV를 조달하기로 결정했다. 그 대신 GE는 자신들이 보유한 잘 알려진 자사의 상표를 활용하고, 판매와 서비스 같은 가치사슬 하류의 측면에 보다 집중하기로 했다.

GE 사례의 마지막 부분은 1985년에 GE가 RCA를 인수한 후에 발생했다. 비록 웰치가 "가전제품은 구매동기를 유발하는 분석의 일부분도 차지하지 않았다"라고 언급하긴 했지만, 일 년도 안 되어 GE는 텔레비전 부가가치흐름의 상류부문을 장악하기 위한 또 한 번의 시도를 해보기로 결정했다. 일본 공급업체와의 조달계약이 종료되자, GE는 연간 50만 세트의 TV 생산에 대한 책임을 RCA의 인디애나주 블루밍턴공장으로 이전시켰다. 가전부문의 경영자는 최첨단기술보다 두 세대 뒤처진 기술로 가동되고 있던 이 공장에 2천만 달러를 투자하면 자동화할 수 있다고 주장했다. 뿐만 아니라 이를 바탕으로 예상되는 20%에서 30%의 원가절감은 이 시장에 새롭게 등장한 한국 수출업체들뿐만 아니라 미국시장에 진출해 있는 일본 제조업체들과의 경쟁도 충분히 해볼 만하다고 웰치를 설득했다.

그러나 이 사업에 대한 웰치의 집념은 강하지 않았고, 몇 개월 뒤 웰치는 프랑스 전자회사인 톰슨Thomson과의 협상을 통해 GE의 가전사업부문을 톰슨의 의료전자사업부문과 맞바꿨다. 이 일을 두고 마쓰시타의 한 관계자는 다음과 같이 말했다. "그 거래는 자신감이 결여된 것처럼 보일 수도 있기 때문에 쉽게 결정하기는 어려운 일이었을 거예요. 하지만 GE는 다소 예상 밖의 결정을 내렸어요. GE는 미국에서 다시 TV를 만들고 싶어 했지만, 그것이 쉬워 보이지 않자 그냥 포기해 버린 거죠."

GE 가전사업부문의 역사는 급속하게 변하는 환경적 요구사항에 부합하기 위해 거의 지속적인 자산 배치의 구조조정을 통하여 경쟁적 입지를 구축하고 방어하려는 한 기업의 노력을 여실히 보여준다. 20년 이상 동안 GE는 현지에서 자급자족할 수 있는 자산과 역량을 구축했던 것에서부터, 저비용 국가에서의 글로벌 조달, 아웃소싱, 그리고 마지막으로 첨단제조기술로 구동되는 중앙집중화된 규모집약적인 시설에 이르기까지 다양한 변화를 경험했다. 하지만 GE가 그토록 간절히 원하던 경쟁력 구축을 위한 구조조정은 실패로 끝났다. 실제로 많은 관찰자들은 GE의 구조조정을 통해 초래된 혼란이 GE 성공의 가장 주요한 장애물이었다고 느꼈다.[08]

경영 현실: 제한적인 구조조정

1970년대와 1980년대 초반에 걸쳐 학자들과 컨설턴트들은 기업의 자산 및 역량의 재구성, 즉 구조조정을 위한 정확하고 강력한 처방을 제공했다. 일부 열성적인 이들은 어떤 특정기업의 경우, 국가별 비교 요소비용, 다양한 산출수준에서의 규모의 효율성, 다양한 장소를 오가는 물류비용 등에 대한 적절한 데이터를 적재한 선형 프로그램linear program을 사용하는 컴퓨터에 의해서 이상적인 부가가치사슬이 설계될 수 있다고 제안하기도 했다.

하지만 확실성이 높은 그러한 경제적 접근방식을 확신하는 일선 경영자들은 드물었다. 왜냐하면 그들은 어떤 변화의 시도에도 제한을 가하는 내부의 조직적인 세력을 인정하고 있었기 때문이었다. 선형 프로그램과는 달리 경영자는 비효율적인 공장을 폐쇄하는 데 따르는 정치적인 어려움, 조직들 간 새로운 관계를 개발하는 데 많은 시간이 소요되는 프로세스 또는 지리적으로 멀리 떨어져 있는 국가의 자회사로 특정 지식이나 기술을 가진 개인들을 재배치하는 데 따르는 인적자원의 제약 등을 무시할 수는 없다. 이러한 것들은 한 기업이 지닌 관리적 유산의 요소들이며, 조직형태의 의사결정 시 경제적·정치적 그리고 기타 외부적 압력들과 동등한 조건으로 고려되어야 한다.

GE의 사례에서 볼 수 있듯이 기존 조직을 거의 고려하지 않고 과감한 구조조정을 통한 변화를 시도했던 경영자들은 그러한 행위가 좌절감을 느낄 정도로 성공적이지 못했음을 깨닫게 되었다. 비록 필립스와 마쓰시타 같은 기업들이 외부적 요구사항들을 그들의 관리적 유산과 조화시키는 데 큰 어려움을 겪긴 했지만, 그들의 미묘하고 점진적이며 일관된 조직구조에서의 변화는 보다 성공적이었다.

우리 표본의 필립스, 마쓰시타 그리고 기타 대부분의 기업들은 이론가들이 처방한 것보다 구조조정에 보다 제한적인 접근방식을 취했으며, 변화를 불러오는 데 필요한 시간에 대해서도 훨씬 더 실용적인 감각을 보여주었다. 이들 기업은 다음과 같은 매우 간단한 두 가지 원칙을 따랐다.

- 첫째, 이들 기업들은 적어도 새로운 자산과 역량을 개발하는 것만큼이나 기존의 자산과 역량을 보호하고 강화하는 데 주력했다. 기업들은 마치 처음부터 기업을 만드는 것과 같이 원점에서 조직을 계획하는 방식의 어리석음을 인식했다. 또한 경쟁우위를 새로운 형태로 변화시키려는 시도로 자신들이 누려온 전통적인 경쟁우위를 포기하려 하지 않았다.

- 둘째, 새로운 역량의 창출이 필요한 범위까지, 이들 기업들은 경쟁기업의 물리적인 구조나 조직적 프로세스를 모방하기보다는, 먼저 자신의 결함을 보완하거나 경쟁기업들이 지닌 경쟁우위의 원천을 파악할 수 있는 방법을 모색했다.

기존 역량의 구축

구조조정분야의 이론가들에 비해, 우리가 연구한 대부분 기업의 경영자들은 보수적인 집단이었다. 그들은 기업 기반구조infrastructure의 주요한 재배치가 현재 경쟁우위의 원천을 파괴하거나, 기존의 전략적 역량을 손상시킬 수도 있다는 점을 훨씬 더 우려하는 듯했다. 그들의 접근방식은 새롭고 상이한 역량들을 창출하기 위해서 급진적으로 조직구조를 변경하는 것보다는, 점진적으로 조직에 내재되어 있는 기존의 조직구조와 역량을 구축하는 그리고 궁극적으로는 수정하는 경향이 있었다.[09]

1972년 필립스의 '노란 책자The Yellow Booklet'에서 필립스의 이사회가 지명한 조직위원회는 생산에 대한 집중과 활동규모 증대의 필요성을 강조했을 때 보인 최고경영진의 점증하는 우려사항을 확인했다. 그러나 위원회의 보고서는 자산, 자원, 책임의 극적인 재배치를 촉구하기보다는 조직에 큰 혼란을 초래하지 않고, 바람직한 전략적 역량을 제공하기 위해 기존의 기반구조와 경영책임을 어떻게 수정할 수 있는지를 기술했다. 실제로 보고서는 "여기서 매우 중요한 점은 기존의 사업운영에 혼란을 야기하지 않고서도 각 개별 사례에서 변화하는 내·외부적 상황에 그러한 구조를 적용할 수 있을지의 가능성이다"라고 강조했다. 경영진은 자사의 많은 강점들이 개별 국가조직NOs에서 개발되었음을 이해하고, "현지시장에 대한 현지지식을 토대로 한 지속적인 현지통제가 최적의 사업운영결과와… [그리고] 개별 근로자와 전체 조직의 동기부여를 위한 긍정적인 요인을 얻는 데 필수적이다"라는 결론을 내린 바 있다.

개별 국가조직NOs에 대한 보다 많은 조정의 필요성을 인식한 반면, 기업의 점진적인 접근방식은 급작스런 구조조정을 통하여 기업을 위험에 빠뜨리기보다는 자신들의 강점을 토대로 구축되었다. 예를 들어, 필립스는 가장 효율적인 공장을 국제생산센터IPCs: International Production Centers로 지정함으로써 생산효율성을 달성할 수 있었다. 그러나 중앙의 제품사업부가 공장 상차 및 최종제품의 유통을 담당한 반면, 개별 국가조직은 인력관리, 재고통제 그리고 수십 년에 걸쳐 현지역량을 구축해 온 기타 과업의 실행 등 전반적인 공장운영에 대한 책임을 지고 있었다.

필립스는 역사적으로 창의적이고 기업가적인 현지의 연구개발R&D시설을 잘 활용할 수 있도록 기업이 보장하는 신제품 및 프로세스 개발을 위해 유사한 계획도 수립했다. 제품사업부는 전략적인 세계적 계획과 전 세계를 대상으로 한 제품정책 수립에 대한 일차적인 책임을 부여받았지만, 보고서는 “제품사업부가 개별 국가조직NOs과 집중적인 협의”를 해야 한다는 점을 강조했다. “혁신이나 시장 리더십이 부상하거나 연구개발, 생산, 판매 혹은 이익에 대한 중요한 가능성을 지닌” 핵심적인 개별 국가조직에서 그러한 지식과 전문성을 포착하는 것이 특히 중요했다. 이러한 개별 국가조직의 경영자들은 제품정책개발 및 전 세계적인 전략계획 수립에 대한 책임을 지는 태스크포스와 위원회에 참여하도록 요청받았는데, 이는 GE의 ‘직접 연결direct connect’ 개념과는 매우 다른 접근방식으로, 많은 개별 국가조직 경영자들은 사실상 하룻밤 사이에 국내사업부의 통제하에 들어가는 것으로 느끼게 된 요청이었다.

마찬가지로 중요한 것은 필립스도 한때 필요한 변화의 본질과 방향을 한번 결정하고 나면, 그것을 수년 동안 전반적으로 밀고 나갔다는 점이다. GE의 경영자들이 20년 동안 구조적 혼란을 처리해야 했던 반면, 필립스의 경영자는 노란 책자Yellow Booklet를 단기적 문제점을 집중적으로 처리하는 임시 프로그램이 아닌, 회사의 바람직한 조직적 역량에 대한 장기적인 비전을 근거로 한 전반적인 변화의 청사진으로 보았다. 1986년에 필립스 회장인 비스 데커Wisse Dekker 박사는 다음과 같이 말했다. "합리화는 지난 20년에 걸쳐 회사에 자리를 잡았지만, 그 과정은 향후 15년 혹은 20년 동안 지속될 것이다."

비록 필립스의 최고경영진이 증권분석가들에게 유럽의 63개 공장과 전 세계적으로 20개의 사업체가 폐쇄 혹은 매각되었음을 지속적으로 상기시키고는 있었지만, 필립스가 여전히 유럽에 200개 이상의 공장들과 기타 전 세계적으로도 200개 이상의 공장들을 가동하고 있었다는 것이 현실이었다. 국제생산센터의 지정 등 제조 프로그램의 성공에도 불구하고, 필립스는 여전히 근본적으로는 분산된 자산과 자원의 역사적인 형태로 조직되어 있었다. 구조조정을 자산의 재구성 및 자원의 재분배 사안으로 간주하기보다는, 필립스의 경영진은 구조조정의 과업을 변화된 사업운영환경에 다시 초점을 맞추기 위해 기존의 조직적 역량과 경영역량을 보호, 구축, 활용하는 것으로 보았다.

그럼에도 불구하고 1980년대 말 필립스의 형태는 1970년대 초의 형태와는 매우 달랐다. 필립스는 적은 숫자의 공장에서 과거보다 거의 두 배에 달하는 매우 상이한 제품군들을 생산하고 있었다. 게다가 대부분의 나머지 국가별 공장들은 세계시장에 초점을 맞춘 제품군들을 생산하기 위해 최첨단 제조공정과 기술을 사용함으로써, 고도로 효율적인 운영을 할 수 있게 되었다. 이들 국제생산센터들IPCs은 새롭게 합리화된 제조시스템의 핵심을 대표했다. 동시에 생산성이 높고 저임금의 노동력을 이용함으로써 얻을 수 있는 이점을 누리기 위해 대만과 싱가포르에 위치한 제조시설에 대한 투자를 늘렸으며, 이들 국가별 조직을 흑백TV와 라디오 등과 같이 보다 성숙한 제품의 주요 공급원으로 만들었다.

필립스가 자산과 자원의 분권화된 연합체decentralized federation를 효율적인 통합된 네트워크integrated network로 재편하는 데 꼬박 15년이라는 시간이 걸렸는데, 이 시간은 대부분의 내부자들뿐만 아니라 많은 외부 비평가들에게도 끝없이 이어지는 지루한 시간이었다. 아마도 필립스가 더 빨리 조직을 재편할 수도 있었겠지만, 백지상태에서 새로운 시설을 구축하는 것보다 기존의 사업운영 방향을 재설정하는 것이 더 어려운 일이다. 필립스 경영진은 백지상태에서 새롭게 시작하는 과정이 정치적으로도 실행가능하지 않고, 조직적으로도 바람직하지 않다는 사실을 인식할 만큼의 정교함을 보여주었다. 오늘날 필립스는 개별 국가조직NOs 기반의 상당한 자산, 자원 그리고 역량을 희생하지 않고서도 세계적인 경쟁력을 달성할 수 있는 매우 성공적인 세계적 기업이 되었다.

마쓰시타 역시 경영진이 자사의 핵심역량을 심각하게 훼손하지 않고 자산과 자원의 재배치를 시도함으로써 조용한 혁명을 경험했다. 마쓰시타는 이미 구축된 수출 기반을 바탕으로, 1961년 태국Thailand에 최초의 해외 제조시설을 설립했다. 1960년대와 1970년대 초반의 기간 동안 현지국정부와 현지유통업자들은 마쓰시타에게 보다 많은 현지사업체를 설립하도록 압력을 가했다. 그러한 압력들은 마쓰시타가 해외진출 초기에 초점을 맞췄던 동아시아와 남미의 개발도상국들에서 특히 심했다. GE와는 달리 마쓰시타는 필립스의 모델을 따라 자생력 있는 독립적인 개별 국가조직NOs을 구축하고 싶지는 않았다. 마쓰시타는 "저렴한 가격에 고품질의 제품들을 충분히 공급함으로써 사회에 공헌한다"는 창업자의 목표를 충실히 지켰다. 그렇기 때문에 경영진의 관점에서 볼 때, 현지공장에 생산을 맡기는 것은 자칫 마쓰시타제품의 품질과 가격을 위태롭게 할 수 있다는 점을 우려했다.

그러나 현지국의 요구를 마냥 무시할 수도 없었다. 실제로 마쓰시타 고노스케는 "이익은 사회에 기여한 대가로부터 발생한다"라고 기업 경영자들에게 말하곤 했는데, 이와 똑같이 고노스케는 기업들은 자신들이 운영되는 지역의 복지에 기여할 의무가 있다고 믿었다. 마쓰시타의 한 고위 경영자는 다음과 같이 말했다.

> 미국과 유럽의 다국적기업 해외자회사들과는 달리, 우리의 해외계열사들은 잘 정의된 세계적 전략에 따라 설립되지는 않았습니다. 우리 해외자회사들의 주된 목표는 현지국의 생활수준을 높이는 데 도움을 줄 수 있는 고용 기회, 기술 및 경영훈련, 제품들을 제공하여 현지국의 사회복지와 국가경제를 증진시키는 데 기여함으로써 궁극적으로 현지국에 봉사하는 데 있습니다.

마쓰시타는 새롭고 정교한 제품들, 핵심부품들, 하위부속품들 등을 모두 일본에서만 제조함으로써 자신들의 경쟁우위를 보호하는 데 주의를 기울였다. 마쓰시타의 현지사업체는 거의 항상 글로벌 규모의 효율성과 세계적 수준의 품질표준을 바탕으로 제품을 생산하는 일본 내 중앙공장으로부터 성숙제품의 조립세트를 들여와 단순히 조립만을 수행하는 단순 조립공장이었다.

1973년까지 마쓰시타는 해외에 25개 제조공장을 보유하고 있었는데, 그중 13개는 동남아, 5개는 중남미, 3개는 아프리카, 중동, 오세아니아 지역에 있었다. 그리고 마쓰시타의 주요 수출시장인 북미와 유럽에는 각각 2개의 공장을 보유하고 있었다. 그러나 이 당시에 마쓰시타는 선진국에서도 정치적 압력을 느끼기 시작했다. 일본산 컬러TV세트가 1969년에 29%의 점유율을 기록하면서 미국시장을 잠식시키자, 미국 전자산업협회 Electronics Industry Association는 일본산 TV세트에 대해 미국 재무부에 반덤핑 소송을 제기했다. 말레이시아, 브라질, 기타 여러 나라에서와 마찬가지로 마쓰시타는 현지생산을 약속하는 것으로 이 문제에 대응했는데, 이 경우에는 모토롤라의 사업을 인수하는 방법을 통해 현지에서 TV를 생산하기로 했다. 또한 마쓰시타는 캐나다정부의 압력에 대응하여 토론토에도 제조시설을 설립했다. 뿐만 아니라 유럽에서는 웨일즈의 카디프에 TV공장을 세웠다.

이러한 고도의 정치적 움직임은 1950년대 이래로 마쓰시타의 기본적인 자산 및 자원의 배분형태가 거의 변하지 않았다는 사실을 감추었다. 마쓰시타는 낮은 원가로 고품질제품을 제조하는 고도로 집중된 전문공장에 지속적으로 의존했다. 비록 1980년까지 마쓰시타는 23개국에 걸쳐 39개의 제조공장을 설립하긴 했지만, 마쓰시타 전체 생산량의 90%가 넘는 제품들은 여전히 일본 국내공장으로부터 생산되고 있었다. 또한 해외공장은 본사로부터 지시된 절차 그리고 일본에서 공급된 자재를 사용하며, 모기업이 설계한 장비로 운영되었기 때문에 자급자족과는 거리가 멀었다.

마쓰시타는 전체 매출규모의 절반을 해외시장에서 올리고 있었기 때문에 보호무역주의가 강화되는 시기에 들어서자 마쓰시타의 입지는 점점 더 위협받게 되었다. 1977년 이래로 마쓰시타의 사장이었던 야마시타 도시히코Toshihiko Yamashita는 국내 연설과 담화 모두에서 일본으로부터의 수출, 해외생산 그리고 해외공장에서 생산한 제품의 수출 사이에서 보다 나은 조화를 이룰 필요가 있다는 점을 역설했다. 그러한 진행상태에 만족하지 못한 그는 1982년에 현지화 프로그램을 발표했는데, 그 주된 내용은 1990년까지 마쓰시타의 해외생산규모를 총생산량의 25%까지로 늘리는 것이었다.

마쓰시타는 자본, 인력, 기술 및 자재의 동시적이고 상호의존적인 현지화를 통하여 이러한 변화에 영향을 미치고자 했다. 마쓰시타는 새로운 신설투자 사업체를 구축하는 단기적인 속성 프로그램crash program을 추구하기보다는 이미 구축된 현지의 단위조직들을 더욱 향상시키고 강화하여, 보다 큰 책임을 떠맡게 하고 더욱 광범위한 제품을 만들고자 했다. 마쓰시타는 해외사업이 다음과 같은 세 단계를 거쳐 진화한다고 보았다. 1단계 기업은 장비, 공급, 사업 방향 등에 대하여 거의 전적으로 모기업에 의존하는 반면, 2단계 기업은 현지장비와 자재조달에서 어느 정도 유연성을 갖는다. 그리고 3단계에서 기업은 장비와 공급의 측면에서 자급자족할 수 있고, 기업의 프로세스와 기술을 현지에 맞게 수정할 수 있으며, 자체의 품질성과를 보증할 수 있는 경영역량을 보유하게 된다.

이들 현지자회사들 중 가장 독립적인 자회사들조차도 여전히 모기업의 전통적인 강점의 원천에 긴밀하게 결속되어 있었다. 예컨대, 오사카에 위치한 제품사업부 경영자들이 3단계 사업장으로 간주하는 높은 경쟁력을 지닌 마쓰시타의 대만 컬러TV공장도 여전히 원자재의 35%를 일본에 위치한 모기업에 의존하고 있었으며, 이 수치에는 대부분의 핵심부품이 포함되어 있었다. 비록 그 대만 공장은 현지의 미학local aesthetics을 반영해 제품을 디자인할 수 있는 기술적 자유를 누리고는 있었지만, 제품의 기본 골격과 부품들은 여전히 일본에서 개발되었다. 그리고 인적자원관리의 측면에서 현지에서 인적자원을 조달하는 비율이 높아지고 있었음에도 불구하고, 1986년에도 TV사업부에는 여전히 4명의 일본인 관리자들이 고문으로 근무하며, 핵심적인 의사결정 사안에 대해서는 모기업과 상의하고 있었다. 마쓰시타는 현지화를 더욱더 심화시키는 과정에서, 자신들이 지닌 핵심적인 강점을 포기하는 것이 아니라 적극 활용하기로 결정했다.

1980년대 후반까지 필립스와 마쓰시타 양사는 1970년대 초에 자신들의 조직구조를 현저하게 수정했지만, 양사 모두 자신들이 간직해 온 근원적 뿌리를 포기하지는 않았다. 예컨대, 필립스의 효율적인 국제생산센터IPCs 네트워크와 통합된 연구개발 우수센터integrated centers of R&D excellence는 필립스의 전통적인 개별 국가조직NOs의 분권화된 연합체의 토대 위에 구축되었다. 반면 마쓰시타의 부상하는 조직구조emerging structure는 새롭게 분산된 자산과 자원을 바탕으로 한 중앙화된 허브의 명백한 흔적을 여전히 가지고 있었다. 두 기업은 모두 의식적으로 기존 조직구조의 기반을 조직구축의 발판으로 사용하고 있었다.

제한적인 구조조정

제2장에서 우리는 초국적기업의 전략적 도전과제가 효율성, 유연한 대응성 그리고 전 세계적인 학습과 혁신의 동시적인 달성이라는 점을 강조했다. 하지만 안타깝게도 많은 기업들은 그들이 지닌 기존의 형태가 결여된 전략적 역량을 개발하려는 능력을 스스로 제약했음을 발견하게 되었다. 예를 들면, 필립스의 전형적인 분권화된 연합체decentralized federation가 자신들의 효율성을 훼손했으며, 마쓰시타의 중앙화된 허브centralized hub는 국가별 시장에 대한 대응성을 제한했다. 기업들이 초국적조직형태로 진화해 감에 따라, 그들은 얼마 지나지 않아 자산, 자원 그리고 책임의 이상적인 구성이 종종 모순적인 조직적 함의organizational implications를 지닌 목표들 간 상충관계trade-offs와 연관되어 있다는 사실을 발견했다.

우리가 연구한 기업의 경영자들 대부분은 현실주의자와 실용주의자들이었다. 그들은 필요한 새로운 조직역량 창출의 어려움을 인식했으며, 그것이 단순히 경쟁기업의 자산과 자원을 모방함으로써 구축될 수 없다는 것을 이해했다. 그들이 실행을 기대할 수 있는 최선의 방법은 그들이 지닌 결함을 완전히 제거하는 것이 아니라, 어떤 방식으로든 그것을 보완하는 것이었다.

이러한 평범한 목표를 위해서도 경영자들은 경쟁우위에 대한 그들의 관점을 넓힐 필요가 있었다. 예를 들어, 일부의 경영자들은 글로벌기업들의 중앙화된 허브형태를 모방하는 것 이외에도, 효율성을 달성할 수 있는 많은 다른 경로가 있다는 것을 발견했다. 또 다른 이들은 분권화된 연합체 구조 없이도 그들의 회사가 민감하고 유연하며 대응적일 수 있음을 배웠다.

글로벌 규모의 효율성을 탐색하는 과정에서, 필립스의 경영자들은 자사가 오랫동안 제대로 활용하지 못했던 잠재적인 효율성의 원천을 발견했다. 즉 노동력, 자본, 자재, 그리고 기타 투입물의 배합은 필립스의 개별 국가조직NOs이 위치한 국가들 전반에 걸쳐 매우 상이하다는 사실이었다. 자사의 기존 조직구성에서 역할을 조정하고, 강조할 부분을 전환하며, 역량을 강화함으로써 필립스는 각 활동의 주요 투입요소에 대한 최소 투입원가를 실현할 수 있는 국가로 자신들의 활동을 집중하기 시작했다. 필립스는 인건비가 저렴한 싱가포르와 대만 공장으로 노동집약적인 생산항목을 이전하는 방식으로, 그 국가에서 소규모 사업을 확대했다. 그리고 필립스는 풍부한 기술적 기반과 비교적 저렴한 보수의 과학자와 기술자들을 보유한 R&D시설을 영국에 갖추고 있었는데, 이러한 연구개발시설도 활용하기 시작했다.

1970년대 후반과 1980년대 초에 일부의 필립스 경영자들은 기업활동의 집중을 부추겼던 규모의 경제가 점점 한계에 다다르고 있음을 감지했다. 점점 더 커지는 사업체를 경영하는 데 따른 비경제성이 일부 경쟁기업들에게 부담을 주기 시작했다. 반면 보호무역주의의 정서가 고조되고 동질적인 제품에 대한 소비자들의 불만족으로 인해 규모의 경제를 실현할 수 있는 기본적인 잠재력은 점차 약화되었다. 그러나 가장 혁신적인 진전은 유연생산공정flexible manufacturing processes의 등장이었다. 컴퓨터 지원 설계CAD: Computer-Aided Design 및 컴퓨터 지원 제조CAM: Computer-Aided Manufacturing, 로봇공학, 그리고 기타 기술의 사용으로 많은 제조공정에서 규모의 민감성이 감소되었다. 대부분의 제품들의 최소효율규모MES: Minimum Efficient Scale가 이제는 세계적 물량보다도 훨씬 적었다.[10]

이러한 변화를 감안할 때 필립스는 지역 혹은 국가별 시설의 제조기술에 대규모로 투자함으로써, 경쟁기업들이 보유한 세계적 규모의 공장들이 달성한 효율성에 필적할 수 있다고 믿게 되었다. 1980년대 초 즈음에 필립스는 '미래의 공장the factory of the future'에 투자하기로 결정하고, 새로운 제조기술의 사용에 대한 전사적인 접근방식corporate-wide approach을 개발하기 위해 이사회수준의 정책위원회policy committees를 구성했다. 필립스의 사장인 코 반 데르 클루트Cor van der Klugt는 다음과 같이 언급했다. "유연한 자동화flexible automation가 지배적인 생산방법이 될 경우, 글로벌제품에 관한 논쟁은 그리 오래가지는 않을 것입니다. 필수적인 규모의 경제를 달성하는 기본적인 모형들은 보다 개별화된 제품으로 쉽게 전환될 수 있을 것입니다."[11]

필립스가 단행한 국제생산센터IPCs로의 전환은 인상적인 결과를 만들었다. 예컨대, 필립스는 이탈리아 몬차Monza에 위치한 대형 텔레비전공장에 더 많은 로봇과 컴퓨터 지원 제조CAM 장비를 도입했고 이를 바탕으로 필립스는 직원 수를 500~1,200명까지 줄일 수 있었다. 항상 드리웠던 일본 경쟁기업들의 그림자뿐만 아니라 생산기술에서의 변화는 필립스가 현지 노동조합과 작업규칙을 재협상하는 데도 도움을 주었으며, 노동조합으로부터 근로자들의 생산성을 크게 높일 수 있는 중요한 일부의 양보를 얻어냈다. 그 결과 이 공장은 4년에 걸쳐 생산량을 기본의 두 배로 늘렸으며, 그 이전까지 강력한 원가우위를 누리고 있었던 필립스의 대만 공장보다도 더 저렴한 원가를 달성할 수 있었다.

마쓰시타의 경쟁력이 글로벌 규모를 기반으로 한 반면, 필립스는 상이한 경제적 우위의 원천에 초점을 맞춘 자신들만의 방식으로 글로벌 효율성을 추구했다. 공장 통합과 합리화를 통해 할 수 있는 일들을 한 후, 필립스는 요소비용 차이를 활용하기 위해 사업운영 네트워크를 미세하게 조정fine-tuning하는 데 집중했다. 그런 다음 자산을 재분배하기보다는 기술에 투자함으로써, 필립스는 기존의 형태를 보다 효율적으로 만들었다.

같은 시기에 마쓰시타는 현지시장들 간 차이점들을 제대로 고려하지 못했던 고도로 중앙집권화된 조직구조의 한계를 극복하려 했다. 현지국정부의 요구사항과 현지소비자들의 니즈에 효과적으로 대응하는 필립스 개별국가조직NOs의 역량을 부러워했던 만큼이나, 마쓰시타는 필립스의 조직구조를 모방하는 것이 마쓰시타의 경이로운 성공의 비결이었던 중앙집권화된 사업운영을 훼손할 것이란 사실도 알고 있었다. 제7장에서 설명하겠지만, 마쓰시타는 현지판매 자회사들을 현지시장에 민감하고 대응적인 국가별 자회사로 전환하는 조치를 취했다. 그러한 구조적 변화는 점진적으로 늘어났으며, 기업의 기본적인 중앙화된 허브centralized hub구조를 바탕으로 구축되었다.

요약해 보면 필립스와 마쓰시타 둘 다는 가장 효과적인 경쟁기업들을 모방하기보다는 자신들의 기존 조직구조에서의 장애요인들을 보완함으로써 부족한 전략적 역량들을 개발했다. 비록 이 두 기업들은 이전 조직구조의 흔적이 명백히 남아 있긴 했지만, 새롭게 부상하는 형태로의 수렴convergence도 어느 정도는 있었다. 두 기업은 모두 분산되고 전문화된 그리고 상호의존적인 단위조직을 기반으로 한 구조로 발전하고 있었다. 즉 그것은 우리가 제4장에서 통합된 네트워크integrated network 모델로 간략하게 기술한 형태였다.

통합된 네트워크: 초국적기업의 구조적 체계

필립스와 마쓰시타의 사례에서 보았던 자산과 자원의 점진적인 재분배는 우리가 연구한 대부분의 기업들에서 볼 수 있었던 전형적인 형태의 변화였다. 매우 상이한 구조적 기반으로부터 그들은 공통적인 형태로 수렴되고 있었다. 즉 전 세계적으로 전문화된 단위조직들은 효율성, 대응성 그리고 혁신이라는 그들의 다차원적인 전략적 목표를 달성하기 위해 통합된 네트워크형태로 연계되었다([그림 5-1] 참조). 이러한 형태의 강점은 분산dispersion, 전문화specialization 그리고 상호의존성interdependence이라는 근원적인 특성으로부터 야기된다.

| 그림 5-1 | 통합된 네트워크 모델

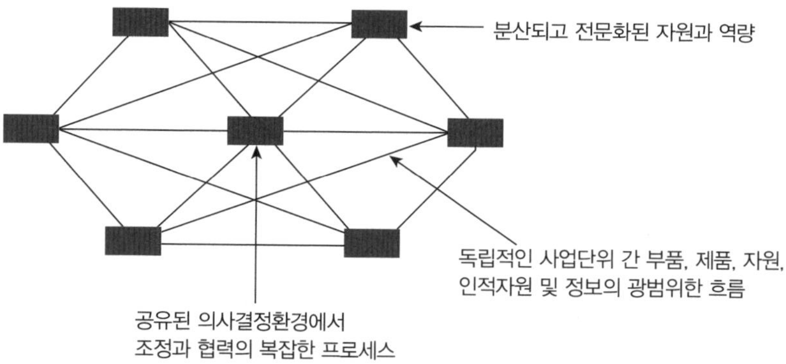

분산된 자산

역사적으로 기업들은 고도로 차별화된 현지시장의 니즈에 더 잘 대응하기 위해서 그들의 자산과 자원을 분산시켰다. 하지만 점차 수렴되어 가는 소비자의 니즈와 선호도로 인해서 자산과 자원을 분산시키려는 기업들의 동기는 점차 덜 중요해졌다.

그러나 그러한 자극이 중요한 혁신의 원천이 될 수 있기 때문에 다양한 시장의 니즈, 기술적 트렌드 그리고 경쟁적 행위 등을 감지하는 능력은 여전히 중요하다.[12] 오늘날 새로운 소비자의 니즈, 기술적 진보, 경쟁적 전략 등은 세계 어느 곳에서든 부상할 수 있다. 제7장에서 보다 상세하게 설명하겠지만, 전 세계에 걸쳐 광범위하게 흩어져 있는 자극들을 감지하고 그에 대응하는 능력은 경쟁우위의 중요한 원천이 된다.

전 세계적으로 분산된 형태는 또한 세계적 기업들에게 요소비용의 차이를 활용할 수 있게 해준다. 즉 기업들은 저비용의 노동력 및 자재에 접근할 수 있을 뿐만 아니라, 점차 부족해져 가는 기술적 자원들과 경영자원들의 국제적인 풀pool을 활용할 수도 있다.[13] 예를 들어, 에릭슨Ericsson은 스톡홀름대학교와 공업학교 엔지니어링 전공 졸업생들의 대부분을 채용하고 있지만, 여전히 본국에서의 거대한 개발 요구에 충분히 부응하지 못하고 있다. 특히 소프트웨어 엔지니어들의 경우, 에릭슨은 영국 및 미국 자회사 인력에 의존하고 있는 실정이다.

마지막으로 자산의 집중으로 기업들이 감당하기 어려운 정치적 · 경제적 위험에 노출되는 국제적 환경에서 분산된 운영은 더욱 중요하다. 광범위한 정치적 제재와 급격하게 변동하는 환율을 고려할 때, 기업들은 그러한 위험에 노출되는 것을 감소하기 위해 사업운영을 분산해야만 한다고 느낀다.[14] 미국과 유럽의 정부기관이 1970년대와 1980년대 초에 걸쳐 일본 수입품들을 제한했을 때, 독자 생존이 가능한 해외생산기지를 구축한 기업들은 그러한 수입제재를 회피할 수 있었던 반면, 자산이 중앙에 집중된 기업들은 제재를 회피해 갈 수 없었다. 이후 일본 엔화의 가치가 미국 달러 대비 40% 절상되었을 때, 중앙에 집중화된 조달시설을 보유한 기업들은 또다시 심한 타격을 받았다. 1986년 마쓰시타가 5억 달러 규모의 매출 손실을 보게 되자 마쓰시타는 보다 많은 가치부가활동들을 해외로 이전시키려는 자신들의 의지를 더욱 강화시켰다.[15]

전문화된 사업운영

필립스가 고통스럽게 배운 바와 같이 완전히 통합된 형태의 독립적인 개별 국가조직NOs은 효율성 면에서는 현저하게 불리함을 의미할 수도 있다. 그러나 사업운영을 전문화하고 개별 국가조직들에게 보다 광범위한 권한을 위임함으로써 기업은 최소효율규모를 확보하면서도 분산된 구조를 유지할 수 있었다.

이러한 접근방식의 실행가능성은 최신 생산기술에 의해 크게 향상되었다. 과거에는 전문화 및 전용자산이 경직성을 창출하는 경향이 있었는데, 그러한 경직성은 제품수명주기가 짧아지고 원가, 기술 그리고 소비자 취향에서의 변동성이 높은 환경에서 특히 위험했다. 그러나 새로운 유연생산기술flexible manufacturing technologies을 사용함으로써 전문화된 사업운영은 규모와 유연성 간 딜레마scale-flexibility dilemma를 극복할 수 있다.[16] 이를 바탕으로 필립스의 공장들은 생산라인의 특정 부분에서 전문화되었다. 예를 들면, TV사업분야에서 필립스의 영국 자회사는 문자다중방송분야teletext line에서 선도적인 반면, 벨기에 자회사는 스테레오 세트의 개발과 생산에 주요한 책임을 지고 있었다. 성숙제품 라인이 세분화되기 시작함에 따라 사업운영을 전문화할 수 있는 능력은 엄청난 경제적 이익을 가져올 수 있었다.

이용가능한 규모의 경제 그리고 전문화의 필요성은 제품 및 과업에 따라 상이하다. 대부분의 경우 부품 생산을 위한 최적의 공장규모는 최종조립을 위한 효율적인 생산용량보다 더 커지는 경향이 있다. 가전부문의 경우 조립시설의 최적 생산용량은 컴퓨터 지원 테스트computer-aided testing의 효율적 규모에 의해 결정되는데, 이는 실제 조립공정의 효율적인 규모보다 훨씬 더 크다. 이런 기술의 도입은 필립스가 전 세계적으로 TV 생산을 강화하기로 결정한 한 요인이었으며, 특히 유럽이 1992년도에 시장통합의 목표를 지향하여 움직임에 따라 이러한 집중화 및 전문화 경향은 당분간 지속될 것이다.

전문화의 이점은 제조분야에만 국한되는 것은 아니다. 대부분의 기업들에게 관련 기술relevant technologies의 기반이 광범위해지고 또 너무 빨리 변화하기 때문에, 연구개발R&D과 관련된 과업들을 관리하기가 점점 더 어려워지고 있다. 유니레버, P&G 그리고 카오는 기초적인 유지화학oils and fats chemistry에 대한 연구를 지속할 뿐만 아니라, 이제 고분자화학polymer chemistry, 표면과학surface science, 유기화학organic chemistry, 향 · 향수연구flavor and fragrance research 및 기타 전문분야에 관여하고 있는데, 이러한 분야들 상당수는 10년 전에는 거의 존재하지도 않았던 분야였다. 새로운 재료과학은 제품과 포장에 혁명을 불러왔으며, 새로운 공정기술은 산업의 경제성을 근본적으로 바꾸어 놓았다.

이러한 상황에서 많은 기업들은 거대한 중앙의 연구소에 의존하는 것이 점점 더 불편해지고 있다는 것을 알게 되었다. 단일 연구 영역 혹은 관련 기술 범위에 초점을 맞추는, 보다 작고 더욱 전문화된 시설들이 새로운 환경적 니즈에 더 잘 대처할 수 있었다.[17]

1970년대 말부터 필립스는 네덜란드, 독일(2개), 미국(2개), 영국, 프랑스, 벨기에 등에 위치한 8개의 연구소에서 특별한 역량을 개발하기 위한 정책을 추진해 왔다. 2,500명의 과학자와 엔지니어들을 고용한 아인트호벤의 중앙연구소는 전자광학electronic optics으로부터 집적회로설계integrated circuit design 및 재료과학materials science에 이르기까지의 수많은 응용분야뿐만 아니라 물리학, 화학, 수학 등과 같은 기초분야에서의 최첨단기술의 개발과 관련된 연구에 대한 가장 광범위한 권한을 위임받았다. 다른 연구소들은 보다 전문화되었다. 영국 레드힐에 위치한 연구소는 실리콘과 갈륨비소gallium arsenide에서의 이산요소discrete components에 대한 고체 전자공학solid-state electronics과 인공지능을 위한 소프트웨어 설계와 같은 몇 가지 특수한 영역에 초점을 맞추고 있었다. 파리에 위치한 연구소는 마이크로 프로세서, VLSI구조 그리고 디지털 신호처리 등과 같이 프랑스정부가 지원한 기술분야에서 전문성을 구축했다.

1980년대 즈음에 아인트호벤연구소의 한 책임자는 종전 필립스의 주요한 문제점인 중복된 그리고 유사한 연구들이 현저하게 감소했다고 주장했다. 뿐만 아니라 연구소들 전반에 걸친 협력적인 동료의식이 이전의 경쟁심과 방어의식을 대체했다.

전문화가 반드시 특정 희소자원이나 자산의 독점을 의미하지는 않는다. 많은 기업들에서 경영진은 의도적으로 특정 기술과 역량의 중복을 보장하고 있는데, 이는 기업이 어려운 연구문제에 대한 대안적 접근방법을 개발하게 만들 뿐만 아니라 건전한 내부경쟁을 조성할 수 있기 때문이다. 예를 들어, P&G 본사의 R&D 그룹이 이미 액체세제제품을 개발했음에도 불구하고, 유럽기술센터로 하여금 추가적으로 액체세제를 연구하게 함으로써, P&G는 이후에 미국제품에 통합시킬 수 있었던 몇 가지 획기적인 기술들을 개발할 수 있었다. 개선된 성능은 해당 제품이 시장지배력을 확보할 수 있도록 도움을 주었다. 이와 유사하게 에릭슨도 아날로그기술에 집중했던 모기업의 초점과 시장의 개발 상황이 서로 맞지 않는다는 것이 입증되었을 때, 자사의 호주 자회사가 새로운 완전 전자식의 중앙 스위치의 개발과 관련해 자회사 차원에서 자체적인 접근방법을 추구하고 있다는 사실에 반색했다. 에릭슨은 디지털 스위치에 대한 호주 자회사의 연구결과를 채택함으로써 많은 시간과 비용을 절감할 수 있었다.

상호의존적 관계

전통적인 조직구조에서 단위조직들 간의 관계는 통상 중앙화된 허브 centralized hub의 경우처럼 명백하게 의존적이거나, 분권화된 연합체 decentralized federation구조를 지닌 해외자회사의 예처럼 확실하게 독립적이다. 그러나 우리가 살펴본 바와 같이 국제경영환경에서의 변화는 앞서 언급한 단위조직들 간의 두 가지(의존적이거나 독립적인) 단순한 관계를 부적절하게 만들었다. 독립적인 단위조직들은 조정된 글로벌 접근법을 통해 전략적 이점들을 누리는 경쟁기업들에 의해 무력화될 수 있는데, 그러한 전략적 이점들은 글로벌 규모의 사업운영과 한 시장에서의 손실을 다른 시장에서의 수익으로 상호보조cross-subsidize할 수 있는 능력 등을 포함한다. 한편 중앙 단위조직에 전적으로 의존하는 해외자회사는 현지시장의 기회를 활용하지 못하거나, 강력한 현지경쟁기업들에게 효과적으로 대응하지 못할 수도 있다. 오늘날의 세계적인 경쟁환경에서는 협력적인 정보 공유 및 문제해결, 협력적인 자원 공유와 집합적인 실행이 요구된다. 즉 한마디로 상호의존성을 바탕으로 구축된 관계 설정이 필요하다.

그러나 오랜 역사 위에 구축된 의존적 혹은 독립적인 관계를 바꾸는 것은 쉬운 일이 아니다. 많은 기업들은 관리의 층을 추가함으로써 보다 많은 협력을 도모하기 위해 노력해 왔다. 최고경영진들은 팀워크의 미덕을 극찬했고 필요한 경우 관리자들의 반응을 살피기 위한 특별부서를 신설하기도 했다. 하지만 대부분의 사례에서 이러한 시도는 실망스러웠다. 독립적인 단위조직들은 필사적으로 자신들의 자율권을 지키면서, 지시에 따르는 척만 했다. 의존적인 단위조직들은 새로운 협력정신이 그들이 그동안 의존해 왔던 중앙조직에 대해 기존보다 단지 조금 더 동의하는 정도에 불과하다는 암시를 받았다.

그러나 일부 기업들은 한 저자가 '통합적 조직integrative organization'이라고 부른 조직을 구축하는 역량을 점진적으로 개발했다.[18] 우리가 연구한 기업들 중 가장 성공적인 기업은 새로운 단위조직을 만든 것이 아니라 제품, 기능, 지리적 사업부 간의 상호의존적 관계를 성실하게 구축함으로써 성공할 수 있었다. 본질적으로 각 사업부들은 자신들의 이익을 달성하기 위해 각 사업부들의 협력을 요구함으로써 통합과 협력을 끌어냈다.

예를 들면, 1970년대 동안 P&G의 유럽 자회사들은 점진적으로 점점 더 독립적이 되고 있었고, 1980년대 초 즈음에는 유럽 자회사들 중 대부분이 상당히 자급자족적인 사업운영을 할 수 있게 되었다. 그들은 현지판매 및 마케팅역량을 갖추었을 뿐만 아니라, 가장 작은 몇몇 유럽 국가의 자회사들을 제외하고는 자체적인 제품개발 및 제조시설도 보유하게 되었다. 보다 중요한 사실은 현지경영자들은 현지국에서 어떤 제품을 출시할 것인지 그리고 그러한 제품을 어떻게 마케팅할 것인지를 결정하는 전적인 권한을 가졌다는 것이다. 하지만 이러한 자회사들의 독립성은 P&G가 경쟁기업들과 경쟁하는 것을 어렵게 만들었다. P&G는 현지 및 세계적 경쟁기업들 모두가 종종 다른 나라에서 성공적인 P&G의 제품 혹은 마케팅전략을 모방함으로써, 오히려 P&G 해외자회사들의 제품시장 입지에서의 격차를 악용할 수 있음을 발견했다. 그러나 자회사들로 하여금 제품개발, 제조 혹은 시장전략에 대해 서로 협력하도록 만드는 것은 어려운 일이었다. 각 자회사는 자급자족할 수 있었고 자율적이었으며, 현지국가에서의 사업성과에 대해 각자 책임을 졌다. 각 자회사들은 그들의 독립성을 축소하거나 매출 및 수익을 희생해야 하는 그 어떤 제안에도 매우 조심스럽게 접근했다.

소위 유로 브랜드Euro Brands라고 불리는 브랜드를 소개하면서 P&G는 변화를 불러올 수 있는 기회를 잡을 수 있었다. 제품개발에서의 중복으로 인한 추가비용, 비효율적인 생산규모, 통합되지 않은 마케팅전략 등으로 좌절감을 느낀 유럽담당 부사장은 전 유럽에 걸친 제품 마케팅전략을 개발하고 실행함에 있어 해당 자회사들이 서로 협력해야 하는 프로그램을 시작했다. 그러나 유럽담당 부사장은 이러한 프로그램을 실행함에 있어 본사로부터 지시를 받게 하지 않고, 주로 자회사의 인력들로 구성된 유로 브랜드팀Euro Brand Teams에게 일체의 권한과 책임을 위임했다. 그는 "결국 이 팀에 우리의 전문성과 기업가정신이 담겨있다"라고 말했다.

해당 사업부문에서 특히 뛰어난 역량을 지닌 자회사의 경영자들이 각 팀의 책임자가 되었다. 또한 팀에는 다른 자회사의 제품 및 홍보담당 관리자들과 P&G 유럽 본사의 기능별 관리자들도 포함되어 있었다.

역사적으로 P&G의 자회사들은 협력에 따른 인센티브가 거의 없었다. 하지만 각 팀의 성공 여부와 그러한 팀을 이끄는 경영자들의 명성은 이제 다른 자회사들의 지원 정도에 의해 좌우되었으며, 이러한 관계 속에서 협력적 행동들이 강화될 수 있었다. 각 경영자들은 유로브랜드팀의 다른 구성원들로부터 기대할 수 있는 지원수준level of support은 결국 자신들의 자회사제품 관리자들이 해당 구성원들이 속한 팀에 제공한 기여도의 정도에 달려 있다는 것을 알고 있었다. 결과적으로 개인적인 이해관계에 따라 움직이는 팀워크였다.

이러한 관계는 많은 단위조직들로 구성된 조직에서 볼 수 있는 통상적인 상호의존성과는 현저하게 다르다. 세계적 기업들은 전통적으로 단위조직 경영자들이 현지의 이해관계보다는 글로벌 차원의 이해관계에 대응하게 하는 소위 '공동 상호의존pooled interdependence'방식을 시도해 왔다. 예를 들어, 유로브랜드팀을 만드는 조치를 취하기 전에 P&G의 유럽담당 부사장은 P&G 전체의 이익 차원에서 독립적인 사고방식을 지닌 자회사 경영자들에게 자금난에 시달리는 자회사들로 여유자금을 이전하도록 설득하려는 시도를 했다. 그는 "언젠가 당신이 도움이 필요할 때, 지금 당신으로부터 도움을 받게 될 자회사들이 당신의 주요 제품 출시에 필요한 자금을 제공해 줄 수도 있을 것입니다"라며 설득을 했다.

공동 상호의존성은 종종 일상적인 경영행동에 영향을 미치기에는 너무 광범위하고 모호하다. 유로브랜드팀에서의 상호의존성은 보다 명백하게 호혜적reciprocal이고 P&G의 조직적 역량을 더욱 잘 확장시킬 수 있다.[19]

새로운 도전: 차별화된 역할관리

제6장에서 살펴보겠지만, 우리 표본의 어떤 기업도 전체 조직을 포함하는 통합 네트워크를 구축하지 못했으며, 포괄적인 네트워크가 필요하지도 않았다. 그러나 우리 연구는 이러한 형태가 점점 더 많은 기업들이 그것을 기초로 하여 전 세계에 걸친 사업운영을 구축하게 될 기본적인 틀이 되고 있음을 시사한다.

이제 우리는 네트워크 내에서 단위조직의 역할과 책임, 그리고 현지 상황에 대한 유연성과 대응성을 보장하기 위한 방법 등을 살펴보고자 한다.

CHAPTER 06

유연성개발: 전문화된 역할과 책임

우리가 연구한 여러 기업과 마찬가지로 유니레버는 조직 대칭성이라는 암묵적 가정하에 해외자회사를 설립했다. 포장식품, 화학제품 및 세제를 판매하는 현지 운영조직의 경영자들은 상당히 독립적인 국가별 자회사의 경영자들에게 보고를 했고, 이는 다시 지역별 관리자들을 통해 본사의 이사회에 보고되었다. 제2차 세계대전 이후, 유니레버는 지역 특성이 강한 구조적 한계를 극복하기 위해 본사에 다수의 제품조정그룹product coordination groups을 설치했다. 이를 통해 잠재적인 시장을 확보하고 국경을 넘어 학습을 확산시키려는 목적이었다. 그러나 모든 사업들이 비슷하게 관리되었고, 제품조정그룹의 수는 1962년 3곳에서 1969년 6곳으로, 1977년에는 10곳으로 계속 늘어났다.

그러나 1970년대 중반이 되자 유니레버의 조직 대칭성이 위협받기 시작했다. 오일 쇼크로 인한 글로벌경제의 붕괴는 기업의 각 사업부들과 시장 간의 차이를 극명하게 드러냈고, 경영진은 조직구조와 관리 프로세스를 차별화할 수밖에 없었다. 예를 들어, 화학제품 및 세제부문에서는 표준화, 조정, 통합이 긍정적으로 작용했으나, 식품부문에서는 지역 및 국가별로 소비자의 선호와 문화가 달랐기에 조정이 어려웠다.[01] 그 결과 본사의 제품조정그룹의 역할, 책임 그리고 권한이 나뉘기 시작했다.

유니레버는 보다 글로벌 차원의 조정을 통해 자사의 사업부들을 관리하기로 결정하였는데, 따라서 무엇을 조율해야 할지를 고민해야 했다. 당시 대부분의 유니레버 해외자회사들은 완전히 통합된 자급자족적인 형태로 운영되고 있었다. 이들은 본사에서 개발한 제품기술, 제조역량 및 마케팅 전문성을 이용할 수 있었지만, 실제로 한 번도 이를 활용하도록 강요받지는 않았다. 그보다는 각 자회사들은 각자의 제품을 개발, 제조하였을 뿐만 아니라 마케팅도 직접 수행하였다. 따라서 각 기능이 대칭적으로 관리되는 경향을 보였다.

하지만 시간이 지남에 따라 기능별 책임의 전적인 분권화가 경쟁위협에 대한 유니레버의 효율적인 대응을 어렵게 한다는 점이 분명해졌다. 특히 1970년대 들어 유럽 내 세제사업에서의 경쟁이 극심해졌고, P&G의 자회사들이 미국에서 개발된 유채 제조법을 바탕으로 유럽에서 새로운 세탁용 세제를 출시하자, 유니레버의 자회사들은 이에 각자 대응해야 했다. 결국 유니레버의 각 자회사들은 막대한 비용을 들여 각기 다른 13종의 제품 및 제조법을 개발했으나, 이들 중 어떠한 것도 P&G의 제품만큼 우수하지는 못했다.

게다가 스스로 자신들의 제품을 개발할 수 있는 역량을 보유한 유니레버의 자회사들은 중앙 R&D센터에서 개발된 아이디어에 대해서 강력한 거부감을 가졌다. 1960년대 초, 중앙 R&D센터에서 개발한 새로운 저온 표백제가 해외자회사들에게 제공되었다. 다소간의 압박으로 인해 자회사들 중 5곳이 시장 테스트에 동의했지만, 짧은 시험판매 후 결국 새로운 표백제를 거부했다. 비슷한 사건이 계속되자 유니레버의 최고경영진은 마케팅과 R&D를 분리할 필요성을 깨닫게 되었다. 1975년, 유니레버는 일부 국가에서 아예 제품개발조직을 없애고, 남아 있는 개발조직에 대한 조정 및 통제를 강화함으로써 제품개발기능을 중앙에 집중시켰다.

결국 본사의 경영자들은 현지자회사로 어떤 기능을 위임할지를 결정하는 것 그 이상이 필요함을 깨달았다. 각 기능별 조직 내에서도 특정 과업은 중앙의 관리하에서 조율되어야 했다. 따라서 유니레버는 세제제품의 R&D를 중앙에서 관리하고, 마케팅기능은 분권적으로 관리되도록 했다. 이는 일반적인 솔루션으로 점차 수정되어 각 과업별로 책임을 명확히 하도록 했다. 예를 들어, 세제제품 마케팅의 경우 제품정책은 중앙에서 직접 관리했지만, 가격결정 및 광고전략은 현지로 위임하면서도 중앙에서 조율하였고, 판매, 유통 및 촉진활동은 대부분 현지 소관으로 유지되었다.

[그림 6-1]은 유니레버의 사업부전략, 기능별 책임 및 과업에 따라 서로 다른 글로벌 통합과 국가별 차별화에 대한 필요성을 나타낸다.[02] 이 그림에서 알 수 있듯이 유니레버의 세제사업은 글로벌 통합과 국가별 차별화 간 측면에서 중간쯤의 위치를 차지하고 있다. 즉 화학제품보다는 본사 경영자의 조율이 덜 필요하지만, 개인용품보다는 조율이 필요하다. 세제사업 내에서도(중간 도표) 연구는 본사가 통제하지만, 마케팅 관련 결정은 자회사의 경영자들이 상당한 영향력을 행사한다. 마케팅 과업 내에서는 (오른쪽 도표) 본사가 제품정책에 큰 영향력을 행사하지만, 현지의 촉진활동은 전적으로 자회사 경영자들의 재량이다.

| 그림 6-1 | 유니레버의 통합 및 차별화에 대한 필요성

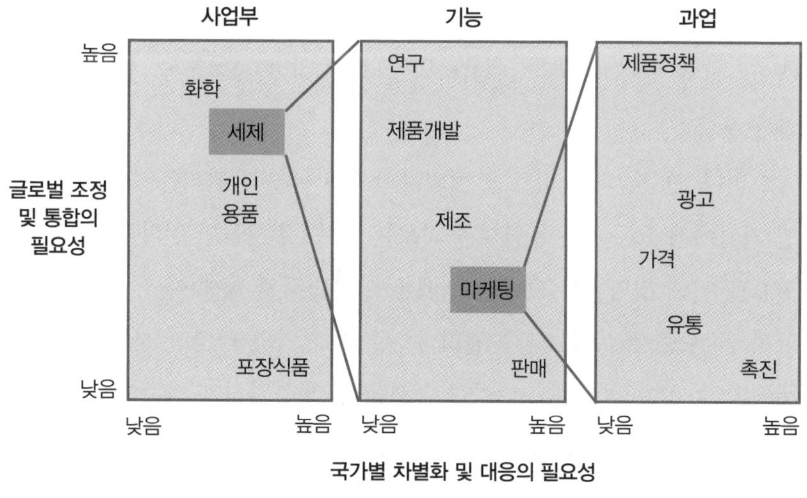

이러한 경영 프로세스의 차별화는 유니레버만의 특징은 아니며, 우리가 연구한 기업 대부분에서 비슷한 현상을 관찰할 수 있었다. 예를 들어, 필립스의 소비자 가전부문은 제품수명주기의 단계별로 조직을 차별화하기 시작했다. CD플레이어와 같이 집중적인 마케팅 지원이 필요한 하이테크 상품과 컬러TV와 같은 안정적인 대량생산상품, 그리고 휴대용 라디오, 오디오테이프 리코더와 같이 하락세에 접어든 성숙상품들은 각기 다른 전략, 구조 및 프로세스로 관리되었다.

그러나 사업, 제품, 기능, 심지어 개별 과업에 대한 관리를 차별화하고 오랜 시간이 지났음에도 여전히 많은 기업들은 해외자회사들을 하나의 동질적인 조직homogeneous group으로 치부했다. 비공식적으로는 자회사들 간 차이점들을 인지하고 있었지만, 공식적인 구조와 시스템은 동일한 경향이 있었다. 일반적으로 모든 자회사들은 동일한 조직구조를 통해 보고하고, 동일하게 광범위한 역할과 책임이 부여되며, 동일한 기획, 통제 및 정보시스템하에서 운영되었다.[03]

그렇기 때문에 해외자회사별로 차별화된 역할, 책임 및 관계를 정의하기 위한 명확한 프로세스는 개발되지 않았다. 사업 혹은 제품은 성숙도에 따라 글로벌전략적 접근법을 차별화하거나 조정 혹은 통제에 대한 잠재적 필요 혹은 이점에 따라 기능적 과업을 차별화하는 경우는 있었다. 그러나 해외자회사 조직관리를 차별화하기 위한 근거가 명확하게 정의되는 경우가 드물었다.

그러나 연구결과에 따르면 해외자회사의 일률적 관리는 오늘날 국제적인 기업에게 요구되는 유연성을 기르는 데 큰 걸림돌이 된다. 관리의 획일성으로 인해 경영진은 단순하고 때론 이분법적인 선택(예를 들면, 결론이 나지 않는 중앙집중화 대 분권화 논쟁) 및 본사와 다양한 사업 및 시장이 선택할 수 있는 절묘하고 다양한 옵션을 선택 불가하게 만든다.

본 장에서는 차별화의 한 부분인 해외자회사의 역할 및 책임의 전문화에 관해 집중적으로 탐구한다. 우선 왜 차별화가 필요한지를 설명하고, 초국적기업에서 자회사가 수행할 수 있는 일반적인 역할 네 가지를 정의하는 개념적 프레임을 제시할 것이다. 그리고 이들 역할이 어떻게 할당되고, 정당화되며, 실행가능한 조직시스템 속으로 통합될 수 있는지 간단한 논의로 마무리할 것이다.

해외자회사의 역할

해외투자에 대한 초기의 동기들 중에는 광물, 에너지 그리고 희귀한 원자재 등 핵심공급품을 확보하기 위한 필요성도 있었다. 알루미늄 생산자들은 철반석이 필요했고, 타이어회사들은 고무재배원료를 개발했으며, 석유회사들은 캐나다, 중동 및 베네수엘라에 새로운 유전을 개발했다. 당시 부상하던 국제적기업 중 가장 큰 기업으로는 스탠더드오일Standard Oil, 브리티시 페트롤리엄British Petroleum, 아나콘다 코퍼Anaconda Copper 및 인터내셔널 니켈International Nickel 등이 있었다.[04]

국제화의 또 다른 동기는 새로운 시장을 찾는 것이었다. 특히 기술이나 브랜드 인지도와 관련된 내재적 이점intrinsic advantages을 가진 기업들이 더욱 그러했다. 많은 기업들은 궁극적으로 신규시장의 개발로 발생되는 추가 매출이 규모의 경제 및 시너지효과로 이어져, 결국 원가를 절감하고 기존 자산 및 역량을 활용할 수 있게 됨을 깨닫게 되었다. 시장의 확장은 제조기업들로 하여금 해외로 모험을 하도록 유도했으며, 이들 제조기업들은 먼저 해외시장에 판매 및 유통조직을 만들고, 최종적으로는 제조공장을 설립했다.[05] 필립스는 자사의 전등을 판매하기 위한 새로운 시장을 찾기 위해 해외에 진출했고, 유니레버는 영국 내수시장의 극심한 경쟁으로 하락한 본사의 수익성을 회복하기 위해 영국 식민지 국가들로 시장을 확대했다.

요소비용의 차이도 국제화를 촉진시켰다. 특히 1960년대에 관세장벽이 낮아지기 시작하면서, 인건비가 원가의 주된 부분을 차지하던 많은 기업들은 자사 상품의 경쟁력이 수입품들에 비해 떨어진다는 점을 인식하게 되었다. 의류, 전자제품, 시계제조 및 기타 유사산업들은 부품, 심지어 완제품의 생산을 위한 해외조달기지 설립의 가능성을 모색하기 시작했다.[06]

이러한 세 가지 목표들, 즉 자원, 시장 및 저렴한 노동력의 탐색은 대부분의 국제적기업들이 사업을 해외로 확장할 동기를 부여했고, 해외진출에 대한 경영자들의 태도를 형성시켰다. 이에 더해 우리가 이미 제3장에서 설명했듯이 최초로 해외진출을 했을 때의 상황에서 얻어진 기업의 관리적 유산이 경영자들의 태도에 추가적인 영향을 미쳤다. 글로벌, 다국적, 국제적 사고방식이 진화하여 기업조직 및 전 세계 자회사의 관리에 중대한 영향을 끼친 것이다.[07]

다국적 및 글로벌 사고방식

많은 세계적 기업들이 해외투자를 가속화하던 1950년대 말과 1960년대 초에, 해외시장을 잘 이해하고 해외시장에 대해 더 유연한 접근법을 채택하는 경영사고방식이 유행하게 되었다. 많은 기업들이 그들의 제품, 전략, 심지어는 경영 관행을 국가별로 다르게 수정해야 할 필요성이 있다는 것을 강조했다. 우리가 인터뷰했던 한 경영자는 독특한 현지 요건에 맞추는 것을 '현지시장 진입의 입장료'라고 표현했다. 대개의 기업들은 해외사업부international division organization라는 보호용 우산 아래서, 다국적전략 접근법을 따랐으며, 다양한 해외자회사들의 니즈를 총합한 것을 그들의 국제전략으로 삼았다.

반면 글로벌 사고방식을 지닌 경영자들은 전 세계 시장을 위한 제품을 개발하고, 이를 고도의 효율성을 지닌 소수의 집중화된 공장에서 글로벌 규모로 생산하고자 했다. 이러한 경영자들은 국가별 기호 및 선호도는 상이하기보다는 비슷하고, 설사 기호 및 선호도가 국가별로 상이하더라도 비슷하게 맞출 수 있다고 믿었다. 그랬기 때문에 제품 혹은 전략을 국가 시장별로 맞춤화하는 것을 꺼렸다.[08] 전반적으로 그러한 경영자들은 국제 환경의 다양성을 줄이거나 없애야 할 불편함으로 인식한 것이다.

제3장에서 살펴봤듯이 이러한 상이한 두 가지 접근법은 각기 다른 조직적 자산의 구성, 조직시스템 및 프로세스로 이어졌다. 그러나 우리는 글로벌 및 다국적 경영자들이 공통적으로 두 가지 조직적 가정을 한다는 것을 발견했다. 우리는 조직에 뿌리 깊게 박혀 있는 이 두 가지 가정을 'UN 모델 가정UN Model Assumption' 그리고 '본사 위계 신드롬Headquarters Hierarchy Syndrome'이라고 명명했다.

UN 모델 가정

한 경영자는 다국적기업관리의 UN 모델이라는 가정을 제시하였는데, 이 가정은 모든 해외자회사들이 동등하게 대우받아야 한다고 설명하고 있다.[09] 동일한 가정이 가족 은유법에도 반영되어 있는데, 이 은유법은 해외자회사를 감독받아야 하는 모회사의 자녀로 묘사한다. 이때 암묵적으로 부모는 자녀를 편애, 즉 본사는 특정 해외자회사에 차별적인 대우를 해서는 안 된다.[10]

대부분의 세계적 기업에게 독일, 일본 혹은 미국과 같은 주요 시장에서의 사업활동은 남미, 동아시아 혹은 아프리카에서의 사업활동보다 훨씬 더 중요할 것이다. 그러나 정보 및 통제시스템은 전반적으로 동일하게 적용되고, 자회사의 역할과 책임은 일반적인 용어로 표현된다. 또한 모든 해외자회사 경영자들은 기획 프로세스에 동일한 수준으로 참여하게 되며,

표준화된 기준에 따라 평가받게 된다.

다양한 해외자회사들이 자급자족으로 운영되고 전략적으로 독립되는 경우, UN 모델은 각 자회사가 현지환경에 적절하게 대응할 수 있는 전략을 개발하도록 한다. 마찬가지로 모든 조직적 자원 및 역량이 중앙에 집중되고 자회사들은 표준화된 '글로벌'전략을 도입하도록 기대되는 경우, UN 모델은 자회사 역할의 실제적인 동질성을 반영한다. 따라서 경영자들은 UN 모델의 단순함, 명료성 및 균일성에 큰 매력을 느낀다.

본사 위계 신드롬Headquarters Hierarchy Syndrome

또 다른 일반적인 조직적 가정은 본사 위계 신드롬으로 '본사-자회사'라는 용어에서 나타나듯이 이 가정은 뚜렷한 상급자-하급자관계를 암시하고 있다. 본사를 부모, 자회사를 자식에 비유하여 중앙집중적인 의사결정 및 자원집중의 개념을 강화한다.

본사 위계 신드롬과 UN모델 가정은 상호 강화적인mutually reinforcing 개념이다. 경영자들은 본사 그리고 해외자회사라는 두 가지 역할의 측면에서 기업에 대해 생각하도록 장려된다. 지난 20년간 기업들은 점점 그 힘을 더해가는 글로벌화현상에 대응하면서 본사가 주요한 의사결정과 글로벌 자원을 조율하고 통제하는 역할을 맡는 반면, 해외자회사는 현지환경하에서 본사가 수립한 글로벌전략을 시행하고 채택하는 것을 당연시하게 되었다.

글로벌화전략이 시행되면서 각 해외자회사의 경영자들은 자유를 얻기 위해 노력하는 한편, 본사의 경영자들은 글로벌전략의 관리자로서 해외자회사들에 대한 통제와 정당성을 구축하기 위해 노력했다. 이러한 프로세스 속에서 본사와 자회사가 갈등을 겪거나, 그 관계가 적대적으로 변하는 것도 놀라운 일은 아니었다.

대칭적 위계조직의 한계

이 두 가정의 결합효과는 많은 세계적 기업들의 해외자회사가 지닌 조직적 역량을 상당히 제한했다. 그러한 세계적 기업들은 다양하고 변화무쌍한 환경 속에서 비차별화된 구조와 경직적인 관리 프로세스, 즉 우리가 대칭적 위계symmetrical hierarchy라고 명명한 조직형태로 활동한다.

여기서 특히 세 가지 중요한 문제에 주목할 필요가 있다. 우선 대칭적 위계로 인해 경영진은 다양한 국가환경의 각기 다른 전략적 중요성의 차이를 평가절하하게 된다. 상대적으로 작고 덜 중요한 시장의 요구는 과잉보상하는 반면, 새로운 시장 트렌드가 생겨나고 경쟁전략이 형성되는 주요 국가의 요구는 충분히 다루지 않게 되는 대칭적 처우가 발생되는 것이다. 전략적 대응은 최소의 공통분모 혹은 대타협에 초점을 맞추게 된다.

둘째, 대칭적 위계는 복잡한 전략적 요구를 국가 및 본사라는 요소로 단순화한다. 따라서 많은 기업에서 대개 판매, 서비스, 제조와 같은 하류downstream활동에 대한 책임은 지역별 자회사로 위임되어 지역 대응형으로 운영하고, 본사는 R&D, 부품 제작, 글로벌 소싱 및 인력 개발 등의 상류upstream활동을 통제한다. 해외자회사조직을 현지 실행자이자 본사 지시의 수행자로서의 역할을 수행하게 함으로써 경영진은 물리적 자산 및 조직역량의 이용을 충분히 활용하지 못하는 리스크를 갖게 된다. 대칭적 위계를 지닌 기업의 해외자회사조직은 고유의 관심사나 역량보다는 해당 지역의 정체성에 따라 제한을 받게 된다.

마지막으로 두 가정은 중요한 동기부여의 효과가 있다. 본사가 더욱더 많은 자회사들의 책임들을 통제할수록 해외자회사 경영자들은 그들의 스킬과 창의적 에너지를 발산할 통로가 없다고 느낄 수 있다. 특히 기업가정신을 촉발하는 역할을 맡아 왔던 경영자들은 이에 대해 실망을 하거나, 심지어는 자신의 역할을 박탈당했다고 느낄 수도 있다.[11] 대칭적 위계의 결과로 생겨나는 경영시스템은 CPU가 입 · 출력 단말기 네트워크에 연결된 컴퓨터시스템에 비유될 수 있다. CPU의 기능이 높아질수록 분산 컴퓨팅 능력에 대한 요구는 줄어들게 된다. 국가별 자회사가 맡는 역할이 줄어들수록 변화하는 환경을 감지하고 대응하는 능력이 위축되어 '먹통 단말기', 그 이상도 이하도 아니게 될 위험이 있는 것이다.

초국적기업에서 해외자회사의 역할

대부분의 기업은 본국시장의 전략적 목표에 따른 점진적인 프로세스를 통해서 서서히 국제화된다. 일반적으로 그들의 해외사업부는 내수활동을 위한 공급품을 확보하기 위해서 혹은 내수시장의 경쟁자와 비교해 더 나은 경쟁적 지위를 확보하기 위한 원가절감의 수단으로 설립되었다.

그러나 국제적인 영업 및 생산활동이 자리를 잡게 되면 경영자들의 인식 및 전략적 동기는 종종 변화하게 된다. 초반에는 대부분 해외자회사를 국내사업부의 전략적 · 조직적인 부속물로 간주한다. 그러나 좀 더 통합적인 전 세계적 관점에서 전략을 생각하기 시작하면서, 일반적으로 경영자들은 국제활동의 추가적인 장점을 인식하기 시작한다. 우리는 이를 다국적 혹은 글로벌 사고방식에서 초국적 사고방식으로 접근법이 성숙화된다고 표현한다.

초국적 사고방식

새로운 초국적 사고방식의 핵심은 해외자회사 역할에 대한 다양한 동기 및 가정이다. 초국적 관점에서 해외자회사는 기업의 장기적인 글로벌 경쟁우위를 유지하기 위한 기업의 능력에 필수적인 지식과 역량을 지닌 전략적 파트너가 된다.

오늘날 기업들은 새로운 종류의 동기로 해외에 진출하고 있다. 그중 주목할 만한 것은 희귀한 정보 혹은 새로운 지식에 대한 탐구이다. 더 많은 기업들이 해외자회사의 글로벌 스캐닝 역량global scanning capability으로 경쟁우위를 점할 수 있음을 깨달은 것이다. 한 예로, 이전에는 원재료를 확보하기 위해 해외시장에 진출했다면, 이제는 전 세계에서 낮은 원가의 대체 생산원료를 찾아낸다. 또한 시장 기회를 모색하던 기업은 혁신적인 상품개발을 촉진할 새로운 기술 혹은 시장 수요에 노출될 확률이 높아진다. 국제적인 기업운영은 막대한 정보우위를 의미하며, 이는 더욱 효율적인 원료 혹은 더 발전된 제품 및 공정기술로 이어진다.

경쟁력이 점진적으로 하락하고 있던 캐나다 제지기 제조사인 DEWDominion Engineering Works의 사례가 글로벌 스캐닝의 가치를 잘 보여주는 사례이다.[12] 제1차 세계대전 중 유럽기업들이 캐나다에 위치한 제지공장 및 전력기업에 원자재 공급을 할 수 없게 되자, DEW는 1970년대 중순까지 수익성 있는 기업으로 성장할 수 있었다. 1962년, GE의 캐나다 자회사가 DEW를 인수했고, 모든 해외자회사를 미니 GE로 운영한다는 회사방침에 따라 DEW는 수익성 높은 국내시장에 지속적으로 집중하면서 특별히 해외진출이나 해외조달의 기회는 모색하지는 않았다.

반면 DEW의 주된 해외경쟁자들인 미국의 벨로이트Beloit Corporation나 독일의 보이스Voith 등은 매우 적극적으로 해외시장에 진출했다. 1970년 중반까지 벨로이트는 미국 내 5개의 공장을 비롯해 영국, 브라질, 캐나다, 스페인 및 이탈리아에 제조설비를 보유하고 있었고, 라이선싱계약을 통해 일본, 인도 및 폴란드에도 진출했다. 보이스 역시 브라질에 공장을 설립했고, 미국에 위치한 경쟁사들의 기존 공장을 인수했다.

1970년대 중반 제지기산업은 장기간의 침체에 빠졌다. 종이 수요의 급격한 감소(이에 따른 제지기 수요 감소)와 펄프 및 전력 원가 상승(그러나 산업의 설비 과잉과 극심한 가격경쟁으로 인한 부담을 소비자에게 전가할 수 없었음)으로 인해, 이익률은 크게 감소했고 산업 전반에 걸쳐 기업들의 투자자본수익률ROI : Return On Investment은 평균 이하로 떨어졌다.

이처럼 어려운 환경하에서도 벨로이트 및 보이스와 같은 회사들은 평균 이상의 수익률을 유지했을 뿐만 아니라 글로벌시장 점유율까지 확대했다. 이들 기업의 핵심경쟁력은 제지 제조에 들어가는 인풋을 다양하게 사용할 수 있는 능력에 있었다. 이 기업들은 중남미, 아시아 및 동유럽 등지에 자회사를 보유하고 있었으며, 남반구에서 새롭게 등장한 하드우즈hardwoods*, 심지어 버개스bagasse**, 풀grass, 갈대 및 짚펄프 등과 같은 비목재 섬유로 제지를 만들고 새로운 원재료를 다룰 수 있도록 기계를 개선하는 등 신기술을 확보할 수 있었다. 결과적으로 이 기업들은 서구 선진시장에서 제지기 수요가 줄어들자 수요가 계속 성장하고 있는 개발도상국시장에서 경쟁적 지위를 구축했다. 반면 DEW는 대체기술을 확보하지 못했고, 극단적으로 변하는 단일시장에의 의존성과 빠르게 성장하는 시장에서의 계약을 따낼 수 있는 능력 부족으로 경쟁력을 상실했다.

초국적조직운영의 또 다른 동기는 다양한 지역으로 분포된 자산 포트폴리오를 구성하여, 글로벌 경쟁의 전장에서 해외자회사가 각기 다른 전략적 역할을 수행하길 요구하는, 점점 더 복잡해지는 경쟁게임에 참여하기 위함이다. 여기서 얻을 수 있는 잠재적인 이점으로는 글로벌 규모의 경제, 글로벌 스캐닝 역량 및 시장 간 교차 보조cross-subsidization 등이 있다.[13]

유럽의 볼펜 제조사인 빅Bic의 예를 들어 보자. 빅은 한 번에 한 시장을 정복하고, 여기서 신규시장 진입을 위한 탄탄한 현금흐름을 확보하여 지배적인 글로벌 지위를 확립하였다. 빅은 먼저 프랑스에서 사실상의 독점시장을 확립한 후, 프랑스시장에서의 지배적인 지위를 이용해 영국시장에

* 역자주: 경재(硬材)라고도 하며 강도가 큰 목재, 즉 단단한 목재를 말한다.

** 역자주: 사탕수수의 줄기를 압착하여 자당을 분리한 섬유질의 찌꺼기를 말한다.

공격적으로 진출하여 경쟁자들과 경쟁했다. 영국시장에서 상당한 시장점유율을 확보한 후에는 미국시장에 진출해 입지를 다지기 시작했다. 기존에 다져 놓은 유럽시장의 공고한 입지 덕분에 미국시장에서의 저마진을 견뎌낼 수 있었다. 각각의 시장에서 빅의 현지 경쟁사들(즉 현지 로컬시장에만 의존하는 순수한 내수기업들)은 지속가능한 가격으로 국내시장을 최대한 방어하는 것 외에는 빅이라는 압도적인 경쟁자에게 대응할 방법이 거의 없었다.[14]

이렇듯 국제적인 조직을 운영해야 하는 복잡한 동기와 정당성을 지닌 기업들은 전 세계적인 조직의 본질에 대해 서로 다른 가정을 만든다. 첫 번째 가정은 해외진출로 노출되는 크고 복잡한 환경적 자극이 내수기업들에 비해 주요한 잠재적인 경쟁우위를 확보할 수 있게 한다는 것이다. 다양한 고객의 선호, 경쟁자들의 행동, 현지정부의 요구 및 기술의 원천은 잠재적으로 혁신을 일으키는 요인이자 기업으로서는 중요한 학습 기회가 되기도 한다. 이러한 잠재적 이점을 실현하기 위해서 경영진은 다양한 자극에 민감하고 대응성이 높은 조직을 만들어야 하고, 그 결과 따라오는 학습의 효과를 이전할 수 있어야 한다.[15]

초국적 사고방식의 근간을 이루는 두 번째 동기는 기업자원 및 역량의 분배에 대한 것이다. 일부의 세계적 기업에서는 해외에서 개발된 중요한 물리적, 조직적 자원 및 역량이 기업조직 전체에 이익을 가져다주지 않는다. 그렇기 때문에 초국적기업에서 최고경영진의 핵심과업 중 하나는 그러한 조직적 자산의 개발을 장려하고, 개발된 역량을 전체 조직이 활용할 수 있도록 만드는 것이다.

초국적기업의 해외자회사: 차별화된 역할 및 분산된 책임

일단 경영자들이 초국적 사고방식을 함양하면 이들은 대칭적 위계조직

방식이 지닌 근본적인 가정에 대해 의문을 제기하기 시작한다. 일단 그들이 환경적 요구 및 기회의 극명한 차이를 인지하고 나면, 더 이상 UN 모델을 변호하기가 어려워진다. 마찬가지로 해외자회사가 속한 현지환경의 어려움과 복잡성에 따라 해외자회사의 자원과 역량이 매우 광범위하고 다양해지면, 본사의 위계질서 역시 정당화될 수 없다. 전통적인 조직규범에 대한 불편함을 느낀 기업들은 새로운 조직형태를 실험하기 시작했고, 해외자회사의 역할은 차별화되고, 글로벌 과업에 대한 책임은 본사로부터 다양한 국가의 해외자회사로 분산되기 시작했다.

명백하게도 특정 기업이 지닌 글로벌전략의 측면에서 각각의 시장이 갖는 중요성은 상당히 다르다. 어떤 시장의 고객들은 수준이 높고 발전되어 있고, 어떤 시장의 경쟁사들은 더욱 적극적이며, 어떤 환경에서는 특정한 기술이 더 발전되어 있다. 초국적 사고방식을 지닌 경영자들은 본인의 역할이 모든 자회사조직을 똑같이 대하는 것이 아니라, 현지환경의 전략적 중요도를 반영하여 자회사조직의 역할과 책임을 조정하는 것으로 생각한다. 이는 의식적으로 차별화된 역량, 과업 및 자원을 가진 조직을 구축하는 것을 의미한다.

한 기업의 공식적인 관리시스템도 역시 수정될 수 있다. 다양한 의사결정 프로세스에서 자회사는 다양한 수준의 영향력을 할당받게 되고, 자회사 경영진은 그 역할과 과업에서의 다양성을 반영하여 다르게 평가받고 보상받는다. 해당 자회사와 나머지 글로벌조직 간 정보의 흐름 및 조정 프로세스의 특성처럼 자원분배시스템 역시 차별적으로 운영된다.

또한 초국적기업의 경영자들은 또한 해당 조직이 지닌 관리적 유산의 영향력을 인지할 수 있다. 과거 조직의 우선순위와 자원배분의 결정, 돌발적으로 일어났던 사건들, 내부 권력구조 및 논리적 혹은 비논리적 점증주의logical or illogical incrementalism 등 이 모든 것들은 해외자회사의 기술 및 역량에 영향을 미친다.[16] 그 결과 주어진 해외자회사라는 한 기업의 역량은 해당 시장의 환경적 요구에는 적합하지 않을 수 있다.

초국적기업의 경영자들은 조직자산의 배분을 특정 자회사에만 자의적으로 제한할 필요를 느끼지 못한다. 그보다는 창의적인 마케터, 유연한 제조시설 혹은 혁신적인 개발부문의 역량이 기업 전체의 이익을 위해 활용되어야 한다고 생각한다. 우리는 다수의 기업에서 본사 위계 신드롬에서 탈출하여, 자회사조직이 글로벌전략의 일부가 되어 조직 전체에게 혜택이 돌아가도록 하는 조직적 맥락을 구축하고자 노력하는 경영자들을 목격할 수 있었다.

자회사 역할 및 책임의 차별화: 개념적 프레임

제4장에서 우리는 여러 기업들이 어떻게 해외자회사의 역할과 책임을 차별화하기 시작했는지를 설명했다. 하지만 묘사된 기업들 중 어느 곳도 역할과 할당된 과업을 위한 적절한 근거를 정의하지는 못했다. 그러나 우리의 연구결과, 이들 기업의 행동에는 명확하지는 않지만 일관적인 패턴이 있었다. [그림 6-2]는 이 패턴을 약간은 과하게 단순화한 개념을 보여준다. 전략 및 조직적 고려사항의 교집합은 초국적조직의 글로벌 목표를 달성하기 위해 해외자회사조직이 수행해야 할 네 가지 일반적인 역할을 정의한다.

전략적으로 가장 중요한 고려사항은 해당 시장이 기업의 글로벌전략에 얼마나 중요한지의 여부이다. 규모가 상당히 큰 시장은 당연히 중요하겠지만, 경쟁사의 내수시장 혹은 매우 수준이 높거나 기술적으로 발전한 시장도 역시 중요하다. 핵심적인 조직적 고려사항은 기술, 생산, 마케팅 혹은 기타 제반 영역에서 해외자회사가 지닌 역량이다. 이러한 차원들에서

| 그림 6-2 | 현지자회사의 본원적 역할

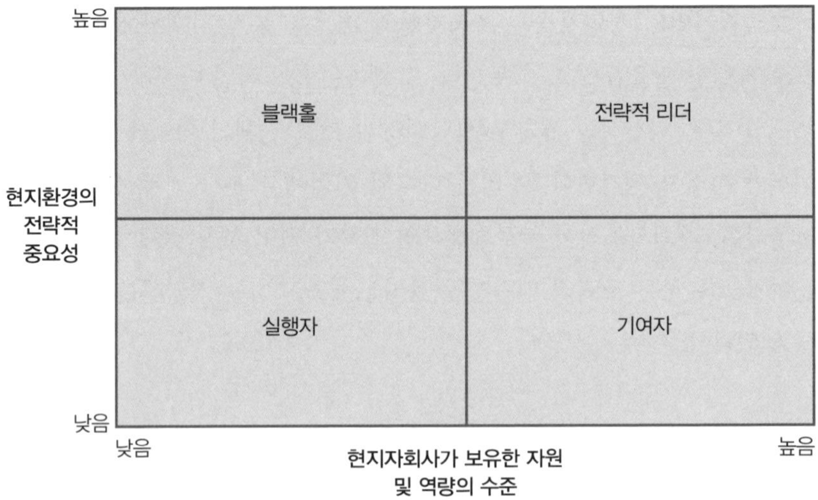

어떤 지위에 있는지에 따라 해외자회사는 전략적 리더, 기여자, 실행자 혹은 블랙홀로 기능할 수 있다.[17]

전략적 리더Strategic Leader

높은 내부역량을 갖고 전략적으로 중요한 시장에 위치한 해외자회사는 광범위한 전략적 추진사항을 개발하고 시행하는 데 있어 본사의 합법적인 파트너가 되어야 한다. 그러한 자회사들은 변화에 대한 초기 경고 신호를 감지하는 것 외에도, 위기와 기회를 분석하고 적절한 조직적 대응책을 개발하는 데 전적으로 참여해야 한다.

예컨대, 필립스의 영국 자회사는 필립스가 문자다중방송teletext TV사업에서 강력한 리더로서의 위치를 확립하는 데 핵심적인 역할을 수행했다. TV 방송 송출에는 625개의 회선이 필요한데 그중 575개의 회선은 TV 스크린상에 보이는 이미지를 전송하는 데 사용된다. 1970년대 초, BBC와 ITV(영국의 민간 TV 방송 채널)는 미사용된 50개 회선의 전송 용량을 이용해 자막 및 단순 도표를 송출하는 프로젝트를 동시에 수행했다.

그러나 문자다중방송을 위해서는 다른 종류의 TV 수신기가 필요했다. TV 제조사에게 이는 새로운 기회였지만, 이 기회를 활용하기 위해서는 R&D와 생산시설에 막대한 투자를 할 필요가 있었다. 1970년대 초, 문자다중방송은 상업적으로 가망이 없어 보였고, 대부분의 TV 제조사들은 문자다중방송을 위한 투자를 포기했다. 심지어 필립스 내에서도 다수의 경영자들이 문자다중방송을 전형적인 영국 장난감, 즉 보기에는 꽤 괜찮아 보이지만 실용성이 떨어지는 것에 비유하며 소비자들이 과연 TV 화면상의 문자정보를 읽기 위해 상당한 프리미엄비용을 지불할지 여부에 대해서 상당히 회의적인 반응을 보였다.

그러나 필립스의 영국 자회사는 문자다중방송의 미래를 확신하고 독립적으로 이 개발계획을 밀고 나가기로 결정했다. 필립스의 영국 자회사 경영자들은 필립스의 부품제조 자회사인 멀라드Mullard에 다중문자를 수신하기 위한 집적회로를 설계하고 생산하도록 적극적으로 설득하였다. 물론 초반에는 본사의 핵심지위에 있는 경영자들이 뜨뜻미지근한 반응을 보이기도 했지만, 나중에는 런던 남부의 크로이던Croyden에 위치한 개발부문이 다중문자 자동해독기teletext decoder를 개발했다. 이러한 노력의 결과 필립스의 영국 자회사는 1976년 영국시장에서 마침내 새로운 문자다중방송이 가능한 TV세트를 출시할 수 있었다. 제품 출시 초반에는 실적이 부진하여 본사의 회의적인 시각에 힘을 실어주기도 했다. 문자다중방송서비스를 처음 발표한 지 4년이 흐른 1977년 즈음, 문자다중방송 TV세트는 단 1,000대만이, 그리고 1978년에는 겨우 5,000대만이 판매되었기 때문이다.

그러나 필립스의 영국 자회사는 결코 포기하지 않았다. 그들은 영국정부가 문자다중방송 서비스 홍보를 위한 공동전략을 개발하고 시행하는 것을 전적으로 지원했다. 한 시니어 경영자는 아예 영국 산업부로 파견을 나가 풀타임으로 근무하면서, 시청자들에게 문자다중방송을 교육하고 전국적으로 문자다중방송을 도입하기 위해 유통업체들, 제조업체들과 적극적으로 협의했다. 그리고 이와 동시에 필립스의 영국 자회사는 크로이던공장에 지속적으로 압력을 행사하여 문자다중방송 TV세트의 원가를 낮추고 신호 수신의 품질을 개선하도록 요구하였다.

마침내 1980년대에 들어 문자다중방송에 대한 수요가 증가하기 시작했다. 1982년, 영국 내에서 문자다중방송 TV세트는 50만 대 이상 판매되는 성과를 기록했고, 1985년에는 3백만 대 이상의 문자다중방송 TV세트가 이용되고 있었다. 게다가 문자다중방송 TV세트는 급속하게 해외시장으로 확산되고 있었다. 필립스가 초반에 문자다중방송 TV시장을 이끌었기 때문에, 자연스럽게 필립스는 이 시장에서 지배적인 우위를 확보할 수 있었다. 이 과정에서 필립스의 영국 자회사는 리더 역할을 수행했고, 크로이든공장은 문자다중방송 TV세트를 개발 및 생산하는 필립스의 핵심역량센터 center of competence로 공식적인 인정을 받게 되었다.[18]

기여자Contributors

우리가 관찰한 다수의 기업들은 특정 자회사 시설 혹은 역량의 장점을 파악하여 이를 전 세계에 분포되어 있는 기업조직 전체에 적용하고자 했다. 특히 이러한 패턴은 자회사의 역량은 훌륭하나 현지국시장의 전략적 중요성은 낮은 곳에서 뚜렷하게 나타났다. 에릭슨Ericsson의 호주 자회사가 이러한 기여자 역할의 적절한 예시이다.

통신장비시장에서 지금의 에릭슨을 만든 것은 에릭슨이 1982년 출시한 AXE 디지털 교환기AXE digital switch였다. 1986년경에는 이 제품은 60개국에 판매되며 에릭슨이 글로벌 통신장비시장에서 높은 시장점유율을 달성하는 데 매우 중요한 전략의 핵심으로 자리 잡았다.

에릭슨의 호주 자회사는 AXE시스템의 개발에 핵심적인 역할을 했다.

호주의 엔지니어들이 중계회로 배전방식trunk distribution system과 같은 다양한 핵심부품의 설계에 중요한 역할을 수행했으며, 이는 초기의 아날로그 설계에서 최종적으로 디지털 설계방식으로 시스템 전환이 신속하게 이뤄질 수 있도록 기여할 수 있었다. 더욱 최근에는 호주 자회사의 이 엔지니어들이 글로벌제품으로 생산 · 판매된 국소 교환기rural switch를 개발하기도 했다.

이러한 제품들을 개발하고 활용하는 데 호주 자회사의 역할은 해당 자회사의 규모 및 현지시장의 중요성에 비해서 매우 컸다. 기여자로서 호주 자회사의 능력은 오랜 기간 강력한 기술적 역량을 쌓아온 역사에서 비롯되었다. 여기에는 현지정부의 압박, 그리고 경영진의 강력한 리더십이라는 두 가지 요인이 특히 중요했다.

호주정부는 전기기계 교환방식에서 전자기계 교환방식으로의 시스템 변화가 최초로 시작된 국가 중 하나가 바로 자국이라는 점을 인지하고, 외국기업들에게 호주시장 진입의 전제 조건으로 호주 내에서 강력한 기술개발역량을 구축할 것을 요구했다. 따라서 에릭슨은 세계적 기업의 자회사인 두 곳의 호주 현지 제조기업들과 서로의 기술을 사용할 수 있는 교차라이선싱cross-license계약을 맺어야 했고, 이러한 라이선싱계약의 의무사항을 제공하고 현지의 기술개발을 장려하기 위해서 호주 내에 R&D팀을 보유해야 했다. 이러한 정부의 요구로 에릭슨의 호주 자회사에는 점점 에릭슨의 핵심기술을 면밀하게 파악하고 있는 엔지니어의 숫자가 늘어나게 되었다.

또한 강력하고 독립적이며 기업가정신으로 무장한 에릭슨의 호주 자회사 경영자들의 영향력이 통신장비시장에서 에릭슨의 성장에 매우 중요한 역할을 했다. 이들 호주 자회사들의 경영자들은 현지의 기술역량이 통신장비시장에서의 성공에 매우 중요하다고 판단했다. 그렇기 때문에 그들은 본사의 전적인 지원이 없더라도 정부의 요구를 넘어서는 수준으로 R&D팀을 강화하였다.

결과적으로 에릭슨 호주 자회사의 기술역량은 비슷한 규모 혹은 유사한 전략적 중요도를 보이는 다른 시장에 위치한 자회사들의 R&D역량보다 훨씬 높아졌다. AXE 프로젝트개발과 같이 호주 자회사가 보여준 기여능력은 기업의 글로벌 과업을 해결하기 위해 특정 자회사의 초과자원excess resources을 활용한 좋은 사례이다.

적절한 관리 없이 비핵심 지역에서 초과자원을 개발하는 것은 문제를 일으킬 수 있다. 외부에서 오는 도전과제가 없는 경우 추가적으로 개발된 내부역량은 현지의 자율성을 높이고, 기업 전체의 글로벌전략에는 불필요하거나 심지어 오히려 독이 되는 제품 혹은 시스템의 차별화에 집중하게 만든다. 그렇다고 기업이 자회사의 개발활동을 억제시킨다면 해당 자회사는 역량 자체를 잃게 될 수도 있다. 경험이 쌓인 숙련된 직원들이 자신들의 역량을 제대로 표출하지 못해 불만을 가지게 된다면, 이들은 기여행위 자체를 중단하고 회사를 그만두거나, 심지어 경쟁사로 이직해 버릴 수도 있다. 실제로 다수의 미국기업들은 그들의 캐나다 자회사에서 이러한 상황을 경험했다.

기업들은 초과자원을 현지 과업의 해결에 쓰이게 하기보다는 글로벌 과업에 활용하도록 유도함으로써 이러한 딜레마를 해결했다. 에릭슨의 경우 호주 자회사 R&D팀 인력의 절반을 공식적으로 본사에 소속시켰다. 전 세계에서 활용될 기술개발의 업무가 이들에게 할당되었고, 그에 따라 필요한 정보와 자원 역시도 제공되었다. 이로써 에릭슨은 호주에 위치한 개발팀의 역량을 축적하고 활용할 수 있었을 뿐만 아니라, 호주 기술자들에게 세계적인 기업의 일원이라는 소속감을 제공해 동기부여와 보상을 제공할 수 있었다.

실행자Implementer

해외자회사 중에는 비전략시장에서 살아남을 정도의 역량만을 보유한 경우도 있다. 그리고 본사의 자원배분은 그러한 현지시장의 제한적인 성장가능성을 반영하게 된다. 대부분의 기업들이 보유한 해외자회사의 상당수는 바로 이러한 실행자의 역할을 하며, 남미, 아프리카, 아시아 등 개발도상국 자회사의 대다수, 그리고 캐나다와 상대적으로 소규모인 유럽 국가에 위치한 자회사들이 이런 성격을 띠는 경우가 많다.

이처럼 실행자 역할을 하는 자회사들은 본사의 전략적 지식에 큰 기여를 하지는 못한다. 이들 조직은 핵심적인 정보에는 접근할 수 없고, 희소한 자원을 다루지도 않는다. 이들은 근본적으로 실행자이기 때문에, 본사의 부가가치활동을 현지시장에 단순히 전달하고 구현하는 역할을 하는 것이다. 그러나 이들의 과업이 결코 하찮은 것은 아니다. 실행자들은 기업의 상업적 실행력을 유지하고, 전략적이고 혁신적인 프로세스를 지원하는 자원을 생산해낸다. 이런 이유로 실행자의 효율성은 전략적 리더나 기여자의 창의성만큼이나 중요하다. 실행자들은 대부분의 글로벌전략에 매우 중요한 규모 및 범위의 경제를 확보할 수 있게 해준다.

제5장에서 우리는 P&G가 계열사 간 연합팀intersubsidiary teams을 꾸려 유럽시장에서 공동으로 마케팅활동을 펼친 유로브랜드Euro Brands개발에 대해 설명하였다. 이런 프로그램의 성공에는 과거 독립적으로 운영되었던 자회사가 상품 출시기간 동안은 실행자로서 움직여야 한다는 점을 설득한 경영진의 능력이 핵심적이었다. 실행자 역할을 하는 자회사들은 각자 자신의 입맛대로 다양한 유로브랜드상품의 제조법을 수정하거나, 포장을 바꾸거나, 광고의 방향을 수정하고자 하는 욕구를 이겨내고, P&G가 원했던 효율성 및 경쟁력 우위를 만들어내는 데 성공했다.

블랙홀Black Hole

세계적 기업이 전략적으로 중요한 시장에서 최소한의 역량만 보유하는 경우도 있다. 예를 들면, 일본에서의 필립스, 미국에서의 에릭슨, 그리고 유럽에서의 마쓰시타가 바로 그 경우이다. 이들 시장에서 강력한 시장 존재감을 보유하는 것이 글로벌 무대에서 기업의 입지를 유지하는 데 필수적임에도 불구하고 시장 존재감이 미미한 경우가 바로 여기에 해당된다.[19]

기업에게 블랙홀이라는 전략적 지위는 수용할 수 없는 것이다. 그렇기 때문에 이때 경영진의 역할은 이 달갑지 않은 블랙홀의 역할에서 벗어나는 방법을 찾는 것이다. 블랙홀의 상황에 있는 해외자회사는 실상 전략적 리더의 역할을 수행해야 하지만 그럴 만한 역량이 부족한 것이다. 이 상황을 해결하는 것은 결코 쉽지 않다. 규모가 크고 복잡하며 경쟁이 치열한 현지국환경에서 상당한 입지를 구축하는 것은 매우 어렵고, 비용이 많이 들며, 시간도 오래 걸리는 일이다.

이러한 도전과제에 대응하기 위해서 기업들이 흔히 생각하는 일반적인 방안은 사업적인 잠재력에는 도달하지 못할지라도, 현지환경에서의 학습 잠재력을 활용하기 위한 작은 감지역량small sensory capability을 구축하는 것이다. 이런 맥락에서 다수의 미국, 유럽기업들이 일본에 소규모 조직을 만들어 기술, 시장 트렌드 및 경쟁사들을 모니터링하고자 했다. 이러한 모니터링을 통해 현지시장의 발전정도가 갖는 글로벌 함의를 분석하거나, 적어도 다른 시장에서의 지위하락은 막을 수 있을 것이라는 가정에서 내린 결정이었다.

그러나 필립스가 일본시장에서 경험한 바와 마찬가지로 이러한 전략은 대개 실망스러운 결과만을 초래했다. 필립스는 일본시장에서 마쓰시타Matsushita와 함께 전기조명제조 및 전자부품제조에 대한 두 건의 합작투자사를 설립했지만, 1956년까지도 필립스는 일본에 자체 마케팅조직을 둔적이 없었다. 1960년대 말이 되고, 일본이 전 세계 소비자 가전의 중심지로 부상하기 시작하자, 그때서야 비로소 필립스는 일본시장에 대한 이해도를 높이고자 했다. 하지만 일본의 핵심제조사들이 완전히 장악하고 있는 전속적인 유통채널captive distribution channels에 침투하는 것이 매우 어렵다는 것을 깨닫게 되었다. 일본에서 채산성 있는 사업을 구축하는 것이 사실상 불가능해 보였기 때문에 필립스 내에서는 일본 현지시장의 진행 상황을 본사에 알려 줄 시장에 대한 '창window'이 필요하다는 공감대가 생겨났다. 필립스는 그들이 일본에 설치한 소규모의 마케팅조직을 보조하기 위해 일본의 기술 발전을 모니터링하기 위한 기술부문을 설치했다.

그러나 이 '일본시장에 대한 창Japan window'은 설립목표를 달성할 수 없었다. 일본에서 근무하는 필립스의 한 시니어 경영자는 이 상황을 "눈과 귀로는 충분치 않았다Eyes and ears are not enough"는 말로 설명했다. 즉 설립목표를 달성하기 위해서는 "비즈니스의 혈류 내로 들어가서 유통 채널, 부품 공급사 그리고 설비 제조사에 대한 접근성을 확보해야 한다"는 것이다. 이미 무언가가 새로 개발된 뒤 사후에 이를 감지하는 것은 별 도움이 되지 않는데, 왜냐하면 그때는 이를 따라잡을 시간이 부족하다는 것이다. 새로운 것이 나타나기 시작하는 시점에 이를 알아차려야 하고, 그러기 위해서는 시장을 단순히 구경만 하고 있는 것이 아니라 시장에 뛰어들어야만 한다. 필립스는 일본시장 내의 기술부문을 공식적으로 단순하게 '창'으로 정의했기 때문에, 필립스는 이 조직을 통해 더 중요한 전략적 역할을 개발하지 못했던 것이다. 결국 이 조직은 영영 블랙홀의 위치에 머물게 된 것이다.[20]

또 다른 쪽에서는 블랙홀을 탈출해야 하는 필요성은 인식하였으나 탈출의 어려움은 과소평가한 기업들이 있었다. 유럽시장을 정면 돌파하고자 했던 마쓰시타가 그 적절한 예이다. 마쓰시타는 유럽 진출 초반에 구색을 완전히 갖춘 제품군들을 가지고 일부는 수출방식을 통해 그리고 나머지는 현지 생산방식으로 유럽 소비자 가전시장에 진출하려고 하였다. 또한 마쓰시타는 모든 유통채널을 활용해 모든 세분시장에서 시장점유율을 확보하고자 했다. 그러나 마쓰시타의 10년 후 결과는 크게 개선될 여지가 없어 보이는 사업을 운영하면서 해당 시장 전체에서 점유율이 고작 3%대였다.

블랙홀문제의 해결을 위한 가장 좋은 접근법은 이러한 양극단의 중간에 있다. 현재 필립스와 마쓰시타는 그들이 추구했던 초반의 전략을 수정했다. 마쓰시타의 유럽지역 판매 및 마케팅조직을 책임지고 있는 한 경영자는 자신의 수정된 전략을 '스나이퍼전략sniper strategy'이라고 설명한다. 마쓰시타는 이제 경쟁기업들이 큰 관심을 두지 않은 제품들에 집중하고 있다. 마쓰시타는 각 시장에서 소수의 유통업체들을 선정하고 이들을 집중적으로 지원한다. 또한 마쓰시타는 경쟁사들의 작은 취약점들, 예컨대 재고 품절 혹은 제품군의 공백 등을 집중적으로 공략하여 시장점유율을 확보하고 있다. 마쓰시타는 자사의 시장점유율이 고작 3%대인 유럽시장에서는 자신들이 시장의 리더인 일본시장과는 다르게 행동해야 한다는 것을 인지했다. 마쓰시타는 그들의 전략적 우선순위를 일단 시장에 발을 들여 차근차근 점유율을 높이고, 궁극적으로는 블랙홀에서 벗어나기 위한 조직적 역량을 개발하는 등 현지역량을 조심스럽게 길러 가는 쪽으로 변경하였다.

이와 유사하게 필립스도 일본시장의 혈류로 들어갔다. 이제 필립스의 현지자회사는 자신들의 과업이 일본시장의 단순한 감지가 아니라 판매에 있다는 것을 인지하였다. 하지만 필립스는 상대적으로 경쟁력이 있는 분야에만 매우 선별적으로 접근했다. 필립스는 일본에서 커피메이커와 전기면도기의 판매를 시작했고, 일본에서의 통합된 관점을 바탕으로 이러한 사업들을 지원했다. 일본 내 선도적인 하이파이 생산자인 마란츠Marantz를 인수함으로써 필립스는 블랙홀에서 탈피하여 선도적인 역할을 수행할 수 있는 전략적 기반을 확보하는 기회를 잡았다.[21]

또 다른 방법은 전략적 제휴strategic alliance를 맺는 것이다. 하지만 역사적으로 봤을 때 전략적 제휴관계는 관리가 어렵다는 것이 증명되었다.[22] 그럼에도 불구하고 미국에서 허니웰과 합작투자를 수행했던 에릭슨의 사례 그리고 유럽에서 필립스와 전략적 제휴를 체결했던 AT&T의 사례는 모두 전략적 제휴관계가 얼마나 기업의 입지를 강화시킬 수 있는지를 보여주는 사례로 자주 언급된다. 두 경우 모두 큰 규모의 통신경쟁사가 자사의 기술력을 강력한 현지기업의 자원 및 역량과 교환하기를 원했던 형태의 동맹이었다. 그러나 시간이 지난 후 두 전략적 제휴는 모두 다양한 전략적 목표에서 파생된 조직적 그리고 경영상의 갈등을 경험했다. 그리고 이 사례들은 때로는 제휴의 전략적 측면strategic promise이 제휴파트너 간 조직적 양립성organizational compatibility보다 더 중요할 수 있다는 것을 보여주었다.

차별화된 조직 구축

우리의 프레임에 따르면 자회사가 속한 현지환경의 전략적 중요성 그리고 자회사가 보유한 내부자원 및 역할에 따라 리더, 기여자 및 실행자 역할이 할당된다. 그러나 이러한 역할 할당이 조직 전반에 미치는 영향도 고려되어야 한다.

1970년대에 보스턴컨설팅그룹Boston Consulting Group이 대중화시킨 성장-점유율 매트릭스growth-share matrix를 무조건적으로 수용한 기업들의 경험을 통해 역할의 분배가 잠재적으로 조직에 어떤 영향을 주는지 살펴보자. 개dogs 혹은 현금젖소cash cows로 분류된 저성장 사업영역에 속한 기업의 경영자들 다수는 방어적이거나 사기가 저하된 모습을 보인다. 실행자의 역할이 할당된 자회사 경영자들 역시 이와 비슷한 부작용을 겪을 수 있다.[23] 다른 곳에서 개발한 전략을 시행해야 하는 숙명을 타고난 자회사에서는 기술이 위축되고, 기업가정신은 실종되며, 혁신의 불꽃은 시들해

질지 모른다.

따라서 본사의 경영자들은 기업의 조직적 효과성뿐만 아니라 전략적 효율성을 높이기 위해 역할을 분배해야 한다. 전략적으로 덜 중요한 소수의 제품에 대해 리더, 기여자 역할을 소규모 혹은 덜 개발된 자회사에 배정한다면, 두 가지 매우 중요한 조직적 효과를 끌어낼 수 있다. 첫째, 본사의 경영자들은 주요한 시장의 자회사가 그들의 리더 역할을 정말 핵심적인 제품에 집중할 수 있게 만들 수 있다. 둘째, 본사의 경영자들은 글로벌전략에서 중요한 역할을 맡은 소규모 조직에 큰 인센티브와 동기를 부여할 수 있다.

예를 들면, 필립스의 대만 자회사는 거대시장, 본사의 노하우 및 전문성에 보다 더 접근성이 높은 다른 자회사들을 제치고 소형 스크린 모니터사업부문의 리더 역할을 맡게 되었다. 본사는 신임 투표를 통해 필립스 대만 자회사에 큰 동기와 자긍심을 부여했다. 대만 자회사 역시 흑백TV 브라운관의 과잉 설비문제를 해결해야 했기 때문에, 맡겨진 리더 역할의 인센티브는 매우 컸다.

역할과 책임의 분배에 있어 경영진은 전체 기업의 본사corporate headquarters 그리고 본사와 같은 지역에 위치할 수도 있는 본국 사업조직home country operations을 명확히 구분해야 한다. 너무나 많은 기업들, 특히 미국에 위치한 기업들이 이 두 역할을 중첩시키거나 그 경계를 모호하게 설정했다. 본국조직도 다른 국가의 해외자회사들과 동일하게 다뤄져야 한다. 즉 본국조직 역시 전통적으로 누려 왔던 리더의 역할이 아닌, 해당 조직이 가장 잘 수행할 수 있는 역할을 맡아야 한다.

많은 세계적 기업들, 특히 미국 혹은 일본 등 국가에 위치한 기업에서 본국조직은 기업의 다양한 핵심자산 및 역량을 통제하고, 본국시장이 전략적 핵심이라는 이유로 합법적으로 리더 역할을 맡게 된다. 그러나 글로벌전략의 측면에서 본국시장이 중요치 않다면(예컨대, 소비자 가전사업영역에서 필립스의 본국인 네덜란드시장), 본사 경영진은 본국조직에 기여자, 심지어 실행자 역할을 할당할 수 있어야 한다.

차별화된 역할의 관리

본사 경영진은 해외자회사에 역할과 책임을 분배한 이후에도 자신이 분배한 복잡하고 미묘한 시스템을 지속적으로 조정해야 한다. 전통적인 조직 특성으로 인해 경영진은 표준적인 도구와 기술을 이용한 조정과 통제라는 동일한 관리법을 기업 전반에 적용시킨다. 그러나 이러한 접근은 초국적인 조직의 차별화된 특성에 역행하는 것이며, 기업의 경영진은 좀 더 유연한 관리 프로세스를 개발할 준비가 되어 있어야 한다. 이 점이 제9장의 주제이기도 하다.

제7장에서는 초국적조직의 세 번째 전략적 요구인 혁신개발 및 전 세계적인 확산능력을 함양하기 위해 필요한 역량을 진단한다. 이를 통해 차별화된 자회사 역할의 가치가 더욱 분명히 드러날 것이다.

CHAPTER 07 학습 촉진: 다수의 혁신 프로세스

많은 학문적 연구들은 오래 전부터 기업 국제화의 핵심동인으로 혁신을 꼽았다. 기업은 국내시장을 위해 개발한 혁신으로부터 더 많은 수익을 창출해내기 위해서 해외에 투자한다. 다양한 해외시장으로의 진출은 혁신을 일으키는 능력(즉 새로운 제품 및 프로세스를 개발하는 능력)이자 자사의 기술을 판매 혹은 라이선싱하는 것 이상으로 혁신의 장점을 누리기 위한 조직을 창조하는 것이다.[01]

현재의 글로벌환경에서 한 기업의 혁신능력은 점점 더 경쟁에서 성공하기 위한 핵심요인이 되고 있다. 비록 세계적인 기업들이 글로벌 차원에서 규모의 경제를 활용하거나 전 세계의 노동, 원료 혹은 자본시장의 불완전성 간 격차를 이용하는 방식으로 일단 경쟁우위를 획득했다고 하더라도 그러한 경쟁우위는 시간이 지남에 따라 서서히 약화된다. 오늘날 대부분의 산업에서 세계적 기업들의 주된 경쟁자는 더 이상 소규모의 현지 내수기업이 아니라, 동일한 규모와 지역적 다양성을 지닌 거대한 다른 세계적 기업들이다. 살아남기 위해서는 글로벌한 규모, 전 세계적인 자원에 대한 접근, 전 세계적인 시장지위를 확보해야 한다. 그러나 경쟁력을 갖춘 리더로 부상하기 위해서는 그 이상이 필요하다. 새로운 승자들은 장소와 상관없이 시장 및 기술적 트렌드에 민감하게 반응하고, 전 세계의 기회와 위협에 창의적으로 대응하며, 글로벌 차원에서 빠르고 효율적인 방식으로 새로운 아이디어와 신제품을 활용할 수 있는 기업들이다. 둔감하며 대응성이 결여되고 느린 기업들은 R&D비용의 상승, 국가 및 기업들 간 기술 격차의 감소 및 제품수명주기의 단축이라는 비극의 희생양이 될 것이다.

세계적 기업의 혁신관리

이렇듯 새로운 글로벌 경쟁의 현실로 인해 기업들은 혁신을 창조할 새로운 방법을 찾아야만 한다. 전통적인 관점에서 볼 때 전 세계적인 혁신 프로세스에는 전형적인 두 가지 방법이 있다. 먼저 중앙혁신 프로세스central innovation process의 경우 새로운 기회가 본국에서 포착되고, 중앙집중화된 모회사의 자원이 새로운 제품 또는 프로세스를 창출하는 데 사용되며, 이는 전 세계적으로 활용된다. 반면 현지혁신 프로세스local innovation process의 경우 현지자회사가 자신의 자원 및 역량을 이용해 현지환경의 요구에 대응하는 혁신을 만들어낸다. 대부분의 세계적 기업들이 그러한 두 가지 방식 모두를 개발하려고 노력하긴 하지만, 대개의 경우 둘 중 한 가지 접근법이 특정 조직 내에서 대세를 이루게 된다. 어떻게 보면 당연하겠지만 중앙혁신 프로세스는 중앙화된 허브centralized hub구조를 가진 글로벌 기업에서 지배적이며, 현지혁신 프로세스는 분권화된 연합체decentralized federation구조를 지닌 다국적기업에서 일반적인 방식이 된다.

또한 이러한 혁신 프로세스들은 두 가지 형태의 전통적인 기업의 사고방식을 반영한다. 중앙혁신 프로세스는 일반적으로 글로벌 사고방식과 관련이 있는데, 이 사고방식은 국제적 환경의 다양성을 최소화해야 할 불편함으로 간주한다. 따라서 이러한 조직들은 특정한 니즈를 충족시키기 위해서 마지못해 그들의 중앙혁신 프로세스를 수정한다. 반면 현지혁신 프로세스는 다국적 사고방식을 반영하는데, 이는 현지의 요구에 순응하는 것을 피하기 어려운 현지시장의 입장료로 본다.[02]

최근 몇 년간 경영진의 태도가 변화하고 있다. 주요 연구대상인 9개 기업의 혁신 사례를 기록하면서 우리는 성공적인 기업은 새로운 제품, 기술, 심지어 관리시스템을 창조하는 다양한 방식들을 개발하고 관리한다는 것을 파악하게 되었다. 이러한 초국적혁신 프로세스transnational innovation processes는 두 가지 광범위한 범주로 분류되는데 우리는 이를 현지활용locally leveraged과 글로벌 연계globally linked로 명명하였다. 전자의 현지활용은 혁신을 위해 개별 자회사의 자원 및 기업가정신을 활용하지만, 전 세계에 적용할 수 있는 혁신을 만들어내는 것을 말한다. 후자의 글로벌 연계는 본사 및 자회사수준 모두에서 전 세계적으로 다양하게 분포되어 있는 단위조직들의 자원 및 역량을 연결하여 공동으로 혁신을 창출하고 실행하는 것을 의미한다. 이 과정에서 각 단위조직들은 글로벌 차원의 기회에 전사적으로 대응하기 위해 자신들이 보유한 특유의 자원을 이용해 혁신에 기여한다.

초국적혁신이 점점 더 중요해지고 있지만 전통적인 프로세스를 대체하는 것이 아니다. 경쟁적 환경에서 기업들은 혁신적인 제품 및 프로세스를 가능한 모든 방식으로 개발할 필요성을 인지하고 있다. 문제는 모든 프로세스를 동시에 촉진할 수 있는 조직을 개발하는 것이다.

중앙혁신: 시장 둔감성의 리스크

중앙혁신의 관점은 기업의 핵심역량을 보호하고 R&D 측면의 전문화 및 규모의 경제를 달성하기 위해서는 세계적 기업의 핵심역량들이 본사에 유지되어야 한다는 사실에서 비롯되었다. NEC의 NEAC 61 디지털 교환기NEAC 61 digital switch개발이 중앙혁신의 좋은 사례가 될 수 있다. NEC는

NEAC 61의 개발 경험을 통해서 이 프로세스의 한계 및 해외시장을 위한 향후 제품개발을 위해 해당 프로세스를 수정할 필요성을 인지하였다.

1976년, NEC의 미국 자회사를 담당하는 일본인 경영자는 디지털기술로의 전환가능성을 감지하게 되었는데, 당시 TRW는 열성적인 소비자집단을 대상으로 소형 디지털 교환기를 선보였다. 이러한 초기 경고 신호의 중요성을 인지한 일본인 경영자는 그 정보를 일본 내 본사로 전달했고 덕분에 일본에 위치한 본사의 기술부문 경영자들은 당시 다른 곳에서는 접할 수 없었던 디지털화라는 트렌드를 조심스럽게 접할 수 있었다. 그러나 이들은 디지털기술의 우월성에 대하여 회의적이었기 때문에 NEC의 기존 전기기계 및 전자제품과 경쟁할 새로운 교환기의 개발을 주저했다.

그러나 결국 미국 자회사의 경영자들이 제품개발을 위한 본사의 충분한 지원을 끌어냈을 때에는 새로운 NEAC 61 디지털 교환기의 개발은 거의 전적으로 본사 엔지니어들에 의해 일본 내에서 진행되고 있었다. 새로운 제품에 어떤 기능을 추가할지에 대한 결정에 있어서도 중앙의 기술부문그룹은 자회사 경영자들의 요청사항은 가볍게 여기는 경향이 있었으며, 그 대신 본사 직원이 미국 출장을 통해 수집한 미국 소비자조사 자료에 크게 의존했다.

개발 프로세스를 본사에 두고자 하는 중앙화의 필요성은 주로 세 가지 이유에서 나온다. 첫째, 본사의 경영진은 기업의 장기적인 경쟁력의 핵심이 될 수도 있는 기술에 대한 통제를 유지하기를 원한다. 둘째, 하드웨어와 소프트웨어개발 간의 밀접한 통합, 그리고 그 후 순차적으로 개발 및 제조기능의 긴밀한 통합에 상당한 노력이 필요하기 때문이다. 셋째, 시장 수요를 충족시키기 위해서는 새로운 스위치를 빨리 개발해야 한다는 것을 NEC가 인지했기 때문이다. 거래처들은 점점 더 명시적으로 디지털기술을 요구하기 시작했다.

중앙집중형 개발 프로세스의 가장 큰 리스크는 혁신이 시장 요구에 덜 민감하게 개발될 수 있고, 중앙에서 개발된 제품을 자회사가 거부할 경우 시행이 어렵다는 점이다. 예를 들어, NEC가 개발한 NEAC 61 교환기는 하드웨어의 성능에 대해서는 호평을 받았지만, 이 제품은 미국 교환회사가 요구한 핵심요건을 충족시키지 못했기 때문에 초기에는 기대 이하의 매출을 기록했다.

NEAC 교환기가 지닌 단점의 대부분은 일본인 개발자들이 미국 고객들의 니즈에 대해 제한적인 지식만을 가지고 있었기 때문에 생겨난 것이었다. 예를 들어, 미국에서 장거리 전화를 연결하는 과정에는 다수의 교환원들이 필요했으며, 이들 간의 수익을 할당해 주는 기능이 필수적이었지만, NEAC 교환기는 이에 필요한 기능이 없었다. 설계를 담당한 일본인 엔지니어들은 일본처럼 국영기업NTT 한 곳이 모든 장거리 통화를 처리하는 방식에 익숙해져 있던 것이다. 교환기의 또 다른 문제는 '수익을 창출하는 기능'의 부재였다. 미국의 전화교환회사들, 특히 소규모 회사들은 하드웨어 공급자들이 스위치 내에 그들의 고객을 대상으로 추가 수익을 낼 수 있도록 신규서비스를 확장할 수 있는 기능을 제공해 주길 원했다. 이를 통해 교환원들이 추가 수입을 올릴 수 있기 때문에 미국기업들이 교환기를 선택할 때 이 기능은 매우 중요했다. 마찬가지로 일본인 엔지니어들은 일본 전화교환회사들과 특성이 매우 달랐던 미국고객에 대한 정보가 부족했기 때문에 어려움에 직면했던 것이다.

현지혁신: 불필요한 차별화의 리스크

세계적 기업들이 활동하고 있는 다양한 현지국환경의 요구를 충족시키기 위해서는 현지혁신이 필수적이다. 이미 강조했듯이 시장의 글로벌화가 지닌 매력은 지역적 차이에 지속적으로 대응할 필요성을 경시하게 한다.

예를 들어, 유니레버는 전 세계적으로 표준화된 제품을 개발해야 하는 수많은 압력에 직면해 있다. R&D비용과 정교함은 계속 증가했고, 글로벌하게 통합된 사업운영의 경제성을 활용하는 것도 가능했으며, P&G와 같은 주요한 경쟁자들과의 치열한 경쟁은 글로벌 차원에서의 대응을 강요했다. 그러나 혁신적인 방식으로 현지 기회에 대응하는 유니레버의 능력이야말로 기업의 핵심적인 자산이었다. 예를 들어, 고급 세탁세제는 인도와 같은 거대시장에서는 잘 팔리지 않았는데, 인도에서는 대부분의 사람들이 개울가에서 빨래를 했기 때문에 고급 세탁세제가 필요하지 않았다. 그래서 유니레버의 인도 자회사는 고체 정제형태의 세탁세제를 개발해 고형비누시장의 점유율을 늘려가기 시작했다. 비슷한 예로 터키에서는 유니레버의 마가린제품이 팔리지 않자, 유니레버 터키 자회사가 현지에서 식물성 기름을 개발해 전통적으로 팔리던 기Ghee의 정제버터제품clarified butter product과 경쟁했다.

그러나 현지시장을 위한 현지혁신local-for-local innovations이 모두 정당화되는 것은 아니다. 예를 들면, 필립스의 영국 자회사는 영국시장에 적합한 새로운 TV 섀시를 만들기 위해 상당한 자원을 투자했다. 하지만 영국시장만을 위해 최종적으로 개발된 TV 섀시제품은 본사 경영자들이 신제품개발 전 영국에 도입하려고 했던 표준적인 유럽 섀시와 거의 흡사했다. 결국 필립스는 의도치 않게 유럽에 4개가 아닌 5개의 TV 생산공장을 운영해야만 했다. 영국 자회사 경영자들이 자신들의 정체성과 자율성을 유지했는지는 몰라도 불필요하게 추가적으로 공장을 운영하게 된 것은 분명 필립스의 전반적인 효율성과 경쟁력을 떨어뜨렸다. 이는 1988년 해당 공장이 폐쇄되면서 더욱 극명하게 드러났다.

현지에서 활용되는 혁신: NIH 리스크

현지에서 활용되는 혁신은 경영진이 전 세계에 분포된 자회사들의 가장 창의적인 자원의 사용과 개발을 통해 기업 전체에 그 혜택을 돌려주도록 한다. 이러한 방식을 통해 기업은 한 지역에서 발생하는 시장 트렌드에 대응할 수 있고 그러한 경험을 이용해 다른 지역에서도 비슷한 트렌드를 끌어낼 수 있다. 현지에서 활용되는 혁신을 일으키기 위해서는 경영진이 전 세계적인 학습 프로세스를 개발하고 통제해야 하며, 기업은 글로벌 혁신 자원을 활용해야 한다.

예를 들어, P&G는 섬유유연제 제품군을 개발해 미국시장에서는 다우니Downy라는 브랜드로, 유럽시장에서는 레노어Lenor라는 브랜드로 출시했다. 유니레버도 P&G를 따라 곧바로 빠르게 성장하는 섬유유연제시장에 뛰어들었다. 하지만 유니레버가 수년 동안 노력했음에도 불구하고 유니레버가 보유한 컴포트Comfort라는 브랜드로는 P&G가 구축한 지배적인 시장점유율을 따라잡을 수 없었다. 결국 유니레버의 독일 자회사는 새로운 제품 포지셔닝전략과 마케팅전략을 가지고 신규 브랜드 쿠셸바이히Kuschelweich를 개발함으로써 엄청난 시장점유율을 빠르게 확보할 수 있었다. 유니레버의 경영진은 쿠셸바이히(독일어로 '껴안기'라는 의미)의 성공은 제품에 그려진 테디베어 때문이라는 점을 알게 되었다. 이 제품에 대한 소비자조사에 따르면 테디베어는 유니레버가 의도한 대로 제품의 부드러운 이미지를 소비자들에게 전달했을 뿐만 아니라, 소비자들에게 강력한 인지도와 신뢰관계를 형성했다는 것이 밝혀졌다. 유니레버 독일 자회사의 브랜드 및 제품시장전략은 전 세계 다른 시장에도 성공적으로 이전되어, 프랑스에서는 카졸린Cajoline, 이탈리아에서는 콕코리노Coccolino, 스페인에서는 미모신Mimosin, 호주에서는 허기Huggy라는 브랜드로 출시되었다. 제품들의 엄청난 성공과 전 세계적인 제품 도입으로 축적한 학습 덕분에 유니레버는 1980년대 중반 미국 섬유유연제시장에 다시 진출했을 때 이전에 비해 3배나 높은 시장점유율을 달성할 수 있었다.

그러나 현지혁신이 항상 다른 시장으로 쉽게 이전되는 것은 아니다. 어떤 경우에는 새로운 환경이 특정 상품 혹은 프로세스에 적합하지 않을 수 있고, 적절한 조정 및 이전 메커니즘이 부족할 수도(기술이전의 경우 특히 문제가 됨) 있다. 혹은 NIH Not-Invented-Here("국내에서 개발된 것이 아니다"라는 배타성) 신드롬이 문제가 될 수도 있다.[03]

섬유유연제제품의 전 세계적인 엄청난 성공에도 불구하고 유니레버의 경영진은 독일 자회사가 개발한 제로 인산염 세제zero-phosphate detergent기술을 타 유럽 자회사에 전파하는 데에는 실패했다. 프랑스 자회사는 프랑스시장의 니즈가 독일과는 다르다고 주장하면서 제로 인산염 세제개발 프로젝트를 자체적으로 진행했다. 본사의 제품부문 경영자는 NIH 신드롬이 프랑스 자회사의 결정에 큰 역할을 한 것이라고 생각했다. NIH 신드롬은 특히 글로벌 차원의 제품조정활동을 위한 본사의 압력에 대항하여 해외자회사들이 현지 R&D 예산을 유지하고자 고군분투하는 환경에서 그 경향이 더욱 뚜렷하게 나타났다.

글로벌 연계 혁신: 조정비용

글로벌 연계 혁신 프로세스는 기업의 대응역량이 혁신에 대한 자극에 제대로 대응하기 어렵거나 혹은 다수의 조직단위들이 감지된 기회에 대해 가장 창의적인 대응을 개발하는 데 기여할 수 있는 환경에 가장 적합한 프로세스이다. 기업은 다양한 부문들의 노력들을 결합적으로 활용할 수 있도록 유연한 연결고리를 만듦으로써 혁신 프로세스를 이용해 시너지효과를 창출해낼 수 있다. 현지활용 혁신과 마찬가지로 글로벌 연계 혁신 프로세스는 세계적 기업이 지닌 잠재적인 범위의 경제를 활용하고 전 세계적 학습의 이점을 누릴 수 있도록 해준다.

이러한 혁신의 좋은 예가 P&G가 개발한 글로벌 액상세제이다. 미국시장에서 유니레버가 위스크Wisk로 성공을 거두며, 강력 액상세제heavy-duty liquid detergent category부문의 잠재성을 입증하자, P&G와 콜게이트Colgate는 서둘러 경쟁력 있는 제품(P&G의 에라Era와 콜게이트의 다이나모Dynamo)을 개발해 강력 액상세제시장에 진출했다. 하지만 이들은 유니레버처럼 크게 성공하지는 못했다. 이들 세 기업들은 모두 유럽에서 자사의 제품들을 테스트하였으나 세탁방법의 차이, 그리고 미국시장에서는 금지된 효소, 표백 및 인산염을 사용한 우수한 품질의 유럽산 분말세제의 시장점유로 인해 새로운 액상세제는 모두 테스트에서 좋은 성과를 보이지 못했다.

P&G 유럽 자회사의 제품개발자들은 액상세제의 성능을 유럽시장에서 사용되는 분말세제가 지닌 우수한 성능수준으로 끌어올릴 수 있다고 확신했다. 7년간의 연구개발을 통해서 그들은 인산염과 비슷한 연화작용이 가능한 지방산을 이용해 효소가 액체형태에서도 안정성을 유지할 수 있는 대체 액상세제를 개발하는 데 성공했다. 이 신제품은 블라인드 테스트에서 선도적인 지위에 있었던 분말세제를 능가했으며, 결국 비지르Vizir라는 브랜드로 출시되어 유럽시장에서 강력 액상세제라는 제품 영역을 정착시켰다.[04]

한편 P&G의 미국 자회사 연구원들은 유니레버의 위스크Wisk에 비해 자사의 에라Era가 만족할 만한 시장점유율을 확보하지 못하자 에라를 대체할 새로운 액상세제의 개발을 시작했다. 그들은 우선 세정 중 오물로 인한 재오염을 막기 위해 세척강화제builders를 개선하고자 했다. 같은 기간 동안 P&G의 국제기술조정부서International Technology Coordination group는 일본 자회사와 협력해 일본에서는 흔히 사용되는 찬물 세탁에서도 액상세제가 효과적이 되도록 돕는 더 안정적인 계면활성제(기름 얼룩을 지우는 물질)를 개발했다. 그러나 미국 자회사와 일본 자회사는 각각 현지 요구에 효과적으로 대응할 수 있는 제품을 개발했지만, 이들은 각자가 이뤄낸 혁신의 산물을 서로 공유하지는 않았다.

P&G 유럽 R&D 부문장이 기업의 최고 연구부서의 책임자로 승진하자 그는 자신의 목표로 자회사에서 각기 진행되는 개발 프로젝트의 조정 및 협력을 증진시키기로 결심했다. 그리고 그는 자신의 목표를 위해 액상세제 프로젝트를 선정했다. 미국 자회사가 개발한 새로운 액상세제인 옴니Omni의 출시계획은 유럽과 일본에서 일궈낸 혁신적인 개선사항을 포함시키기 전까지 연기되었다. 일본과 유럽의 직원들은 각각의 연구실에서 새로운 개발 작업을 시작했다. 결과적으로 P&G는 미국에서 리퀴드 타이드Liquid Tide라는 세제를 출시할 수 있었으며, 이 제품은 당시 시장의 리더였던 위스크Wisk의 아성에 도전할 수 있었다. 뒤이어 같은 제품이 일본에서는 리퀴드 치어Liquid Cheer로, 유럽에서는 리퀴드 아리엘Liquid Ariel로 성공적으로 출시되었다. 이 세 제품들은 유럽, 미국 그리고 일본시장의 요구에 대응해 개발한 최상의 결과물들을 통합해서 만든 제품이었다.

그러나 글로벌 연계 혁신 프로세스에도 한계가 있다. 이 프로세스를 위한 내부조정은 비용이 많이 들고 소모적인 위험이 있기 때문이다. 또한 프로세스를 용이하게 촉진하기 위해서 요구되는 복잡한 조직 간 연계성은 모호함과 권한의 과도한 분산이라는 문제를 야기할 수도 있다. 우리가 연구한 한 기업은 유럽 생산공장 간의 통합을 이루기 위한 목적의 새로운 정기회의에 참석하기 위해 경영자들이 1년에 약 2,581시간을 쓸 것으로 예상하기도 했다.

제2장에서 설명한 것과 비슷하게 ITT는 유럽 자회사들이 공동으로 시스템 12 디지털 통신 교환기System 12 digital telecommunications switch를 개발하는 과정에서 엄청난 문제에 직면했다. 부문 간 교환기의 부품개발업무를 조정하는 데에는 엄청난 시간과 비용이 들었고, 일정은 지연되었으며 예산도 초과되었다. 실제로 글로벌 연계 혁신의 관리 실패는 기업이 핵심사업 영역에서 철수하는 실패로 이어진다.

경영진에게 주어진 과제

세계적 기업의 경영자들은 중앙혁신의 효과성을 향상시키고, 현지혁신의 효율성을 개선하는 한편, 새로운 형태의 초국적혁신을 촉진하기 위한 환경을 동시에 조성하여야 한다. 이를 위해 기업은 두 가지 관련 문제를 극복해야 한다. 첫째, 혁신 프로세스상에서 문제 발생을 방지해야 한다. 둘째, 동시에 혁신을 개발하기 위해 진행되는 프로세스를 촉진하기 위해서는 조직적 요인들 간의 모순점들을 극복해야 한다.

우리가 샘플로 연구한 기업들 중 어느 곳도 두 가지 문제를 완벽히 해결하지 못했다. 그러나 몇몇 기업은 두 가지 형태의 혁신 프로세스 중 하나를 관리하고, 관련 문제를 극복하기 위해 특정한 역량을 개발하였다. 일부의 기업들은 조직적 프로세스에 내재적인 모순을 어느 정도는 극복하기도 했다. 여기서 문제해결 솔루션의 핵심으로 자회사 역할 및 책임의 차별화를 들 수 있다. 기업들은 각 부문들이 모든 프로세스에 동일하게 기여하기를 기대하기보다는 각 조직을 차별화하여 해당 조직이 가장 잘 기여할 수 있는 부분을 찾아 혁신 프로세스에 참여할 수 있도록 만들었다.

중앙혁신을 효과적으로: 마쓰시타로부터의 교훈

마쓰시타 전기산업주식회사Matsushita Electric Company는 파나소닉Panasonic과 내셔널National이라는 유명한 브랜드를 바탕으로 글로벌 리더로서의 지위를 구축했는데, 이는 마쓰시타가 중앙혁신을 창출하고 그러한 혁신의 산물을 전 세계의 해외자회사들로 신속하고 효율적으로 이전하여 활용할 수 있는 능력이 뛰어났기 때문이다. 물론 마쓰시타는 현지혁신도 활용하기는 했지만, 우리가 조사한 그 어떤 기업보다도 중앙혁신을 잘 수행하는 기업이었다. 마쓰시타의 성공에는 특히 세 가지의 조직적 메커니즘이 중요했던 것으로 나타났는데, 그것들은 바로 프로세스에 자회사들의 의견을 통합하기, 시장의 니즈에 연계된 제품개발을 위해 노력하기, 제품개발에서 제조, 마케팅까지 필요한 책임의 이전을 효과적으로 관리하기 등이었다.

자회사의 의견 얻기: 다수의 연결

중앙에서 혁신을 도모하는 기업이 직면하는 가장 중요한 두 가지 문제점은 새로운 제품이나 프로세스의 개발 담당자가 현지시장의 요구를 제대로 이해하지 못할 수 있다는 점과 신제품을 시장에 소개해야 하는 담당자가 그럴 의지가 없을 수도 있다는 점이다. 마쓰시타의 경영자들은 이러한 문제를 잘 이해하고 있었기 때문에, 오랜 시간을 들여 본사와 해외자회사 간의 다양한 연계체제를 구축했다. 이러한 연계를 통해 본사의 경영자들은 현지시장의 니즈와 기회를 보다 잘 이해할 수 있었으며, 자회사 경영자들은 본사의 제품개발 프로세스에 더 큰 접근성을 가질 수 있었다.

마쓰시타는 혁신에 대한 자극이 되어 주는 시장감지market sensing의 중요성을 인지하였다. 다수의 기업들이 효율성을 위해 본사와 자회사 간 채널을 제한적으로 혹은 단일 지점으로 유지하였으나, 마쓰시타는 전 세계 자회사들이 보유한 각자의 다양한 관점, 우선순위, 심지어는 편견까지도 보존하면서 자회사의 관점을 대변하고 옹호할 수 있는 본사의 직원들과 계속 접촉을 유지하도록 했다.

예를 들면, 일본 내 마쓰시타의 여러 조직들과 마쓰시타의 미국 자회사인 MECA의 비디오사업부문은 다수의 연결지점을 가지고 있다. MECA 비디오사업부문의 수석 부사장은 마쓰시타의 해외사업을 담당하는 조직인 마쓰시타 전기무역회사Matsushita Electric Trading Company(이하, METC) 출신이었다. 그는 미국 자회사로 발령이 났지만 여전히 METC의 고위 경영위원회의 위원이었고, 업무의 1/3을 일본에서 수행했다. 따라서 그는 METC의 최고경영진으로서 미국시장의 신제품개발 우선순위 설정 등 미국시장의 제품전략 수립에 참여하는 동시에, MECA의 고위직 임원으로서 비디오부문전략의 협의를 효과적으로 실행할 수 있었다.

한편 이 부문의 총괄 경영자는 일본 내 생산 및 국내마케팅을 담당하는 마쓰시타전기 본사의 비디오부문에서 14년을 근무한 베테랑이었다. 그는 중앙의 생산부문과 끈끈한 관계를 유지하면서 미국 자회사와의 가교 역할을 했다. 비디오부문의 부총괄 경영자는 일본 내 주요 공장에서 5년을 근무했으며, 자회사의 대변인으로 활동하며 공장 인력들과의 일상적인 커뮤니케이션을 담당했다.

의도적으로 생성되고 유지된 이러한 연결고리들은 모회사를 자회사들과 동질적인 하나의 실체로 보지 않고, 다양한 기반과 관심사의 집합체라는 인식을 반영한다. 자회사는 다수의 연결고리를 활용해 본사의 주요한 의사결정, 특히 제품의 사양과 디자인에 관한 의사결정에 영향을 미칠 수 있다. 동시에 본사 경영자들은 이러한 연결고리를 통해 혁신의 활용을 포함하는 전략과 계획들을 조정하고 통제할 수 있다.

제품개발을 시장의 니즈에 연결하기: 시장 메커니즘

마쓰시타는 일선 경영자들이 느끼는 압박과 제약사항을 연구원 및 기술자들도 느낄 수 있도록 하는 통합 프로세스를 개발했다. 이 어려운 조직적 과업의 핵심은 기업이 중앙의 연구원 및 개발 엔지니어의 활동을 감독하는 내부 '시장 메커니즘'을 도입하고자 하는 의지이다.

마쓰시타의 중앙연구소central research laboratories가 수행하는 연구 프로젝트는 크게 두 가지 종류로 구분된다. 첫째는 '전사적 프로젝트company total projects'로 이는 마쓰시타의 장기적인 전략적 지위를 구축하는 데 있어 중요한 기술들을 개발하며, 이를 많은 사업부에 적용할 수 있는 프로젝트이다. 전사적 프로젝트는 연구소, 제품사업부 및 최고경영진이 공동으로 결정하고, 기업 이사회가 직접 예산을 배정한다. 두 번째는 특정 제품사업부와 관련된 소규모 프로젝트이다. 그러한 소규모 프로젝트를 위한 예산은 마쓰시타의 총연구개발 예산의 약 절반에 해당되며, 특정 사업부에 직접 배정된다. 제품사업부들은 매년 자신들이 후원하고 싶은 프로젝트를 본사에 제안한다. 이와 동시에 마쓰시타의 다양한 연구소들은 연례 전시회와 회의를 개최하고 그들이 진행하고자 하는 연구 프로젝트를 강조하는 제안서를 작성한다. 그 후 제품사업부의 엔지니어링 및 개발부서는 협상 프로세스를 중재해, 연구소의 전문성 및 관심사를 제품사업부의 니즈와 일치되게 만든다. 그리고 나서 각 제품사업부가 특정 프로젝트를 후원하게 되고, 프로젝트는 필요한 비용 및 기타 자원과 함께 연구소 혹은 연구그룹에 할당된다.

이러한 시스템은 연구그룹들 간 프로젝트(및 그에 배정되는 예산)를 수주하기 위한 치열한 경쟁을 만들어냈고, 연구원들은 이를 위해 긴밀한 시장 지향성을 유지해야만 했다. 동시에 제품사업부는 제품개발에 많은 노력과 비용이 발생된다는 것을 알고 있었기 때문에, R&D부문에 비이성적이거나 경제성이 떨어지는 요구를 하는 경우가 줄어들었다.[05]

이러한 시장 메커니즘은 연 1회 제품의 스타일링 및 기능을 결정하는 데도 이용되었다. 마쓰시타는 매년 상품화 회의merchandising meetings도 개최했는데, 이는 사실 거대한 내부 전시회였다. 마쓰시타 제품을 전 세계에 판매하는 수석 마케팅 경영자들은 전 세계의 공급부서들을 방문해 새로운 연식의 모델new model year로 제안된 제품군들을 확인했다. 이 경영자들은 자신들이 지닌 시장 감각에 따라 제안된 모델들 중 적합한 것을 선택하고, 현지시장에 맞게 수정할 것을 요구하거나, 적절하지 않은 제품은 거부하기도 했다. 상품화 회의에서는 경영자들 수백 명의 의견에 따라 개별 제품 혹은 제품군 전체가 재설계되었다.

책임의 이전을 관리하기: 인력 흐름

현지혁신의 경우 연구에서 제조, 그리고 최종적으로 마케팅까지 책임을 이전하는 것은 상대적으로 쉬웠는데, 이는 각 활동을 담당하는 부서의 규모가 상대적으로 작고 또 물리적 거리도 가까웠기 때문이다. 그러나 본사의 거대한 중앙부서가 신제품 및 프로세스의 개발에서 주도적인 역할을 수행할 때 문제가 발생된다. 예컨대, 필립스는 네덜란드에 위치한 중앙연구소에서 V2000 비디오카세트레코더를 개발했지만, 이 제품의 디자인을 벨기에의 생산센터로 이전하는 데 막대한 어려움과 일정의 지연을 경험했다.

마쓰시타는 책임의 이전을 관리하기 위한 창의적인 수단으로 인적자원의 이전을 개발하고 이에 전적으로 의존했다. 예컨대, 연구직 엔지니어의 경력은 대부분의 엔지니어들이 중앙의 R&D연구소에서 5~8년 정도 순수연구를 수행하게 하고, 다음에 제품사업부에서 응용 연구개발을 위해 다시 5년여의 연구활동을 수행하게 하며, 최종적으로 남은 경력은 생산과 같은 직접적인 운영부문의 라인관리line management직에서 근무하도록 구성된다.[06] 더욱 중요한 것은 핵심 프로젝트가 다른 부서로 이전될 경우, 담당 엔지니어도 함께 발령이 난다는 것이다.

많은 기업들의 경우 엔지니어들이 연구부서에서 개발부서로 이동하지만, 이때 마쓰시타처럼 프로젝트와 동시에 이동하는 경우는 거의 없다. 우리의 연구에서 마쓰시타를 제외한 다른 기업에서 엔지니어가 그의 다음 단계 경력을 위해서 생산부서로 이동하는 경우를 보지 못했다. 하지만 아마도 마지막 단계는 연구부서와 생산부서를 통합하는 과정에서 가장 중요한 단계일 것이다. 이 단계는 부서 간 경영자들의 네트워크를 구축해 연결성을 높이고, 핵심적인 혁신의 시행을 장려하도록 공통의 가치를 이전해 주기 때문이다.

마쓰시타에서 생산과 연구를 통합하는 또 다른 메커니즘은 반대 방향으로 작동한다. 가능하다면 마쓰시타는 기회가 포착되면 현재 개발 중인 제품의 생산을 주도할 경영자를 발굴해 개발 프로세스의 초기부터 연구팀에 풀타임으로 합류시키는 것이다. 이를 통해 개발팀에 직접적인 생산전문성을 수혈할 뿐 아니라, 설계가 끝나면 혁신의 이전도 원활하게 이뤄낼 수 있다.

또한 마쓰시타는 이러한 메커니즘을 이용해 본사에서 전 세계의 판매 자회사로 제품전문가들을 이동시켰다. 이는 다수의 해외자회사 사이에 공통된 관행으로 제품뿐 아니라 관리의 국제화가 중요하기 때문에 마쓰시타의 매우 중요한 시스템으로 자리 잡았다.

현지혁신을 효율적으로: 필립스로부터의 교훈

중앙혁신관리의 챔피언이 마쓰시타라면 소비자 가전사업의 최대 라이벌인 필립스는 현지혁신의 대가라고 할 수 있다. 물론 필립스는 중앙혁신의 관리에서도 매우 성공적인 기업이었다. 필립스의 중앙연구소는 전구에서 레이저 디스크 기술에 이르기까지 다양한 제품과 프로세스를 개발했다. 해외자회사조직에서 혁신 프로세스를 장려하는 필립스의 역량은 비슷한 규모, 다양성 및 성숙도를 지닌 기업들 중 필립스를 따라올 수 있는 곳이 없을 정도로 매우 인상적이었다.

필립스 최초의 컬러TV세트는 색 전송 기술 도입분야에서 선두주자인 미국을 바짝 뒤쫓고 있던 캐나다에서 생산 및 판매되었다. 이 TV세트에 사용된 K6 섀시는 네덜란드에 위치한 중앙연구소에서 설계되었지만, 캐나다 자회사가 개발 프로세스에서 핵심적인 역할을 담당하였고, 생산시스템의 설계에도 더 많은 기여를 했다. 필립스 최초의 스테레오 컬러TV세트는 호주 자회사가, 문자다중방송 TV세트는 영국 자회사가, '스마트 카드'는 프랑스 자회사가, 그리고 프로그램화된 워드 프로세싱 타자기는 북미 필립스 자회사가 개발했다. 필립스가 끌어낸 현지혁신의 수는 일일이 열거하기 어려울 정도로 많았다.

이처럼 현지혁신을 창출해내는 필립스의 역량은 기업의 관리적 유산과 현지시장의 니즈에 적절히 대응할 수 있는 명시적인 전략적 선택에 기초했다. 시간이 지남에 따라 필립스는 해외자회사에 상당한 자원을 축적했고, 권한의 분권화와 함께 여러 해외자회사로 분산된 기업가정신이 필립스의 핵심적인 조직적 자산이 되었다. 필립스가 현지혁신을 촉진할 수 있었던 가장 큰 요인은 본사가 다양한 해외자회사의 경영진에게 권한을 부여하고, 자회사 경영자를 기업의 주요한 의사결정과정에 포함시키는 효과적인 메커니즘을 확립하였으며, 각 자회사 내에서 엄격한 기능적 통합을 이뤄낸 것이었다.[07]

현지 경영진에 대한 권한부여

필립스가 자회사의 현지혁신을 지원하는 데 있어 가장 중요한 요인은 아마도 조직적 자산과 자원, 그리고 권한의 분권화일 것이다. 이러한 분권화를 통해 현지 경영진은 현지문제에 대해 실험하고 새로운 해결책을 찾을 수 있었다.

제3장에서 설명했듯이 필립스의 분권화된 조직구조와 분산된 자원은 필립스가 걸어온 역사적 산물로, 필립스의 경영철학에 깊은 뿌리를 두고 있다. 1891년 창립 이래 규모가 작은 국내시장인 네덜란드를 벗어나 기업

을 확장할 필요성을 인지하고 있었으나, 잇따른 장애물들, 예컨대 20세기 초의 열악한 교통 및 통신환경, 1930년대 보호주의의 압박, 그리고 제2차 세계대전으로 인한 혼란 등으로 인해 필립스는 아주 높은 수준의 자율성과 자급자족이 가능한 해외자회사들을 거느릴 수 있게 되었다. 필립스의 영국 자회사가 문자다중방송 사업분야를 개척했던 제6장의 설명에서 알 수 있듯이, 분산된 경영 및 기술적 자원과 연계된 현지자회사의 자율성 그리고 자원에 대한 분산된 통제는 자회사 경영자들이 시행착오의 위험을 감수하면서 현지혁신을 창출할 수 있었던 주요한 원동력이 되었다.

본사 의사결정 프로세스로의 연계

필립스 자회사의 경영자들은 현지의 자원과 자율성 덕분에 혁신적인 아이디어를 추구할 수 있었으나, 자회사의 아이디어 추구에 정당성을 부여해 준 것은 본사와 연결된 의사결정 프로세스였다. 다음 장에서는 이러한 정당성과 접근성이 왜 동기부여에 있어 중요한지, 그리고 세계적 기업조직에서 이것들이 어떻게 개발될 수 있는지를 자세히 설명할 것이다. 필립스에서는 기업가정신을 지닌 해외주재원들이 그러한 연계의 개발과 유지에 있어 매우 중요한 역할을 했다.

필립스의 경영자들에게 해외주재원, 특히 규모가 큰 해외자회사의 주재원은 매우 매력적인 자리였다. 필립스의 해외자회사들은 기업의 총매출에 모회사보다 더 크게 기여했다(네덜란드 본사의 매출은 총매출의 6~8%만을 차지했음). 결과적으로 필립스의 해외자회사들은 다른 커다란 세계적 기업들의 해외자회사들보다 더 높은 조직적 지위를 누리고 있었다. 게다가 필립스의 공식적인 경영진 개발시스템은 항상 최고경영진의 전제조건으로 상당한 수준의 해외경험을 요구했다. 마지막으로 필립스 본사는 네덜란드의 작은 시골마을에 있었다. 런던, 뉴욕, 시드니 혹은 파리와 같은 지역에서 살아 본 경영자들은 본사가 위치한 아인트호벤으로 돌아오는 것을 꺼렸다.

따라서 필립스에서 가장 뛰어난 경영자들은 자신들의 경력 대부분을 해외자회사에서 보내는데, 이들은 해외자회사들을 옮겨 다니며 보통 2년에서 4년 정도 근무를 하며 경력을 쌓는다. 반면 마쓰시타 혹은 NEC의 경우, 해외주재원으로 파견된 경영자는 특정 국가의 자회사에서 5~10년을 보내고 본사로 복귀한다. 그리고 이러한 경력시스템의 차이는 경영태도에 중요한 차이를 만든다.

필립스에서는 주재원들이 서로 긴밀한 관계를 구축한다. 주재원들은 파견된 해외자회사조직의 관점에 크게 공감하고, 이렇게 형성되는 동질감은 자회사 내에 본사와는 구별되는 독특한 하위문화를 형성하게 된다. 반면 마쓰시타와 같은 기업에서 주재원 간 상호작용은 거의 이뤄지지 않으며, 스스로를 해외자회사에 일시적으로 파견된 모회사 임원으로 생각한다.

마쓰시타의 주재원들은 현지의 의견을 반영해 본사의 표준제품 및 정책을 수정하는 것을 꺼리는 관리적인 접근법을 취하는 반면, 필립스의 주재원들은 현지의 의견을 기꺼이 대변해 주는 경향이 있다.[08] 현실에 안주하기를 거부하고, 실험과 변화에 대해 개방성을 유지하려는 필립스 경영자들의 의지는 현지혁신을 촉진했다.

필립스는 해외자회사 내에 우호적인 근무환경을 조성했기 때문에 현지에서 능력 있는 경영진을 채용하는 것이 수월했다. 많은 일본기업들의 현지 경영자들이 의사결정과정에서 배제되는 느낌을 받았으나, 필립스의 현지 경영자들은 자신의 아이디어를 들어주고 이를 대변해 줄 사람이 본사에 있다는 사실을 알고 있었다.[09] 이 역시 현지혁신에 호의적인 환경을 조성했다.

각 자회사 내에서의 기술 및 마케팅기능 통합

역사적으로 필립스의 해외자회사는 개인 CEO가 운영하는 것이 아닌, 기술, 상업 및 재무부문 책임자들로 구성된 위원회로 운영되었다. 이처럼 세 부문의 책임자가 경영을 담당하는 시스템은 필립스의 오랜 전통으로, 각각 기술과 영업을 담당했던 필립스 형제의 기능적 독립성에서 시작되었다.

하지만 그러한 필립스의 경영철학은 이제 개인의 권위와 책임을 강조하는 시스템으로 변화했고, 현재 대부분의 자회사조직은 한 명의 총괄 경영자가 이끌고 있다. 그러나 책임공유와 공동의사결정이라는 오랜 전통은 자회사가 여러 수준에서 기능적 통합을 이루게 하는 다수의 메커니즘을 개발하게 했다. 마쓰시타가 본사에 교차기능적 통합을 위한 다양한 수단을 통해서 중앙혁신을 촉진한 것처럼, 필립스의 통합적 메커니즘은 현지혁신의 효율성을 향상시켰다.[10]

필립스 자회사의 대부분은 세 가지 조직적 수준에서 통합 메커니즘을 이용한다. 첫째, 필립스는 각 프로젝트마다 상대적으로 경력이 짧은 제품 및 기술부문 경영자들로 구성된 상품팀article team을 보유하고 있다. 이 팀의 역할은 제품정책을 발전시키고, 연간 판매계획 및 예산을 준비하는 것이다. 또한 상품팀은 다수의 하위 상품팀subarticle teams을 만들어 일상의 활동을 감독하고, 새로운 제품을 효과적으로 제조 및 마케팅하기 위해 대규모의 신규 투자가 필요한 경우, 자본투자계획 등과 같은 특별한 프로젝트를 수행하게 할 수도 있다.

제품부문 간 조정활동은 그룹관리팀을 통해 수행된다. 그룹관리팀에는 기술 및 제품부문 담당자들이 참여해 월 1회 실적을 검토하고, 개선안을 논의하며, 기능상의 문제들을 해결한다. 이처럼 통제와 갈등해결 권한을 하위 실무자들에게 위임하면, 현지에서 발생되는 이니셔티브나 아이디어에 대해 민감하고 신속하게 반응할 수 있었다.

자회사에서 가장 상위의 조정기구는 시니어경영위원회SMC로서 이 위원회는 자회사의 제품, 기술 및 재무부문의 최고경영자들로 구성되었다. SMC은 사실상 현지이사회의 역할을 수행하면서, 기능부문 간 활동을 조정하고, 현지자회사가 전략 및 우선순위에 관한 1차적 책임을 유지하도록 보장했다. 다시 말해 현지자회사 경영진은 본사의 승인 혹은 중재를 위한 보고과정 없이도 행동을 결정하고 문제를 해결할 수 있는 논의의 장을 보유한 것이다.

초국적 혁신 장려하기: 에릭슨, P&G, NEC로부터의 교훈

혁신은 기회를 활용하거나 위협을 극복하기 위해 자원을 투입할 때 발생된다. 그러나 세계적인 기업에서 기회(혹은 위협)와 자원은 때때로 다른 지역이나 국가에 위치해 있는 경우가 많다. 초국적혁신 프로세스는 위치에 관계없이 기업조직 내 어디서나 발생될 수 있는 새로운 기회를 추구하고, 기업이 보유하고 있는 기존의 자원과 역량을 이용하기 위해서, 분산된 조직들 간 연결성을 활용한다.

우리가 연구한 기업 중 상당수는 그러한 조직적 역량을 개발하고 있었다. 그리고 그들 중 몇몇 기업들은 혁신에 필요한 연결성과 프로세스를 꽤나 효과적으로 관리했다. 연구결과 우리는 새로운 통합적 혁신 프로세스를 촉진하는 데 가장 큰 도움이 되는 세 가지 조직적 특성을 확인할 수 있었다. 그것들은 바로 조직단위 간 자원 및 책임의 상호의존성, 강력한 조직단위 간 통합장치, 그리고 강력한 기업의 정체성 및 잘 개발된 국제적 관점을 지닌 경영 사고방식이다.

자원 및 책임의 상호의존성

초국적혁신을 촉진하는 데 가장 중요한 요건은 조직단위 간 상호의존적인 형태로 조직이 구성되어야 한다는 것이다. 이와 같은 자원과 책임의 상호의존성은 자원, 아이디어 및 기회의 공유를 자율적인 규범으로 만들기 때문에 현지와 글로벌 차원의 이해관계가 형성하는 위계적 질서를 무너뜨린다.

우리가 제5장에서 살펴본 바와 같이 대부분의 기업들에서 본사와 현지 자회사 간의 관계는 의존적이거나 독립적인 관계를 기반으로 하고 있다. 예컨대, 카오Kao의 본사-자회사 간 관계는 역사적으로 자회사가 본사에 의존하는 관계로 형성되었다. 카오의 해외자회사는 모회사가 개발한 제품 혹은 관리시스템을 수정하거나 새로운 프로그램을 시작할 역량도, 정당성도 가지지 못했다.

예를 들어, 카오는 태국에서 소비자들이 전통적으로 이용해온 파우더식 샴푸(가루 샴푸)가 구식제품이라고 생각해, 액상 샴푸 브랜드를 태국시장에 출시했다. 하지만 신규 브랜드 출시 후 4년이 지났음에도 불구하고, 카오는 태국시장에서 목표로 설정한 시장점유율을 달성하지 못했다. 해당 제품은 일본시장의 소비자들이 요구하는 높은 요구수준에는 잘 부합했으나, 태국시장에서 인기를 끌고 있는 단순하고 저렴한 현지제품들과는 효과적으로 경쟁할 수 없었다. 결국 카오는 대규모의 마케팅 예산을 투자했음에도 불구하고 7%라는 미미한 시장점유율만을 달성할 수 있었다. 본사의 마케팅 전문가들과 카오의 광고대행사인 덴쓰Dentsu의 임원들이 태국 자회사를 방문한 후에야 이를 해결하기 위한 조치가 취해졌다. 자회사의 현지 경영자는 "일본의 전문성, 지식 그리고 자원 때문에 그러한 의사결정을 내렸던 것"이라고 인정했다. 자회사가 본사에 매우 의존적인 관계를 구축한 기업의 경우, 중앙혁신 프로세스는 새로운 제품과 아이디어의 유일한 원천이 된다. 카오에서 중앙혁신 외에 다른 종류의 혁신 프로세스를 전혀 찾아보지 못했다는 것이 이 점을 잘 보여준다.

ITT와 같은 다른 기업들에서는 본사가 예산 및 재무보고시스템 등에 대한 관리적인 통제를 수행했지만, 그들의 자회사들은 높은 수준의 전략적 자율성과 운영상의 자율성을 누리고 있었다. 이들 기업에서는 현지혁신이 지배적이었기 때문에, 본사의 통제로부터 독립적이었던 현지자회사들은 공동의 협력을 수행하기가 어려웠다.

하지만 초국적혁신 프로세스는 본사를 포함한 여러 다양한 조직단위들이 프로세스에 공동으로 참여할 것을 요구한다. 그러한 공동의 노력은 일방향적인 의존성 혹은 독립성보다는 상호의존성에 기초한 관계를 통해 연결될 경우에만 구체화될 수 있고 효과적이 된다. 상호의존적인 관계를 구축하는 것은 어렵지만, NEC, P&G 그리고 에릭슨과 같은 기업들은 본사와 자회사 간, 그리고 자회사들 간에 상호의존적인 관계를 구축하는 데 성공했다. 이 기업들은 협력을 통해 각 부문들이 각자의 이해관계를 달성하게 만듦으로써 통합과 협력을 자율규제적인 규범으로 만들었다.

제5장에서 우리는 P&G에서 어떻게 유로팀Euro Teams이 출현했는지에 대해 살펴보았다. 그 후 P&G는 유럽 내 사업운영을 위한 기본적인 제품관리 도구로써 그 프로세스를 제도화했고, 다수의 유로브랜드팀Euro Brand Teams을 만들어 다양한 제품군을 가진 제품시장전략을 개발했다. 각 브랜드팀을 명목상으로 담당하는 자회사의 총괄 경영자는 제품담당자가 다른 팀과 협력할 경우 그의 팀원들로부터 더 많은 지원을 기대할 수 있다는 점을 알고 있었다. 최초의 유로브랜드팀이 비지르Vizir라는 이름의 혁신적인 액상용 세탁세제를 위한 유럽시장 내 마케팅전략을 성공적으로 개발하자, 상호의존성을 바탕으로 한 협력을 촉진하는 팀의 능력이 극적으로 입증되었다. 이로써 본 장에서 앞부분에서 설명한 글로벌 액상세제 프로젝트와 같은 진정한 초국적혁신의 발판이 마련되었다.

반면 NEC는 서로 다른 조직단위들 간 자원의 전문성과 보완성을 구축함으로써 협력을 끌어낼 수 있었다. 앞서 보았다시피 NEC 최초의 디지털 스위치인 NEAC 61은 하드웨어의 우수성에도 불구하고 소프트웨어의 한계로 인해 시장에서 실패했다. 실패의 경험을 기반으로 NEC는 미국 자회사로 하여금 뛰어난 소프트웨어역량을 기르게 했고, 하드웨어개발은 여전히 본사에 집중시켰다.

이러한 접근에는 다양한 장점들이 있었다. 우선 NEC는 미국에서 풍부한 통신 소프트웨어 전문가 풀을 활용할 수 있게 되었고, 일본본사의 중앙개발부문과 미국자회사 간의 뚜렷한 상호의존성을 구축할 수 있었다. 결과적으로 NEC의 제품개발 프로세스는 전형적인 중앙집중식 접근법에서 초국적 모델 쪽으로 한층 더 근접할 수 있었다. 소프트웨어의 설계 및 지원을 위해서 본사는 자회사에 의존해야 하기 때문에, 본사의 하드웨어부문은 자회사의 아이디어에 대해 한층 더 수용적인 태도를 가질 수밖에 없었다. 반면 자회사는 소프트웨어를 더욱 강건하고 이전가능하도록 설계할 필요성에 더욱 민감해지게 되었다.

이러한 새로운 협력의 장점은 NEC의 새로운 디지털 보조 스위치인 NEAC 61E를 개발하는 과정에서 드러났다. 자회사가 제품개발에 깊숙이 참여했기 때문에 NEC는 시장의 니즈에 잘 부합하는 스위치를 개발할 수 있었고, 세계 주요 핵심시장에서 상당한 성공을 거둘 수 있었다.

한 기업이 조직단위 간 상호의존성을 구축하고 자기강화적인 협력환경을 조성하는 데에는 다양한 방법들이 있다. 본 장의 앞부분에서 기술한 바와 같이 마쓰시타가 개발한 내부시장 메커니즘 역시 이 같은 목적을 이루기 위한 방법이었지만, 다른 기업들의 방식과는 매우 차별적인 수단이었다. NEC 역시 R&D와 운영부문들 간 더욱 긴밀한 연계성을 구축하기 위해 유사한 프로세스를 사용했다. 기업마다 상호의존성을 구축하기 위한 적절한 도구는 다를 수 있다. 중요한 것은 해당 기업이 기존의 역량을 연결하고 활용하기 위한 방법을 찾아야 한다는 것이다. 이러한 과정에서의 핵심은 상호의존성을 구축하는 것에 있다.

부서 간 통합장치

중앙혁신을 위해서는 본사의 강력한 통합 메커니즘이 존재해야 하고, 현지혁신은 자회사 내 하위조직들 간 협력적 역량에 의해서 촉진된다. 반면 초국적혁신 프로세스에는 또 다른 종류의 통합 프로세스, 즉 전 조직단위를 넘나드는 통합 프로세스가 필요하다. 에릭슨의 경험은 이러한 프로세스가 어떻게 달성될 수 있는지에 대한 통찰력을 제공한다.

해외자회사들 간의 관계가 때때로 경쟁적이고 본사-자회사 간 관계는 종종 적대적이었던 ITT와는 다르게, 에릭슨은 보다 협력적이고 협조적인 조직 분위기를 만들 수 있었다. 에릭슨이 조직단위들 간 통합에 성공한 것은 첫째, 명확하게 정의되고 엄격하게 통제되는 운영시스템operating systems, 둘째 단기 파견 및 공동팀과 같이 적절한 인력을 연결해 주는 인력 연계 프로세스people-linking process, 그리고 마지막으로 의견을 교환하고 그 과정에서 발생되는 의견 차이를 해결하기 위한 자회사 이사회 등과 같은 조직 간 포럼interunit forums 등 세 가지 요인들이 주효했다.

에릭슨의 경영진은 전략운영의 핵심요소들을 중앙에서 강력하게 통제하는 것이 가장 효과적인 통합장치라고 믿었다. ITT와는 달리 에릭슨은 정교한 관리시스템은 없었으나(에릭슨은 1983년에 겨우 전략계획을 도입했음), 세심하게 개발된 운영시스템을 보유하고 있었다. 예컨대, AXE의 제품사양은 엄격하게 통제되었고, 매우 정교했던 CAD/CAM시스템은 중앙의 제조단계에서 긴밀한 조정이 이루어지도록 했다. 경영진은 이러한 강력한 운영시스템이 의사결정의 중앙집중화를 초래하지는 않으며, 현지에서 내려지는 의사결정이 기업의 전체적인 이해관계와 일치할 것이라고 본사가 확신할 수 있기 때문에 권한의 위임을 장려한다고 주장한다.

한편 조직단위들 간 협력을 위해서는 긴밀한 대인관계가 필요했는데, 이를 위해 에릭슨은 본사와 자회사 간 인력을 파견하는 정책을 오랜 기간 개발해 왔다.[11] NEC가 소수의 핵심적인 경영자들을 통해 신기술을 이전하는 반면, 에릭슨은 1~2년 동안 50명에서 100명의 엔지니어와 경영자들을 해외자회사로 파견한다. NEC의 인력 흐름은 주로 본사에서 자회사로 이루어졌으나, 에릭슨은 균형 있는 양방향 흐름을 이어 나갔다. NEC의 인력 이전은 압도적으로 일본인 위주였으나, 에릭슨의 다방향 이전 프로세스에는 모든 국적의 임직원들이 포함되어 있었다. AXE를 개발하면서 스톡홀름에 파견된 호주 기술자들은 파견지의 직원들과 지속적인 관계를 형성했고, 이 관계는 10년 후 호주에서 국소 교환기rural switch를 공동개발할 때 상당한 도움이 되었다. 비슷한 예로 40명으로 구성된 이탈리아 자회사의 팀이 스웨덴에서 18개월 동안 전자 스위치에 대해 배우면서, 추후 이탈리아 자회사에서 전송시스템을 개발하기 위해 AXE 소프트웨어개발의 탈집중화 및 책임의 분산화를 위한 토대를 형성할 수 있게 되었다.

공유된 과업과 공동의 책임을 지는 조직에는 추가적인 의사결정 및 갈등해결 포럼이 필요하다. 에릭슨에서는 본사와 자회사 간 의견 차이를 해외자회사의 이사회에서 논의했다. 대부분의 세계적 기업이 보유하고 있는 자회사의 이사회가 현지국가의 법적 요건을 충족하기 위해 만들어진 형식적인 기관이었던 데 반해, 에릭슨의 자회사 이사회는 목표에 대해 소통하고, 의견 차이를 좁히고, 의사결정을 내리는 정당성을 지닌 포럼이었다. 최소 한 명, 보통 다수의 본사 시니어 경영자가 이사회에 참여했고, 자회사의 이사회는 조정활동을 위한 중요한 수단이었으며, 현지 아이디어나 혁신을 국경 너머로 확산시키는 채널이었다.

세계적 관점에서 보는 자회사의 역량

ITT의 시스템 12System 12 개발 사례에서 볼 수 있듯이 경영자들이 현지의 편협한 이해관계와 지역주의를 우선하는 목표만을 추구한다면 해당 기업은 초국적 혁신을 창출할 수 없다. 한편 NEC의 경우처럼 경영진이 자회사의 관점을 대변하지 못하고 현지의 기회에 제대로 반응하지 못할 때도 마찬가지로 초국적 혁신은 일어날 수 없다. 에릭슨이 보유한 가장 중요한 조직적 강점 중 하나는 현지에 민감한locally sensitive 동시에 글로벌 차원의 의식globally conscious을 지닌 경영진의 사고방식이다.

에릭슨의 스톡홀름 본사 경영자들은 강력한 해외자회사조직을 개발해야 할 필요성을 강조한다. 이를 통해 현지시장의 니즈에 반응하여 매출을 올리는 것뿐만 아니라, 전 세계적인 조직운영을 통해 접근가능한 자원을 활용하기 위함이다. 에릭슨은 기회가 어디서 오든 기술을 개발하고 아이디어를 활용해야 할 필요성에 대해 의식하고 있는 것이다. 또한 동시에 자회사 경영자들은 스스로를 독립적인 자율조직이라기보다는 전 세계적인 에릭슨그룹의 일부로 인식한다. 지속적인 인력파견과 공동으로 운영되는 본사-자회사팀으로의 빈번한 배정을 통해 경영자들은 자신들의 관점을 현지에서 글로벌 차원으로 넓힐 수 있었다. 또한 해외자회사들은 전 세계적으로 판매되는 제품에 대한 책임을 부여받음으로써 회사의 글로벌운영에 대한 자신들의 정체성을 확인할 수 있었다.

초국적기업에서 혁신관리

앞서 살펴본 바와 같이 전 세계에 분포된 국제적 조직의 혁신관리에는 두 가지 도전과제가 있다. 첫째, 경영진은 각 혁신 프로세스들의 효율성과 효과성을 개선해야 한다. 둘째, 모든 프로세스에서 동시다발적으로 혁신이 발생될 수 있도록 제반 환경을 조성해야 한다. 두 번째 과제의 경우 하나의 혁신 프로세스를 촉진시키는 조직적 속성이 다른 프로세스를 방해하는 경우가 많기 때문에 특히나 어렵다.

조직적 딜레마

현지혁신과 중앙혁신을 촉진하기 위해 필요로 하는 조직적 속성들은 상당히 상이하다. 현지혁신을 위해서는 해외자회사가 혁신에 필수적인 자원, 그리고 그 자원을 이용할 수 있는 자율성을 가져야 한다. 그러나 독립적이고 자원이 풍부한 자회사들의 경우 로자베스 켄터Rosabeth Kanter 교수가 '기업가의 함정entrepreneurial trap'이라고 명명한 문제, 즉 "우리가 혁신적인 아이디어를 성실하게 밀어붙이게 하는 원천, 그 근원이 되어야 한다"는 사고방식의 희생양이 될 수 있다.[12]

필립스와 같은 기업이 경험했듯이 이러한 사고방식은 자회사로 하여금 본사 주도의 중앙혁신을 수용하는 의지와 능력을 저하시킨다. 반면 자원을 중앙으로 집중시키고 해외자회사 운영에 대한 엄격한 통제를 유지함으로써 중앙혁신의 창출과 전 세계적인 채택이 촉진될 수 있다. 그러나 이런 식의 조직적 구성은 반대의 문제를 일으킨다. 즉 자회사의 예측된 혹은 실제적인 예비자원과 현지권한이 부족한 경우에 자회사는 중앙혁신을 효율적으로 채택하지만, 자회사 경영자의 무능력 혹은 동기부여의 결여 때문에 현지혁신을 촉진할 수 있는 기업의 역량은 제한될 수 있다.

차별화 및 통합을 통한 딜레마의 극복

우리가 연구한 대부분의 초국적기업들은 이 딜레마를 꽤나 성공적으로 극복했다. 이 기업들은 자회사들이 각자의 혁신 프로세스를 관리하는 능력이 동일하지 않다는 점을 인식했다.

혁신에는 외부의 자극과 이에 반응할 수 있는 내부역량이 함께 요구된다. 그리고 이 두 가지 측면에서 자회사들은 매우 상이하다. 따라서 우리가 묘사한 혁신 프로세스를 잠재적으로 만들어내기 위한 자회사의 기여도에도 큰 차이가 있을 수밖에 없다. 성공적인 기업들은 현지혁신을 촉진하거나 중앙에서 만들어진 아이디어, 즉 중앙혁신의 산물을 모든 자회사에 적용하는 것(심지어 더 최악인 것은 이 두 옵션 사이에서 존재하지도 않는 어떤 타협점을 찾으려고 하는 것) 등 이 두 가지 옵션 중에서 어느 한 가지 선택을 하기보다는 기업 내 다양한 조직단위들에게 서로 상이한 혁신적 역할을 부여한다. 실제로 모든 혁신 프로세스들을 동시에 촉진해야 하는 조직적 딜레마를 위한 해결책은 이미 우리가 제6장에서 설명한 차별화된 네트워크조직의 주된 논리 중 하나이다.

전략적 리더 역할을 수행하는 자회사는 초국적기업에서 혁신을 촉발하는 주체이다. 새로운 기술, 취향 혹은 사업관행들이 선진시장에서 전 세계의 다른 시장으로 확산되는 것처럼, 전략적 리더 역할을 하는 자회사들이 창출해낸 많은 현지혁신들도 조직 전체로 확산된다. 필립스의 영국 자회사가 만든 혁신인 문자다중방송 TV가 여기에 딱 맞는 사례이다.

다른 한편에는 실행자 역할을 맡은 자회사들도 있다. 실행자들은 환경적 어려움과 조직적 역량의 부족으로 기업조직 전체에 이득을 가져올 만한 엄청난 혁신을 만들어낼 것이라는 기대를 받지는 못한다. 하지만 실행자들은 현지시장의 니즈를 반영해 필요한 경우 글로벌제품에 사소한 수정 정도는 할 수 있어야 한다. 실행자가 할 수 있는 주된 기여는 중앙 및 글로벌혁신을 효율적으로 채택하고 실행하는 것이다.

반면 기여자 및 블랙홀 역할을 맡은 자회사들은 모두 기업의 글로벌혁신 프로세스를 개선할 수 있는 잠재력은 있으나, 둘 다 특정한 장애물에 직면해 있다. 기여자는 자원은 있으나 자극적인 환경에 대한 노출이 부족하고, 블랙홀은 시장자극을 감지할 수 있는 중요한 센서가 될 수는 있으나 자원 및 역량의 부족으로 인해 스스로 이에 반응할 수는 없다.

프로세스관리

우리가 설명한 다양한 역할들과 동시다발적인 프로세스를 구축하고 관리하는 것은 분명 쉽지 않은 일이다. 기업은 다양한 관점과 역량을 장려하는 조직을 개발해야 하고, 광범위하게 분산되어 존재하는 다양한 역량들을 유연하게 연결하고 활용할 수 있는 경영 프로세스를 구축해야 한다. 제3부에서 우리는 어떻게 이러한 조직적 역량과 프로세스가 구축되고 관리될 수 있는지를 설명한다.

PART

03

초국적조직의 구축 및 관리

Managing Across Borders

CHAPTER 08

다양성의 정당화: 다양한 관점들에서 균형 잡기

제1부에서 우리는 기업들이 국제화를 추진하던 시점에 직면한 지배적인 요구사항들에 대응하기 위해서 전략적 역량을 어떻게 개발했는지에 대해 설명했다. 일부의 기업들은 각 국가별 시장의 차이를 감지하고 이에 대응하는 역량을 길렀다. 다른 기업들은 글로벌 규모의 사업운영을 통해서 원가우위를 구축하기도 했다. 그리고 또 다른 기업들은 본사가 보유한 특수한 지식과 역량을 전 세계로 확산시키고 적용함으로써, 본사 특유의 지식과 역량을 활용하는 능력을 개발하기도 했다.

이처럼 각기 다른 유형의 전략적 역량을 관리하기 위해서는 조직형태도 뚜렷하게 달라야 한다. 대부분의 기업들은 자신들의 주된 경쟁적 강점을 강화시키는 방향으로 편향된 특성관리방식을 진화시켜 갔다. 다국적기업들은 국가별로 기회를 감지하고 이에 대응하기 위해 지리적으로 분산된 조직들을 강력하게 관리할 필요가 있었다. 글로벌기업들은 일반적으로 사업관리가 지배적이고 생산의 합리화, 제품표준화 및 저비용을 위한 글로벌 소싱을 추구하는 조직들을 보유하고 있었다. 그리고 국제적기업에서는 기능별 관리는 촉매제이자 원동력으로 활용해 전사적으로 기업 전반에 걸쳐 지식과 스킬을 전파했다.

끊임없이 변화하는 환경적 요인과 산업 특성들로 인해 기업들은 국제적 전략의 초점을 넓히고 있다. 또한 그들은 이제 경쟁적인 생존력을 확보하기 위해서 글로벌 효율성global efficiency, 다국적 유연성multinational flexibility 그리고 전 세계적인 학습worldwide learning이 동시에 필요하다는 점을 인지하게 되었다. ITT, 카오Kao 및 GE가 그랬듯이 1차원적인 조직적 편향을 극복하지 못한다면 초국적인 전략적 역량개발도 어려워질 것이다.

본 장에서 우리는 기업의 관리적 유산으로부터 발생되는 조직적 편향을 극복하고자 노력하는 기업들이 직면하게 되는 실행과업에 대해 설명한다. 첫 번째 절에서는 일차원적인 조직을 진정한 다차원적 조직으로 탈바꿈시키고자 할 때 마주치는 어려움과 프로세스에서 핵심과업을 분리하는 것에 대해 설명한다. 그 다음에 경영자들이 새로운 경영의 관점과 역량을 개발하는 데 발생되는 세 가지 주요한 도전과제인 정당성 확보, 접근성 촉진 및 영향력 확대에 대해 어떻게 대처하는지를 자세히 설명한다. 마지막으로 우리가 연구한 기업들 중 이러한 과업을 가장 성공적으로 관리한 기업들로부터 교훈을 얻어, 다차원적인 조직에 내재하는 갈등을 어떻게 관리해야 하는지에 대한 지침을 제공할 것이다.

조직적 편향의 극복

다수의 기업에서 지배적인 경영진들의 뿌리 깊은 권력은 초국적인 전략적 역량의 개발에 방해가 된다. 예컨대, ITT의 통신사업부문은 반세기 동안 현지국의 정치적 요구에 성공적으로 대응해 왔던 현지자회사들의 조직적 지배력을 약화시킬 수가 없었다. 카오도 마찬가지로 엄청나게 성공적인 기술, 제조 및 마케팅혁신의 원천이 되어 온 기능별 경영진들의 막대한 권력을 줄이고자 했으나 힘의 균형을 맞추는 것에 실패하고 말았다. 이러한 기업들의 경험은 조직적 편향의 극복에서 가장 중요한 세 가지 도전과제인 전략적, 조직적 그리고 대인관계적 특성들을 보여준다.

전략적 장애물

경영의 관점과 역량을 바꾸려는 시도는 아마도 기업의 성공에 영향을 미쳤던 핵심세력의 권한을 위협하는 것으로 인식될 것이다. 핵심세력에 속하는 경영자들은 자신들의 의사결정권한이나 자원의 지원을 줄이는 것을 기업이 보유한 차별적인 전략적 역량에 대한 직접적인 공격으로 간주한다.[01]

세계대전이 끝난 후, 카오는 기술개발(주로 집중적인 해외 라이선싱 프로그램을 통한), 마케팅 역량개발(우러러보던 경쟁자인 P&G를 모방하는 방식으로), 그리고 가장 최근에는 생산효율성의 개선을 최우선과제로 삼았다. 카오가 일본에서 가장 혁신적으로 브랜드 포장제품들을 개발하고 마케팅할 수 있는 기업이 되자, 카오 본사 내 기능별 부서의 규모, 정교함, 그리고 권력도 역시 증대되었다.

카오가 새로운 혁신적 제품들을 개발하고, 그 제품들을 매우 경쟁이 치열한 일본시장에서 판매하는 데 성공하자, 기술 및 마케팅부문이 카오 경영진의 자리를 독점하기 시작했고, 최고경영진의 대부분은 이들 부문 출신들이 차지했다. 반면 해외사업부문은 부차적인 역할만을 담당하였고, 해외근무지는 선망의 대상이 아니었다.

1972년 P&G가 일본시장에 진출하자 혁신적인 신제품을 개발하고 이를 공격적으로 마케팅하고자 했던 카오의 열망은 재점화되었고, 기업 내 기술 및 마케팅부문의 입지는 더욱 공고해졌다. P&G의 일본 진출에도 불구하고 카오는 세제 및 퍼스널 케어 제품군에서 성공적으로 시장을 지켜냈으며, 일회용 기저귀와 같은 새로운 제품군에서는 P&G와 정면 승부를 벌였다. 1980년대 중반까지 카오는 매출의 약 5%를 연구개발에 투자했는데, 이는 경쟁사의 2~4배 수준이었다. 또한 카오는 직원의 20% 이상을 R&D 부문에 투입하였다.

카오의 해외자회사를 담당하는 경영자들은 제품개발, 마케팅 및 생산에 대한 지원을 받기 위해 점점 더 본사의 기능별 부서에 의존하기 시작했다. 해외자회사들은 단순히 본사에서 개발된 제품을 판매하고 본사가 수립한 전략을 실행하는 역할만을 맡게 되었다.

1980년 초반, 카오의 최고경영진은 강력한 국제경영 지향성을 보유한 경영진의 부족으로 인해 기업이 일본 외 해외시장에서 잠재성을 제대로 실현하지 못한다는 점을 깨닫고, 자국에 편중된 기업의 균형을 맞추기 위해 현지화 프로그램을 시작했다. 카오는 1983년에 싱가포르, 뉴욕, 뒤셀도르프에 지역 본사를 세웠다. 그리고 이와 동시에 카오는 해외자회사 인적자원들의 기술과 조직 내 지위를 향상시키고, 본사 경영자들의 국제화 시각을 키우기 위해 전사적 수준의 개발 프로그램을 시행했다.

그러나 이런 변화의 효과는 제한적이었다. 그러나 카오의 지배적 세력이었던 본사의 기능별 부서들은 전사적으로 추진하는 새로운 국제화 추진 전략을 단순히 경쟁전략, 제품기술 그리고 브랜드의 글로벌화에 대한 대응의 일환으로 해석했다. 그리고 그들은 현지화 프로그램을 자신들이 해외자회사에 더 직접적이고 집중적으로 관여해야 한다는 의미로 이해했다. 그 결과 새로 설치된 지역 본사들은 의사소통 채널이자 해당 권역의 조직 운영을 감독하는 기관으로서의 역할을 신속하게 채택한 반면, 해외자회사의 경영자들은 본사 기능별 부서의 간섭으로 인해 계속해서 전략 및 지원에 대해 본사와 직접 소통해야만 했다. 1980년대 말에도 카오 본사의 기능별 부서들은 조직 내에서 여전히 독점적인 지위를 점유하고 있었고 카오의 해외 확장수준은 기대 이하에 머물러 있었다.

ITT의 통신사업부문 역시 비슷한 문제를 겪었다. ITT가 국영 우편 및 전신서비스에 대한 장비 공급을 성공적으로 이끌 수 있었던 결정적인 요인은 바로 전국적 시스템 하우스National Systems Houses를 현지국 환경에 잘 통합할 수 있게 하는 능력을 ITT가 보유하고 있었기 때문이다. 그 결과 ITT의 지역담당 경영자들은 엄청난 독립성을 누릴 수 있었는데, 심지어는 CEO인 해럴드 제닌Harold Geneen이 직접 도입한 엄격한 시스템하에서도 지역담당 경영자들은 독립성을 유지할 수 있었다.

전자교환기술 및 시그널의 디지털화라는 트렌드가 등장하자 본사 내에 상대적으로 소규모였던 기술부문의 책임자는 1977년 선진기술센터Advanced Technical Center를 설립하여, 차세대 디지털 전자교환기의 개발을 시작했다. 이 개발 프로젝트는 2년 만에 유럽의 여러 ITT 시스템 하우스들의 관심을 끌기에 충분한 진전을 이뤄낼 수 있었다. 역사적으로 ITT의 기술역량은 해외자회사에 집중되어 있기 때문에, 200여 명의 엔지니어로 구성된 유럽팀이 프로젝트에 참여하기 위해 본사로 왔다. 이것이 바로 시스템 12System 12로 알려진 프로젝트의 시작이었다.

디지털 교환기에 대한 관심이 늘어나면서 큰 권한을 가진 해외자회사 경영자들은 최고경영진에게 "개발의 권한을 본사의 이론중심 연구자들이 아닌 시장에 가까운 실용적인 엔지니어들에게 되돌려줄 것"을 요구했다. 그러나 최고기술책임자CTO는 표준화된 ITT 교환기를 개발하기 위해서는 프로젝트가 전사적 수준으로 진행되어야 한다고 반박했다.

최고경영진은 벨기에에 국제통신센터International Telecommunications Center를 설립하고 시스템 12System 12의 개발에 대한 전반적인 책임을 부여함으로써 전사적 수준의 기술역량을 개발하고자 노력했다. 국제통신센터의 역할은 시스템 하우스 간 활동을 연계하고, 유럽과 미국 간의 개발활동을 조율하는 것이었으나(미국의 선진기술센터 역시 국제통신센터에 소속됨), 안타깝게도 국제통신센터는 이를 수행할 충분한 내부자원을 보유하지 못했으며, 얼마 지나지 않아 국제통신센터가 실제 개발 작업을 진행하기 위해서는 현지의 시스템 하우스에 설치된 R&D부문에 의존할 수밖에 없음이 드러나고 말았다.

각국 통신시장에서의 압력이 증가하자 자회사 총괄 경영자의 권한이 강화되었고, 균형추를 맞추기 위해 구축하려 했던 통합기술부문의 개발은 실패하였다. 우선 영국과 오스트리아의 자회사들은 개발 중인 교환기의 사양이 현지국정부가 요구하는 통신규격과 호환되지 않는다는 사유를 들며 시스템 12System 12 프로젝트에 참여하는 것을 거부했다. 그리고 1982년 프랑스에 들어선 사회주의정부는 ITT의 프랑스 자회사를 국영화했다. 프로젝트에 남은 시스템 하우스들 중 기술적으로 가장 뛰어난 역량을 지닌 벨기에와 독일의 자회사들도 기업의 최우선적인 개발 우선순위가 소비자들에 있음을 현지시장의 소비자들에게 약속하기 시작했다. 이탈리아와 스페인 자회사 경영진의 지지를 받고, 강력한 기술적 역량을 지닌 벨기에와 독일의 자회사들은 본사의 최고경영진에게 압력을 넣어, ITT의 사업들이 성장한 배경인 탄탄한 현지자회사들의 정치적 관계들이 훼손되기 전에 기술개발의 책임을 자회사들에게 돌려줄 것을 요구했다.

결국 1982년 한 회의에서 일이 벌어졌다. 주요한 시스템 하우스의 책임자들 몇몇이 시스템 12의 개발 책임을 할당하고 필요한 사양을 통제하는 국제통신센터 책임자의 권한에 도전한 것이다. ITT 유럽지역의 총책임자도 각 해외자회사들을 지지하며, ITT가 견고한 본사-자회사관계를 보호하는 것이 매우 중요하다고 강조했다. 결국 시스템 하우스들이 각자의 디지털 교환기를 개발하는 것이 허용되었고, 국제통신센터의 공식적인 권한을 빼앗아 갔다. 이로써 ITT는 해외자회사 경영자들이 의사결정에 지배적인 영향력을 행사하는 조직으로 남게 되었다.

이러한 예시에서 볼 수 있듯이 수십 년에 걸쳐 전략적 정당성을 구축한 경영진의 관점과 조직적 역량의 편향을 깨는 것은 결코 쉬운 일이 아니다.

경영진의 관점과 조직적 역량을 다양화하기 위한 노력은 오히려 조직 내 대인관계의 경색과 부서 간 영역 싸움을 초래함으로써 조직에 부정적인 영향을 미칠 수 있다.

이러한 문제를 해결하기 위해 경영진은 두 가지 과업을 달성해야 하며, 이 부분에 대해서는 본 장의 뒷부분에서 자세히 다룰 것이다. 첫째는 기업의 경쟁적 역량의 기반을 확대할 필요가 있다는 점에 대해서 조직의 내부적인 이해를 구해야 한다는 것이다. 여기서 기업의 경쟁적 역량의 기반은 글로벌 차원에서의 경쟁력, 다국적 유연성 그리고 전 세계적인 학습의 혜택을 동시에 달성할 수 있게 하는 역량을 말한다.

경영진의 두 번째 과업은 조직개발이 제로섬 게임일 필요는 없다는 점을 인지하는 것이다. 기업은 기존의 기술 및 지식 기반을 보유하고 있는 개인 및 부서의 희생이나 손상 없이 새로운 경영진의 관점과 역량을 개발하는 것이 가능하며, 심지어 이것이 꼭 필요하다는 것을 유념해야 한다.

조직적 장애물

역사적으로 조직을 장악하고 있는 강력한 경영진집단(예컨대, 카오의 기능별 부서 및 ITT의 지역별 자회사 경영자들)이 일선 라인의 책임line responsibility을 지고 있다는 점은 균형 잡힌 경영진의 관점 및 조직적 역량을 개발하는 데 커다란 장애물이었다. 게다가 조직의 공식적인 시스템은 일선 라인조직의 니즈를 충족시키는 형태로 구조화되어 있다. 따라서 새롭게 생겨난 관리부문이 적절한 분석을 수행하거나 기획 혹은 핵심 프로세스에 영향력을 행사하기 위해 필요한 정보에 접근하는 것은 어려울 수밖에 없었다.[02]

카오의 경우 1970년대 말 중기기획시스템medium-term planning system이 도입되면서 본사의 기능별 부서가 지닌 영향력은 더욱 강화되었다. 해외자회사는 3년간의 계획을 준비해야 했으며, 일본에서 열리는 연간 기획회의에서 본사의 기능별 경영자들에게 이 계획을 검토받아야 했다. 또한 1980년대 초 "모든 경영활동에서 수집되는 다양하고 복잡한 정보를 중앙에 집중시키고 빠르게 분석"하기 위해 설계된 정교한 온라인정보시스템이 기획시스템에 추가되었으며, 이를 바탕으로 본사 기능별 부서의 권한은 더욱 강화되었다. 새로운 컴퓨터 기반 보고 및 통제시스템은 본사의 경영자들을 자회사의 데이터시스템에 직접적으로 연결시켰고, 이를 통해 본사의 지배력은 더욱 제도화되었다.

최고경영진이 지역 본사를 설치하여 지역적 역량을 더욱 강화하고자 했을 때, 새로 설립된 지역 본사의 경영진들은 본사와 자회사 경영자들 사이에 이미 끈끈하게 구축된 전략적 관계 사이를 비집고 들어가는 것이 어렵다는 사실을 깨닫게 되었다. 때문에 결국 지역 본사는 전략적 역할이 아닌 운영적인 역할에만 안주하게 되었다. 하지만 이런 경우에도 지역 본사의 효과성은 제한되었다. 재무 및 운영 데이터가 지역 위주가 아닌 기능 혹은 과업을 기반으로 통합되어 본사에 실시간, 온라인으로 제공되기 때문이다. 이러한 데이터의 가용성으로 인해 본사의 마케팅, 기술 및 제조부문의 경영자들은 자회사의 보고에 운영상 문제나 중대한 하자가 확인되는 경우, 지역 본사를 거치지 않고 직접 해당 자회사와 소통할 수 있었다.

ITT 역시 전 세계적으로 통합된 기술적 역량을 구축하는 데 있어 조직적인 장애를 경험했다. 우리가 연구한 그 어떤 기업들보다 ITT가 지닌 공식적인 라인의 권한 및 책임은 그 누구도 침범할 수 없는 절대적인 영역으로 여겨졌다. 제품개발권한을 자회사들에게 돌려 달라는 자회사 경영자들의 호소가 성공한 것은 현지시장에서 시스템 12가 성공하기 위한 최종적인 책임이 자회사에 있다는 점을 강조했기 때문이다.

ITT의 최고기술경영자들 중 한 경영자는 ITT의 유명한 시스템들은 정보 혹은 의사결정을 중앙화하기 위해 설계된 것이 아니라 일선 라인 경영자들의 계획과 목표를 명확히 하고, 계획 대비 실적을 측정하며, 경영자들의 책임 소재를 명확화하기 위해 설계된 것이라고 설명했다. 그는 시스템 12의 개발과정에서 국제기술센터International Technology Center가 통제권을 빼앗긴 사건에 대해 다음과 같이 설명했다.

> 비록 국제기술센터ITC에 시스템 12의 개발업무가 배정되긴 했지만, 우리는 결코 충분한 경영진의 지지를 얻지 못했습니다. 여러 시스템 하우스들은 기술적 자산과 자원의 대부분을 통제했을 뿐만 아니라, 운영실적에 대해 책임을 지는 등 조직적인 이점도 있었습니다. 이것은 시스템 하우스들이 최고경영진에게 우리와 관련하여 발생된 문제 혹은 갈등에 대한 해결책을 요청할 때마다 결론은 이미 정해져 있다는 것을 의미합니다. 즉 자회사조직이 결과에 대한 책임을 지므로 최종 의사결정권도 자회사조직이 가진다는 것이죠.

조직적 장애물을 극복하는 것은 전략적 편향을 극복하는 것만큼이나 어렵다. 따라서 공식적인 구조에 도전하고 공식적인 시스템을 조정하는 것이 경영진에게 주어진 핵심과제이다. 공식적인 구조에 도전하기 위해서 경영진은 새로 설립된 관리부문의 권한과 영향력을 강화함으로써 기존에 조직을 장악하고 있는 공식적인 라인 경영자들이 행사하는 거부권에 추진력을 잃지 않도록 해야 한다. 또 공식적인 시스템을 수정하기 위해서 경영진은 새로 부상하는 관점과 역량이 정보와 의사소통 채널에 접근할 수 있게 할 뿐만 아니라 관련된 의사결정 포럼에서 정당성을 확보할 수 있도록 해주어야 한다. 이 부분 역시 본 장의 뒷부분에서 보다 상세히 설명할 것이다.

문화적 장애물

우리가 연구한 여러 기업들에서 가장 바꾸기 어려웠던 부분은 바로 문화적인 측면이었다. 조직적 다양성의 정당화에 성공한 카오, ITT, 그리고 기타 기업들에서 지배적인 경영진집단의 견고한 지위는 조직의 진리organizational verities로써 제도화된 기업의 규범norms 또는 신념beliefs으로 더욱 공고해졌다. P&G에서 신제품 출시 전에 시행했던 철저한 제품 및 시장 테스트의 신성함은 마케팅 경영자들의 강력한 권한과 영향력을 보호하고 강화시켜 주었다. 마찬가지로 유니레버에 깊숙이 각인된 믿음인 자회사로 최대한의 권한을 위임하는 것은 자회사 경영자들의 지배적인 역할을 유지시켜 주었다. 하지만 그에 반해 유니레버의 제품조정부문은 기업수준에서 자신들의 입지를 확립하기 위해 고군분투하도록 만들었다.[03]

많은 기업에서 이미 뿌리 깊게 자리 잡은 경영진들의 사고방식과 비공식적인 관계들은 새로운 조직적 관점과 역량의 개발을 가로막는 커다란 장애물이 되었다. 특히 최고경영진은 관리적 유산의 산물인 경우가 많기 때문에, 이들은 종종 관리적 유산에 사로잡히게 된다. 변화하는 환경적 요구와 새로운 경쟁의 현실에 직면하게 될 때, 최고경영진들이 지닌 경험적 편향은 기업이 처한 문제를 인지하고 부적합한 전략을 극복하는 조직의 능력을 제한할 수도 있다.

카오에서 지배적인 지위를 차지하는 기술 및 마케팅부문은 기술을 '기업의 진정한 원천'으로 묘사하며 공표한 기업의 신조credo를 통해 더욱 제도화되었다. 카오의 기업철학은 '세계 최고수준의 독창적 기술개발을 위해 최선'을 다하는 것으로, 기업이 이뤄낸 혁신의 산물을 고객에게 전달하기 위한 필수기능으로 마케팅을 선정했으며, '마케팅기술의 완벽화'를 위해 노력했다.

기술 및 마케팅부문이 지닌 지배적인 지위는 해당 부문 출신의 직원들이 승승장구함으로써 더욱 지속될 수 있었다. 카오의 회장을 비롯한 다수의 최고경영진들은 조직과 많은 제품의 개발 여정을 함께 하면서 성장해 나갔다. 이러한 성장 패턴은 조직 내에서 성공하기 위해서 필요한 자격을 명확하게 보여주었고, 비슷한 배경을 지닌 직원들의 비공식적인 영향력을 강화하는 경향이 있었다. 시니어 경영자들이 프로젝트를 함께 진행하며 직원들과 형성한 관계들은 종종 오래 지속되며, 직원들이 조직 내에서 승진할 때 그러한 의사결정에 영향을 미쳤다.

경영상의 다양성 및 조직적 다차원성에 대한 이러한 인력 및 문화 관련 장애물을 극복하기 위해서는 몇몇 과업을 수행해야 한다. 가장 시간이 많이 걸리는 첫 번째 과업은 서로 상이하지만 정당한 관점의 개발을 가로막는 규범을 바꾸는 것이다. P&G는 제품 출시 전 진행하는 철저한 시장별 테스트가 제품의 시의적절한 출시를 가로막는다는 것을 깨닫고, 신제품 출시에 걸리는 시간을 의미하는 '타임 투 마켓time-to-market' 접근법을 강조하기 시작했다. 새로운 접근법은 P&G에 뿌리 깊게 각인되어 있던 광범위한 제품 및 시장 테스트라는 마케팅 원칙을 유연화했다. 유니레버 역시 권한의 위임이라는 거의 종교적 맹신에 가까운 철학에서 물러나, 이제는 보다 명확하게 정의된 폭넓은 글로벌정책과 전략 내에서 해외자회사에 책임을 부여하려는 노력을 하고 있다. 카오는 본사 경영진들을 대상으로 국제적 역량 구축의 중요성을 설명하고 해외자회사가 본사의 부속품에 지나지 않는다는 편견을 깨뜨리기 위한 공식적인 교육과정을 만들었다.

이러한 변화를 불러오기 위해서는 최고경영진의 태도가 매우 중요하다. 우리는 기업의 관리적 유산을 골칫거리에서 귀중한 자산으로 변화시킨 경영자들을 만날 수 있었다. 이들 경영자들은 기업의 역사적 강점과 가치를 잘 이해하고 있었기 때문에 변화를 제안할 수 있는 신임을 얻고 있었고, 기업의 관리적 유산을 보호하는 방향으로 변화를 시행할 수 있는 민감성도 있었다. 그러나 지도 세력의 강한 반발이 있을 수 있다. 견고하게 구축된 사내 권력집단, 그리고 기업조직에 깊게 스며든 가치에 도전을 제기하는 새로운 조직적 관점을 개발하기 위해서는 힘과 지속적인 노력이 필요하다. 또한 어떤 경우에는 기업의 최고경영진을 교체함으로써 변화에 대한 기업의 각오를 강조하는 것이 필요할 때도 있다.

새로운 경영 관점 및 역량의 구축

기존 조직에 새로운 구조를 도입하려는 시도에는 항상 위험이 따른다. 구조적 변화가 부적절하게 사용될 경우, 이는 기존의 조직적 프로세스와 경영자들의 동기부여에 부정적인 영향을 미칠 수 있다.

조직 다양성을 구축하는 작업에는 기업이 지닌 기존의 지식 기반과 역량을 보호하는 동시에 새로운 경영 관점 및 역량을 쌓아야 한다는 어려움이 따른다. 우리가 연구한 기업들 중 이와 같은 조직적 변화 프로세스를 성공적으로 수행한 최고의 예시는 바로 P&G에서 찾을 수 있다. P&G는 그러한 변화 프로세스를 차근차근 논리적인 순서에 따라 점진적으로 진행해야 한다는 점을 이해하고 있었다. 그 첫 번째 단계는 조직 내 새롭게 부상하는 신흥집단에게 정당성legitimacy을 부여하는 것이며, 그 다음 단계는 기업의 정보자원과 의사소통 채널에 접근access하고, 마지막 단계로 조직의 핵심의사결정 프로세스에 영향력influence을 미칠 수 있어야 한다.

1970년대 중반까지의 P&G: 일차원적 편향

1950년대까지만 하더라도 P&G의 조직은 마케팅부서에 의해 주도되는 단순한 기능별 구조를 채택하고 있었으며, 미국시장에서 비누와 세제의 판매에 초점을 맞추고 있었다. P&G의 해외사업부문은 전체 조직 중 극히 작은 일부에 지나지 않았으며, 캐나다와 영국에 집중되어 있었다. 그러나 이후 수십 년간, 점점 더 복잡해지는 경영환경과 제품 및 지리적 다각화전략으로 인해 P&G는 조직을 대폭 변경해야 했다.

1955년 P&G는 국내조직domestic organization을 사업부별로 구성하였는데, 이 사업부구조는 3개의 운영부문, 즉 세제, 퍼스널제품, 식품부문으로 구성되었으며, 여전히 마케팅의 권한이 독보적이었다. 그리고 1950년대 말에서 1960년대 초반, P&G가 해외로 진출하기 시작하면서, 세계 곳곳의 지리적 시장을 중심으로 해외자회사를 설립하고 기업조직 내에서 해외자회사를 지배적인 조직으로 성장시켰다.

P&G의 해외진출은 뛰어난 기술력, 혁신적인 제품개발역량, 그리고 세계적으로 유명한 마케팅 전문성 등의 세 가지 핵심적인 기업의 자산을 기반으로 이루어졌다. 그러나 경영진은 각 국가의 소비자 취향과 습관은 서로 매우 상이하며, 미국에서 개발된 제품과 전략을 그대로 해외자회사에 적용하는 것은 실수라는 점을 깨닫게 되었다. 이로 인해 자회사의 총괄 경영자는 점차 현지소비자들의 니즈에 가장 적합한 제품을 개발, 수정 및 홍보할 수 있는 자율성을 점진적으로 확보할 수 있게 되었다.

자회사 경영자들이 현지자회사 운영에 대한 최종적인 책임을 가지긴 했으나, 엄격한 중앙관리시스템이 예산 대비 성과를 모니터링했고, 주요한 투자결정은 최고경영진에 의해 신중하게 검토되었다. 게다가 P&G 문화의 영향력이 곳곳에 스며들어 강력한 힘을 발휘했다. 제품시장전략은 국가마다 매우 상이했으나, 자회사의 업무방식은 큰 차이가 없었다. 전 세계적으로 P&G의 자회사는 본사의 축소판과 같은 행태를 보였는데, 이는 미국 본사의 경험과 동일하게 자회사조직이 브랜드관리 및 광범위한 시장조사 그리고 끝없는 제품 테스트 등과 같은 정책과 관행이라는 토대를 기반으로 운영되었기 때문이다. 그러나 자회사의 총괄 경영자들은 '프록터방식Procter way'이라는 프레임 내에서 상당한 자율성과 자회사의 현지전략에 대한 통제권을 가졌다.

P&G 본사의 기능별 조직은 지리적인 측면에서 지배적인 해외자회사에 간접적인 영향력을 행사할 수는 있었으나, 국경을 넘는 제품 혹은 사업을 통합할 강력한 세력은 존재하지 않았다. 신시내티에 위치한 P&G 본사에는 회장, 그리고 회계 및 인사부문 경영자들로 구성된 해외사업부가 있었고, 브뤼셀의 지역사무소regional office에는 소규모 그룹의 직원들이 정보를

취합하고 유럽 내 자회사들에게 지원서비스를 제공했다. 즉 1970년대 중반까지는 자회사 경영자들이 P&G의 국제경영활동을 지배하는 중심축이었던 것이다.

그러나 이 모든 것이 1973년과 1979년의 유류 파동oil shocks으로 바뀌기 시작했다. 원자재의 가격과 소비자들의 지출에 영향을 미치는 두 차례의 유류 파동으로 인해 소비자 화학산업consumer chemicals industry 내의 대부분의 기업들은 그들의 전략적 접근법과 조직에 대한 생각을 대폭 변경해야 했다. 1970년대 말이 되자 P&G는 해외, 특히 유럽시장에서 극심한 경쟁과 시장 포화라는 어려움에 직면하였고, 수익성은 우려할 만한 수준으로 떨어졌다.

그러나 ITT 및 카오와 마찬가지로 P&G 역시 문제를 해결하려는 시도가 조직적 편향에 의해 제약을 받는다는 것을 깨닫게 되었다.

매출보다 더 빠른 속도로 지출이 늘어나면서 P&G는 더 이상 해외자회사가 각 시장의 이익과 관점에 따라 제품을 개발하도록 허용할 수가 없었다. 각 시장 간 조율의 부재로 인한 비효율성은 명백했고, 자회사 간 업무의 중복과 이중 노력은 심각한 수준이었다. 게다가 해외자회사의 자율성은 본사의 경쟁력을 취약하게 만드는 면도 있었다. 각 자회사는 해당 시장에 출시할 제품, 출시 시기, 마케팅방법 등을 결정할 수 있었다. 이로 인해 P&G의 경쟁사들은 특정 시장에서 성공이 증명된 P&G 제품과 마케팅 프로그램을 모방하고, 전략적 대응이 느린 P&G의 자회사가 있는 국가에서 유사한 제품을 출시해 그 시장에서 P&G를 물리치기도 했다. 기업의 성장이 둔화되고 경쟁이 심화되자 각 자회사 간 제품전략을 조정해야 할 필요성은 점점 더 시급한 문제가 되었다.

정당성의 확립

치열해지는 경쟁, 성숙해 가는 시장, 증가하는 비용 및 줄어드는 수익 등을 고려할 때, 지역 경영자들의 견해가 다른 경영적 관점으로 보완될 필요가 있음은 명확해 보였다. 특히 자회사들은 더 많은 신제품과 더 효율적인 R&D자원의 사용을 보장하는, 한층 더 통합된 기술전략을 더 이상 막을 수가 없었다. 그들은 또한 국경을 초월하는 제품전략을 조정하기 위한 보다 더 효과적인 수단의 개발을 저지할 수 없었다. 문제는 이렇게 대단히 기업가적이고 혁신적인 자회사들의 대응력과 사기를 훼손하지 않으면서 어떻게 기능부서와 제품부서의 생존능력을 강화할 것인가였다.

P&G를 비롯해 우리가 연구한 다른 여러 기업들이 새로운 경영방식의 영향력을 구축하기 위해 첫 번째로 실시한 것은 바로 정당성legitimacy과 신뢰성credibility을 확보하는 일이었다. 정당성과 신뢰성을 확보하기 위해 기업들은 저마다의 다양한 접근방식을 취하기는 했지만, 우리는 다음과 같은 두 가지 중요한 공통점을 발견하였다.

첫째, 기업들은 새로운 경영진의 견해와 활동에 대한 표면 타당성face validity을 확보하기 위해 신생조직으로 기존의 인력을 이동시키는 인력 배치를 활용했다. 기존 경영자들은 이미 탄탄한 지위와 신뢰를 확보하고 있었고, 조직 내 다른 부문의 경영자들과도 그 관계가 명확히 규정되어 있었기 때문에, 신생조직의 정당성을 강화하기 위해서는 그러한 경영자의 투입이 필요해 보였다. 가장 일반적인 관행은 지배적인 집단의 상위 경영자들을 새로운 팀으로 이동시켜, 새 팀의 정당성을 강화하고 기존에 몸담았던 지배적 집단의 인맥과 관계를 활용하도록 하는 것이었다.

기업에서 신생조직을 빠르게 수용하고, 신생조직의 정당성을 신속하게 구축하기 위해서 공통적으로 쓰인 두 번째 방법은 신생조직의 활동을 지배적인 집단의 이해관계와 필요에 일치시키는 것이었다. 대개 신생집단은 기존의 지배적 집단이 제시하지 않는 경영의 관점을 대변했기 때문에, 이것은 한층 더 어려운 과제였다. 그럼에도 불구하고 일부 기업들은 신생조직의 경영진을 기존조직의 이익에 맞서는 적대적인 역할이 아닌, 지지적인 역할로 자리매김할 수 있게 했다. 이 같은 방법으로 P&G는 유럽본부 European Headquarters, ETC의 기술적 기능에 대한 정당성과 신뢰성을 구축하였다.

신제품개발에 있어서 기술 주도적 접근법을 취한 유럽본부ETC는 오랫동안 자회사 경영자들로부터 그들이 자금을 조달해 주어야만 하는 비싸고 부담스러운 조직으로 취급받았다. 비록 유럽본부의 개발설비가 기업 전체 R&D활동의 4분의 1을 차지하고 있었음에도 불구하고, 1977년까지 5년이 넘는 기간 동안 유럽본부는 이렇다 할 신제품혁신을 이루어내지 못하고 있었다. 경제위기가 심화됨에 따라 P&G는 유럽본부의 연구시설을 폐쇄하고, 미국으로 기초 연구 작업을 다시 가져오며, 기술개발 및 적용에 대한 자회사의 역할을 다른 영역으로까지 확대하라는 종용을 받게 된다. 그러나 P&G의 고위 경영진들은 그러한 의견에 따르지 않았으며, 오히려 유럽본부의 R&D기능을 강화하고 유럽본부에게 유럽지역 내 제품개발에 대한 보다 명확한 리더십 역할을 부여했다.

P&G는 와히브 자키Wahib Zaki를 유럽 R&D 책임자로 임명하였다. 그는 P&G에서 15년 재직했고, R&D부문에서 빠르게 승진했으며, 기업 내 부사장급 임원이었기 때문에 신속히 유럽본부로 이동할 수 있었다. 연구부문의 역량을 개발하기 위해(또한 모회사와 자회사들 사이의 관계를 개선하기 위해) 자키는 미국과 여러 자회사들의 최고 기술인력들을 설득하여 유럽본부로 이동시켰다. 그 후 자키는 유럽본부 직원들을 잘 보살폈을 뿐만 아니라 제품 지향적인 유럽본부의 개발조직을 시장과 더욱 가깝게 연계시키기 위해서 제품라인별로 조직을 재구성하였다.

자키는 이제 제품라인의 합리화 및 개발활동의 통합을 위해 이른바 '유럽화Europeanization' 프로그램을 시작할 준비가 되어 있었다. 그는 유로팀Euro Teams(우리가 앞서 언급한 바 있는 유로브랜드팀Euro Brand Team의 모델이자 선구자 격)을 설립하였는데, 이 팀은 특정한 제품 카테고리 내의 모든 기존 제품들과 기술들을 검토하여 P&G의 제품라인들을 어떻게 개선할지를 결정하고 비용절감을 달성하는 임무를 지닌 기술 기반의 그룹이었다. 지정된 선진국에서 유로팀의 아이디어가 테스트되었고 현장의 성과와 고객의 반응이 다시 팀으로 보고되었다.

이후 수년간 자키와 그의 조직은 중요한 제품의 개선을 끌어내는 일련의 개발을 수행함으로써 그 가치를 입증했으며, 이를 바탕으로 P&G의 제품라인을 보다 효율적이고 합리적으로 변모시켰다. 유럽지역에서 P&G의 주력 세제제품이었던 아리엘Ariel을 위해 개발된 새로운 성분을 도입하였을 때, 자회사들은 이 제품의 가격을 인상하고도, 모든 시장에서 가장 높은 점유율을 계속 유지할 수 있었다. 또 다른 세제인 대시 III Dash III, 액상식기세척제 페어리Fairy, 섬유유연제 레노어Lenor, 화장실 비누 카메이Camay를 비롯해 유로팀이 작업한 여러 다른 제품들 역시 유사한 성공 사례로 보고되었다. 이러한 성공 사례들을 통해 유럽화 프로그램은 신뢰성을 확보할 수 있게 되었고, P&G는 이제 그동안 조직 내에서 지배적이었던 지역중심적인 관점을 상쇄할 수 있는 기술기반의 기능적 경영역량을 갖출 수 있게 되었다.

접근성의 제공

그 다음 단계는 새로운 관점과 역량을 갖춘 경영자들을 기업의 목표, 관심사, 그리고 우선순위에 적절하게 연관시키는 것이었다. 이 단계를 성공적으로 마무리한 기업들에서, 새로운 그룹은 기업의 정보시스템에 연결될 수 있을 뿐만 아니라, 그러한 시스템 또한 새로운 그룹의 특정한 데이터 니즈를 충족시킬 수 있었다. 더 나아가 이 기업들은 커뮤니케이션을 위한 새로운 채널과 포럼을 구축하여 새 그룹과 기존 그룹 간 연계를 형성하고 정보 공유 및 공동의 의사결정을 독려하였다. P&G는 유럽에 제품관리기능부서를 만들 당시 이러한 과업들을 잘 처리했다.

기술그룹과 마찬가지로 제품관리기능부서 역시 지역중심적인 경영자들의 지배적인 영향력을 상쇄하기 위해 만들어진 조직이었다. 제품관리기능이 국경을 넘어 전 세계적인 관점에서 통합적으로 조정되지 않았기 때문에 P&G는 경쟁사들과의 경쟁에서 소중한 기회를 잃고 말았다. 한 예로 P&G는 10여 년 전에 독일시장에서 먼저 출시했었던 팸퍼스Pampers 브랜드를 가지고 프랑스시장에 진입하여 시장을 선점하였는데, 콜게이트Colgate는 그러한 팸퍼스의 시장지위를 무너뜨리는 일회용 기저귀를 출시했다.

P&G가 유럽 제품관리역량을 구축하기 위해 수행한 최초의 시도에는 자회사들을 아우르며 일회용 기저귀제품의 전략을 조정할 수 있는 유럽 팸퍼스 담당 책임자European Pampers czar의 자리를 새롭게 만드는 것을 포함하고 있었다. 그러나 이 새로운 보직에 대한 정당성 및 신뢰성이 부족했고, 이 자리에 임명된 경영자는 필요한 시장정보에 대해 제한적인 접근권만을 가지고 있었기 때문에 P&G의 이러한 실험은 실패하고 만다.

유럽팀 기술부문의 성공에 감명을 받은 P&G 유럽 최고경영진은 유럽 내 사업에 대한 통합된 관점을 개발하기로 결정했다. 최고경영진은 이 과업을 위해 자회사 직원을 업무에 동참시키고 새로운 조직을 자회사들의 이해와 일치시킴으로써, 유럽 내 사업에 대한 통합적 접근법의 정당성과 신뢰성을 구축할 수 있었다. 선택된 선진국가의 제품부문 경영자는 유럽 내 현지자회사들을 넘나드는 조정된 제품전략을 개발하고 제안할 수 있었다. 이러한 재정비는 유로브랜드 아이디어Euro Brand idea의 탄생으로 이어져, 각 주요한 브랜드마다 유로브랜드팀이 만들어졌다. 그러나 이러한 팀들은 조직 내 주류를 이루는 경영 프로세스에 접근하기 전까지는 그 효과를 제대로 발휘하지 못했다.

전형적인 유로브랜드팀에는 해외자회사 출신의 브랜드 및 광고 담당자, 본사의 주요 기능별 담당자(마케팅, 생산, 개발, 물류 등)들이 포함되며, 해당 브랜드의 선두국가로 지명된 자회사의 대표(일반적으로 해당 제품에 대해 가장 좋은 실적을 거두었거나 혹은 가장 열정적인 자회사의 대표)는 총괄경영자로서 팀을 이끄는 경우가 많았다. 이렇게 함으로써 P&G는 국경을 초월해 가장 좋은 아이디어들과 최고의 에너지를 활용할 수 있었고 다른 자회사들 사이에서도 정당성을 가지고 강력한 제품 챔피언product champion을 탄생시킬 수 있었다.

제5장에서도 이미 언급한 바와 같이 유로브랜드팀은 경영자들이 표준화된 포장규격, 일관된 브랜드 포지셔닝, 그리고 공통의 광고주제 등에 대해서 건설적으로 토의할 수 있는 대화의 장forum을 제공하였다. 유로브랜드팀은 또한 제품의 출시시점 및 경쟁사의 위협에 대한 조정된 대응책의 개발 등과 같은 광범위한 경쟁전략의 이슈들도 논의했다.

그러나 진정으로 통합된 유럽 비즈니스 관점이 부상할 수 있다는 것을 분명히 하기 위해서 P&G는 새롭고 전문화된 정보 포럼 그 이상의 것이 필요했다. 또한 전통적으로 각 국가 자회사조직들이 거의 독점했던 기업의 정보 및 통제시스템 역시 수정해야 했으며, 유럽 전역의 각 사업에서 분석할 수 있도록 데이터를 통합해야 했다. 그 작업이 이루어진 후에야 유럽본부 전문가들의 지원을 받고 있던 유로브랜드팀은 제품의 변형 가짓수를 줄이고, 생산 거점을 통합하거나 포장 디자인을 통일해 얻어지는 비용절감을 분석할 수 있었다. 더군다나 정보시스템의 변화는 유럽 전역 경쟁사들의 주가 데이터를 보여줌으로써, 자회사 경영자들에게 경쟁사들이 점차 더 통합된 유럽전략을 추구하고 있다는 사실을 상기시켰다. 액상 세탁세제 '비지르Vizir'는 P&G가 만든 최초의 유로브랜드였다. 유로브랜드팀에서 주도적인 역할을 맡고 있었던 독일 제품부문은 조정된 제품의 출시를 담당했다. 국가 자회사들의 의견은 충분히 반영되었고, 일부 자회사들에게는 특별한 대우가 주어지기도 했다. 예를 들어, 영국에서는 저온도에서도 잘 풀리는 강력한 분말세제 아리엘Ariel의 출시가 최우선과제였다. 이 과정에서 거둔 중요한 성과는 유럽 전역에 걸쳐 적용되는 제품의 관점이 개별 국가 경영진의 견해를 무시하지 않고도 의사결정 프로세스에 통합되었다는 점이다.

영향력의 확보

아마도 가장 중요한 경영과제는 새로운 경영진이 의사결정에 영향력을 행사할 수 있게 조직적인 권한을 갖도록 하는 것이다. 앞서 살펴본 정당성의 확보 및 경영 프로세스에 대한 접근성만으로는 충분하지 않다. 중요한 의사결정에 영향을 미치기 위해서는 공식적인 조직적 권한이 아이디어를 뒷받침해야 한다.

우리가 연구한 기업들은 새롭게 조직된 그룹이 의사결정과정에서 적절한 영향력을 행사할 수 있도록 다양한 수단을 동원했다. 가장 중요하다고 여겨지는 두 가지 요소는 자원의 배분과 책임의 분산을 통해 새로운 그룹이 기존의 그룹들과 협상하는 데 권한을 부여하는 것이었다.

이러한 요소들은 유럽조직을 건설하면서 얻은 교훈을 모회사로 이전했던 P&G의 경험에서 찾아볼 수 있다. P&G의 최고경영진은 두 가지의 분명한 우선순위를 가지고 있었는데, 첫째는 기술 및 생산그룹의 영향력과 효율성을 높이는 것, 둘째는 국내 및 해외사업부문들을 통합하는 것이었다.

와히브 자키가 유럽본부에서 이뤄낸 성공에 감명을 받은 최고경영진은 1981년 그를 신시내티Cincinnati 본사로 다시 불러들인다. 그는 수석 부사장으로 임명되어 전사적으로 R&D부문을 업그레이드하고 통합하기 시작한다. 미국에서 그는 마케팅이 지배하는 운영사업부의 그늘 아래 R&D부문의 기능이 오랫동안 가려져 있었다는 것을 발견했다. 당시 각 사업부는 자체적으로 제품개발센터를 통제하고 있었고, 전사적인 R&D부서는 기업의 주된 영업활동으로부터 배제된 상태였다. 전사적인 R&D부서의 주요 역할은 새로운 기초기술을 개발하고 연구를 위한 기업의 기준과 정책을 관리하는 것이었다.

유럽에서 그랬던 것처럼 자키는 가장 먼저 국내사업부와 해외사업부로부터 신뢰성을 확보할 수 있는 중앙 R&D부서를 설립하는 데 초점을 맞췄다. 그는 명망 있는 네 명의 기술부문 경영자들을 부사장으로 임명하고, 그들 각각에게 패브릭 및 유리세정제, 종이제품류, 식음료, 그리고 건강 및 퍼스널 케어제품 등과 같이 각 운영사업부의 관심사와 역할에 부합하는 사업 영역의 R&D를 책임지도록 했다. 이와 같은 부사장들의 조직을 통해 중앙 R&D부서는 제품 및 지역별 라인 경영자들의 사업전략과 직접적으로 연계되는 기술을 개발할 수 있었다.

부사장들과 그 조직들이 P&G 내에서 정당성과 신뢰성을 확보해 나감에 따라, 이들은 전 세계에 걸쳐 기업이 보유한 기술정보의 중심축이 되었고 제품개발전략을 통합하는 역할을 맡게 되었다. 제품개발 프로세스의 핵심축으로서 R&D 부사장들은 기업활동의 상류부문인 과학 및 기술자원과 운영사업부의 응용제품 개발센터 사이에서 중개인의 역할을 수행하였고, 국내 R&D역량과 세계의 시장 트렌드 및 기술개발 사이에서도 중개 역할을 담당했다. 중개인으로서 R&D 부사장들은 국내 제품사업부 및 해외지역사업부들의 사업계획 프로세스에 중요한 기여를 하였다.

자키가 P&G의 CEO 존 스메일John Smale을 설득하여 기술부문 경영자들에게 기업의 제품개발 노력을 재활성화시키는 역할을 맡기도록 했을 때, 기술부문 경영자들은 P&G조직 내에서 실질적인 권한을 지닌 집단이 되었다. 이전까지 제품 혹은 지역별 라인 경영자들은 기술부문 경영자를 단지 자문 역할을 담당하는 지원자로만 여겼으며, 기술부문 경영자들의 제안은 무시할 수 있다고 생각했다. 하지만 이제 기술부문 경영자들은 세계시장에서 P&G제품의 성공에 대해 공동으로 책임을 지게 되었고, 이러한 책임은 의사결정과정에서 그들에게 상당한 힘과 영향력을 제공하는 원천이 되었다.

더 나아가 1980년대 들어 글로벌 경쟁이라는 전장에서 제품혁신product innovations이 핵심적인 무기가 되자, 기술부문 경영그룹의 지원은 더욱 절실하게 요구되었다. 세탁용 세제의 경우 더 낮은 온도에서도 세탁이 잘 되는 제품에 대한 수요와 과립형에서 액상형 세제를 선호하는 전 세계적 트렌드에 대해서 긴급하게 대응할 필요가 있었다. 일회용 기저귀도 형태가 잡힌 기저귀가 등장하고, 탄성밴드, 여러 번 떼었다 붙였다 할 수 있는 테이프와 고흡수성 수지폴리머super-absorbent polymers를 사용하는 아주 얇은 제품들이 등장하면서 급격한 변화의 움직임이 나타났다. 심지어 이미 성숙기에 접어든 치약시장에서도 젤, 안티프라그 성분, 펌프형 용기 디스펜서와 같은 연이은 혁신에 요동치고 있었다. P&G가 보유한 부족한 기술자원을 통제하는 위치에 있었던 R&D부서는 힘과 영향력을 행사할 수 있었다.

불과 10년 만에 P&G는 본사 주변지역을 중심으로 해외자회사를 두고 있는, 내수 지향적이고 마케팅 지배적인 기업이라는 전통적 포지션으로부터 꽤 멀어지게 되었다. 물론 그러한 변화는 느리고 또 어려움을 수반했지만, P&G는 이제 변화하는 환경적 상황에 대해 한층 더 넓은 시야를 확보하였고, 보다 견고한 대응역량을 갖추게 되었다. P&G는 기존의 강점에 더해 사업, 제품, 그리고 지역관리의 영향을 균형 있게 유지할 수 있는 조직을 구성하게 되었다.

경영 다양성의 관리: 역동적 균형 유지하기

사업별, 지역별, 기능별 관리역량 사이에서 균형을 유지하는 일은 초국적기업에게 항상 존재하는 어려움이다.

그 균형을 오랫동안 유지해 온 기업이 바로 에릭슨이다. 실제로 환경 변화에 대응해 경영의 책임과 조직관계를 지속적으로 전환할 수 있는 능력을 통해 에릭슨은 전 세계 통신교환사업의 핵심기업이 되었다.[04]

에릭슨은 하나의 조직적 관점이 조직 내에서 지배적인 지위를 차지하거나, 다른 조직적 관점을 위축시키는 것을 절대로 허락하지 않았다. 경영진은 환경 변화에 대응하기 위해 조직적 프로세스 및 경영구조를 조정하는 일을 주저하지 않았다. 그러나 에릭슨은 조직적 적합성에 대한 이상적이고 정적인 개념을 모색하기보다는, 경영의 책임에 있어 모호성, 중복, 변화는 불가피하다는 점을 실용적 태도로 받아들였다. 때문에 조직적 다양성과 유동성은 내부적 긴장과 경영상의 갈등을 유발했고, 경영의 다양성을 성공적으로 관리해 온 에릭슨 및 다른 기업들은 그 차이점들을 해결하기 위해 다양한 방법들을 발견했다.

기반 구축: 에릭슨의 역사적 발전

ITT와 마찬가지로 에릭슨은 1920년대에 국가 통신시스템의 개발을 활용하기 위해 전 세계에 걸쳐 광범위한 국가적 네트워크를 구축했다. 그러나 ITT와는 달리 에릭슨에게는 탄탄한 내수시장의 기반과 기술, 제조, 및 마케팅능력을 지닌 모회사가 필요에 따라 해외자회사들을 지원할 수 있었다.

1930년대 들어 에릭슨의 최고경영진은 해외생산 자회사들이 점점 더 기술 및 마케팅에 대한 독립성을 보유하게 되자 이를 우려하기 시작했다. 생산자회사들은 판매독점권을 가지고 있는 각자의 지역을 철저히 수호하고 있었다. 이와 같은 해외자회사들의 독립성은 기술의 편차, 노력의 중복, 부품 대외구매 경쟁력 부족 등의 결과로 이어졌고, 이로 인해 에릭슨의 스톡홀름 본사는 점차 전 세계 판매 및 유통에 대한 책임을 맡게 되었다. 1940년에 들어서 지난 10년간 일어난 점진적인 변화는 기존의 기능별 부서 대신 제품사업부를 기반으로 하는 새로운 조직으로의 구조조정을 끌어냈다. 그 목적은 제품개발과 고객 요구사항 간의 긴밀한 연계뿐 아니라 기술과 시장에 대한 통제력을 향상시키는 것이었다.

에릭슨의 경영진은 1920년대에 개발된 단계별 스트로저Strowger식 교환기를 대체할 수 있는 새로운 전기기계식 크로스바기술의 사업성에 주목했다. 1930년대부터 이 기술에 대한 실험 및 연구가 진행되고 있었지만, 1950년대 초 무렵에 이르러서야 새로운 교환기기술이 주요 대형 교환기에 사용되기 시작했다. 그리고 이 시기에 에릭슨의 경영진은 제품사업부가 응용 프로그램에 대한 관심을 줄이는 대신, 새로운 기술을 활용하는 데 필요한 기본적인 R&D에 더 집중할 필요가 있다는 견해에 대해 우려하기 시작했다.

1952년 에릭슨의 회장은 부서 간 조정의 필요성을 강조하고 기능별 부서의 책임을 확대하는 성명을 발표했다. 그리고 이로 인해 1950년대에는 기능별 부서가 제품사업부만큼 강력해졌다. R&D부서의 기술혁신으로 인해 생산비용과 제품 신뢰성이 획기적으로 개선되었고, 이를 바탕으로 에릭슨은 새로운 해외시장의 개척을 가능하게 해주는 크로스바 교환기 개발에서 선도적인 지위를 구축할 수 있었다.

1960년대에 접어들자 에릭슨은 새로운 도전과 조직 변화의 필요성에 직면하였다. 국가별 전화교환기사업 계약 수주에 대한 입찰 경쟁의 심화와 갈수록 정교해지고 공격적으로 되어 가는 현지국정부는 에릭슨과 다른 통신회사들에게 관련 기술들을 현지국으로 이전하고 그들의 장비를 구매해 주는 현지국 내에 생산설비를 갖추도록 종용했다. 제품설계 및 생산기술은 잘 이해되고 충분히 문서화되었기에 개발 및 생산 책임의 상당부분이 현지 자회사로 위임될 수 있었다. 크로스바 교환기 생산비용의 거의 절반을 차지하던 노동집약적인 조립과정은 인건비가 저렴한 국가에서 훨씬 더 효율적으로 수행될 수 있었다. 에릭슨은 이러한 전후시대 동안 사업 영역을 유럽뿐만 아니라 남미와 태평양지역으로 확대했으며, 이 기간 동안 멕시코, 브라질, 호주 등에서 에릭슨의 자회사들은 자급자족이 가능한 형태로 발전했다.

1970년대 중반에 들어 전자기술이 완전히 발전되자, 에릭슨의 경영진은 연구 및 생산의 권한을 다시 스웨덴 본사로 가져왔다. 특정 국가 자회사의 역량, 전문성 혹은 경험이 전자 디지털 교환기를 개발하고자 하는 본사의 노력에 도움이 되는 경우에, 해당 자회사의 경영자들은 일시적으로 본사로 파견근무를 하기도 했다. 1970년대 및 1980년대 초에 걸쳐 AXE 디지털 교환기에 대한 개발 및 생산 책임은 명확하고 의도적으로 모회사에 집중되었고, 에릭슨은 AXE 디지털 교환기를 전 세계로 수출했다.

하지만 크로스바 교환기 수요가 감소함에 따라 전기교환기로의 전환이 필수적이 되었고, 이러한 전환은 전 세계 생산공장의 설비가동률에 영향을 미쳤다. 심지어는 현지자회사들이 AXE 교환기의 생산 혹은 조립을 담당할 만한 충분한 시설과 규모를 보유한 경우에도 제품의 생산에서 노동비용이 차지하는 비중은 이전 세대에 비하면 상당히 작은 비중만을 차지했다. 이 때문에 해당 제품의 생산을 담당하기가 어려웠다. 이로 인해 업계의 다른 기업들처럼 에릭슨은 몇몇 해외생산공장을 폐쇄하고 직원들을 해고해야 하는 정치적으로 미묘한 입장에 처하게 된다. 하지만 에릭슨은 다시 한번 유연한 조직적 대응을 취했다. 이전 세대에 비해 전기교환기에서 소프트웨어가 차지하는 부가가치의 비중이 커지고, 스웨덴에 소프트웨어 엔지니어가 부족하다는 사실에 착안하여, 에릭슨은 주변장치의 개발 및 소프트웨어 지원에 대한 역할을 본사보다 더 발전된 해외사업부로 이전시켰다.

부적합과 모호함의 관리

에릭슨의 조직개발은 ITT의 조직개발과는 전적으로 달랐다. ITT는 현지국정부의 관심사와 요구에 부응하는 것을 강조했기 때문에, 강력한 국가별 자회사시스템을 조직의 기본 토대로 삼았다. 반면에 에릭슨은 국제통신사업과 운영환경의 변화에 더 민감했기 때문에, 이러한 변화에 대응하기 위해 조직을 지속적으로 조정했다. 또한 에릭슨의 최고경영진은 특정한 한 명의 경영자에 의해서 기업의 관점과 역량이 지배되는 것을 막아야 할 필요성을 매우 잘 알고 있었다. 에릭슨의 역사에서 분명히 나타나듯이 해외자회사들이 지나치게 독립적이면 에릭슨은 본사의 통제력을 강화했다. 그리고 제품사업부가 지나치게 지역적으로 편협해지거나 근시안적이 되는 경우 에릭슨은 기능별 조직의 역할을 강화했다. 에릭슨의 경영진은 일차원적인 전략과 구조 간 적합성을 모색하는 대신 기업이 역사적으로 집중해 온 장기적 관점에서 환경과 조직 간 유연성 확보에 중점을 두었다.

이처럼 경영 역할과 책임에 있어 점진적이지만 지속적인 변화, 그리고 장기간에 걸쳐 진화해 온 조직적 권한의 균형은 일차원적 조직에서는 느낄 수 없었던 내부적 긴장을 조성했다. ITT의 경영 프로세스가 안정성stability, 명확성clarity 및 책임성accountability을 특징으로 한다면, 에릭슨의 프로세스는 유동성fluidity, 모호성ambiguity, 중복overlap 등이 특징이었다. 과거 에릭슨이 규모가 작은 호주시장에서 강력하고 독립적인 R&D역량을 구축했던 사례처럼, 역사적으로 에릭슨은 자산의 분배 또는 역량의 배치에 있어 부적합한 결정을 한 경우에 경영진은 구조조정을 통해 그것들을 제거해야 할 필요를 느끼지 못했다. 오히려 에릭슨은 조직 내의 역동적 긴

장감을 조성하기 위해 어느 정도의 부적합은 장려하는 것처럼 보였다.[05]

이러한 유형의 다차원적 긴장과 균형을 유지하는 조직에서 모호성과 유동성이라는 결과는 '적합성'이라는 신념에만 지나치게 집착하는 조직이 갖는 부담감으로부터 경영자를 해방시키는 것처럼 보였다. 이 덕분에 에릭슨의 경영자들은 더욱 혁신적이고 창의적이 되었다.[06] 조직의 중복 그리고 심지어는 부적합성에 대한 관용은 에릭슨의 각 조직에서 기업가정신을 장려하는 것처럼 보였다.

갈등해결수단의 개발

그러한 경영문제를 조직에 적용시킬 때는 리스크가 존재한다. 혁신적 유연성을 장려하지 않은 채 조직이 모호한 역할과 중복된 책임을 가지게 되면 오히려 혼란으로 이어질 수 있으며, 창조적인 긴장감이 아닌 비생산적인 갈등을 초래할 수 있다. 우리가 연구한 몇몇 다른 기업들처럼 에릭슨은 이러한 잠재적 문제점들을 인식하고 있었으며 다양한 관점들을 조화시키고 이해관계의 차이를 해결하기 위해 몇 가지 경영 프로세스들을 활용했다.

그중 하나는 조직의 주류에서 갈등을 유발할 가능성이 가장 높은 문제를 제거하고, 그 문제를 '오프라인' 포럼에서 해결하는 것이었다. 프로젝트팀, 태스크포스 및 위원회는 갈등에 취약한 문제를 격리하여 가장 적은 비용으로 이들을 해결하려 했다. 에릭슨은 다수의 의사결정 포럼들(그것들 중 일부는 상설조직이었고 일부는 특정 사안에 대응하기 위한 임시위원회였음)을 유지함으로써 다차원적인 문제를 해결하는 데 필요한 격렬하고, 때로는 상식을 뒤엎는 파괴적인 토론을 이끌어내고 정당화할 수 있는 능력을 개발했다.[07]

에릭슨은 또한 특정한 경영진에게 다른 경영진들 간 갈등의 중재를 부탁할 수 있었다. 이러한 갈등은 때때로 지역 및 사업담당 경영자들 사이에서 가장 첨예했다. 에릭슨의 기능별 경영자들은 전통적으로 기업이 보유한 기술의 대부분을 통제하는 본사의 제품사업부와 각 현지시장에 대한 접근을 통제하는 국가 자회사 사이에서 주요한 연결고리 역할을 맡아 왔다. 그들의 역할은 본사에서 자회사로 전략과 지식을 전달하고 본사에서 자회사의 대리인으로 활동하는 것이다. 본사의 마케팅부문 및 생산부문 경영자들은 지속적으로 해외출장을 다녔으며, 그들 중 다수는 자회사의 이사회에 참여한다. 이 경영자들은 자회사 이사회의 구성원으로서 정보연결자의 역할을 수행함과 동시에, 해외자회사와 중앙의 제품사업부 간 의견이 일치하지 않는 사안들을 모니터하고 개입할 수 있는 위치에 있었다. 공식적인 라인의 권한은 제품 및 지역담당 경영자들이 보유하고 있지만, 중개 역할을 맡은 기능별 그룹 역시 경영 프로세스에 상당한 영향을 미쳤다.[08]

정당성 확보와 다양성의 관리 : 최고경영진의 책임

ITT 및 GEGeneral Electric와 같은 기업들이 발견한 것처럼 일차원적인 전략적 편향을 극복하지 못하면, 기업은 심각한 결과에 직면할 수 있다. 그러나 고착된 경영진과 굳어버린 의사결정과정은 변화의 실행을 매우 어렵게 만들 수 있다. 우리가 연구한 그 어떤 기업도 최고경영진의 실질적이고 지속적인 참여 없이 변화를 일으킨 기업은 없었다. 오직 최고경영진만이 새로운 조직의 경영진에게 정당성을 부여할 수 있다. 최고경영진의 지원이 있어야 새로운 조직의 경영자들은 기업의 정보 및 커뮤니케이션 채널에 접근할 수 있다. 최고경영진만이 책임을 분배하고 신흥조직에게 실질적인 힘을 실어주며, 의사결정과정에 지속적인 영향력을 줄 수 있는 자원을 이전할 수 있다.

최고경영자들의 과업은 단지 새로운 부서의 설립을 허가하거나 기업의 공식적인 시스템을 수정하는 것만이 아니다. 그들은 또한 더 미묘한 많은 수단들을 활용해야 하는데, 이를테면 인적자원의 개발, 인적자원들의 책임 확대, 정보 흐름을 위한 새로운 채널 구축, 의사결정을 위한 임시적인 회의체 신설, 주요 자원들의 통제권한 이동 등과 같은 것들이 그러한 수단에 포함될 수 있다.

다양한 경영 관점과 역량을 구축한 모든 기업에서 이 같은 전환은 오랜 기간에 걸쳐 이루어졌다. P&G는 10년이 넘는 기간에 걸쳐 기능 및 글로벌 사업역량을 개발했다. 유니레버의 경우 제품부문 경영자에게 국가별 해외자회사 경영자가 보유한 권한에 상응하는 정당성과 권한을 부여하는 데 거의 20년이 걸렸다. 필립스는 1970년대와 1980년대의 대부분을 제품사업부의 역량을 구축하고 이들에게 강력한 국가별 자회사조직에 맞설 수 있는 충분한 권한을 부여하는 데 할애했다.

진정한 다차원조직의 다양성을 정당화함으로써 경영진은 환경 변화에 대응할 수 있을 만큼 유연하고, 다양한 전략적 능력에 기초하여 경쟁하기 충분한 강력한 조직의 핵심을 만들게 된다.[09] 그 이후의 과제는 이러한 다양성을 관리하는 조정 프로세스를 구축하는 것이다.

CHAPTER 09 복잡성의 관리: 유연한 조정방식의 개발

지리적 거리와 문화적 거리를 넘나드는 국제경영과 관련한 여러 복잡한 문제들과는 다르게 전통적인 글로벌기업의 경영 프로세스는 비교적 단순했다. 우리가 다국적조직이라고 묘사한 유형의 기업들은 그들의 자율적인 국가 자회사조직들이 현지국 환경의 기회와 위기에 저마다 적합하다고 생각하는 방식대로 대응하는 것을 허락했다. 각 해외자회사들이 현지의 투자 니즈를 위해 충분한 양의 자금을 확보하고, 각자의 현지시장에 적합한 제품을 생산하고, 경쟁적 지위를 유지하기 위해 필요한 정보와 지식을 축적할 수 있는 한 본사의 개입은 아주 드물었다. 제3장에서 우리는 이러한 기업들에 있어 성과 인센티브에 대한 행정적 통제를 수립하고 자회사와 모회사 간의 재정적 흐름을 관리하는 본사의 주요 역할에 대해 설명한 바 있다. 글로벌기업의 경우 경영방식은 비교적 단순한 편이었다. 대부분의 해외자회사들은 자금, 제품, 정보, 전문성의 측면에서 본사에 크게 의존했으며, 이러한 의존성으로 인해 자회사에 대한 본사의 조정 작업은 매우 간소했다. 본사는 해외자회사들에게 전략적 방향성과 운영상의 지원을 제공하였으며, 본사의 경영진은 자회사들의 경쟁적 요구에 대한 결정을 내리는 일을 담당했다.

초국적조직은 완전히 다른 경영문제를 제시한다. 초국적조직의 자산과 자원은 지역적으로 광범위하게 분산되어 있지만 글로벌 규모의 효율성을 달성하기 위해 상호 지원적이다. 초국적조직 내 단위조직들의 역할과 책임은 차별화되어 있지만 현지자회사의 국가적 유연성을 극대화하기 위해 상호의존적이다. 또한 지식과 이니셔티브는 혁신의 효율적인 개발과 확산을 보장하는 글로벌 학습역량을 통해 연계된다. 이러한 초국적조직에서는 본사 및 자회사의 경영자들이 복잡한 책임을 지며, 조직 내 다양한 단위조직들을 연결하는 경영 프로세스가 복잡해진다.[01]

본 장에서는 초국적조직의 경영자들이 복잡한 조직에 대한 통제력을 유지하기 위해 사용하는 조정 프로세스와 메커니즘에 대해 설명한다. 더 나아가 사례기업들로부터 얻은 교훈을 바탕으로 이러한 수단들을 어떻게 적용할 것인지에 대해 구체적으로 살필 것이다. 먼저 우리는 세 가지 주요한 조정수단에 대해 설명한 후, 왜 대부분의 기업들이 그러한 수단들 중 하나 혹은 두 가지만을 전적으로 사용하는지에 대해 살펴볼 것이다. 각각의 수단들이 지닌 한계점들을 살펴본 후, 우리는 초국적기업들이 조정 메커니즘의 완전한 포트폴리오를 갖추는 것이 왜 중요한지에 대해 설명할 것이다. 본 장의 마지막 부분에서는 이러한 조정수단들이 초국적기업의 주요 과업에 어떻게 부합되는지를 살펴본다.

조정수단의 개발: 관리적 유산의 영향력

기업이 보유한 관리적 유산의 영향은 해외사업체들이 조정되는 방식을 따라 해외로 확장된다. 연구를 수행하는 도중에 우리는 비슷한 배경을 지닌 기업들의 기본 프로세스가 지닌 유사성에 충격을 받았다. 일본, 미국 및 유럽의 기업들에서 각각 다음과 같은 세 가지의 조정 메커니즘이 눈에 띄었다.

중앙집중화: 일본기업들의 지배적 프로세스

대부분의 일본기업에서 조정은 문화적으로 의존적이고 집중적인 의사소통이 요구되는 합의된 의사결정 프로세스consensus decision-making process에 의해 형성되었다. 일본인이 아닌 외국인 관리자들은 언어능력과 문화적 배경지식이 부족해서 (우리가 제3장에서 살펴본) 이른바 네마와시nemawashi와 린기ringi라고 하는 미묘한 프로세스에 참여할 수 없었다. 그렇기 때문에 일본기업들의 의사결정 프로세스는 해외로 이전하기가 어려웠다. 더군다나 일본기업들은 일반적으로 아직 충분히 개발되지 않은 인근의 아시아시장으로 먼저 진출하는 경우가 많았다. 선진국들에 비해 아시아지역들의 경우 모회사의 경영자들이 해외자회사를 직접 관리하기가 수월했다. 이러한 이유로 대부분의 일본기업들은 본사 경영진의 직접적인 조치와 개입에 의존하는 국제적 조정 프로세스를 개발하게 되었다. 이렇게 단순하고 직접적인 프로세스를 우리는 중앙집중화를 통한 조정coordination through centralization이라고 일컫는다.[02]

중앙집중화는 비교적 쉽게 구성하고 운영할 수 있다. 이미 기업의 중심, 즉 본사에 있는 조직 및 경영자원을 활용함으로써 이 프로세스는 신속한 의사결정을 촉진하고, 권한이 널리 분산될 때 종종 발생될 수 있는 본사와 자회사 간의 힘겨루기를 최소화한다. 카오, 마쓰시타, NEC와 같은 기업들은 중앙집중화에 의한 조정방식을 활용하였는데 이는 선택된 경영 프로세스였다. 중앙집중화는 중앙화된 허브구조에 가장 적합하기 때문에 문화주도의 조직 프로세스, 그러한 프로세스를 실행하기 위한 특정 도구 및 관행들이 개발되었고 '회사만의 방식the company way'으로 제도화되었다. 환경 및 전략적 변화로 인해 중앙집중화 프로세스가 과거보다 덜 적합한 경우에도 강력한 경영 전통은 기존의 전통적 관행을 확대해 새로운 요구를 충족했다.

예를 들어, 마쓰시타는 기업 본사에 자산과 전문지식을 집중시켰으며, 미국법인과 같이 가장 규모가 크고 가장 복잡한 자회사조차도 우리의 연구 사례에 나오는 그 어떤 유럽 혹은 미국기업의 자회사들보다도 본사에 더 밀접하게 연결되어 있고 의존적이었다. 국내운영에 있어서는 분권화를 지향했던 마쓰시타의 기업철학에도 불구하고, 마쓰시타는 핵심적인 국제적 활동 및 의사결정에서 중앙집중화가 불가피했다. 환경적 조건의 변화로 인해 더 큰 부가가치 작업과 더 많은 관리 책임을 해외로 이전하려는 시도를 할 때, 그러한 노력은 중앙 본사에 대한 자회사들의 의존성으로 인해 방해를 받았다. 그럼에도 불구하고 1980년대까지 마쓰시타는 비록 기업의 강력한 현지화 노력으로 결국 수정되기는 했지만, 중앙집중화 프로세스를 통해 점점 더 복잡해지는 조정 작업을 관리했다.

제7장에서 살펴본 바와 같이 마쓰시타의 조직은 중앙의 본사와 해외자회사 사이에 다양한 연결고리를 제공하기 위한 구조로 구성되었다. 해외자회사들의 규모가 커지고 점점 더 복잡해짐에 따라 마쓰시타는 700명 이상의 해외 주재 경영자들과 기술자들로 구성된 네트워크를 통해 긴밀한 통제와 지원을 이어 갔다. 일반적으로 해외자회사의 총괄 경영자, 회계담당 경영자, 그리고 기술담당 경영자는 모두 본사에서 파견된 주재원들이었다. 이들 경영자들은 본사의 결정을 현지자회사로 전달했을 뿐만 아니라 현지국 환경에 대한 정보를 본사로 전달하고 설명함으로써, 현지시장의 니즈에 최대한 신속하게 대응할 수 있게 했다.

본사와 자회사 간 이러한 연계의 폭과 깊이를 활용해 마쓰시타는 점점 커지는 해외사업의 규모와 복잡성에도 불구하고 중앙집중화된 강력한 조정 프로세스를 유지했다. 아이러니하게도 마쓰시타는 더 많은 주재원을 본사에서 해외자회사로 파견하면서 본사의 통제력을 더 강화할 수 있었다. 마쓰시타의 대형 북미 자회사인 MECA의 한 경영자에 따르면 마쓰시타는 '분권화된 중앙집중화decentralized centralization'의 기술을 모두 터득했다고 한다. 자산과 책임이 자회사들에게 위임됨에 따라 마쓰시타 본사의 경영자들은 자회사의 모든 정보를 숙지하고 모든 중요한 의사결정에 관여할 수 있도록 본사와 자회사 간 연계지점의 수와 강도를 증가시켰다.

중앙집중화는 높은 운영비용을 수반한다. 해외자회사들의 규모가 점점 커지고 복잡성이 증가함에 따라 본사의 경영자들에게 셀 수 없이 많은 정보, 안내, 지원, 그리고 의사결정과 관련한 엄청난 요청들이 쇄도했다. 이러한 요구들에 적절히 대응하기 위해 본사의 경영자들은 자신들의 자원, 능력, 그리고 지식기반을 보강할 필요성을 느꼈으며, 이 때문에 중앙집중적 의사결정기구의 규모와 관료주의를 증대시켰다. 결국 정보의 과부하 혹은 자회사들의 요청사항에 적시에 대응할 수 없는 본사 직원들의 능력으로 인해 이런 시스템은 한계에 부딪힌다.

과도한 중앙집중화 프로세스로 의사결정의 품질이 저하될 수 있다. 기업의 해외사업 운영환경의 다양성과 복성이 증대될수록 본사 경영진들이 현지의 요구에 민감하게 대응하는 것은 더 어려워진다.

특히 현지국의 압력과 요구가 심화되던 1980년대에 본사의 경영자들은 종종 그러한 변화에 대해 낮은 수준의 지식과 이해도를 가지고 있었다.

마지막으로 중앙집중화 프로세스는 해외자회사와 모회사 간 의존성을 반영하고 강화하기 때문에, 이는 조직 내에서 긴장과 분노를 유발할 수도 있다. 예를 들어, 자회사의 운영이 성숙해지고 현지 경험과 역량이 축적됨에 따라 해외자회사의 경영자들은 자신들이 가장 잘 알고 있다고 생각하는 현지사안들에 대해서도 본사의 의견을 참고해야 한다는 점에 의욕이 저하될 수도 있다.[03]

1970년대와 1980년대 국제통신사업이 빠르게 확장되면서, NEC는 이 모든 문제들을 경험했다. 국제통신장비사업을 조정하기 위한 기업의 역사적 접근방식을 살펴보면 대다수의 의사결정과 활동들은 수년에 걸쳐 상당한 전문성을 개발해 온 본사의 직원이 관리했다. 이러한 중앙집중화된 조정과 통제는 NEC가 1960년대에 본국의 인접시장인 태국과 대만으로 진출했을 때 매우 효과적으로 작동했다. 새로운 수요들을 관리하는 데 어려움도 있었지만, 1960년대 후반 독립적인 브라질 교환기 자회사를 세운 데 이어 1970년대 보다 성숙시장인 미국으로 진출하기 시작할 때까지도 NEC는 중앙집중화된 조정과 통제를 효율적으로 운영했다.

그러나 1980년대에 들어서 그동안 막대한 본사의 인력들이 지속적으로 해외자회사를 지원했음에도 불구하고, 해외사업의 규모와 복잡성은 중앙집중화 프로세스에 부담으로 작용했다. 해외시장 판매와 엔지니어링을 담당하는 교환기그룹의 제2교환기 사업부The Second Switching Division는 직원이 1,000명 이상으로 증가했고, 해외생산부문의 지원을 담당하는 해외법인지원실Overseas Affiliates Support Office의 직원 수는 수백 명에 달했다.

중앙집중화된 조정 프로세스를 유지하기 위해 NEC 본사 경영자들은 해외자회사로 빈번하게 출장을 가야 했다. 기업 내부의 조사에 따르면 중앙집중화를 유지하기 위한 노력의 일환으로 NEC의 경영자들은 1983년 한 해에만 1만 번의 해외출장을 다녀온 것으로 나타났다. 중앙집중화에 의한 조정은 출장경비뿐만 아니라 경영자들에게도 상당한 부담으로 작용했다.

더 나아가 해외통신사업의 규모와 역량이 증대됨에 따라 해외자회사들은 본사의 의존성에 대해 불평하기 시작했다. 특히 소프트웨어의 경우 본사에서 내리는 의사결정은 해외시장의 다양한 요구사항을 충족하기 어려웠는데, 이는 제7장에서 설명한 NEAC 61 교환기 개발 사례와 동일했다. 1980년대 초 NEC의 경영진은 중앙집중화된 조정방식에 드는 비용이 그 혜택을 초과하기 시작했다는 사실에 우려를 나타냈고, 그들은 본사 직원들의 과도한 업무량을 줄일 수 있는 방법들을 개발하기 시작했다.

공식화: 미국기업들이 선호하는 조정 메커니즘

미국에 본사를 둔 기업들의 관리적 유산은 그들의 조정방식을 다른 수단들과 메커니즘들에 의존하게 만들었다. 이러한 기업들의 대부분은 분업화divisionalization가 미국에서 유행이었던 시기에 국제화되었다. 정교한 경영시스템의 개발로 인해 더 큰 책임의 위임이 가능한, 이른바 '전문경영professional management'의 시대가 도래했다. 이는 본사 경영자들이 운영을 통제하고 지정된 과업에 대한 다른 경영자들의 책임을 물을 수 있게 해주었다. 그렇기 때문에 미국에 본사를 둔 기업들의 조정 프로세스는 주로 공식적인 시스템formal systems, 정책policies 그리고 표준standards을 기반으로 했다. 우리는 이 프로세스를 공식화formalization에 의한 조정이라고 부른다.[04]

공식화는 중앙집중화에 드는 상대적으로 높은 운영비를 줄일 수 있는 한 방법이다. 자회사에서 본사로 조직의 권한을 이전하는 대신에 공식화는 본사 및 자회사 경영진 모두의 권한을 감소시키는 경향이 있다. 본사 혹은 자회사의 이익 및 동기와는 무관한 독립적인 권력을 지향하는 비인격적인 정책에 기반해 의사결정을 내림으로써, 공식화는 두 조직이 이전에 수행했던 많은 역할들을 사라지게 한다. 의사결정의 관례화routinization of decision making는 공식화라고 하는 조정수단의 큰 특징인 중요한 운영효율성operating efficiencies을 제공한다.

ITT의 조정능력의 대부분은 강력한 경영시스템을 기반으로 구축되었다. 비록 일부 외부인들은 ITT의 수많은 상세 보고서와 몇 시간씩 이어지는 마라톤식 검토회의들을 해럴드 제닌Harold Geneen의 중앙집중화된 의사결정으로 바라보았지만, ITT의 경영시스템 설계자인 제닌은 그런 시각을 부인했다.

제닌은 ITT 자회사에 상당한 자율권을 위임했지만, 그 대신 최종결과에 대한 책임도 자회사가 지게 했다. 그는 자신의 시스템과 프로세스는 주로 경영훈련 도구로 설계되었으며, 그 주요 목적은 경영자들이 위임된 권한을 책임감 있게 사용하도록 이끄는 것이라고 주장했다. 제닌은 "흔들리지 않는 사실에 근거하여 신중하고 논리적인 결정을 내리기 위해서는 논리를 공식화해야 한다"라고 말했다.[05]

하지만 이 프로세스는 비용을 수반한다. 가장 분명한 것은 각 의사결정 사안들이 효과적이고 신뢰적일수록 시스템, 정책, 규칙을 수립하는 데에는 높은 고정비용이 발생한다는 것이다. 보다 근본적인 것은 기업들이 체계화된 시스템routinized system을 비체계적인 결정nonroutine decisions을 필요로 하는 복잡하고 변화무쌍한 과업에 적용하려 할 때 발생하는 문제들이다. 마지막으로 일부 기업에서는 시스템의 시행과 통제가 너무 복잡하고 시간이 많이 소요된 나머지 상대적으로 낮은 운영비용이 예상되는 공식화마저도 손실이 되고 말았다

수십 년 동안의 전후 확장 기간에 P&G는 해외사업 총괄 부사장직을 지냈던 월터 링글Walter Lingle이 세운 철학 아래 운영되었다. 1950년대 중반 링글은 "다른 국가에서 성공하기 위한 가장 좋은 방법은 미국의 P&G조직을 각각의 국가에 똑같이 복제하여 설립하는 것입니다. 우리는 미국에서 P&G의 성공을 가능하게 해준 동일한 정책들과 절차들이 해외에서도 똑같이 성공적일 것이라고 믿습니다"라고 말했다.[06] 자회사 경영자들은 현지의 선호에 따라 P&G의 제품들을 자유롭게 수정할 수 있었지만 기업의 표준 정책 그리고 조직구조에 의해 잘 개발된 '프록터방식Procter way'의 마케팅을 따라야 했다. 이러한 접근법은 P&G의 전설적인 마케팅기술을 해외로 이전하고, 각 해외시장들 전반에 걸쳐서 일관성 있는 접근을 취하는 데 매우 효과적이었지만, 1970년대 후반 그리고 1980년대 초반에 걸쳐 그 문제점들이 표면에 드러나기 시작했다.[07]

가장 두드러진 문제는 모기업의 마케팅 접근법과 관리역량을 반영한 각

자회사조직을 각국에 설립하는 데 발생되는 비용이었다. 이들 비용의 일부는 해외자회사를 모회사의 정확한 복제품으로 만들겠다는 링글의 결정 때문이었고, 1970년대 중반까지 유럽 자회사당 간접비는 미국 본사보다 50% 이상 높았다. 또한 P&G가 보유한 정책들과 관행들의 상당수는 해외사업에 적합하지 못했다. 1950년대와 1960년대에 미국에서 효과적이었던 접근법들은 1970년대와 1980년대의 복잡하고 급변하는 유럽환경에 대응하는 데 장애가 되기 일쑤였다.

앞서 설명한 바와 같이 P&G의 철저한 시제품 및 마케팅 테스트는 경쟁사들에게 제품에 대한 지나치게 상세한 정보들을 제공했고 경쟁사들의 사전 주의를 환기시켰다. 이 때문에 P&G는 경쟁사들의 모방제품으로 인해 지속적으로 시장을 잠식당했다. 더 나아가 브랜드관리시스템의 부산물이며, 그것이 촉진한 내부 경쟁으로 인해 '꼭 필요한 경우에만 정보를 공유'하는 P&G의 정보정책은 서로 밀접한 관련이 있는 해외시장의 자회사들 간에 지식과 경험의 이전이라는 중요한 과업을 방해했다. 또한 새로운 아이디어와 제안은 서류로 작성된 뒤에야 비로소 정제와 지원 작업을 위한 회람이 시작되는 절차(P&G의 유명한 한 장짜리 메모one-page memos로 잘 알려진 절차)를 따랐는데, 이는 경쟁의 압력이 더 빠른 속도와 유연성을 요구하던 상황에서 해외시장에 관련된 주요 의사결정들을 지연시켰다.

사실상 이러한 정책과 시스템의 시행은 그 자체로만 끝나버릴 위험이 있었고, 일부 경영자들은 사업운영정책을 본사가 독단적으로 결정하며, 표준 관행들이 아무런 의심 없이 받아들여진다는 사실에 우려를 표명했다. 너무나 많은 관심이 시스템에만 집중된 나머지 경영자들은 정작 소비자의 니즈와 경쟁적 위협을 이해하고 이에 대응하는 것에 소홀해졌다. 표준화 및 루틴화가 지배하는 내부환경에서는 창의적 또는 혁신적이 되려는 경영자들의 의지가 억제될 수 있다.

사회화: 유럽기업들의 전통적 조정수단

우리가 연구한 유럽 기반의 기업들은 그들만의 독특한 조정방식을 개발했다. 느리고 비용이 많이 드는 글로벌 커뮤니케이션 시대에 해외로 확장한 조직들은 중앙에서 직접적으로 해외조직들을 조정하는 방식에 전적으로 의존할 수 없었다. 그들은 또한 미국기업들의 전문경영시스템도 개발하지 않았다. 많은 유럽기업들에서는 여전히 창립자 가문의 영향이 강했고, 종종 자회사의 경영은 가족 구성원(또는 신뢰할 수 있는 심복)에게 맡겨졌다. 경영 프로세스는 기업목표에 대한 이러한 개인들의 이해와 긴밀한 개인적 관계에 의존했다. 따라서 지배적인 조정 프로세스는 핵심적 의사결정자의 신중한 채용careful recruitment, 개발development 그리고 문화적 적응acculturation에 크게 의존했다. 우리는 이러한 접근법을 사회화socialization를 통한 조정이라고 부른다.[08]

사회화는 본사에 과부화를 일으키는 중앙집중화의 문제와 공식화의 경직성을 극복할 수 있기 때문에 매력적인 조정방식이다. 다른 두 가지 조정수단과 달리 사회화에 의한 조정은 본사와 자회사의 영향력을 동시에 강화시켜 전 세계적으로 분산되어 있는 자원과 능력의 개발과 통합을 촉진한다. 또한 사회화는 공유된 가치와 목표에 의존하기 때문에 훨씬 더 강력하고 유연한 조정수단이다. 공통의 목적을 가진 지식집단 간의 협상에 의해 도출된 의사결정은 우월한 권위나 표준정책에 의해 내려진 의사결정보다 훨씬 더 낫기 마련이다.

유니레버의 경영진은 국제화 초기부터 모기업의 가치와 목표에 부합하는 해외자회사를 개발하고, 본사의 지식을 해외자회사로 이전하기 위해 선별된 주재원 간부들에게 의존해 왔다.[09] 오늘날 유니레버는 자사의 최고경영진이 세 가지 주요한 조정수단, 즉 투자에 대한 통제, 연간 운영계획 그리고 인력계획 프로세스 등에 의존하고 있다는 것을 분명히 인정한다.

반 덴 호벤H. F. van den Hoven 전 유니레버 회장은 "물론 이 세 가지 조정수단 중에서 인력개발에 대한 통제가 해외사업을 관리하는 데 가장 중요했습니다"라고 말했다.[10] 인사 관련 문제에 자신의 업무시간 중 75%를 할애했다고 주장하는 한 해외위원회의 이사는 "사람이야말로 전 세계에 분포된 유니레버의 사업운영을 하나로 이어주는 접착제입니다"라고 자사의 철학을 요약했다.

유니레버의 채용, 평가, 훈련 그리고 교화과정은 평생 고용정책과 함께 이른바 클럽이라고 불렸던 내부환경을 만들게 된다. 유니레버 경영 클럽의 구성원들은 기업의 가치와 목표를 정확하게 이해했다. 여타 다른 훌륭한 클럽들과 마찬가지로 유니레버의 경영 클럽 역시 강한 전통과 잘 정착된 규범 그리고 독특한 스타일을 가지고 있었다. 유니레버의 많은 경영자들은 세계 어느 곳에서나 쉽게 다른 클럽 구성원들을 알아볼 수 있다고 이야기했다.

사회화가 복잡한 조정의 사안들을 다루는 '회사만의 방식'을 나타낸다는 것에는 의심의 여지가 없었다. 역사적으로 유니레버에서 사회화를 제외한 다른 프로세스들은 저개발underdeveloped되었다. 예컨대, 공식적인 경영시스템은 주로 재정보고를 위해 사용되었고, 중앙집중화는 유니레버의 경영철학이 지향하는 모든 점에서 반대되는 개념이었다. 심지어는 '본사'와 '자회사'라는 용어조차도 부적절한 상하관계를 연상시킨다는 이유로 유니레버에서는 사용이 금지된 단어들이었다. 그 대신에 유니레버는 '중앙center'과 '국가별 기업national companies'이라는 단어를 선호했다. 그러나 이러한 유니레버의 경영철학은 1980년대의 까다로운 국제환경에서 압박을 받게 되었고, 유니레버는 몇 가지 다른 대체 조정수단을 강화해야만 했다.

사회화의 가장 큰 단점은 비용적인 측면에 있다. 사회화는 단연코 가장 비용이 많이 드는 조정수단이다. 사회화는 조직 전체에 걸쳐 목표를 제도화함으로써 최고경영진의 부담을 덜어준다. 그러나 경영자들이 목표, 우선순위 및 가치를 공유하도록 하는 것은 집중적인 세뇌indoctrination와 훈련training을 요구하기 때문에 대규모 조직에서는 그러한 프로세스에 상당한 투자가 필요하다. 더군다나 사회화에 의한 의사결정은 대개 중앙집중화 또는 공식화에 의한 접근법보다 더 느리고 더 모호하며 더 복잡한 경영 프로세스이다.

유니레버는 경영진의 개발 및 교육에 연간 1억 파운드를 지출하지만, 이는 사회화에 드는 전체 비용 중 빙산의 일각에 지나지 않는다. 사회화과정은 경영자의 보직 이동에 크게 의존하며, 유니레버는 1,000명이 넘는 본국 출신 혹은 제3국적의 경영자들을 전 세계에 퍼져 있는 유니레버 조직으로 파견했다. 해외주재 경영자들을 유지하는 것은 동일한 보직의 현지 경영자를 채용하는 것보다 두 배에서 열 배 정도의 비용을 더 지불해야 한다.

그러나 장기적으로 볼 때 더 비용이 소요되는 일은 아마도 유니레버의 사회화가 조성한 복잡한 의사결정 프로세스였을 것이다. 한 경영자는 이를 "의견 합치를 이루기 위해 노력하는 조정된 불일치시스템"이라고 묘사했다. 1970년대 말 많은 이들은 신제품 도입, 공장 폐쇄, 또는 연구개발 책임 소재에 대한 끊임없는 협상이 유니레버의 운영효율성과 경쟁효과성 측면에서 기업에 큰 손실을 입히고 있음을 깨닫는다. 유니레버는 사회화가 아닌 다른 조정 메커니즘을 확대하고 강화해야 했다.

'회사만의 방식'으로 조정하는 것의 한계

우리는 특정 기업과 국가조직에서 발견되는 지배적인 조정의 패턴들을 지적했지만, 이들의 특징과 분류는 해당 기업이나 조직이 보유한 많은 조정활동 중 일부에 지나지 않는다. 실제로 우리가 연구한 모든 기업들은 세 가지 프로세스 각각으로 분류될 수 있는 여러 수단들과 관행들을 채택하고 있었다.

심지어 특정한 관행을 중앙집중화, 공식화, 사회화의 범주로 구분하는 우리의 분류방식은 어찌 보면 자의적이다. 예컨대, 철저히 세뇌된 본사의 경영자들을 해외로 보내고 그들과 집중적인 커뮤니케이션을 유지했던 마쓰시타의 관행은 우리가 중앙집중화로 특징지은 조정절차(우리가 '분권화된 중앙집중화decentralized centralization'라고 부르기 시작한 절차)로 분류되었다. 그러나 집중적인 기업 교육과 본사 경영자들과의 긴밀한 유대관계는 이 메커니즘이 강력한 사회화의 요소 또한 갖추고 있음을 시사한다. 현실에서 중앙집중화, 공식화, 사회화 등 세 가지 조정 프로세스들은 서로 자주 교차되고 중복되며, 이들의 복합적 영향력은 보다 일반적인 조정수단들에서도 많이 찾아볼 수 있다.

그럼에도 불구하고 이들 세 가지 프로세스 간의 경중에는 기업별로 분명한 차이가 있으며, 각 기업들의 관리적 유산은 조정방식에 대한 해당 기업 경영진의 접근법과 수단 선택에 영향을 미쳤다. 그 결과 기업들은 일반적으로 한 가지 조정 프로세스(예컨대, 마쓰시타의 중앙집중화 사용, ITT의 공식화된 시스템과 프로세스 개선, 유니레버의 사회화 프로세스 개발)를 한계까지 최대한 확대해 사용하고 있는 반면, 다른 조정 도구와 메커니즘은 충분히 활용하지 못하고 있음을 알게 되었다.

1980년대에 접어들어 새로운 니즈와 변화하는 환경에 직면하게 되면서 많은 기업들은 그들의 조정역량이 신중하게 개발되고 조심스럽게 할당되어야 하는 희소한 조직적 자원a scarce organizational resource이라는 것을 처음으로 깨닫게 된다. 경영자들은 단지 전통에 근거하여 특정한 프로세스를 채택하는 것이 아닌, 보다 다양한 접근법들을 이해해야 했다. 그래야만 그들은 '회사만의 방식'을 보완하는 데 필요한 새로운 조정수단과 프로세스를 개발, 연계관리하는 방법을 현명하게 결정할 수 있었다.

조정 프로세스의 관리: 다양한 수단을 분배하고 통합하기

1980년대에 이르러 많은 기업들은 그들이 수행했던 조정방식에서 커다란 위기를 경험한다. 기업들은 다른 환경적 요인들로 인해 그들의 역사적 조직구조를 재구성했음에도 불구하고, 새로운 경쟁적 압력들은 기업들에게 다중의 전략적 역량multiple strategic capabilities개발을 요구하고 있었다. 이제 그들에게 익숙한 조정수단은 특징적으로 새로운 도전에 부적합하다는 것이 입증되었다.

본질적으로 많은 기업들이 지향해 온 초국적인 조직형태는 광범위하고 집중적인 조정을 모두 필요로 한다. 효과적 · 전략적인 전체로서 조직이 운영되려면 초국적기업은 스스로가 의도적으로 지향하는 관점과 관심사의 다양성을 조화시킬 수 있어야 하고, 의도적으로 분산시킨 광범위한 자산과 자원들을 통합할 수 있어야 하며, 의도적으로 차별화한 역할과 책임들을 조정할 수 있어야 한다.

경영자들은 이 어려운 조정문제에 어떻게 접근할 수 있을까? 우리 연구에 등장하는 기업들의 경험은 조정 프로세스, 관행 및 수단의 완전한 무장을 갖춤으로써 관리적 유산의 편견을 극복하고, 그러한 메커니즘을 가장 효과적이고 효율적인 방법으로 사용하는 것이 중요하다는 점을 제시한다.

조정역량의 개발

초국적인 기업이 경험하는 조정활동의 위기에는 두 가지 원인이 존재한다. 첫 번째 원인은 자산과 자원의 지속적인 확산(과업의 규모) 그리고 조직적 역할과 책임에 있어 증가되는 차별화(과업의 강도)를 통제할 필요성 등과 같이 순전히 과업의 규모 및 강도와 관련이 있다. 두 번째 원인은 더 다양한 조정 메커니즘의 필요성에 있다. 일부 기업은 더 높은 효율성을 달성하기 위해서 주요 해외사업들을 통합하고, 또 어떤 기업은 유연성을 최대한 유지하기 위해서 현지의 조직들을 조정하고, 또 다른 기업은 조직의 학습역량을 구축하기 위해 전 세계의 지식과 전문성을 연계했다.

점점 더 '회사만의 방식'이 되어버린 조정 관행은 과부하를 일으킬 뿐만 아니라 현재의 니즈에도 점차 부적절했다. 경영자들은 분명히 이전에는 충분히 활용되지 않았던 광범위한 프로세스와 특정한 메커니즘들을 구축하고 적용할 필요가 있었다. 유럽기업들은 멀리 떨어진 그들의 해외조직들에 대해 보다 중앙집중화된 조정방식의 힘과 단순함을 알아보기 시작했다. 일본기업들은 더 공식적인 시스템과 루틴화된 정책들을 채택하여 그들의 전통적인 시간 소모적이고, 상황마다 상이한 협상방식을 보완했다. 미국 경영자들은 그들 기업에서 이제까지 무시당했던 비공식적인 프로세스와 가치시스템을 형성하고 관리하는 것에 새로운 관심을 가졌다.

우리가 연구한 거의 모든 기업들에서 경영자들은 활용도가 낮은 조정수단들을 확장하고 강화하기 위해 적극적으로 노력하고 있었다. 그러나 조직구조의 재구성 및 새로운 경영 관점 및 역량개발(제5장과 제8장 참조)과 마찬가지로 이런 작업은 신속하고 손쉽게 구현될 수 없었다. 더욱이 새로운 수단 혹은 메커니즘을 구축한다고 해서 효과적인 새 프로세스가 자동적으로 개발된다는 보장도 없었다.

예를 들어, 1972년 초에 필립스는 국가별 조직들 전반에 걸쳐 활동을 통합하기 위한 목적으로 아인트호벤에 있는 제품사업부의 조정역량을 강화하고자 했다. 제품전략은 전 세계적 차원의 조정활동을 위해 특히 중요하다고 여겨졌으며, 필립스의 경영진은 제품사업부에게 '전 세계적 품목정책'worldwide article policy(제품전략과 시장전략 및 이것들을 달성하기 위한 이행계획으로 정의됨)을 조정할 책임을 명확히 하는 지침을 발표했다. 그러나 1986년 코르 반 데르 크룩트Cor van der Klugt가 필립스의 회장이 되었을 때, 그는 제품사업부가 14년 전에 그들에게 배정된 역할을 수행하기 위해 여전히 애쓰고 있다는 것을 발견했다.

필립스의 한 시니어 경영자는 "국가별 조직NOs: National Organizations 경영자들의 자질이 제품사업부PDs: Product Divisions보다 우수하다는 인식이 만연했습니다. 이런 인식은 당연히 국가별 조직은 단순히 제품사업부의 결정에 따르지 않을 것이라는 것을 의미합니다. 제품사업부의 경영진은 전 세계적인 전략을 직접적으로 지휘할 권리를 반드시 확보해야 합니다"라고 말했다.

우리는 다른 기업들에서도 동일한 현상을 많이 보았다. 1977년 마쓰시타 창업자의 아들 마사하루 마쓰시타Masaharu Matushita는 회장으로 취임한 직후 새로운 시스템, 특히 보다 엄격한 중장기계획을 육성하는 시스템을 도입하기 위해 큰 노력을 기울였다. 비록 새로운 시스템들이 조직에 어느 정도 영향을 미치긴 했지만, 대부분의 해외자회사 경영자들은 새로운 시스템이 마쓰시타의 주류 경영 프로세스에 통합되기보다는 별개로 운영되는 시스템으로 간주했다.

필립스, 마쓰시타 그리고 많은 다른 기업들은 새로운 조직적 역량이나 새로운 경영 관점과 같은 새로운 조정 프로세스는 개발과 실행에 있어 장기적이며 일관된 경영진의 관심을 필요로 한다는 것을 배웠다. 그것들은 독창적인 설계에 의해 만들어질 수도 없고 경영진의 명령에 의해 수립될 수도 없다. 새롭게 정의되는 보고관계, 재정의된 공식적 시스템, 신중하게 계획된 경영개발 프로그램 등은 중앙집중화, 공식화, 사회화 프로세스의 개발에 적절한 틀을 제공할 수 있다. 하지만 이를 효과적으로 만드는 데 필요한 경영진의 태도와 조직적 관계들은 실질적인 최고경영진이 장기간에 걸쳐 육성해야만 개발될 수 있는 것이다.

새로운 조정 프로세스의 개발과 구조적 변화의 실행 또는 다양한 경영 관점의 정당화 사이에는 또 다른 중요한 유사점이 있다. 가장 핵심적인 과제는 새로운 프로세스를 구축하고 기업에 덧입히는 동안 기존의 프로세스를 보호하는 것이다. 새로운 수단과 메커니즘은 서서히 그리고 정밀하게 도입되어야 한다. 그래야만 기존의 조정수단을 줄여버리거나 훼손하지 않는다. 뿐만 아니라 새로운 수단과 메커니즘이 기존의 시스템에 의해 중화되거나 포섭되지 않도록 강력한 지지가 뒷받침되어야 한다.

비록 유니레버의 최고경영진은 국가별 해외자회사에서 전략과 운영의 통합을 개선할 필요가 있다는 것을 인식했지만, 그들은 경영 프로세스의 급격한 변화가 과거에서부터 조직단위들을 연결시켜 온 강력하게 내부화된 가치관들과 강력한 비공식적 관계들을 위협할 수 있다는 점에 우려를 나타냈다. 유니레버의 최고경영진이 국가별 해외자회사 전반에 걸쳐 제품라인별 통합수준을 개선할 책임을 지는 본사조직을 만들었을 때, 그들은 의도적으로 이 새로운 조직을 제품사업부 혹은 제품담당 경영자로 칭하지 않고, 한결 더 모호한 직함인 '제품 코디네이터'라고 명명했다. 이들이 강력한 비공식 프로세스의 일부가 되도록 만들기 위해, 이러한 제품조직의 경영자들은 처음 15년간은 아주 미약한 공식적 권한을 지닌 조정기능을 수행해야 했다. 대신에 그들은 유니레버 내 지배적이었던 사회화 프로세스를 구성하는 메커니즘을 통해 자신들의 신뢰성과 영향력을 구축했다. 마침내 유럽지역사업에 대한 공식적인 라인권한을 부여받은 후 이들은 비공식적 관계와 가치를 존중하고 유니레버의 핵심적인 사회화 프로세스를 손상시키지 않은 채 중앙집중화와 공식화라는 새로운 수단을 도입할 수 있었다.

한편 국제적인 조정수단을 확대하려는 카오의 시도는 좌절되었다. 새롭고 정교한 정보 및 기획시스템과 통합적 조직개발 프로세스는 모두 지배적인 경영진에 의해 도입되었고 중앙집중화를 이용한 조정활동에 대한 편향을 강화하는 데 사용되었다. 기능부문 경영자들은 새로운 자동화 정보시스템을 이용했는데, 기능부문 경영자들은 이 시스템을 통해 해외사업들을 보다 직접적이고 빈번하게 개입할 수 있는 온라인 실시간 데이터를 입수할 수 있었다. 그들은 또한 기획시스템을 통제하고 해외자회사들이 지역 본사를 거치치 않고 자신들에게 직접 보고하게 했다. 최고경영진이 해외사업의 중요성을 국내 경영자들에게 인식시키기 위해서 조직개발 프로그램을 시행하였을 때, 그들은 이 프로그램을 통해 해외 경영자들의 역할과 위상이 높아지고 의사결정과정에 더 많은 영향력을 행사할 수 있게 되길 희망했다. 그러나 본사의 기능부문 경영자들은 이 프로그램을 통해 그들이 해외사업에 더 많이 관여할 수 있다는 신호로 이해했고, 결국 중앙집중화 프로세스는 한층 더 강화되었다

조정역량을 강화하는 데 가장 성공적이었던 기업들은 두 가지 형태의 조정수단과 조정 메커니즘을 구축했다. 그것은 바로 자기규제와 관리였다. 초국적조직의 핵심이었던 조직단위 간의 상호의존성은 실질적으로 덜 직접적인 관리를 요구하는 새로운 조정 메커니즘을 개발하는 것을 가능케 했다. 연구개발 노력을 시장의 수요에 연계시키는 마쓰시타의 창의적인 방법(즉 연구주제를 '입찰bidding'하기 위해 제품사업부가 마련한 사내의 모의 시장환경과 판매조직이 제품사양에 대해 공장과 협상할 수 있는 상품화회의 등)은 자기강제적인self-enforcing 그리고 자급자족의self-sustaining 조정수단을 만들었다. P&G의 유로브랜드팀에 대한 책임 분배는 자회사 간 협력과 조정을 장려하는 유사한 자기규제적 메커니즘self-regulating mechanism을 만들었다.

위의 사례 그리고 이와 유사한 사례들에서 우리는 기업들이 내부시장의 보이지 않는 손을 통해 관리되는 통합의 보이는 손을 보완하는 것을 발견했다. 직접적인 관리시간과 노력이 덜 드는 것 이외에도 조직의 상호의존성과 내부시장 메커니즘을 기반으로 하는 조정 프로세스는 종종 관리되는 조직 프로세스의 '고착성stickiness'을 극복하는 것처럼 보였으며, 환경 변화에 보다 더욱 유연하고 반응적이었다. 여기에서의 위험은 자기규제시스템의 참여자들이 더 광범위한 조직적 목표에 동화되지 않았을 때 발생된다.

이 경우 자기규제시스템의 참여자들은 편협한 지역주의적 태도나 자발적 행동으로 인해 프로세스 협상을 공유되는 몰입이 아닌, 받아들일 만한 타협과 절충안을 만드는 거래로 변질시킬 수 있다는 것이었다. 그러나 경영진이 그런 위험으로부터 프로세스를 보호할 수 있다면 '보이지 않는 손' 메커니즘은 우리가 설명한 관리수단의 강력한 보완책이 될 수 있다.

조정역량의 분배

조정수단의 다각화된 포트폴리오를 개발하는 것은 초국적기업 경영자들이 직면하는 어려움 중 일부였을 뿐이다. 조직적 니즈에 가장 적합한 프로세스를 결정하는 과업도 마찬가지로 중요했다. 전체적인 조정역량의 부족과 조정수단의 생성 및 운영비용에서의 차이가 컸기 때문에, 이러한 결정은 대부분의 기업에게 매우 중요했다.[11]

우리는 어떻게 경영자들이 다양한 수단과 프로세스들을 가장 적절하게 사용할 수 있는가를 분석하던 도중, 조정 작업의 두 가지 차원에 초점을 맞추는 것이 도움이 된다는 것을 발견했다. 첫 번째는 조직단위 간 흐름의 조정coordination of the flows과 관련이 있으며, 두 번째는 조직단위의 전략적 역할과 책임의 조정coordination of the units' strategic roles and responsibilities과 관련이 있었다.

모든 조직에 이러한 세 가지 흐름들이 중요했지만, 초국적기업에서 이것들은 특히 더 중요했다. 세 가지 흐름 중 첫 번째는 상품의 흐름이었다. 기업들이 원자재 및 기타 공급품을 조달하고, 부품 및 하위부품의 흐름을 연결하고 전문화된 구매조직, 주요 구매공장, 광범위한 조립라인 운영 및 현지 판매 자회사의 통합된 네트워크를 통해 완제품을 유통하는 복잡한 상호 연결이 그것이다. 두 번째는 자원의 흐름으로 이는 자본의 배분과 배당금의 송금뿐만 아니라 시스템을 통한 기술이전과 인력이동을 포괄한다.

세 번째는 정보의 흐름으로 이는 초국적기업이 전 세계 국가별 해외자회사 네트워크로 원천 데이터, 분석된 정보, 그리고 축적된 지식 등을 확산시키는 것이다.

상호의존적인 조직들이 복잡하게 통합된 네트워크에서 상품의 흐름을 조정하는 것은 매우 어려울 수 있다. 그러나 대부분의 기업에서 이러한 조정 프로세스는 명확한 절차와 강력한 시스템이 일단 한번 수립되면, 조직의 하위수준에서 효과적으로 관리될 수 있었다.[12] 조정 프로세스 수립비용은 재무 및 관리적 측면에서 높을 수 있지만, 이 프로세스의 운영에는 제한된 자원만을 필요로 해야 한다. 그러한 흐름이 상당히 일정하거나 적절하게 예측될 수 있다는 사실로 인해 상품의 흐름은 공식화된 경영 프로세스의 전형적 후보로 꼽힌다. 예를 들어, 에릭슨은 15개 국내공장의 네트워크 내에서 가능한 한 많은 절차를 표준화하고 물류 통제를 공식화함으로써 주로 텔렉스telex 보고서를 통해 제품과 자재를 조정하는 법을 배웠다. 제조부문의 한 시니어 경영자는 "이러한 경험을 통해 에릭슨은 부담스러운 조정 프로세스를 개발하지 않고도 고도로 상호의존적이면서도 전 세계에 광범위하게 분산된 시설들을 운영하는 방법을 이해하는 데 도움이 되었다"고 말했다.

재무, 인적, 기술자원의 흐름을 조정하는 것은 더 어렵다. 이러한 희소자원의 배분은 기업의 주요 전략적 선택을 반영하기 때문에 기업 차원에서 통제되어야 한다. 우리는 초국적기업을 다양한 니즈와 관점을 지닌 조직으로 묘사했는데, 그중 많은 것들이 상충되고 모든 것이 변화하고 있다. 그러한 조직에서는 전체 상황을 개괄적으로 파악할 수 있는 시각을 지닌 경영자만이 프로젝트의 자금조달, 부족한 기술자원의 공유, 그리고 조직적 기술과 역량의 배분 등에 대한 중요한 결정을 내릴 수 있다. 자원의 흐름을 관리하는 것은 중앙집중화를 통한 조정의 전형적 사례이다.

중앙집중화는 우리가 관찰한 가장 일관성 있는 조정방식이었다. 모든 기업에서는 주요 자금 요청과 주요 인사를 임명하는 결정권은 명백히 이사회를 포함한 최고경영진이 보유하고 있었다. 또한 공식적으로 명시되지는 않았지만, 거의 보편적인 사실은 라이선싱, 합작투자계약 또는 기업 특허 및 기타 핵심적인 기술적 자원의 이전 또는 할당과 관련된 기타 사안들에 대해 최고경영진은 직접 통제하고 싶은 욕구가 있었다.

아마도 가장 어려운 과제는 초국적조직을 운영하는 데 필요한 전략적 정보와 독점적 지식의 방대한 흐름을 조정하는 것이다. 정보 흐름의 다양성과 변화가능성은 공식화된 시스템이나 표준화된 정책을 통한 조정을 불가능하게 하며, 조정이 중앙화되면 정보의 엄청난 양과 복잡성으로 본사에 과부하를 초래할 것이다. 전 세계의 조직들이 다양한 환경을 적절하게 분석할 수 있도록 하는 가장 효과적인 방법은 현지 경영자들을 광범위한 기업목표와 우선순위 그리고 다른 조직의 니즈와 역량에 대해 민감하게 만드는 것이다. 그 목표는 관련 지식을 가진 인력을 이전하거나 자유로운 정보교환과 조직 간 학습을 촉진할 수 있는 조직적 회의체를 설립함으로써 가장 잘 달성될 수 있다. 요약해 보면 정보 흐름의 조정은 사회화 프로세스의 가장 전형적인 후보라고 할 수 있다.[13]

마쓰시타는 보다 선진화된 해외조직으로부터 발생된 학습을 활용하기 위해 이러한 프로세스를 개발하는 데 성공했다. 마쓰시타는 자회사들 간에 더 긴밀한 수평적 관계를 형성하고 발전시킴으로써 자회사 경영자들이 학습 내용을 직접적으로 공유하도록 유도했다. 이른바 '블록 미팅block meetings'은 성과를 비교하고 '우수 사례best practices'를 강조하기 위해 지역별 자회사들 사이에서 개최되었는데, 일반적으로 가장 선도적인 역량을 지닌 자회사가 회의를 주최하는 역할을 맡았다. 자회사 간 건전한 경쟁을 유도하는 것 외에도 이 회의는 유사한 운영규모, 유사한 운영문제 및 유사한 생산단계에 있는 자회사들의 경영자들이 정기적인 정보교환과 지식 확산의 근원이 되는 관계를 발전시킬 수 있도록 했다. 예를 들어, 마쓰시타 대만 자회사의 영상 및 가전부서 경영자들은 말레이시아 자회사 및 인도네시아 자회사의 영상 및 가전부서로부터 '큰형big brothers' 대접을 받는 것에 자부심을 느꼈다.

당연하게도 이러한 흐름과 프로세스 간 적합성의 광범위한 특성 중 그 어느 것도 절대적이지 않으며, 기업들은 세 가지 흐름을 모두 관리하는 데 다양한 조정 메커니즘을 사용한다. 예를 들어, 다수의 공장들이 본래의 용량보다 낮은 수준으로 운영되거나 또는 만약 비용구조나 현지국정부의 요구가 변경될 때, 현지국에 배정된 제품에 대한 물자의 흐름은 중앙에서 조정될 수 있다. 또한 다수의 일상적 정보 흐름은 적절한 MIS시스템이 구축된 경우 공식화를 통해 조정될 수 있다.

기업들은 초국적기업 내에서 다양하게 존재하는 각 개별 조직의 역할에 맞게 조정 프로세스를 차별화했다(제6장 참조). 예를 들어, 실행자 역할을 부여받은 (비전략적 환경에서 제한된 역량을 보유한) 자회사는 기업의 정보 흐름에 기여할 능력이 거의 없고, 이들의 대부분은 조직자원 흐름의 순환고리에서 벗어나 있다. 그러나 실행자 역할의 자회사들은 보통 그들이 판매하는 제품에 대해서 초국적기업 내 다른 조직에 크게 의존하기 때문에 제품조정에 관련된 기업 프로세스에서는 주된 초점focal points이 될 수 있다. 따라서 이들이 부여받은 조직적 역할을 고려할 때, 실행자 역할의 자회사들은 공식화된 시스템에 의해 관리되는 경향이 있으며, 이 덕분에 본사는 최소한의 기업관리시간을 사용하며 자회사들의 활동을 조정할 수 있었다.[14]

기여자의 역할을 수행하는 자회사의 상황은 사뭇 달랐다. 상당한 내부자원 덕분에 기여자 역할의 자회사들은 일반적으로 제품과 원료를 위해서 초국적기업 내 다른 조직에 의존할 필요가 적었다. 그리고 기여자가 속한 현지환경은 전략적 중요성이 낮기 때문에 현지환경에 관한 정보는 초국적기업 내 다른 조직에게는 그렇게 중요하지 않았다. 상품과 정보의 흐름에 대한 그들의 입지는 종종 제한적이었지만, 조직자원의 흐름에 있어 이 자회사들의 역할은 중요했다. 경영진은 기여자 역할을 부여받은 자회사들의 과도한 역량을 전략적 중요성이 덜한 현지환경에 집중하지 않고, 중앙 혹은 글로벌 과업으로 전용轉用해야 했다. 기업 차원의 자원 흐름 시스템에서 기여자 자회사들을 필수요소로 만들기 위해 이들의 활동은 본사의 상당히 직접적인 조정하에 놓이기도 했다.

전략적으로 중요한 환경에 위치했으나 보유한 역량이 제한적인 자회사들은 블랙홀로 분류되었는데, 이들의 핵심과제는 본사가 그들이 속한 현지환경에 관한 중요한 정보를 이용할 수 있게 접근성을 확보하는 것이었다. 또한 자회사를 블랙홀상태에서 벗어나게 하기 위해 노력했던 본사의 또 다른 과제는 해당 국가의 전략적 중요성에 적합한 자회사의 현지 역량 개발을 장려하고 이에 필요한 추가적인 자원을 공급하는 일이었다. 이 경우 사회화 프로세스가 정보의 이전에 가장 적절하였으나, 본사의 자원을 블랙홀 자회사에 다시 집중시키기 위해서는 중앙집중화 프로세스도 필요했다. 대개 이런 자회사들은 중앙의 통제와 함께 자급자족 및 독립성을 키우려는 시도의 균형을 유지하는 방식으로 관리되었다.

마지막으로 전략적 리더 역할을 하는 자회사들은 필연적으로 기업의 완제품 및 독점적 지식의 주된 원천이었고, 따라서 상품 및 정보의 흐름에 깊이 관여했다. 이들 자회사들은 대부분 사회화와 공식화 프로세스를 통해 관리되었는데, 그중 사회화가 더 지배적이었다. 비록 사회화는 가장 값비싼 조정수단이었지만 전략적 리더 자회사의 통제하에 있는 상당한 현지 자원과 그들이 관리해야 했던 환경의 복잡성으로 인해 높은 비용이 정당화된다. 사회화는 본사의 경영진들이 전략적 리더의 기업가적 역량과 혁신적 역량을 개발하는 데 사용할 수 있는 가장 적절한 방법이다. 왜냐하면 사회화는 자회사 경영진에게 실질적인 자율성과 그들의 행동이 전사적인 전략적 목표와 우선순위에 부합하도록 보장하는 틀을 제공하기 때문이다.

차별화된 조정 프로세스의 본질에 대한 보다 폭넓은 우리의 관찰을 검증하기 위해서 우리는 사례 기업들 중 세 곳을 골라 본사–자회사관계에 대한 보다 상세한 분석을 수행했다. 이 분석은 초판 발행본의 부록에 수록되어 있으며, 그 결과는 일반적으로 우리의 가설을 확인하고 본서에서 제시하는 폭넓은 결론들을 뒷받침한다.[15]

비록 차별화된 접근법이 가치 있는 것처럼 보이지만 우리는 각 조직단위가 하나의 조정 프로세스에 의해 관리되어야 한다고 제안하는 것은 아니다. 실제로 우리의 연구결과는 그 반대의 측면을 시사한다. 효과적인 조직 조정 프로세스는 다차원적이고 유연해야 한다. 더욱이 자회사는 제품이나 사업에 따라 다양한 역할을 하기 때문에 한 제품의 리더 역할을 하는 자회사는 다른 제품에 대해서는 기여자 역할을 할 수도 있고, 또 다른 제품에 대해서는 실행자 역할을 할 수도 있다. 우리가 발견한 중요한 사실은 기업들이 그들의 조직단위들을 조정하는 방법을 차별화할 수 있어야 하며 또 그래야만 한다는 것이다. 경영진은 업무의 성격과 조정 중인 단위의 전략적 역할에 따라 권한의 집중화, 시스템의 공식화, 경영진의 사회화 조합을 다양하게 활용할 수 있어야 한다.

초국적 조정: 통제부터 참여까지

점점 더 복잡해지는 조직적 조정업무에 직면한 많은 기업들은 증가하는 조정업무의 수와 다양성을 관리함으로써 프로세스들을 단순화하는 방식으로 대응했다. 제한된 도구와 프로세스에 의존함으로써 조직들은 친숙하고 편한 '회사만의 방식'을 개발할 수 있었다.

그러나 많은 기업에서 조직적 정교화와 유연성에 대한 요구가 늘어남에 따라 경영의 단순함을 탐색하려는 시도가 생겨나게 되었다. 경영자들은 하나의 지배적인 조정 프로세스에 대한 편향이 비효율적이라는 사실을 인식하기 시작했다. 본사 경영자들이 필요한 결정을 내리기 위한 지식이 부족할 때 그 결정은 본사에서 중재되었고, 루틴화된 일상적 문제들은 비용과 시간이 많이 소요되는 단체협상을 통해 해결되었다. 마찬가지로 모든 조직단위들을 동일한 기본 프로세스로 관리하는 방식은 보편적 구조와 책임과 관련된 문제들(제6장에서 설명한 바 있는 이른바 UN 모델)을 야기했다.

결국 경영자들은 광범위한 조정 메커니즘을 개발하고 그것들을 차별적인 방식으로 적용하게 된다.[16] 초국적 경영 프로세스로 이어지는 데 있어 핵심적인 요소는 각기 다른 수단과 메커니즘을 따로 그리고 또 같이 유연하게 사용할 수 있는 고위 경영자들의 능력이다.

우리가 강조했던 초국적조직을 개발할 때 중요한 것은 최고경영진의 관심이 그러한 조직을 관리하는 데 필요한 구조, 시스템 및 프로세스를 넘어서 확장되어야 한다는 것이다. 모든 조직적 프로세스가 개인의 이해와 헌신의 토대 위에 구축되어 있다는 것을 인식함으로써 최고경영진은 개별 구성원들이 잘 이해하지 못하는 조직체계에 종속되기보다는 개별 구성원들이 기업의 비전을 공유하게 하는 경영 마인드를 기업 전체에 걸쳐 구축할 필요가 있다. 이제 우리는 바로 이 중요한 요소, 즉 조직에 대한 경영자들의 헌신을 키우고 관리하는 것을 살펴볼 것이다.

CHAPTER 10

헌신의 구축: 경영자의 사고방식에 매트릭스 세우기

초국적조직의 큰 장점은 조직 자체에 유연성이 있다는 것이다. 분산된 자산과 자원의 통합 네트워크를 통해 기업은 환노출, 정치적 위험 또는 중앙집중화의 비경제성을 겪지 않고도 전문화의 효율성을 확보할 수 있다. 다차원적인 경영 관점과 역량의 개발은 기업들이 그 원천과 관계없이 잠재적 기회와 문제들을 감지하고, 변화에 신속하고 적절하게 대응할 수 있게 한다. 그리고 자회사 역할의 차별화를 통해 기업들은 조직자원을 연결 및 활용하고 그것들을 환경적 니즈 혹은 기회와 매칭시킬 수 있다.

하지만 초국적조직의 이러한 특성들은 또한 가장 큰 문제의 원인이 되기도 한다. 초국적조직은 분열과 낭비라는 엄청난 힘에 대처하는 법을 배워야 한다. 강력한 통합의 원천이 없다면 이러한 초국적기업은 조직적 무정부상태로 악화될 위험 또는 더 심한 경우 서로 투쟁하는 자회사들을 보유한 국제적 네트워크가 되는 위험에 직면할 수 있다.[01]

우리가 연구한 기업들 중 일체감을 가장 잘 제공할 수 있었던 기업들은 자산의 재구성, 역할 재정립, 경영시스템의 재구성 등과 같은 초기단계를 넘어선 기업들이었다. 최고경영진은 조직 내 개별 경영자들의 인식과 행동에도 동등하게 관심을 기울였다. 최고경영진은 개별 경영자들이 기업의 목표와 가치에 대한 이해를 공유하고, 더 큰 목표를 인지하며, 전사적인 현안들에 대해 헌신할 수 있게 노력했다.[02] 이러한 최고경영진의 사고방식은 초국적구조와 프로세스가 갖는 원심력의 균형을 잡는 '글로벌 접착체 global glue'의 역할을 한다.[03]

개별 경영자수준에서 조직에 대한 그들의 이해, 인지 그리고 헌신을 구축하는 쉬운 방법은 없다. 그러나 이 과업을 가장 성공적으로 수행한 기업들에게는 몇 가지 공통점이 존재했다. 근본적으로 그러한 기업들은 명확하고 일관되게 기업 비전에 대한 공통의 이해를 구축했다.

그러나 경영자는 일상적인 의사결정에서 추상적인 기업의 비전을 해석하거나 일반화된 기업목표가 지닌 운영적 시사점을 파악하기 어려운 경우가 빈번했다. 광범위한 기업의 비전을 행동으로 전환하는 비결은 기업목표의 논리와 중요성을 경영자들이 얼마나 이해하고 수용하느냐에 달려있으며, 이것은 바로 우리가 이번 장에서 설명하게 될 두 번째 핵심과제이다. 개별 경영자들의 관점과 관계들을 넓히도록 도와줌으로써 기업은 개별 구성원들을 조직 전체와 동일시할 수 있다.

세 번째 과제는 가장 어려울 수도 있지만 이는 기업목표에 대한 개개인들의 헌신을 끌어내기에는 가장 강력할 수 있다. 이 작업을 가장 성공적으로 수행한 기업들은 우리가 '참여co-option'라고 부르는 프로세스를 통해 개인들의 이해와 조직 동일시를 공고히 한 기업들이었다. 경영자들에게 기업의 광범위한 비전의 성취에 있어 직접적 역할을 부여하는 것은 그들의 수동적 수용성을 능동적 헌신으로 전환하는 강력한 수단이 될 수 있다.

공유된 비전을 구축하기

전략적 과업이 복잡하고 변경이 가능할수록, 또 조직적 단위들이 분산되고 차별화될수록 개별 경영자들은 혼란에 빠질 수 있는 가능성이 높다.

경영자들, 특히 해외조직에 종사하는 이들과의 수많은 대화에서 우리는 기업의 전략, 우선순위 또는 전체적인 방향성에 대한 이들의 이해도가 상당히 낮다는 것을 발견하고는 큰 충격을 받았다. 하지만 일부 기업의 경우 경영자들은 해당 기업의 목표를 상당히 예리하게 파악하고 있었다. 이런 기업들은 명확한 목적의식을 세우고 그것을 전달하기 위해 전 세계의 경영자들과 효과적으로 의사소통했다.

가장 효과적으로 신중하게 수립되고 잘 정립된 기업의 비전은 전략적 방향성의 지표가 되고, (그저 여러 은유를 혼합하는 데 그칠 수 있는 위험에도 불구하고) 조직 안정성의 기준이 될 수도 있다. 그렇지 못한 다른 기업들에서 비전은 솔깃하지만, 비효율적인 홍보수단에 지나지 않는다. 성공적인 사례에는 다음과 같은 세 가지 특징이 있다. 목표를 이해하고 의미 있게 만드는 명확성clarity, 목표를 추구하는 지속성continuity, 목표를 해석하고 조직 전체에 적용하는 일관성consistency이 바로 그것이다.[04]

목표의 명확성

전 세계 대기업에서 일하는 대부분의 경영자는 하나의 활동을 전문으로 하며 기업의 업무 전체 중 한 측면에 중점을 둔다. 명확한 기업 비전은 이런 경영자에게 그들의 역할과 책임에 대한 배경과 의미에 대해 의미를 부여하는 폭넓은 프레임을 제공한다. 그러나 지나치게 모호하거나 복잡하거나 추상적인 목표는 경영자들 개개인의 노력을 조직 전체의 우선순위에 연결하는 기반이 되기 힘들다. 우리의 관찰에 따르면 기업 비전을 효과적으로 공유하는 데 꼭 필요한 사항은 그것이 명확하게 표현되고 전달되어야 한다는 것이었다. 기업의 목표는 단순성, 관련성, 강화라는 세 가지 보완적 요소에 의해 그 서술이 한층 더 명확해졌다.

'컴퓨터와 통신computers and communications'에 대한 NEC의 약속은 기업

의 광범위한 전략적 취지에 대해 경영자들의 관심을 집중시키는 간단한 목표 서술의 가장 좋은 예이다. 슬로건이 아닌 이른바 'C&C'철학은 기업의 비즈니스 포커스를 설정하는 것 이상의 의미가 있었다. 그것은 또한 기업의 차별화된 경쟁력과 그에 따른 전략적, 조직적 과제를 정의했다(NEC의 C&C능력과 비교했을 때 컴퓨터개발에 느렸던 AT&T는 속칭 'c&C'기업이 되었고, IBM의 능력은 'C&c'로 묘사되었다). 이런 상징성을 통해 NEC의 최고경영진은 복잡한 전략 및 조직 개념을 매우 간단한 방식으로 전달했다. 전 세계의 경영자들은 두 비즈니스의 통합과 기술이 NEC의 중요한 조직적, 전략적 우선순위를 나타내고, IBM이나 AT&T와 같은 대기업들에 경쟁우위를 제공한다는 것을 이해했다.

관련성은 또한 기업의 비전을 명확히 하는 데 중요하다. 추상적인 목표는 전파하기 어려울 뿐만 아니라 이해하기도 어렵지만, 광범위한 목표들을 경영자들의 현안에 연관시킨 기업들은 비전의 명확성을 확보할 수 있었다.

비스 데커Wisse Dekker 박사가 필립스Philips의 경영을 맡았을 때, 그는 경영자들이 각자 맡고 있는 독립적 조직을 보다 효과적으로 조정하도록 동기를 부여하기 위한 통일된 목표가 필요하다는 것을 알았다. 고위 경영진과 함께 그는 조직의 관심을 일본에 대한 경쟁적 지위를 확보하는 문제로 집중시켰다. 실제로 그러한 도전은 기업으로서 국가적이라는 용어로 설명되었다. 미국은 세계 가전시장에서 글로벌 경쟁력을 달성하기 위한 전쟁을 포기한 상태였고, 필립스는 일본의 반란에 맞서는 유럽의 마지막 방어선이었다. 필립스의 경영진은 그 도전에 대한 조정된 대응에 집중할 수 있었다. 공장운영의 합리화, 비용절감 노력, 품질개선 프로그램, 판매, 수입 및 재고목표를 달성하기 위한 전사적 캠페인은 모두 일본에 대항해 경쟁력을 유지한다는 공유된 의식에 의해 주도되었다

비전을 명확히 하는 세 번째 방법은 최고경영진이 핵심비전을 지속적으

로 강화하고 정교화하며 해석하는 것이다. 이렇게 함으로써 비전은 결코 쓸모없거나 과도하게 일반화되지 않는다. 비전을 가장 효과적으로 해석하고 업데이트한 회사는 마쓰시타Matsushita다. 마쓰시타 고노스케Matsushita Konosuke의 250년(또는 25년 단계들 중 하나) 비전은 경영자들의 일상업무에 대해 일반적인 가이드 외의 다른 것을 제공하기에는 지나치게 광범위했다. 마쓰시타가 종종 인용했던 산업, 공정함, 조화 그리고 협동을 통한 서비스인 '일곱 가지 정신Seven Spirits' 역시 광범위하기는 마찬가지였다. 그러나 마쓰시타의 최고경영진은 언제나 그 광대한 비전이 구체적인 목표와 우선순위로 해석되길 원했다. 매년 1월 기업 내 최고임원들은 조직을 위한 목표를 설정하고, 그 핵심주제는 당해 년의 슬로건에 포함된다. 연간 목표들은 장기적 목표와 가치를 한층 더 광범위하게 만들기도 하지만, 그것들은 어쨌든 현장의 언어로 명시될 수 있고, 경영자들이 광대한 비전을 실행하도록 이끈다.

목표의 지속성

아무리 강력하고 통일된 기업 비전이라 할지라도 그에 대한 지속적 실행을 다짐하는 경영진의 노력이 없다면 비전은 사라질 수 있다. 수많은 국제적 압박과 제약에도 불구하고 기업들은 반드시 핵심전략목표와 조직가치를 유지하기 위해 노력해야 한다. 이런 지속성이 없다면 제 아무리 통일된 비전일지라도 빨리 사라지고 만다.

연구를 통해 우리는 지속성의 부족으로 인해 국제적 확장과 개발이 저해된 기업들을 살펴보았다. 일부 기업은 리더십의 변화로 인해 해외사업 운영에 대한 공약을 철회하거나 다시 시작하는 등 어려움을 겪기도 했고, 일부 기업들은 해외사업 우선순위의 급작스러운 변화로 인해 방향이 틀어지는 일도 있었다(1970년대 말 브라질, 1980년대 초 중국, 1980년대 말

러시아가 국제적 주목과 관심의 대상이 되었다). 그리고 또 다른 기업들은, 특히 경제적, 정치적 변동성이 높은 국가에서 단기의 이익에 대한 압력이 장기의 전략적 이익을 추월했을 때 휘청거리고 있었다.

우리가 사례로 살펴본 기업들 가운데 연속성의 영향(혹은 연속성의 부족)이 브라질 자회사들만큼 분명하게 나타나는 곳은 없었다. 제너럴 일렉트릭General Electric과 유니레버Unilever 자회사들의 경험이 보여주는 대조는 시사하는 바가 많다.

우리는 제5장에서 GE가 CEO 보쉬Borsch와 웰치Welch의 지휘 아래 소비자 가전시장에서의 국제전략적 태도가 어떻게 진화하였는지 살펴보았다. 이러한 전략적 변화는 현지경제 및 정치 상황의 변동과 함께 많은 국가들, 특히 과거에 GE의 국제적 거점이었던 브라질에서 경쟁력이 약화되는 결과를 낳았다. 1930년대 브라질시장에 진출한 GE는 전후시대 소비자 가전제품시장에서 독보적인 자리를 차지했다. 사실 GE는 브라질의 라디오, TV, 오디오 비즈니스에 최초로 진출한 기업으로, 몇 년간 이 제품들의 유일한 외국 제조사로서의 지위를 유지했다. 1960년대 초 GE의 브라질자회사는 미국 라디오시장에 저비용으로 상품을 공급할 것을 제안했다. 이에 모회사는 GE는 라디오를 주력으로 삼고 있지 않으며(이 시기는 바로 미니 GE의 시대였다), 당시 브라질시장에서 붐이 일기 시작했던 컬러TV에 주력할 것을 촉구했다. GE 브라질은 모회사의 지시를 따르고, 1960년대 중반 컬러TV가 시장에 출시된 후 일본 제조사들이 브라질로 진출하여 브라질 북쪽의 면세지역 마나우스Manaus에 저임금으로 운영되는 공장을 세우기 시작했다. 브라질에서의 리더십 포지션에도 불구하고, GE는 브라질의 표준전파방식으로 채택된 독일 PAL기술의 개발을 원하지 않았고, 생산공장을 마나우스지역으로 옮기려고도 하지 않았다. 1968년 GE는 TV 비즈니스를 철수하기로 결정하고, 주력 가전제품 및 가정용품 비즈니스에 집중하기로 결정했다.

GE는 또한 1950년대 후반까지 현지 제조공장을 세워 브라질의 냉장고 및 에어컨시장에 최초로 진출한 기업이었다. 1970년대 GE의 브라질 매출이 5억 달러에 이르자 강력한 현지 경쟁자들이 등장하기 시작했다. GE의 의사결정 프로세스에 중요한 구체적인 전략계획을 검토하며, GE 본사 경영진은 줄어드는 시장점유율과 수요의 변동, 가격통제 및 브라질 가전제품 비즈니스의 공격적 경쟁 상황에 대해 우려하기 시작했다. 제품군과 제조효율성이 글로벌 경쟁에 취약하다고 판단한 경영진은 1981년 해당 비즈니스를 브라질시장에서 철수하기로 결정하고, 현지 경영진에게 GE가 우세를 점하고 있는 브라질 가정용품시장에 집중할 것을 독려했다.

웰치가 CEO이던 시절, GE의 경영자들은 글로벌 경쟁적 지위에서 비즈니스를 평가해야 했다. 저 먼 동양에서 온 경쟁사들의 저가비용에 대항하기 위한 마지막 노력으로, GE는 소형 가전제품시장에서 대담한 실험이었던 '세계 아이언 프로젝트World Iron Project'를 시작했다. 브라질과 함께 저렴한 노동력을 가진 국가에 위치한 두 개의 글로벌 규모의 생산공장이 GE의 글로벌 물량을 공급하게 되었다. 하지만 웰치의 경영하에서 전 세계 1위 또는 2위가 아닌 비즈니스는 철수되곤 했다. 세계 아이언 프로젝트가 시작되고 2년여가 지난 후, GE 경영진은 블랙앤데커Black and Decker에게 글로벌 가정용품 비즈니스를 매각했다.

20년 후, 소비자제품시장에서 GE 브라질은 독보적인 지위를 잃어버렸다. 근본적 문제는 GE의 경영자들이 자사의 전반적인 전략 가운데 자신들의 역할이 무엇인지 해가 거듭될수록 이해하지 못했기 때문이다. 부족한 노력과 일관성으로 인해 GE의 세계 소비자제품에서의 위상은 점차 약해지고 결국 사업을 포기하게 되었다.

해외사업전략에 대한 GE의 접근은 우리가 연구한 대부분의 기업들과는 매우 달랐다. 일관성 있는 해외사업전략의 가장 좋은 예는 바로 유니레버였다. 오랜 기간의 해외사업 경험을 통해 유니레버는 어떻게 해외사업이 관리되어야 하는지에 대한 장기적이고 명확한 관점을 갖고 있었다. 유니레버 NV의 회장 H. F. 반 덴 호벤H. F. van den Hoven은 1983년 직원을 대상으로 한 연설에서 회사의 철학에 대해 이렇게 요약했다.

> 누군가가 저에게 이 기업을 경영하는 데 있어 어떤 측면에 가장 관심을 기울이느냐고 묻는다면, 저는 '지속성'이라고 답할 것입니다. 단기간의 성공보다는 장기간의 수익성에 주목해야 합니다. 많은 사람들의 다양한 이해관계는 우리 기업의 지속성에 직간접적으로 의존하고 있기 때문입니다.

그의 뒤를 이은 플로리스 말저스Floris Maljers는 다른 경쟁사들을 철수하게 만들었던 브라질시장의 극심한 변동성에 대해 유니레버의 끈기 있는 노력에 대해 이야기할 때, 한 층 더 지속성을 생생하게 묘사했다.

> 브라질과 같은 해외시장에서는 그 나라 사람들이 춤을 추는 방식을 보고 경영의 힌트를 얻습니다. 삼바Samba 경영법은 두 발짝 앞으로 나갔다 한 발짝 다시 뒤로 가는 것이 필요합니다. 근시안적 기업들은 이런 관점에 적응할 수가 없습니다. 그런 기업들은 춤이 어렵고 위험하다며 애당초 무대에 오르는 것을 포기합니다. 무궁무진한 기회에도 불구하고 브라질시장에 진출하지 않았던 P&G처럼 말이죠. 또 어떤 기업들은 한 발짝 뒤로 가는 부분에서 아예 주저앉아 버리는 경우도 있습니다. 최근에 브라질 비즈니스를 우리에게 매각했던 헨켈HenKel이 바로 그 예입니다.

오랜 기간에 걸친 노력의 결과로 유니레버는 1억 3천만 인구와 함께 경제가 급속하게 성장하는 브라질시장에서 3억 달러의 수익을 내는 비즈니스를 구축하게 되었고, 그 어떤 메이저 글로벌기업도 유니레버에 대적할 수 없게 되었다.[05]

목표의 일관성

기업의 전략 방향을 커뮤니케이션하는 일에 있어 최고경영진에게 세 번째로 중요한 과업은 조직 전반에 걸쳐 목표의 일관성을 구축하는 것이다. 다시 말해 기업의 비전을 조직 구성원들 모두와 공유하는 것이다. 비일관성의 대가는 혹독하다. 비일관성은 최소한 혼란과 비효율을 야기하고, 자칫 상호 조직을 약화시키는 결과로 이어질 수 있다.

비록 대부분의 비일관성은 본사 경영자들과 해외자회사의 경영자들 사이 혹은 하나의 자회사와 다른 자회사 사이의 목표에 대한 차이를 통해 드러나곤 하지만, 그러한 비일관성의 원인은 최고경영진 간의 견해 차이에서 비롯된 경우가 종종 있다. 만약 기업의 전체적 비전과 방향에 대한 비일관성이 고위 경영진들 사이의 근본적 견해차와 이견 때문이라면 그것을 제거하기란 매우 힘들다.

코닝글래스웍스Corning Glass Works는 코닝의 다양한 국내사업을 책임지던 회장과 부회장에게 별도로 보고를 하던 해외사업부 본부장 사이에 갈등이 발생했을 때 위와 같은 상황을 겪었다. 그들의 각기 다른 비전은 조직 내에서 분열을 일으켜 국내와 해외조직 간 또는 경영자들 간 협력을 불가능하지는 않아도 매우 어렵게 만들었다. 이런 상황은 국내 및 해외사업에 대해 동일한 최고경영진에 보고함으로써 해결되었다. 이후 지역에 관계없이 해당 기업은 모든 경영자에게 명확하고 일관된 목표를 부여했다.[06]

최고경영진이 공동의 목표로 단결된다 하더라도 그들의 시각이 조직 전체에 늘 반영되는 것은 아니다. 많은 기업들이 값비싼 대가를 지불하고 깨우친 것처럼 다양한 조직에 명확한 비전을 전달하는 일은 단순히 기업의 슬로건을 만들거나 연례 경영회의를 주관하는 것보다 훨씬 더 많은 것을 필요로 한다. NEC, P&G, 에릭슨Ericsson의 고위 경영진은 가능한 모든 기회를 이용해 기업의 전반적인 비전과 방향을 소통하고, 확인하고, 명확히 했다. 이들 기업의 경영진은 조직의 모든 부문의 경영자가 동일한 박자에 맞춰 행진하기 위해서는 상당한 개인 시간과 노력을 투자할 준비가 되어 있었다.

기업의 목표에 있어 일관성을 잃어버린 사례는 필립스Philips이다. 수십 년 동안 필립스는 북미조직을 설득해 해외시장전략의 지원적 역할을 맡게 하는 데 어려움을 겪었다. 이것은 결점이 많았던 비디오카세트시스템 V2000을 도입하려 했던 사례에서 가장 잘 드러났다. 최고경영진의 상당한 압박에도 불구하고 북미 필립스NAP: North America Philips는 해당 시스템의 도입을 거부했으며, 소니Sony의 베타Beta시스템과 마쓰시타Matsushita의 VHS 포맷이 이미 잘 자리 잡았고, 비용, 기능, 시스템 지원 측면에서도 필립스보다 경쟁사가 훨씬 유리하다고 주장했다. 경영 자율성, 트러스트trust로서의 독립법인의 지위, 그리고 현지의 일부 지분 보유에 의존하여, 북미 필립스 경영진은 VHS 포맷을 일본 경쟁사로부터 공급받아 필립스의 미국브랜드로 시장에 내놓기로 결정했다. 그 결과 필립스는 VCR 비즈니스에서 일본 경쟁사들과 대적하는 데 필요한 효율성과 신뢰성을 구축하지 못하게 되었다.

비전이 얼마나 명확하고 탄탄하며 지속적인가와 별개로, 단순히 비전을 세우고 소통하는 것으로는 충분하지 않다. 공동의 비전의 효과를 내기 위해서는 개별 조직 구성원이 명료한 목표와 목적을 이해하고 수용할 수 있는 능력을 갖춰야 한다. 종종 이것은 소통의 문제가 아니라 수용력의 문제이다.

개인의 이해와 수용도의 개발

물리적, 조직적으로 서로 떨어진 전문가들로 인력이 구성된 조직의 경영자들은 편협하고 지역주의적이 되기 마련이다. 그들은 머리로는 기업의 비전이 의미하는 광대한 목표들과 우선순위를 이해하더라도, 조직을 바라

보는 그들의 제한적인 인식과 한정된 경험 때문에 더 넓은 시각을 갖추는 일은 쉽지 않다. 따라서 기업의 목표달성을 위해 공통된 비전을 두고 경영자들의 인식과 행동을 이용하려 한다면, 개인의 인식과 능력은 반드시 확대되어야 한다.

대부분의 기업에서 초국적인 조직 발전에 지속적인 걸림돌은 기업의 해외활동을 둘러싸고 있는 개인의 이해와 수용성의 부족이다. 하지만 기업들은 더 이상 해외시장, 해외소싱 혹은 글로벌기술과 관련된 복잡한 이슈들을 '국제주의자internationalists'라고 하는 전문가그룹에게 맡길 수 없다. 모든 지위와 분야의 경영자들은 중요한 해외 상황을 염두에 두고 결정을 내려야만 한다. 신제품개발을 할 때 국가별로 다양한 소비자의 니즈 혹은 환경적 조건들은 어떻게 고려되어야 하는가? 다음 번 공장시설 확대에 전략적으로 가장 적합한 위치는 어디인가? 다른 국가들에 재정조달을 실시하면 어떤 잠재적 이점이 있는가?

우리가 연구한 모든 기업은 위와 같은 결정을 내릴 때 경영자들의 제한적 시각으로 인해 큰 문제를 겪었다. 의사결정을 내리는 사람이 국제적 관점을 불편해하거나 혹은 그런 관점에 대해 불합리한 편견을 갖고 있었기 때문에 제품은 전 세계보다는 단일시장의 니즈에 맞게 개발되었고, 경쟁우위를 확보할 수 있는 새로운 지역이 아닌 기존 공장에 제품을 배정하여 생산량을 늘렸다. 또한 다른 곳에 존재하는 기회와 상관없이 기업의 기존 금융시장들이 이용되었다. 몇몇 기업들에게 중요한 직책을 맡고 있는 소수 경영자들의 지역주의적 행동은 초국적조직 역량개발의 주요 장애 요인이었다.

이러한 태도와 관점을 타파하기 위한 해법은 인식을 넓히고, 경험을 쌓고, 관계를 발전시켜 경영 유연성을 증대하고 부서 간 연계를 유도하는 인적자원기능이다. 우리가 연구한 많은 기업들은 인사기능을 복리후생 행정업무만 담당하는 낮은 수준의 고립된 직원staff의 책임에서, 주요 의사결정과정에 통합된 전문가와 정교한 시스템에 의해 지원받는 모든 라인line 경영자의 중심적 책임으로 업그레이드했다.

새로운 인적자원관리 프로그램의 중심목표는 개별 경영자의 인식, 역량 및 관계가 통합되면서도 유연한 글로벌조직의 기본 구성요소가 되는 조직을 개발하는 것이었다. 인사정책의 세 가지 측면, 즉 채용과 선발, 교육과 개발 그리고 경력관리는 그래서 더욱 중요했다.

채용과 선발

우리가 연구한 어느 기업도 해외사업의 핵심역할을 맡길 자격이 있는 경영자 풀을 개발할 수 있는 자신들의 능력에 만족하지 못했다. 모든 기업들의 채용과정에는 여전히 본국의 강한 편견이 작용하고 있었기에 가용한 인재 풀의 규모, 구성 그리고 전반적인 자격수준은 지나치게 제약되어 있었다.

예를 들어, 최고경영진의 인사를 담당하는 필립스 인사국Corporate Staff Bureau의 상무이사는 "네덜란드는 필립스의 차세대 경영자가 될 만한 최상급 인재의 충분한 공급을 지속할 수 없다. 최고의 후보들을 확보하려면 우리는 전 세계적인 풀에서 인재를 채용해야 한다"고 말했다. 에릭슨 역시 엔지니어와 기술자의 채용, 특히 새로운 AXE 디지털 교환기를 개발할 당시 비슷한 어려움을 겪었다. 전자 및 데이터 프로세스분야를 위해 갓 졸업한 스웨덴 기술자의 3분의 2를 채용하고 난 후에도 에릭슨의 필요는 충족되지 못했다.

이 두 기업 모두 전문화와 중앙화 사이의 역사적 연계성을 타파하면서 이 문제를 해결했다. 에릭슨은 하드웨어 주변품 개발을 우수한 자회사에 위임할 수 있고, 본사의 시스템에 그 활동이 연결되어 있는 한 신규 소프트웨어가 어디에서나 사용될 수 있다는 사실을 인식한 후, 영국, 미국 그리고 다른 기술 선진국에서 더 많은 인재풀을 확보하기 시작한다. 필립스 역시 신규 졸업자를 위한 입문 프로그램에 집중하며 채용정책을 확대했다. 스타 트랙Star Track 프로그램이 도입되어 유럽 국가의 잠재력 높은 인재들을 유치하고, 원래는 신규 채용된 네덜란드 졸업생을 위해 예비해 두었던 해외 경험 및 최고경영진의 주의 깊은 관심이 이들에게 제공되었다.

두 기업 모두 유니레버의 성공을 닮기 원했다. 유니레버는 1930년대에 의식적으로 전 세계적인 채용을 위한 노력을 시작했다. 채용 네트워크를 강도 높은 교육개발 프로그램 및 정교한 전 세계적 주재원 이동시스템과 결합한 유니레버는 전 세계 1,000명의 주재원 중 약 400명이 본국 출신이 아님을 자랑할 수 있었다. 유니레버 이사회는 자사의 임원을 다섯 개의 국가에서 선발했다.

국내 지향적 채용방식은 기업의 세계적 관리 인재 풀의 활용능력을 제한할 뿐 아니라, 자신들의 조직 프로세스를 편향시키는 경향이 있다. 국내 사업의 경영자들을 해외자회사의 주요 직책에 수십 년간 정기적으로 임명해 온 P&G는 이러한 관행이 현지문화의 민감성에 반대된다는 것을 깨달았다. 일본에서 수차례의 뼈저린 제품 및 마케팅의 실패를 경험한 후 얻어진 이 교훈을 통해 본국의 경영진은 현지인력을 보다 광범위하게 활용하게 되었다. 오늘날 P&G는 국제 최고위직을 채우기 위해 미국인 주재원 경영자들에게 덜 의존하고 있다. 현지의 요구를 충족하기 위해 해외자회사의 채용활동을 강화하는 것 외에도, P&G는 향후 고위급 경영자의 국제화를 목표로 전사 차원의 대규모 채용 프로그램에 착수했다. 우수한 미국인 후보자에 집중하는 대신 P&는 미국의 유수 경영대학을 다닌 해외인재의 유치에 힘쓰고 있으며, 이들에게 모회사를 경험하게 한 후 출신국으로 발령하여 경력을 개발하도록 하고 있다.

많은 일본기업들은 경영진 채용의 관행에서 다른 문제에 직면한다. 유럽이나 미국 경쟁사들처럼 일본기업들도 자국 출신의 인재에 의존해 고위

직과 해외조직의 주요 연결 직책을 채워 왔다. 이런 경향은 자회사의 개발 초기단계에서 더욱 두드러졌다. 그러나 현지국적 경영자들은 기업을 대표하는 중앙집중적 결정으로부터 고립되고 배제된 느낌을 갖게 된다. 더 나아가 본사를 대부분의 해외조직으로부터 멀어지게 하는 언어 및 문화 장벽은 다수의 비非일본 직원들로 하여금 자신들의 경력개발 기회는 현지기업에 국한되어 있으며, 심지어 이곳에서조차 일본인 주재원에게 배정되지 않은 지위에 한정되어 있다고 생각하게 만든다. 마쓰시타 미국 자회사의 한 경영자는 그가 경험한 좌절감을 이렇게 묘사했다. "기업의 해외생산 직원에 대한 관리를 성공적으로 만들었던 주요 요인들(의사결정 참여, 직업 안정성 및 승진 기회, 평등주의적 태도)이 정작 그들의 경영진에는 적용되지 않았다는 사실이 매우 아이러니하다. 이곳에서 나의 경력을 만족스럽게 이어가는 것을 기대해도 될지 의구심이 든다." 이런 태도 때문에 많은 일본기업들이 해외자회사의 유능한 인재들을 채용하고 붙잡아 두는 데 어려움을 겪어 왔다. 이런 문제는 종종 일본 주재원을 주요 의사결정자로 유지하려는 결정을 강화시켰다.

이러한 악순환을 타파하기 위해 몇몇 기업들은 인적자원관리에서 파격적인 실험을 시행하고 있다. '마쓰시타 현지화 프로그램Localization Program'의 4대 핵심과제 중 하나는 바로 인사이며, 마쓰시타는 가능한 일본인 주재원을 주재국 출신의 직원으로 대체하고 있다. 소니는 일찍이 경영자들의 현지화에 나섰지만, 이후 본사와 자회사 간의 소통문제를 해결해야 했다. NEC는 한 단계 더 나아가 해외자회사 최고임원들을 NEC 본사로 발령하는 프로그램을 가동했다. 이 프로그램의 목표는 본사와 자회사 경영자 간의 상호 이해와 긍정적 관계를 구축하고 일본인 주재원들이 핵심 연결 역할에 대한 필요성을 줄이기 위한 것이었다. 궁극적인 희망은 본사 주요 직책에 대한 진출 기회를 비일본인 경영자들에게도 열어 주는 것이었다.

많은 유럽 및 미국기업들 역시 모회사가 아닌 다른 기업조직에서 일하는 경영자들은 실제 권력과 영향력이 있는 직책으로부터 배제된다고 느꼈다. 필립스나 P&G와 같이 서로 다른 기업들도 모두 실력 있는 현지출신 인재들을 채용하고 그들에게 전사 전반에 걸친 기회를 열어 주고 있다.

그러나 채용 프로세스를 이들에게 개방하는 것은 첫 번째 단계에 불과하다. 기업들은 초국적조직 프로세스에서 성공할 가능성이 가장 높은 개인들을 식별할 방법을 찾아야 한다. 많은 경영자들이 막대한 경제적, 조직적, 개인적 비용을 소비하고도 국제적 직무를 수행하는 데 실패했다.[07]

이런 문제를 줄일 수 있는 가장 효과적인 방법은 이들 직책에 가장 적합한 후보를 식별하기 위해 보다 효과적인 내부 선발과정, 즉 2단계 채용과정을 실행하는 것이다. 우리가 연구한 몇몇 기업들은 국내사업의 성공(심지어 어떤 한 기업은 해외시장이 "국내환경만큼 어렵지 않다"라는 가정하에 낮은 실적에 근거하기도 했다)을 기반으로 여전히 해외서비스를 위한 경영자들을 선발하고 있었다. 또 다른 문제는 해외발령이 많은 특혜 또는 잠재성을 제공한다고 종종 인식되지 않았다는 것이었다. 일본기업에서는 '해외유배 탈출'이라는 표현이 비즈니스 전문용어의 일부가 되었고, 또 우리가 연구한 한 기업에서는 해외직책은 대부분 '불운한 발령'이라 불리고 있었다. 미국기업의 경영자들은 '복귀문제'에 관련해 염려가 많아 보였는데, 많은 이들이 해외주재는 모회사에서의 승진 기회를 포기하는 것이라고 생각했다. 이러한 요소들이 결합되어 많은 경영자들이 해외주재 발령 풀에서 스스로 벗어나려는 환경이 조성되었다.

결국 기업들은 국제 후보자 풀을 늘려야 할 뿐만 아니라 성공가능성이 가장 높은 후보자들을 선발하기 위한 기준을 마련해야 했다. NEC는 그중 첫 번째 업무에서 특히 좋은 성과를 거두었다. 먼저 최고경영진은 국제적인 경험이 고위직으로의 승진을 위한 중요하고 필수적일 수 있는 자격이라는 것을 분명히 했다. 그 후 새로운 해외인사등록시스템이 도입되어 약

2만 명의 직원들의 해외근무 적합성을 평가했다. 두 명의 상급자가 개인 자질과 직무능력 모두를 평가했다. 한 마디로 기업은 모든 주요 영업, 엔지니어링, 행정 관리자들에게 그들이 세계적 경영 인재 풀의 일부로 간주되고 있다는 신호를 보낸 것이었다. 시스템에서의 상위 25%가 해외 후보자가 발탁되는 다음 단계의 풀로 넘어갈 수 있었다. 3년마다 업데이트되는 평가등급 또한 후보자들을 해외직책에 준비시키기 위한 개별 교육 및 개발의 기초가 되었다.

우리가 연구한 기업들, 즉 일본, 미국, 유럽회사들은 진정한 초국적조직에서 성공할 가능성이 있는 경영자들을 식별할 때 거의 같은 기준을 사용했다. 필립스 이사회의 의장 비스 데커Wisse Dekker 박사는 신년사에서 바람직한 자질에 대해 이렇게 묘사했다(신년사는 필립스의 주요 전략적 및 조직적 우선순위를 알리기 위한 수단으로 자주 사용되었다).

> 이는 저에게 우리 필립스의 미래 경영자들을 어떻게 가장 잘 선발할 것인가에 대한 질문을 생각나게 했습니다. … 우리는 단순히 전문적 스킬과 비즈니스 통찰력을 기준으로 삼을 뿐만 아니라 다른 사람들의 말을 경청하는 능력과 의지, 개방성, 접근성, 의사소통능력도 당연히 고려하고 있습니다. 사회를 그저 귀찮은 존재로 인식하는 경영자는 더 이상 선호되지 않으며, 좋은 평가를 받지도 못할 것입니다.

이러한 주제들은 우리가 연구한 많은 기업에서도 유사하게 반영되어 있었다. 마쓰시타는 데커가 설명한 특성과 현저하게 유사한 다섯 가지 기준을 담은 간단한 약어SMILE를 통해 주재원 선발절차를 줄였다. S는 전문성Specialty(필요 기술, 역량, 혹은 지식), M은 관리능력Management ability(특히 동기부여능력), I는 국제성International(배우고자 하는 의지와 적응력), L은 언어 구사력Language facility, 마지막으로 E는 노력Endeavor(활력, 어려움을 견디는 인내심)을 의미한다. NEC의 체계적인 검토 프로세스도 비슷한 인성요소(활력, 적응력, 인내심, 호기심) 및 능력(관리기술, 직무지식, 언어

능력, 협상기술 및 문제해결능력)을 고려했다.

위와 같이 명확한 기준을 개발함으로써 기업들은 해외사업 인사를 상당히 개선할 수 있다는 것을 알게 되었다. 더욱이 그들은 국가별 자회사에 더 효과적인 경영자들을 배치함으로써 인사발령의 위상과 만족도를 높였다. 이전보다 해외발령에 더 개방적이고 더 넓은 관점에서 문제를 보다 잘 볼 수 있으며, 공동의 이해에 관한 사안에 대해 더 적극적으로 협상하고 협력할 수 있는 경영자들이 기업의 국제 프로세스 중심에 위치함으로써 기업은 초국적조직 창출을 향한 큰 걸음을 내딛게 된다.

교육 · 훈련과 개발

자사의 경영자들이 국제경영 현실에 더 민감하다는 것을 발견했다면 기업은 이제 그들의 잠재력을 개발해야 한다. 우리가 연구한 대부분의 기업들은 경영교육과 개발 프로그램이 이러한 목적에 효과적임을 발견했다. 기업들은 이런 프로그램을 통해 문화적 기준을 수립하고, 조직적 프로세스를 구축하고, 전 세계의 전략과 조직적 목표를 강화하는 방식으로 개인의 경영방식에 영향을 미쳤다.[08]

경영진은 교육개발에 있어 대부분 세 가지 목표를 가지고 있었다. 첫째, 공동의 비전과 가치를 심는 것(마쓰시타는 이를 '문화정신교육', 필립스에서는 '조직 응집', 유니레버는 '교화'라고 불렀음), 둘째, 경영진의 관점과 역량을 확대하는 것(데커는 이것을 '경력 기반의 확대'라고 불렀음), 셋째는 인맥의 구축과 관리관계를 형성하는 것이었다.[09]

우리가 연구한 기업들 가운데 공동 비전과 가치의 개발에 있어 마쓰시타만큼 철저한 회사는 없었다. 직장에서는 첫 6개월 동안 마쓰시타의 화이트칼라 직원들은 '문화정신교육'을 집중적으로 받게 된다. 이들은 회사의 신조와 마쓰시타의 7대 정신(전 세계 마쓰시타의 아침 조회에서 매일 되풀

이됨)을 배울 뿐만 아니라, 마쓰시타 고노스케Matsushita Konosuke의 방대한 철학에 대해서도 공부한다. 공식 프로그램의 마지막에 직원들은 리더를 두고 그룹을 짜고 어떻게 그 철학이 그들의 일상의 업무에서 적용될 수 있는지에 대해 논의한다. 모든 조직의 인사부서는 지속적인 '정신교육'을 담당하여 기업의 가치가 경영행위에 완전히 내재되도록 한다. 더 나아가 마쓰시타의 철학과 사업의 다양한 측면을 담은 비디오테이프를 현지언어로 번역하고 전 세계에 배포한다.[10] 그 결과 기업의 목표와 가치는 아침 조회 시간에 무의미하게 반복되는 의미 없는 개념에 그치지 않는다. 그것들은 모든 위치의 경영자들이 매일 언급하는 철저히 내재화된 신념으로 순수한 업무 결정을 내릴 때 근거가 되어 준다.[11]

교육 및 개발 프로그램을 통해 경영진의 시야를 넓히는 것은 필립스에서 특히 중요했다. 이 기업의 오랜 전통인 양자경영two-headed구조 때로는 삼자경영three-headed구조는 제품부문이나 국가별 조직에 대한 정책을 지도하기 위해 최고위원회를 구성한 기술, 상업, 행정 전문가 개발을 장려했다. 이러한 접근법의 조직적 복잡성과 운영상의 어색함을 인식한 필립스는 교육개발부서에게 다음 경영진을 '특별히 대해주지 말 것'을 요청했다. 그 목적은 조직을 단일경영single-headed구조로 이끌 수 있고, 이를 통해서 모든 시각에 대해 이해와 존중을 할 수 있는 다방면의 인재를 개발하자는 것이었다. 일반 경영교육을 통해 기존의 전문과정 및 직무중심 프로그램들이 강화되었고, 기업은 그런 프로그램에 대한 재정적 노력을 수차례 강화했다.

마쓰시타는 자사의 경영진그룹 내에서 한층 더 국제적인 관점을 발전시키기 위해 교육을 이용했다. 이를 위해 1970년대 초 마쓰시타는 해외연수원Overseas Training Center을 설립했다. 이 연수원의 가장 기본적인 목표는 광범위한 경영자그룹의 언어능력을 향상시킴으로써 자사의 해외사업에 대한 접근을 용이하게 하자는 것이었다. 매년 5,000명 이상의 연수생들이

OTC 어학과정을 거친다. 대부분 영어를 배우는데 스페인어, 중국어, 그리고 다른 언어도 배울 수 있다. 처음 10년 동안 1,000명 이상의 직원들이 해외근무에 대비하여 OTC의 집중훈련 프로그램을 거쳤다. 같은 기간 3,000명의 해외연수생들이 연수원을 찾아 문화 및 기술훈련을 받았다. 이 모든 프로그램의 기본목표는 연수생들의 국제적 시각을 넓혀 그들이 다른 국적의 사람들에게 보다 민감하고 반응하도록 만드는 것이었다.

1980년에 설립된 NEC의 국제학연구소Institute of International Studies는 마쓰시타와 유사한 프로그램을 제공했고, 자사 경영진의 관점과 역량을 국제화시키는 비슷한 목표를 가지고 있었다. 실제로 NEC의 인사정책은 일터를 '보다 더 유연하고 역동적으로' 만들기 위한 것이었고, 자사의 교육 프로그램은 역동적인 비즈니스환경에서 요구되는 새로운 지식의 전달뿐만 아니라 유연한 의사결정에 필요한 폭넓은 경영 관점의 개발을 목표로 하고 있었다. 이것이 바로 국제학연구소의 설립을 이끈 목적이었다.

이렇듯 유사한 프로그램들에서 경영진은 유니레버의 고위 인사 담당자에 의해 다음과 같이 설명된 바 있는 중요한 추가목표를 가지고 있었다.

> 각기 다른 국적과 사업분야의 경영자들을 '포 에이커스Four Acres'(유니레버 국제경영교육대학)에 모이게 함으로써 우리는 다른 방법으로는 결코 얻을 수 없는 인맥과 유대감을 구축하게 됩니다. 유니레버는 교육에 R&D에 상응하는 만큼의 막대한 투자를 하는데, 이는 단순히 스킬과 지식을 향상시킨다는 직접적인 효과뿐만 아니라, 그러한 교육 프로그램들이 경영자들에게 유니레버의 사상을 주입시키는 데 중심적인 역할을 하고, 또 개인적인 관계와 비공식적인 접촉이 있는 클럽이 공식적인 시스템과 구조보다 더 강력하기 때문입니다.

경력 경로관리

많은 기업들이 채용과 교육은 가치가 있지만, 경영자들의 국제 시야는 개인적 경험을 통해 넓어진다는 것을 알게 되었다. 경영자들을 여러 직무,

비즈니스 그리고 지역으로 이동시키며, 기업은 아이디어의 교차가 일어날 수 있는 조직환경을 조성할 뿐 아니라 유연한 경영에 필요한 폭넓은 경험과 관점을 갖춘 직원들을 개발할 수 있다.[12]

이러한 프로세스의 기초는 인사목록 및 평가시스템으로 최고경영진은 이를 통해 자사의 자원 중 가장 희소하다고 할 수 있는 숙련된 경영진을 식별하고 추적할 수 있다. 우리가 사례로 든 기업들 중 상당수가 그러한 시스템을 전 세계적으로 구축하였고, 인사발령을 경영 및 조직개발 기회이자 자원 배분 과업으로 생각하기 시작했다.

1973년에 도입된 필립스의 경력 경로관리시스템은 자사의 전 세계 경영자원에 대한 신뢰할 수 있는 최신 감사 및 평가를 기반으로 했다. 이 프로그램에 대한 자신의 의지를 나타내기 위해, 데커는 기업인사관리국 Corporate Staff Bureau을 업그레이드하여 자신에게 직접 보고하도록 했다. "필립스의 경영개발시스템을 책임지는 사람들은 최고경영진에 대한 직접 접근권을 가져야 한다"라고 그는 말했다. 이사회와 함께 데커는 약 1,500명의 고위 경영자들에 대한 선발, 개발 및 경력관리 방향에 관한 결정을 내리는 데 직접 관여했다.

필립스의 기업인사관리국의 목표는 개인개발을 위한 조직에 중점을 두는 것이었다. 그들은 공석을 채우는 일을 경영역량 구축 및 경력을 쌓는 수단으로 보았다. 이러한 접근법의 중심에는 필립스의 직무순환시스템이 있었는데, 이 시스템에서는 특히 처음 10년 또는 12년 동안 잠재력이 높은 직원을 관리의 중심 도구로 여겼다.

다방면에 능한 인재들과 국제주의자들을 필요로 했던 자사의 요구를 충족하기 위해, 필립스의 경영진은 여러 직무 및 지역에서 쌓은 다양한 직무경험을 대체할 수 있는 방법이 없다고 생각했다. 잠재력이 높은 직원은 최소 3~5년 동안 해외근무 발령이 났다. 점차적으로 필립스는 경력의 대부분을 한 국가 자회사조직에서 다른 국가 자회사로 이동하며 긴밀한 유대를 형성하고 있는 주재원그룹, 이른바 '더치 마피아Dutch Mafia'를 서서히 타파해 갔다. 새로운 시스템은 선별된 간부만이 아니라 보다 더 넓은 범위의 경영자를 국제화하려는 목표가 있었다.

유니레버의 경력 경로관리 관행은 필립스의 관행과 여러 면에서 닮았지만, 유니레버의 시스템은 필립스보다 훨씬 더 오랫동안 실행되었고, 그 효과도 전사에 걸쳐 이미 뚜렷하게 드러났다. 유니레버에는 특히 이제 막 경력을 쌓기 시작한 경영자들을 중심으로 다양한 직무에 순환근무를 시키는 명확한 정책이 있었는데, 전문가로서의 기술을 중요시하면서도, 고위 직책을 위한 다방면에 능한 직원의 필요성도 강조했다. 높은 잠재력과 계속해서 좋은 실적을 낸 직원은 2년에서 3년마다 다양한 직무, 제품군 그리고 지역에서의 경험을 기대할 수 있었다.

경영자의 채용과 개발을 현지화하겠다는 기업의 강력한 의지(이른바 '~화'과정)가 해외자회사들을 더욱 자급자족하게 만듦에 따라 모회사가 주재원을 보내 해외사업을 운영할 필요성이 점점 더 줄어들었다. 그러나 유니레버 경영진은 해외발령이 다양한 사업들을 하나로 묶는 접착제였다는 것을 알고 있었다. 그래서 그들은 해외발령의 전통을 멈추기보다는 그것을 더욱 활성화하고 효과적으로 관리하길 원했다. 그들은 분명히 국가자회사 경영이 한층 더 현지화되어 더 큰 고립을 초래하는 것을 원치 않았다. 예를 들어, 만일 인도 경영자들이 인도 유니레버에 대한 경영을 맡게 된다면, 그들은 유니레버의 목표와 가치에 대해 더 잘 알고 있어야 한다는 것이었다.

유니레버는 영국에서 열리는 교육 프로그램(1980년대에는 연간 300명 이상이 참석했음)에 수백 명의 해외의 경영자들을 소집한 것에 더해, 이들을 위해 본사에서 단기 및 장기로 근무하는 기회를 마련했다. 1986년 런던 본사에는 80명이 넘는 주재원들이 근무하고 있었고, 로테르담에는 약 50명이 있었으며, 이들은 본사 직원의 약 10%를 차지했다. 유니레버는 이러한 프로세스가 기업의 사고에 다양한 의견을 제공하였으며 시장 현실과 동떨어진 '상아탑'이 내리는 결정들을 막는 데 도움이 되었다고 주장했다. 그렇지만 그 핵심목적은 경영자들을 자신들의 방식으로 세뇌시키는 것이었다. 자사의 제품과 전략에 대해 배우는 것 외에도 경영자들은 이른바 유니레버 클럽Unilever Club에 가입하게 되었다. 이 비공식적 조직은 유니레버와 함께 강한 정체성을 가지고 있었고, 암묵적이지만 잘 이해되는 규범들에 순응했으며, 클럽 회원들 간의 개방적이고 협력적인 대인관계로 이어지는 유대감을 공유했다.

유니레버의 해외 주재원 파견에는 두 가지 유형이 있다. 그 하나는 이미 해당 직무에 필요한 기술을 가지고 있는 경영자를 이동시킴으로써 조직의 필요를 충족하려는 것이고, 나머지 하나는 그 직무 경험이 유익하게 작용할 직원을 배정함으로써 경영개발의 필요를 충족시키는 것이다. 이들 두 가지 유형은 신중하게 균형을 이루어, 해외자회사의 단기적 요구로 인해 발령이 추진되거나 전 세계의 주재원을 관리하는 행정적 문제들에 의해 제약을 당하지 않도록 한다. 유니레버는 주재원 발령 시 이른바 '순환 근무자'들로 불리는 이들을 이용하는 전통적 관행을 포기했다. 오늘날 이러한 발령이 가져다주는 경영개발가치는 상당히 높게 평가되어, 과거 어느 경영자가 '상습 주재원'이라고 불렀던 이들에게 발령의 기회를 낭비하지 않게 되었다.

유니레버는 미래의 최고경영진 대다수가 상당한 국제 경험을 갖추었을 것이라고 예상한다. 그러나 경력개발의 계획과 관리는 상당한 노력을 필요로 하기 때문에, 유니레버는 (마치 필립스처럼) 해외파견 프로그램을 유지하기 위해 정교한 국제경영 식별 및 평가시스템을 개발했다. 유니레버는 경영자의 수준과 잠재력 모두를 반영하는 4개의 개발 리스트를 유지한다. A1 리스트로 선정된 경영자들에 대해서는 회사의 특별위원회(두 명의 회장 및 한 명의 부회장으로 구성)가 인사본부의 도움을 받아 직접 그들의 진척도를 살핀다. 이외 회사의 다른 조직들은 B, C 및 D 리스트를 관리하게 된다. 이러한 리스트를 활용하여 유니레버 경영자들은 조직에서 자신보다 두 단계 낮은 이들을 임명한다. 따라서 유니레버의 거대한 브라질 자회사인 인더스트리아즈 제시-레버 리미타다Industrias Gessy-Lever Limitada의 회장은 이사회의 특별위원회Special Committee가 임명하였고, 브라질의 세제, 식용 지방, 그리고 개인 위생용품 사업부장은 담당 이사의 조언을 바탕으로 본사의 해외위원회Overseas Committee가 임명하였다. 또한 각 부서 내의 주요 직책은 브라질 자회사의 회장이 임명했다. 이런 방식으로 훨씬 더 넓은 후보들이 그들이 어디에 위치해 있건 간에 주요 직책의 채용 시 고려될 수 있었다.

이러한 시스템을 활용하여 유니레버는 전 세계 경영직의 5%를 주재원으로 항시 유지하고 있다. 예를 들어, 1986년, 18,583명의 경영자들 중 997명이 주재원으로 근무하고 있었다. 비록 네덜란드 그리고 영국 경영자들이 아직 대부분이긴 하지만, 경영자들 중 250명은 북미 혹은 다른 유럽 국가 출신이며, 이 외에도 87명이 유니레버의 해외그룹(라틴 아메리카, 호주, 아프리카, 아시아)의 19개 국가 출신이었다. 이렇게 지속적으로 경영자들을 순환근무시킴으로써 유니레버는 글로벌뿐만 아니라 현지의 요구사항에 대한 인식을 발전시키고, 비공식적인 정보교환 및 의사결정을 활성화하는 연락망을 구성했다.

참여경영을 위한 노력: 구속력 있는 몰입

경영자들 개개인의 적극적 참여와 몰입을 유도하는 일은 많은 기업에서 거의 불가능하다는 것이 입증되었다. 대부분의 경영자들은 기업의 전략

비전을 머리로는 이해하고 또 광범위한 기업의 기준을 개발하기 위한 교육을 받았을 수는 있지만, 그들은 당장 눈앞에 있는 업무에 시달린 나머지 글로벌 이슈가 그들의 영역에 영향을 미칠 때 지역주의적인 방식으로 사고하고 행동한다. 경영자들 사이에 구속력 있는 개인의 의지를 개발하기 위해 필요한 참여방법을 만들기 위해 노력하면서, 많은 기업들은 유사한 접근법을 추구했다. 그들은 만약 경영자들이 기업의 비전을 달성하고 새로운 조직을 조정하는 데 핵심역할을 맡게 되는 직접적인 책임이 주어진다면, 그들은 초국적 사안들에 동화될 수 있을 것이라고 판단했다.

관여의 수단과 수준은 크게 달랐지만 일반적으로 두 가지 유형으로 분류되었다. 가장 널리 사용된 것은 주요 전략적 의사결정에 보다 다양한 의견을 유도하기 위한 구조였다. 주요 결정으로 이어지는 심의과정에 경영자들의 참여를 제도화함으로써 기업들은 자사에 대한 경영자들의 개인적인 헌신이 크게 증가한다는 것을 알게 되었다. 또한 경영자들에게 초국적 조직의 핵심사안의 이행에 대한 구체적인 책임을 부여하는 데 수많은 접근법이 사용되었다. P&G의 유로브랜드팀들Euro Brand Teams이 대표적인 사례다. 특히 제6장에서 기술한 전략적 역할의 분배를 통해 기업은 개인 및 심지어 전체 조직들이 기업의 목표와 우선순위에 모두 함께 참여할 수 있었다.

경영진을 참여시키는 데 가장 큰 어려움을 겪었던 것은 필립스였다. 역사적으로 필립스의 네덜란드 출신의 해외자회사 경영자들은 모회사의 변화하는 전략적 요구사항 또는 변화하는 조직의 우선순위에 쉽게 동화되지 못했다. 본사에서 교육을 받고 여러 직책을 순환했지만 많은 경영자들이 현지인처럼 '토착화go native'되는 경향이 있었다. 필립스의 문화는 마치 이 조직 내에서 강한 독립심과 엘리트주의적 태도를 길러주는 것 같았다. 많은 주재원들은 오직 그들만이 현지시장의 진짜 요구를 이해하고, 새로운 아이디어와 다른 우선순위를 권고하는 본사의 임원들을 '알지도 못한 채

간섭하는 자들'과 '필요 없는 간접비'에 해당한다고 생각했다.[13]

1970년대에 필립스가 제품사업부들의 전략적 책임과 조직적 통제를 강화하기 시작했을 때 필립스의 경영진은 그러한 변화가 수반하는 위험들을 인식했다. 당시 극심한 경쟁 압력에 직면하고 있던 오디오사업부는 확장된 중앙 역할을 가장 먼저 맡게 된 조직 중 하나였다. 국가별 조직의 헌신을 유지하는 일이 얼마나 중요한지를 알았기 때문에, 오디오사업부 경영진은 글로벌전략을 개발하기 위해 수많은 포럼을 만들었다. 오디오 자문회의Audio Consultation Meeting는 분기별로 주요 사업부 및 국가별 조직의 경영자들이 한곳에 모여 광범위한 제품정책 사안 및 우선순위들을 논의했다. 제품정책 및 시장전략이 수립되면 이들 내용은 연간 오디오 제품회의Audio Product Meeting에서 발표되어 국가별 자회사 경영자들의 의견을 유도했다. 오디오 정책자문회의Audio Policy Consultation Meeting에서는 자회사 경영자들과 협력하여 마케팅 및 유통전략을 개발하고 검토했다.[14]

1970년대 말 일본 경쟁사들이 유럽에 진출하기 이전까지 비디오사업부는 필립스의 전 세계적 텔레비전 전략과 운영을 조정하기 위해서 진지한 노력을 거의 기울이지 않았다. 오디오사업부의 경험에서 교훈을 얻어 비디오사업부의 경영진 역시 수많은 팀, 위원회 그리고 태스크포스를 구성하여 광범위한 글로벌 비즈니스전략을 수립하고 이를 제품군 디자인과 광고정책에 연관시켰다. 최고위급 위원회는 다양한 형태와 방향을 거쳐 아인트호벤 본사의 제품사업부와 영국, 독일, 프랑스, 미국, 일본의 이른바 전략시장에서 핵심 경영자들이 참여하는 최고위급 세계전략의회top-level World Strategic Council와 실무급 세계정책의회operating-level World Policy Council로 진화했다.

그러나 이러한 회의들을 통해 국가별 조직의 경영자들이 의사결정에 포함될 수는 있었지만, 기업 방향성의 중요한 변화에 모든 경영자들을 동화시키지는 못했다. 일부 경영자들은 그들의 견해가 받아들여지지 않는다고 느꼈다. 한 경영자는 "세계정책의회는 대단히 유럽 편향적이다. 그곳의 위원들은 미국시장에서 우리가 벌이고 있는 경쟁 상황에 대해서 알지 못하고 확실히 무관심하다"고 이야기했다. 다른 경영자들 역시 위원회들을 단순히 중앙본사 경영진이 개발한 전략과 정책을 조직들에게 알리기 위한 또 다른 채널에 지나지 않는다고 보았다. 영국 크로이던Croyden에 위치한 대규모 소비자 가전사업부의 한 생산관리자는 다음과 같이 이야기했다.

> 1983년 우리는 갑자기 본사의 방침을 따라야 했습니다. 그 위원회와 의회는 우리에게 정보를 제공해 주는 것이 분명했지만, 신제품 디자인, 신규 프로세스, 새로운 설비와 시험장비 등을 변경해야 하는 등 우리는 너무 많은 변화들을 감내해야 했습니다. 유럽의 표준 텔레비전 섀시chassis로 방향을 전환해야 한다는 압력 때문에 지나치게 비싸고 부적절한 제품을 생산하고 있다는 기분이 들었습니다.

국가별 자회사를 국제생산센터International Production Centers로 명명하고 그들에게 선도 국가의 지위를 주는 것이 전 세계 텔레비전 전략과 운영의 통합 노력에 자회사 경영자들을 훨씬 더 효과적으로 동화시키는 방법임이 입증되었다. 크로이던의 생산관리자는 그가 책임졌던 공장이 TV세트를 위한 국제생산센터가 되었을 때의 영향에 대해 이렇게 묘사했다.

> 그렇게 됨으로써 우리는 아인트호벤(본사)과의 관계를 구축할 수밖에 없었습니다. 한때 우리는 본사의 방문에 분개했으나, 이곳저곳 사람들이 우리에게 모이기 시작했습니다. 우리는 우리가 관여하는 다양한 회의들을 우리의 관점을 대변하는 수단으로 사용하기 시작했습니다. 우리는 제품사업부의 시스템과 모든 정보 요청의 이유를 점차 이해하기 시작했습니다. 또한 유럽에 있는 다른 공장들과 더 많은 접촉을 하기 시작했으며, 우리의 생산량 중 40%가 수출되었고, 처음으로 우리가 국제경영자라는 것을 실감할 수 있었습니다.

아인트호벤의 가전제품사업부 경영자들은 오랫동안 북미 필립스NAP: North American Philips에 소속된 동료들을 자사의 해외사업에서 가장 고립되고 독립적인 사람들로 여겼다. 이들이 바로 필립스 자체의 V2000시스템을 판매하지 않고, 일본 경쟁사들이 제조한 VCR을 아웃소싱하기로 선택한 바로 그 조직이었다. 1985년 말 NAP 소비자 가전조직이 북미와 아시아시장을 지배하고 있던 NTSC 전송표준을 사용하여 모든 필립스 TV세트 개발과 제조를 조정하도록 요청을 받았을 때, 아인트호벤 본사와 뉴욕의 북미 자회사관계는 눈에 띄게 좋아지기 시작했다.

북미 소비자제품 사업부의 한 고위 경영자는 미국직원들의 정서를 이렇게 요약했다.

> 마침내 우리는 너무도 답답했던 본사와의 의존적인 관계로부터 벗어나게 되었습니다. 유럽인들의 취향에 맞게 개발되고 그곳에서 가장 많이 쓰이는 PAL기술에 맞춰진 NTSC 버전의 텔레비전을 파는 대신 우리의 현지시장과 경쟁 상황에 대비할 수 있고, 보다 조정된 NTSC제품 라인으로 일본 및 대만의 연구소와 협력하여 TV세트를 개발할 수 있게 되었습니다. 우리는 미국, 멕시코, 대만 혹은 그러한 표준을 채택하는 국가로부터 제품 공급을 받을 수 있습니다. 우리는 아인트호벤과 극동 국가에서 온 대표들과 함께 글로벌 NTSC시설 및 소싱계획을 수립하고 있는 중입니다.

2년 후 13인치 NTSC 표준세트의 생산이 대만에서 멕시코로 옮겨진 후, NAP 소비자 가전기업의 회장은 언론에 "설계의 공통성으로 인해 글로벌 생산으로의 이전이 가능했다. 우리는 아인트호벤의 필립스 본사와 멋진 협력을 했다"라고 이야기했다. 불과 몇 년 전만 하더라도 NAP 경영자 중 어느 누구도 이러한 발언을 하지 않았을 것이다.

중앙본사 제품사업부의 경영진은 기존 시설, 기술 및 자원을 사용하여 해외시장의 요구를 충족시킴으로써 상당한 운영비용을 절감하고 현지의 경영자들 또한 기업의 글로벌 사명을 지지하는 데 적극적으로 동참하고 있다고 확신했다. 이 때문에 필립스는 소수의 매우 정교한 조직에만 선도국가의 높은 지위를 집중시키지 않았다. 그 대신 다양한 국가별 조직에 다양한 책임을 부여해 그들 중 많은 조직들이 한두 개의 제품에 대해서는 비록 이들 제품이 전체 포트폴리오의 일부에 불과할지라도 전 세계적으로 높은 지위를 갖게 하였다. 이렇게 함으로써 필립스는 주요 국가별 조직들을 자유롭게 하여 필립스의 가장 중요한 제품에 그들의 노력과 자원을 집중하게 만들었고, 작고 덜 정교화된 자회사들의 경영자들에게도 동기를 부여하고, 그들이 필립스의 전 세계적 사업에 있어 중요하다는 인식과 소속감을 부여한다.

경영자들의 사고방식 속 매트릭스

기업들이 통합된 네트워크 구성으로 향해 나아갈 때, 경영자들은 필요한 구조 및 시스템 변화에만 너무 신경을 쓴 나머지 이 과업을 공식적인 글로벌 매트릭스 구축으로 간주할 수 있는 위험이 있다. 이러한 구조 지향적인 접근은 과거에 다차원적이고 새로운 상호의존적 과업을 관리해야 하는 경영자들로부터의 이해와 몰입을 확보하는 중요성을 인식하지 못했기 때문에 실패했다.

우리의 연구에서 더 성공적이었던 기업들은 기존의 구조와 시스템을 바꾸는 것 이상으로 노력을 기울였던 기업들이었다. 이들 기업에서 우리는 최고경영진의 시간과 관심의 상당부분이 조직의 개개인에 초점을 두고 있다는 사실에 깜짝 놀랐다. 이런 예로는 유니레버Unilever의 전 세계적 채용 노력, 교육을 사회화 프로세스로서 폭넓게 활용, 잘 계획된 경력 경로관리; 마쓰시타Matsushita의 모든 기업 구성원들에게 공동의 가치와 목표를 주입하려는 지속적 노력; P&G 경영자들의 시각을 넓히기 위한 팀과 태스크포스로의 신중한 배정; 필립스Philips의 국가별 조직의 경영자들에게 일부 글로벌 역할의 할당 등이 있었다. 이 기업들은 다차원적 관점과 유연한 접근법을 개별 경영자들의 수준에서 개발하려고 노력하고 있다.

한 고위 경영자는 그의 기업이 직면하고 있는 조직 과업을 다음과 같이 도발적으로 묘사했다. "구조를 매트릭스로 바꾸는 일은 우리 같은 경영자들의 사고방식에 매트릭스를 심는 것만큼 대단한 일은 아니다." 개인들이 복잡하고 잠재적으로 모순될 수 있는 이슈를 더 많이 해결할수록 조직시스템이 이를 대처해야 할 필요는 줄어든다. 그러나 개인들이 전반적인 기업의 니즈에 적합한 방식으로 그러한 판단과 절충을 하려면, 그들은 더 광범위한 초국적조직을 위해 선발되고, 개발되고 또 그 일부가 되어야 했다.

PART

04

초국적으로의 전환

Managing Across Borders

CHAPTER 11

초국적 경영자들의 개발: 새로운 역할과 과제

전통적인 다국적기업multinational company에서 국가 및 지역별 경영진들은 가장 중요한 전략적 역할을 했다. 기업이 해당 보직에 효과적인 사람을 찾을 수 있는 한, 기업 간 경쟁 상황의 핵심인 국가별 대응과 유연성을 보호할 수 있었다. 반면 고전적 글로벌기업global company의 경우 전 세계 사업 경영자가 주도적 역할을 하고, 그런 경영자들이 시장을 가로지르는 효율성 및 조정된 경쟁전략을 개발하는 능력에 기업의 성공이 달렸다. 또한 전 세계적 학습의 이전에 의존하는 전형적 국제적기업international company의 경우, 기업 본사의 기능별 부문의 책임자들은 때때로 경쟁우위의 근원인 혁신의 개발, 전파에 필요한 전문지식을 연계, 활용하는 과정에서 핵심 역할을 했다.

현재 대두되는 초국적기업transnational company에 있어 이러한 3개의 집단들 중 어느 것도 전통적 조직형태에서 요구되는 지배적 역할을 하지 않으나, 각각은 해당 기업의 다차원적인 전략적 역량에 중대한 기여를 한다. 결과적으로 이러한 새로운 전략적 · 조직적 접근법의 개발에서 아마 가장 중대한 제약은, 초국적기업 내 밀접히 연계되며 상호의존적인 네트워크에서 전문적이지만 덜 위계적인 역할을 수행할 능력, 즉 지식, 소양을 가진 임원들을 양성하는 일의 도전이다.

그러나 많은 기업들에 그러한 역할 포트폴리오 및 그것들을 연계할 상호의존적 관계의 개발은 어려운 과업이었다. 그 대신 전 세계 많은 기업의 최고경영진이 이른바 산업과 경쟁의 세계화의 파도를 맞아, 자사 모든 경영자의 '세계화'를 위한 광범위하고 값비싼 프로그램을 시행했다.[01] 그 노력에 ITT보다 더 많은 노력을 경주한 기업은 없는데 ITT는 국가별 스페셜리스트를 글로벌 제너럴리스트로 변신시킨다는 명시적 목표를 가지고 모든 통신사업담당 경영자들로 하여금 유럽 최고의 경영대학원 중 하나에서 대규모 교육과정을 이수하게 했다. 그 투자는 수년간의 사업부진을 거친 후 마침내 사업이 매각된 시점에야 중단되었다.

사실 초국적기업들의 변화무쌍한 세계에는 보편적인 글로벌 경영자란 존재하지 않는다.[02] 그 대신 세 종류의 스페셜리스트집단이 존재하는데, 전형적으로 사업별 경영자와 국가별 경영자, 기능별 경영자이고, 그들 각각은 필히 초국적 관점을 공유해야 한다. 또한 기업본부의 최고위 임원진들이 존재하는데, 그들은 복잡한 상호작용을 관리하는 그리고 성공적인 초국적기업에 필요한 유능한 임원들을 발굴하고 육성할 수 있는 지도자들이다.

이런 능력을 키우려면 최고경영진이 각 전문가들의 전략적 중요성을 이해해야 한다. 이번 장章에서 우리는 이들 각 스페셜리스트의 보직에 연관되는 전략적 역할 및 각 역할에 필요한 핵심과제와 초국적 관점을 설명한다. 우리는 국가별 경영자의 역할과 과제의 예시를 위해 NEC의 하워드 고틀리브Howard Gottlieb의 행동을 다시 다룬다(제7장 참고). 기능별 경영자의 초국적 책임을 더 잘 이해하기 위해 우리는 유니레버Unilever의 인사담당 이사인 마이크 헤론Mike Heron의 활동을 추적한다. 또한 우리는 글로벌사업 경영자 역할의 전형인 레이프 요한손Leif Johansson의 경험을 중심으로, 9개 기업의 핵심사례연구를 완료한 후 어느 정도 심층연구를 수행했던 일렉트로룩스Electrolux의 경험을 활용할 것이다.

사업 경영자: 전략가 + 설계자 + 조정자

글로벌사업 또는 제품부문 경영자에게는 한 가지 가장 중요한 책임이 있다. 즉 전 세계적으로 효율성과 경쟁력을 높이는 것이다. 이런 임무를 완수하려면 국경과 기능을 초월하여 기회와 위험을 인식할 수 있는 폭넓은 통찰력이 필요할 뿐만 아니라 지리적 · 기능적 장해물을 넘어 여러 활동을 조정하고 다양한 역량을 결집할 수 있는 기술도 필요하다. 글로벌사업 경영자의 전반적인 목표는 전 세계적으로 통합된 사업체들의 이점을 충분히 활용해야 한다.[03]

효과를 거두려면 사업 경영자 업무의 핵심에 속하는 세 가지 역할, 즉 조직을 위한 전략가, 전 세계 자산 및 자원 구성의 설계자 그리고 다국적인 거래의 조정자로서의 역할을 수행해야 한다. 현재 스웨덴에 본사를 둔 일렉트로룩스의 사장인 레이프 요한손은 회사의 가전업체를 맡은 초기부터 이 세 가지 역할을 모두 성공적으로 수행했다.

전략가Strategist

1983년에 32세의 레이프 요한손이 사업부를 맡았을 때, 일렉트로룩스는 8년에 걸쳐 100개 이상의 기업을 인수하며 성장해 온 기업이었다. 1980년대 말이 되자 10년 동안 계속된 기업인수의 결과로 20개 이상의 브랜드가 약 4개국에서 판매되었다.

예를 들어, 1984년에 인수한 이탈리아의 대기업인 자누시Zanussi는 가정용 및 상업용 제품의 혁신으로 얻은 명성을 바탕으로 시장 기반을 확고하게 구축하고 있었다. 또한 프랑스의 아르투 마르탱Arthur Martin과 노르웨이의 조파스Zoppas는 혁신력은 부족했지만 지역의 브랜드 포지션은 확고했다.

이러한 기업인수의 결과로 일렉트로룩스는 저마다 다른 제품구성과 마켓 포지션, 경쟁 상황을 갖춘 잡다한 기업집단을 형성하게 되었다. 레이프 요한손은 곧 자신의 분산된 사업들을 조정하고 통합할 수 있는 총체적인 전략이 필요함을 깨달았다.

각 나라의 마케팅 책임자들과 대화를 나눈 결과, 요한손은 곧 현지브랜드를 포기하고 지역의 유명제품과 세계적 제품을 중심으로 표준화한 것은 현명치 못한 처사임을 확신하게 되었다. 그는 점점 세분화되어 가는 시장에서는 현지브랜드가 고객의 충성도와 유통 레버리지, 경쟁력 있는 유연성을 유지하는 데 필수적이라는 데 현지경영자들과 의견이 일치했다. 그러나 또한 시장은 다양해도 제품의 특성과 소비자의 요구에는 비슷한 점이 많다고 지적한 자기부서 직원들의 견해에도 공감했다. 직원들은 일렉트로룩스가 이런 이점을 이용하면 모든 시장에서 경쟁력을 높일 수 있다고 확신했다.

요한손은 생산부서 직원과 전국의 마케팅 책임자로 구성된 프로젝트팀과 함께 전략 평가 작업을 실시했다. 프로젝트팀은 시장 분할이 심화되고 있다는 마케팅 책임자들의 주장을 뒷받침했지만, 그 폭넓은 관점 덕분에 레이프 요한손은 국내시장을 초월하여 여러 분할된 부분의 집중이 이루어지고 있음을 볼 수 있었다. 또한 프로젝트팀의 면밀한 분석으로 현지시장의 요구에 대한 경영진의 이해를 높일 수 있었고, 소비자들은 제품의 설계방식이나 특징보다 주로 판매방식(현지 판매망을 통한 유통, 현지 언론 매체의 선전, 현지 상표명의 사용)의 측면에서 '지역성'을 인식한다는 결론을 얻었다.

이런 분석을 기초로 요한손은 2개의 지역 브랜드를 발굴하여 전 유럽 시장에서 마케팅을 전개할 제품 · 시장전략을 수립했다. 그는 최고급 명품에 대한 시장 세그먼트('보수적인 사람들'로서 특징지어진)에 대응하기 위해 일렉트로룩스 브랜드를 내세우는 한편, 자누시 브랜드는 혁신적인 제품이 가장 중시되는 시장 세그먼트('유행을 선도하는 층'을 위한)에 주로 공급하기로 했다.

현지브랜드들은 프로젝트팀의 분석에 정확히 지적되어 있듯이 2개의 다른 시장 세그먼트에 몰려 있다. 다시 말해 현지브랜드의 주고객은 '여피족'('젊고 대단히 적극적인' 도시 전문직 종사자들)과 '환경보호론자들'(기본가치 제품에 관심이 있는 '온화하고 친절한' 사람들)이다. 새로운 전략으로 일렉트로룩스는 이런 소비자집단들의 요구에 부응하는 현지화된 브랜드를 얻게 되었다. 동시에 일렉트로룩스는 이런 현지브랜드제품들의 기본적인 틀과 부품을 표준화하여 전문화된 현지 공장들에서 대량생산함으로써 효율성도 확보할 수 있었다.

따라서 요한손은 국경을 넘어서 제품과 시장의 흐름을 추적하여 귀중한 세계수준의 효율성을 확보하는 한편, 전국적인 시장세분화에 대한 유연한 대응이라는 이득을 얻었다. 더욱이 전략가로서 지도적인 역할을 맡고 있었지만, 그는 자기만이 글로벌 응용전략을 마련할 수 있는 지식이나 능력을 갖추고 있다고 생각하지 않았다. 그는 자사와 현지경영자들에게 크게 의존했다. 실제로 '1992년 그룹'이라고 하는 국가별 경영자협의회를 통해 그리고 기능별 경영자들로 구성된 제품 심의위원회를 통해 전략에 관한 지침을 계속 요청했다.

설계자Architect

필수적인 자산과 자원의 배분을 담당하는 글로벌사업 경영자의 책임은 통합적인 전략을 세우는 일과 밀접하게 연관되어 있다. 지역과 기능별 경영자들의 조언에 자주 의존하지만, 사업 경영자는 여전히 핵심공장과 기술연구소, 영업소를 어디에 세우고, 어떤 시설을 폐쇄해야 하느냐에 대한 논의를 주도하고 이끄는 설계자다.

이런 논의는 정치적으로 민감한 사안이지만, 그것이 단순한 경제적 분석을 불충분하게 만드는 유일한 요소는 아니다. 모든 단위사업체 내에는 많은 시간과 투자가 필요할 법한 기술과 역량이 축적되어 있다. 글로벌 사업 경영자는 쉽게 이용할 수 있는 역량을 보호하고 활용하면서 자산과 자원을 가장 효율적으로 배분해야 한다. 일렉트로룩스의 가전업체는 여러 나라에 200개 이상의 공장을 포함해 기술연구소와 개발팀들이 어지럽게 분산되어 있었다. 요한손은 이런 하부구조를 합리화해야 한다고 확신했다.

그는 우선 한 나라 또는 한 지역에(본사가 있는 스칸디나비아지역에도) 시설이 집중되는 것을 막을 수 있도록 가전업체에 대한 정책을 수립했다. 동시에 그는 '한 가지 제품에 하나의 시설'을 원칙으로 가전업체의 개발과 생산시설을 전문화하려 했다. 그는 중요한 개발과 생산업무를 자사의 모든 주요 시장마다 골고루 배정하기로 했다. 단기적 비용을 최소화하기보다 기업의 건전성과 유연성을 최적화하려는 노력을 통해 그는 전문화되고 분산된 체제가 환율변동과 정치적 불확실성에 덜 취약하다는 사실을 깨달았다. 이런 구조는 현지경영자들과 기술자원을 활용함으로써 스웨덴의 숙련 노동자와 경영진에 대한 의존을 줄여주었다.

요한손은 낙후된 공장을 폐쇄하는 대신 가능하면 기존 시설을 개선하거나 개조하자고 주장했다. 그렇게 되면 정치적인 후유증과 조직의 충격을 피할 수 있을 뿐만 아니라, 귀중한 노하우를 보존하고 처음부터 공장을 새로 건설하는 데 따르는 여러 가지 문제를 비켜갈 수 있었다. 이런 접근방법의 두드러진 사례가 이탈리아에 있는 자누시의 포르시아Porcia 공장으로, 일렉트로룩스는 이 공장을 세계 최대의 세탁기 공장으로 만들었다. 1억 5,000만 달러라는 막대한 투자가 이루어진 이후, 포르시아 공장은 이제 연간 150만 대의 세탁기를 생산하게 되었다.

기업인수를 통해 성장이 이루어지면 잉여인력과 과잉시설의 문제가 발생하곤 하지만, 새로운 자원과 장점을 얻을 수도 있다. 요한손은 통합이나 집중화를 통해 단위사업체의 다양성을 말살하는 대신, 모든 사업체에 저마다 그 특수한 역량에 맞게 책임을 맡겨서 다양성을 활용하기로 했다. 스칸디나비아 사람들은 모듈 설계modular design에 대한 재능이 있었기 때문에 그는 통합적인 주방시설사업을 스웨덴과 핀란드에 있는 사업체에 배정했다. 그리고 이탈리아지역의 컴프레서의 설계와 생산을 강화하여 포르시아의 부품 생산 경험을 인정했다. 요한손이 주도한 자산과 자원의 재배치로 규모의 경제와 경영상의 유연성이 강화되었을 뿐만 아니라, 단위사업체에 현지시장의 범위를 넘어 독자적인 역량을 활용할 기회를 제공함으로써 사기를 높이기도 했다.

조정자Coordinator

새로 개발된 사업전략은 조정이 필요하기 마련이다. 실제로 자산과 자원의 전문화로 국내사업체들 사이에 제품과 부품의 생산이 크게 증가하여 생산을 조정하고 관리할 확고한 통제력이 필요해진다. 조직의 운영이 분산되는 동시에 전문화되어 여러 가지 전략이 서로 연결되고 통합되었기 때문에 국경을 초월한 조정이 어려운 과제가 된다. 사업 경영자는 집중적인 통제에서부터 공식적인 정책을 통해 확인된 예외 사례의 관리와 비공식적인 의사소통을 통한 간접적인 관리에 이르기까지 여러 가지 접근방식과 도구를 마련해야 한다.

레이프 요한손은 광범한 대외 구매정책을 수립함으로써 그리고 한계를 정하되 내부 공급업체와 고객에게 협상을 맡기는 가격책정의 범위를 설정함으로써 제품 흐름을(35개의 국내 판매회사와 29개의 지역 공급시설 전체에 걸쳐서) 조정했다. 이를테면 모든 판매회사는 일반적으로 유효기간이 1년이라는 정해진 범위 안에서 일정한 제품에 대해 내부 공급업체와 가격을 협상할 수 있었다. 협상이 그 범위를 벗어나면 판매회사는 본사와 협의해야 한다. 조정자인 요한손이 그 지침의 논리와 원칙을 규정하는 심의 과정을 주관하지만, 문제가 정책의 한계를 넘어서는 경우를 제외하고 한 걸음 물러서서 개별 사업체 경영자들에게 각자의 조직을 운영하게 한다.

이와 대조적으로 요한손의 사업부에서 사업전략을 조정하는 일은 공식적인 위계체계를 초월한 여러 팀을 통해 관리되었다. 그는 중앙집권화 대신 팀을 통해 업무 수행을 감독하고 문제를 해결하는 책임을 함께 짊어진 경영자들에게 의존했다. 지역 브랜드(일렉트로룩스와 자누시)의 이미지와 지위를 보호하기 위해 그는 두 자회사를 위한 브랜드 조정 그룹을 편성했다. 그 그룹은 주요 나라들의 판매회사 출신들로 구성되었고 회장이 최고 마케팅 책임자가 되었다. 두 그룹은 자신이 대표하는 브랜드를 위해 일관성 있는 범유럽적인 전략을 개발할 책임이 있었다.

전 유럽에 걸쳐 다양한 제품전략을 합리화하기 위해서 요한손은 이 전략을 감독하고 모든 시너지효과를 이용할 제품라인(동일 제조업자의 제품군)위원회를 창설했다. 모든 제품라인에는 저마다 자회사의 제품라인 관리자(위원회 의장)와 개별 제품 관리자들로 구성된 위원회가 있었다. 이탈리아에서 설계를 담당하고, 핀란드에서 생산을, 스웨덴에서 판매를 담당한 콰트로Quattro 500 냉장고는 이 위원회들이 얼마나 성공적으로 제품전략을 통합시킬 수 있는지를 보여주는 한 가지 사례였다.

또한 1992년 그룹이 정기적으로 자회사의 전반적인 성과를 평가하고, 생산과 마케팅 기반을 감시하고, 주요 발전계획과 투자 프로젝트를 관리했다. 그 이름을 통해 1992년의 상징적 가치를 표현하고 있는 그 그룹은 요한손이 회장을 맡고, 이탈리아와 영국, 스페인, 미국, 프랑스, 스위스 그리고 스웨덴 출신의 사업 경영자들로 구성되어 있었다.

말할 것도 없이 조정업무는 다른 업무보다 글로벌사업 경영자의 시간을 더 많이 차지할 것이다. 조정자의 역할을 수행하려면 조정과 통합이 억압적인 통제로 변질되지 않도록 뛰어난 행정능력과 대인관계기술을 갖춰야 한다.

많은 전통적인 다국적기업들이 국내 생산부서의 경영자들을 자동적으로 글로벌사업 경영자로 임명하는 실수를 범해 왔다. 그러나 정교한 초국적기업들은 오래 전부터 조정과 중앙집권화의 개념을 분리하고, 최고의 사업체에서 사업 경영자를 구해 왔다. 한 예로 스위스에 본사를 둔 세계적인 종합 엔지니어링회사인 ABBAsea Brown Boveri는 전략적 차원과 조직적 차원이 일치하는 지역마다 사업 경영자를 배치함으로써 그룹에 속한 자회사들의 장점을 활용하고 주요 시장에서의 위치를 이용하려고 노력해 왔다. ABB의 송전사업의 경우 개폐기담당 관리자는 스웨덴에 있고, 전원 변압기담당 관리자는 독일에, 배전 변압기담당 관리자는 노르웨이에 그리고 전기계기담당 관리자는 미국에 있다.

국가별 경영자: 감지자 + 건설자 + 공헌자

대부분의 세계적인 기업의 핵심적인 구성요소는 각 국가의 자회사들이다. 글로벌사업 경영자의 일차적 목표가 세계수준의 효율성과 경쟁력을 확보하는 것이라면, 해외 자회사 경영자의 목표는 현지시장에 민감하게 반응하는 것이다. 국가별 경영자는 현지고객의 요구를 충족시키는 일은 물론, 현지정부의 요구를 채워주고, 대내외적으로 경쟁자들에 맞서 시장에서 자사의 지위를 방어하는 일에도 중추적인 역할을 담당한다.[04]

현지에서 유연성을 요구하기 때문에 국가별 경영자는 글로벌사업 경영자와 갈등을 일으킬 때가 많다. 하지만 일렉트로룩스와 같은 성공한 초국적기업에서는 협의를 통해 이런 문제를 해결할 수 있다. 전 세계적으로 요즘과 같은 치열한 경쟁시대에 기업들은 자회사 경영자가 '나라의 왕'으로서 협소한 이해관계를 방어하게 할 여유가 없다.

또한 본사는 각 국가의 자회사들이 세계화의 이름으로 전개되는 기업 간 성전을 위한 싸움터로 변하게 해서도 안 된다. 많은 기업의 경우 각 국가의 자회사들은 기업가정신과 혁신이 자라나는 온실이고, 억제하거나 소멸시키지 않고 잘 육성해야 하는 귀중한 자원과 역량의 본거지다. 제7장에서 언급했듯이 필립스의 자회사들은 항상 제품개발을 주도해 왔다. TV의 경우 필립스의 최초의 컬러TV는 캐나다에서 개발되었고, 최초의 스테레오 모델은 오스트레일리아에서, 최초의 문자다중방송은 영국에서 개발되었다. 또한 유니레버의 각 나라 자회사들은 제품 마케팅전략에서 혁신적이었다. 제7장에서 언급했듯이 독일에서 스너글Snuggle(섬유유연제) 광고를 만들었는데, 이는 전 세계적으로 발생한 혁신의 한 사례였다. 거의 동시에 핀란드에서 티모테이Timotei(허브샴푸)를 개발했고, 남아프리카에서 완전히 새로운 제품 범주로서 임펄스Impulse(향수)를 내놓았다.

실제로 유능한 국가별 경영자는 세 가지 중추적인 역할을 한다. 첫째는 현지의 기회와 위험을 감지하고 해석하는 사람, 둘째는 현지의 자원과 역량의 건설자, 셋째는 글로벌전략에 대한 공헌자이며 참여자다. 미국에서 NEC의 교환기 자회사의 총책임자를 지낸 하워드 고틀리브의 경험은 이 세 가지 역할의 중요성을 보여준다.

감지자Sensor

감지자 역할을 하는 국가별 경영자는 정보를 수집하여 분류하고, 그 의미를 해석하며, 가능한 결과의 범위를 예측하는 데 뛰어나야 한다. 더욱 중요한 것은 국가별 경영자에게는 그런 정보의 중요성을 상사들에게, 특히 멀리 떨어져 있거나 자민족중심적인 편견 때문에 올바로 인식하지 못하는 상사들에게 전달해야 하는 사명이 있다는 사실이다. 오늘날에는 현지에서 수집된 정보가 다른 지역에 또는 전 세계적으로 적용되는 경우 효과적인 전달이 가장 중요하다. 한 국가의 소비자 경향은 다른 국가로 확산되는 경우가 많고, 첨단환경에서 개발된 기술은 세계적인 의미를 가질 수 있다. 경쟁사의 현지시장성 평가는 광범한 전략을 나타내는 신호일 수도 있고 규제철폐와 환경보호 등에 관한 법률 제정은 국경을 넘어 확산되는 경향이 있다.

고틀리브Gottlieb는 NEC가 통신시장의 변화를 인식하는 데 큰 공헌을 했는데, 이는 성능이 좋은 감지기가 어떻게 현지정보와 글로벌전략을 결합시킬 수 있는지를 잘 보여준다. 제7장에서 언급했듯이 NEAX 61은 일본의 모회사에서 설계한 NEC의 디지털 교환기로 널리 찬사를 받고 있었지만, 초기 판매량은 기대에 못 미쳤다.

현지시장의 배경과 인맥 덕분에 고틀리브는 신속하게 문제점을 진단할 수 있었다. NEC가 일본의 전화독점업체인 NTT의 요구에 맞춰 교환기를 설계한 터라, 미국의 고객들이 원하는 기능을 많이 갖추지 못했다. 우선 NEAX 61의 소프트웨어에는 장거리 통화 수요가 적은 다수의 미국기업들 사이에 수익을 배분하는 데 필요한 프로토콜 변환기능이 포함되어 있지 않았다. 또한 이 교환기는 경쟁이 심하고 규제가 없는 미국시장에서 핵심적인 고수익서비스인 통화중 대기와 착신 전환과 같은 수익을 높이는 기능들을 다룰 수 없었다.

미국 자회사의 요구를 모회사에 전달하는 과정에서 고틀리브는 상당한 어려움을 겪었다. NEAX 61을 다시 설계해야 한다는 것을 일본의 상사들에게 설득하기 위해서 그는 두 문화를 잇는 다리가 되어 일본인들이 주도하는 경영과정의 미묘한 측면들을 깊이 이해해야 했다. 그는 경영자들의 관심에 호소하기 위해서 어조를 바꿔가며 여러 경영진들에게 긴박감을 불어넣어야 했다. 고틀리브는 기술부에는 NEAX 61 교환기가 미국시장에는 적합하지 않게 설계되어 있다고 설득했고, 마케팅부서에는 벨Bell의 자회사들이 거래가를 요청해 왔기 때문에 시간이 부족하다고 설득했다.

건설자Builder

초국적기업이 현지기업(또는 시대에 뒤떨어진 다국적기업)에 비해 모든 자원 가운데 가장 희귀한 자원인 사람의 재능을 쉽게 이용할 수 있다는 것은 확실한 이점이다. IBM, 머크Merck, P&G와 같은 많은 기업은 현지개발 연구소를 기술력이 뛰어난 세계적인 연구소로 발전시키면 선진 과학기술을 습득하는 데 가치가 있다는 것을 인식해 왔다.

다른 기업들도 다양한 방법으로 해외인력을 양성하고 활용했다. 예를 들어, 커민스 엔진Cummins Engine은 기술이 뛰어나면서도 임금은 놀라울 정도로 낮은 인도 기술자들을 전 세계적인 채용인력 자원으로 구축했고 아메리칸 에어라인American Airline의 바베이도스Barbados 자회사는 모회사의 사무를 대부분 처리하고 있다. 거대 의료용품회사인 벡턴 디킨슨Becton Dickinson은 벨기에 자회사에 유럽 전체의 유통과 물류를 관리하는 책임을 맡겨 왔다.

실제로 각국의 이런 자원과 역량을 발굴, 육성, 활용하는 책임은 국가별 경영자가 담당해야 한다. 미국이 NEC의 세계적인 디지털 교환기 설계의 중요한 시장임을 도쿄 본사 경영진에게 납득시킨 후, 고틀리브는 본사 경영진을 설득하여 자신의 새로운 기술진을 차세대 교환기NEAX 61E개발에 처음부터 참여시켰다. 그는 자신의 기술진을 일본으로 파견하여 본사 설계자들과 협력하게 했고 그 기술진의 판단을 입증하기 위해 그 설계자들을 초대하여 미국 고객들을 방문하게 했다. 이런 교환은 NEC의 일본인 기술자들의 미국시장에 대한 감수성을 키워주었음은 물론, 미국의 동료 기술자들에 대한 존중심을 크게 높여주었다. 마찬가지로 중요한 점은 미국 자회사의 사기도 높아졌다는 것이다.

건설자로서 고틀리브는 이런 상호적인 신뢰를 기업의 큰 자산이 될 소프트웨어 개발능력을 창출하기 위한 토대로 이용했다. 일본에서는 대단히 부족한 숙련된 소프트웨어 엔지니어들을 미국에서는 얼마든지 이용할 수 있었다. 고틀리브의 첫 번째 조치는 소규모 소프트웨어팀을 구성하여 현지 프로젝트를 지원하게 하는 것이었다. 인력은 제한되어 있었지만 이 팀은 나중에 61E 교환기 설계의 일부가 된 원거리 소프트웨어 패칭(전체 소프트웨어가 아닌 소프트웨어의 일부가 변경되었을 때 이를 대체하는 소프트웨어 업데이트방식)기능을 포함하여 여러 가지 혁신기능을 내놓았다. 본사에서 신뢰를 얻은 덕분에 고틀리브는 2년 내에 자신의 설계 엔지니어 팀을 10명에서 50명 이상으로 늘릴 수 있었고, 북미는 물론 아시아의 소프트웨어 개발도 지원할 수 있었다.

공헌자Contributor

많은 초국적기업에서는 전략적으로 중요한 정보에 접근할 수 있다는, 그리고 전략적으로 중요한 자산을 통제할 수 있다는 이유로 갑자기 국가별 경영자가 핵심적인 역할을 담당하게 되었다. 현지시장과의 연결고리인 국가별 경영자는 이제 단순히 본사에서 세운 계획과 정책을 수행하는 사람이 아니다. 많은 국가별 경영자들이 중요한 전략과 운영상의 결정을 내리는 기업의 방식에 관해 상당한 영향력을 행사하게 되었다. 현재 진정한 초국적기업들에서는 대부분 국가별 경영자들과 현지의 핵심직원들이 신제품 · 개발위원회와 제품 · 마케팅 프로젝트팀 그리고 글로벌전략 회의에 참석하는 경우가 많다. 이전에는 철벽같았던 연례 고위 경영진 회의에서도 해외자회사 경영자들이 본사의 고위 임원들 앞에서 자신의 견해를 제시하고, 자신의 이해관계를 옹호할 수 있다. 이런 모습은 10년 전만 해도

꿈도 꾸지 못했을 것이다.

물론 세계적인 기업에 속한 대부분의 해외 자회사들의 역사적 지위는 본사의 전략을 수행하는 데 있었다. 모회사의 목표는 여러 단위사업체와 부서들, 해외 자회사들이 참여한 가운데 토론과 협의를 거친 결과물이기 때문에, 가끔 국가별 경영자는 자신이 노력해 온 것과 정반대되는 전략을 제시해야 할 때가 있다.

그러나 자회사들이 중요한 개발과 생산, 마케팅 자원의 많은 부분을 지배하고 있다. 따라서 세계적으로 폭넓게 분산되어 있는 기업은 오랫동안 '현지국의 왕' 노릇을 해온 국가별 경영자에게 해외 단위사업체가 언제, 어떻게 특정한 전략을 수행할 것인지를 결정할 권한을 주어서는 안 된다. 필립스Philips의 북미 자회사가 VCR을 자사가 아닌 일본의 경쟁사로부터 외주로 조달하겠다고 결정한 것은 현지의 '왕'이 어떻게 글로벌전략을 훼손할 수 있는지를 보여주는 가장 유명한 사례 중 하나다.

NEC에서 하워드 고틀리브는 고객관리와 시장조사에 자기시간의 약 60퍼센트를, 도쿄 본사와의 의사소통에 약 30퍼센트를 투자했다. 미국시장의 요구에 관한 전략적 의미를 이해하고 해석하는 능력 덕분에 그는 NEC에서 진행하는 전략회의에 참여하고 있다. 결국 그는 자기부서의 역할을 기업전략의 수행자에서 전략수립의 적극적인 공헌자로 변화시켰다.

기능별 경영자: 보관자 + 타화수분자 + 수호자

글로벌사업 경영자와 국가별 경영자는 정당한 평가를 받은 반면, 기능별 전문가들은 아직 많은 전통적인 다국적기업에서 합당한 인정을 받지 못하고 있다. 보좌 역할로 격하되고, 중요한 회의에서 제외되며, 심지어 불필요한 인력으로 해고되기도 하는 기능별 경영자들은 일방적인 공헌 외에 기업 주류의 글로벌활동에 참여할 기회가 별로 없다. 어떤 경우에는 고위 경영진이 방치한 탓에 보좌기능이 부적응자들의 창고 또는 퇴물 관리자들의 처리장으로 변질되기도 했다. 하지만 정보와 지식, 전문기술이 좀 더 전문화되었을 때, 기업이 전 세계적으로 기술, 생산, 마케팅, 인력관리 그리고 재정전문가들을 연결하면 막대한 이득을 얻을 수 있다.[05]

현재 초국적기업들이 국제적 경쟁력과 국가별 대응력, 세계적인 학습을 달성하는 데 따르는 갈등해소라는 전략적 문제에 직면해 있음을 감안하면, 사업 경영자와 국가별 경영자가 국제적 경쟁력과 국가별 대응력에 대해 일차적인 책임을 져야 한다. 그러나 전 세계적인 학습은 기능별 경영자의 영역이다.

학습을 이용하여 혁신을 창조하고 확산시킬 수 있는 조직을 건설하려면 전문지식을 전수하는 동시에 국경을 초월하여 부족한 자원과 역량을 이전하는 기술이 있어야 한다. 이것은 기업에게 초국가적 운영들이 단지 새로운 시장 기회만을 활용하도록 설계되지 말아야 한다는 것을 인지하도록 요구한다. 그들은 또한 본국에서는 쉽게 얻을 수 없는 가치 있는 시장 경쟁정보를 획득하고 희소한 지식과 전문성에 접근할 수 있도록 관리기술을 구축해야 한다. 한 경영자에 따르면 모든 세상에서 가장 똑똑한 사람들이 기업 본사 주변 10마일 반경 안에서 산다는 사고방식을 깨야 한다. 우리의 해외기업들은 똑똑한 사람들과 혁신적인 생각에 접근하게 해주고, 우리는 그들을 글로벌 자원으로서 관리할 필요가 있다.

기능별 경영자는 몇 가지 과제를 수행함으로써 기업이 이런 중요한 목표를 달성시키는 데 중요한 역할을 한다. 첫째, 그들은 기능별 영역과 조직에 가용한 전문적 자원에서의 기업 지식의 보관자repository가 되어야 한다. 다음으로 그들은 전사적인 자산이 될 수 있도록 다양한 국가단위에서 개발된 자원과 첨단적인 최고의 관행을 타화수분他花受粉, cross-pollinating(타화수분은 원래 꽃의 가루를 받아 수정한다는 뜻이나, 여기서는 혁신의 도구로서 현재 사업 영역 이외의 다른 영역으로부터 좋은 아이디어를 차용하여 혁신적인 아이디어로 연결시키는 것을 뜻함)하는 데 앞장서야 한다. 셋째, 그들은 기능의 수호자champion가 되어 그들이 감독하는 자원, 능력, 전문지식의 개발과 확산을 추구해야 한다.

보관자Repository

정교한 초국적기업의 경우 고위급, 기능별 임원들은 업종과 지리적 경계를 넘어 자신들의 전문분야를 연결하는 핵심적 역할을 한다. 그들은 전문성과 희소자원의 식별자 및 그 보관, 개발, 사용의 보관자가 된다. 예컨대, 일렉트로룩스의 고위 마케팅관리자들은 시장을 초월한 가전부문의 등장을 최초로 식별했고, NEC의 고위 기술관리자들은 아날로그에서 디지털 교환기술로의 이전에 대한 대응을 조율했다.

초국적기업이 필히 개발 · 배치해야 하는 가장 중요한 자원 중 하나는 인적자원이며, 인적자원에 대한 세심한 관리에 유니레버보다 더 매진하는 기업은 본 적이 없다. 제10장에서 유니레버의 인사정책과 관행 일부를 상세히 설명했다. 마이크 헤론Mike Heron은 그러한 정책을 관리하며, 인사담당 책임자로 취임 전에 유니레버에서 라인관리자line manager로 일했다.

헤론은 높은 자격을 구비한 최고급 인력의 부재로 인해 회사 성장이 제약되지 않도록 하는 것을 자신의 핵심과제로 보았다. 그 목적을 위해 그는 전 세계 어디서든 근무할 수 있는 잠재력이 우수한 일류 인력만을 고용하도록 하는 채용기준을 수립하고 관리하는 데 노력했다. 그는 200명당 1명의 구직자만이 유니레버에 채용된다는 사실에 자부심을 가졌다.

또한 헤론과 그의 소규모 스태프들은 전 세계적인 바탕에서 기업의 경영 인재를 추적하는 책임을 가졌다. 채용 후 2~3년 내에 각각의 젊은 신입사원들은 중앙 HR그룹의 기준에 근거해 평가를 받았다. 단기 승진 잠재력을 보인 사람들은 헤론의 스태프가 추적할 수 있도록 'D등급'에 등재되었다. 헤론에 따르면 "상당한 잠재력을 가진 것으로 밝혀지는 즉시 그들은 기업의 자원이 되고, 그 단계에서 우리는 그들의 개발에 대한 책임을 공유한다"고 하였다.

타화수분자Cross-Pollinator

기준 설정 및 희소한 경영자원의 추적을 넘어, 마이크 헤론은 모든 우수한 기능별 경영자들처럼 또한 전사적으로 그것의 활용에 대한 책임도 졌다. 제8장에서 와히브 자키Wahib Zaki가 과거에는 각 자회사 내에서만 독점되었던 기술을 이전하고 장벽을 무너뜨리기 위해 유럽 기술팀을 만들었을 때 어떻게 P&G에서 그러한 이니셔티브를 선도했는지를 설명했다. 헤론은 유니레버의 희소한 경영자원으로 같은 과제를 달성했다.

그가 관리한 하나의 주요 메커니즘은 기업의 조직 간 이전 프로세스였다. 브라질 자회사에 새로운 세탁기의 마케팅 이사가 필요했을 때, 조직 내 모든 구성원들은 브라질 내에서 순서대로 자동으로 그 자리가 채워지지 않을 것이라는 것을 알았다. 기업의 관심사(그리고 헤론의 책임)는 채용이 두 가지 기준을 충족하도록 하는 것이었다. 첫째는 가능한 가장 유능한 자를 고용한다는 사업목적과 일치시키는 것이고, 둘째는 지명된 경영자에 대해 개발 기회를 제공하는 것이었다.

관련된 모든 라인관리자와 협의하면서 헤론과 직원들은 효과적으로 기업 간 인력 이동이 이루어지도록 최대한 노력했다. 그들은 해외주재원을 고용하는 비용이 현지인을 고용하는 비용 대비 최대 10배임을 인정하면서도 약 1,000명의 해외주재원들이 앞서 두 가지 기준에서 부가가치를 창출한다고 확신했다.

또한 본사 HR그룹은 유니레버의 유명한 포 에이커즈Four Acres 훈련 및 개발시설을 운영했다. 단순히 최대 4주의 집합교육을 통한 지식습득을 뛰어넘어 참가자들은 유니레버의 경영자들이 공공연히 '세뇌indoctrination'라고 부르는 집중적 사회화과정을 경험했다. 헤론에 따르면 포 에이커즈를 수료한 후, 경영자들은 전체 경력을 통틀어 활용가능한 통찰과 관계들을 얻을 것이라고 하였다.

수호자Champion

기능별 경영자의 주된 역할은 사내 후견 역할을 담당하는 희소한 자원의 주창자, 옹호자, 수호자로서 행동하는 것이다. 와히브 자키가 P&G에서 조율된 제품개발 필요성의 수호자가 되었듯이, 헤론도 유니레버에서 희소한 인적자원의 더욱 통합된 전사적 개발과 배치를 위한 강한 주창자가 되었다.

더욱 미시적인 차원에서, 헤론과 그의 직원들은 그들이 보기에 과소 이용되거나 간과되는 잠재력이 높은 개인들을 수호했다. 사내 고위 관리자들과의 지속적인 대화를 통해 그들은 개발 기회를 제안하거나, 훈련 프로그램을 제시하거나, 벽에 부딪친 관리자들의 전보를 끌어낼 수 있었다.

그러한 비공식적인 영향력을 넘어 본사 인사부서 직원들은 개별 기업별로 정기적으로 만나는 선임위원회에 후보를 추천할 수 있는 권한을 통해 상당한 힘을 발휘했다. 또한 마이크 헤론은 모든 고위직 승진을 논의하기 위해 유니레버 회장실의 3인으로 구성된 특별위원회와 정기적으로 만났다. 그리고 그는 연 1회씩 200명의 임원들에 대한 실적, 전망, 개발계획을 하루 종일 검토하여 이 그룹을 지도했다.

이들의 다양한 역할을 통해 헤론은 적어도 자본자원만큼 가치 있는 것으로 여겨지는 기업자산으로서 인적자원을 관리하는 유니레버의 강한 전통을 구축했다. 초국적기업에서 대부분의 유능한 기능별 경영자들처럼, 헤론은 최고위 의사결정과정에서 사업 경영자나 자회사 경영자와 같은 종류의 접근과 영향력을 가졌다. 주로 이러한 이유 때문에 유니레버는 자원, 능력, 전문지식을 전 세계적으로 빠르게 개발하고 전파할 수 있는 조직이 되었다.

기업 경영자: 선구자 + 인재 영입자 + 입안자

글로벌 경영자에 대한 단일한 모델이 없는 것은 분명하다. 시대에 뒤진 국제적인 전문가도 최신의 글로벌 제너럴리스트도 복잡한 초국적전략을 다룰 능력이 없다. 그러나 오늘날 시장의 역동성은 다양한 재능을 갖춘 경영자를 요구하는 반면, 모든 경영자가 초국적 경영의 미묘한 도전을 짊어지지는 않는다는 것을 인식하는 것은 중요하다. 치열한 주고받기와 협상에 집중하는 사업별, 국가별, 기능별 담당 고위 경영자가 세계적인 기업을 책임지게 된다. 이와 대조적으로 중간 관리자와 일선 관리자들은 올바로 규정된 책임과 조직의 초국적 사명에 대한 명확한 인식 그리고 의무감이 필요하다. 하지만 고위 협상자들이 져야 하는 여러 가지 산만한 책임들은 거의 질 필요가 없다.

한편 최고위 기업 임원진들은 이러한 수준의 책임들을 통합하고 때로는 상충되는 관점들을 조율함으로써 아마도 가장 중요한 역할을 수행해야 한다. 그들은 통합적인 비전과 목표를 조직에 제공할 뿐 아니라, 성공적인 사업별, 국가별, 기능별 경영자들인 요한손, 고틀리브, 헤론 등과 같은 인재들을 식별하고 개발할 책임이 있다. 다음으로 그러한 경영자들이 효과적으로 역할을 수행하도록 조직의 맥락을 조성하고, 그들의 상이한 글로

벌 관점과 책임이 만드는 상충관계들을 협상하고 해결하는 것도 기업 리더들에게 달려 있다.[06]

선구자Visionary

ABB의 CEO를 오랫동안 역임한 퍼시 바르네빅Percy Barnevik과 같은 성공적인 기업 경영자들은 명확하고 통합적인 기업 비전을 표현하고 전파하는 것을 자신의 업무의 핵심역할로 삼았다. 바르네빅이 잘 이해했듯이 이는 명료한 전략적 비전뿐만 아니라 전략적 의도를 전달하는 명시적 조직개념의 개발도 포함했다. ABB에서 "세계적이면서 지역적이고, 크면서 작고, 분권화되어 있으나 중앙에서 통제된다"고 자주 반복되는 주문mantra은 글로벌 규모를 포함하면서도 국가별 고객들에게 중요한 전략적 요구와 은연중 나타나는 갈등들을 관리하는 조직적 요구라는 양면을 잘 표현한다.

ABB가 초국적 경영으로 인한 긴장을 부인하거나 최소화하는 대신 정당성을 부여하고자 했다는 이러한 인식은 ABB의 글로벌 매트릭스구조에 의해 반영되고 공식화되었다. 하지만 바르네빅은 다차원적이고 유연한 관리프로세스로 단순히 조직을 바꿀 수 없다는 것을 깨달았다. 그는 연간 200일을 출장을 다니며, ABB가 왜 그렇게 운영되어야 하며 어떻게 그것을 성취할 것인가의 메시지를 전 세계의 ABB 현업에 전달했다. "사고thinking(전략과 설계)는 단지 5~10%을 가져다주며, 90~95%는 실행execution에서 얻어진다"는 것을 그는 기꺼이 인정했다.

인재 영입자Talent Scout

때로는 상충하는 경쟁우위 원천을 개발하려는 복수의 초국적조직에서, 가장 희소한 자원은 거의 항상 복잡성과 갈등에 대처할 수 있는 경영인재이다. 그러한 인재를 가장 잘 식별하고 배치할 수 있는 위치에 있는 사람은 최고위 기업 경영자이다. 유니레버의 공동 의장들이 200명의 최고임원들을 식별하고 개발하기 위해 마이크 헤론과 긴밀히 공조했듯이, 바르네빅도 매트릭스에서 주요 보직에 있으며 진정으로 글로벌 관점을 가져야 하는 300명에서 400명의 경영자들의 경력에 큰 관심을 가졌다. 실제로 CEO로 취임했을 때 그는 최고의 팀이라고 불리기 전에 100명 이상의 ABB 출신의 경영자들과 개별적으로 면담했다.

바르네빅이 추구했던 특성은 전통과는 거리가 멀고 혹독했다. 반면 그는 "낯이 두껍고, 임기응변이 빠르며 리더십이 입증된" 사람들을 원했다. 또 다른 한편으로는 의사결정과정에서 다양한 투입들과 유연성이 요구되는 조직에서 효과적으로 일하기 위해 "개방적이고, 관대하며, 팀 플레이어인" 고위 경영자들을 필요로 했다.

그런 특성을 가진 주요 경영자들을 식별하는 것을 넘어서, 바르네빅은 그들의 개발에도 적극적인 역할을 했다. 바르네빅은 화려한 화술을 통해서뿐만 아니라 높은 잠재력을 갖고 있으나 의심이 많은 경영자들을 그의 경영 아이디어가 가득한 조직의 일부분으로 이전시킴으로써 그의 급진적인 경영철학을 성공으로 바꾸는 것을 즐겼다. 저항을 분쇄하려면 성공을 활용해야 한다고 그는 설명했다.

입안자 Framer

최고경영진의 가장 중요한 역할 중 하나이지만 대부분 채택하기 가장 어려운 역할들 중 하나는 초국적기업의 다양한 전략적 요구들을 대변하는 경영자들이 그들의 관점들을 옹호하고 차이를 해결할 수 있는 조직환경을 만드는 책임이었다. 사업별, 국가별 및 기능별 경영자들의 역할에 정당성을 부여하는 조직구조와 철학의 수립은 중요한 출발이며, 그들의 지위에 유능하고 편견 없는 사람들을 채용하는 것은 큰 도움이 된다. 그러나 많은 최고 기업 리더들은 피할 수 없는 갈등에 너무 몰입하여, 해당 조직들이 제한된 이해를 가지고 있는 수많은 복잡미묘한 상충관계들을 그들 스스로 만들고 있다는 것을 알게 된다. 요컨대 그들은 맥락보다는 내용을 관리한다는 그들의 전통적인 역할에 갇히게 된다.

잦은 현장 방문에서 바르네빅이 소통하는 가장 중요한 메시지 중 하나는 ABB의 급진적으로 분권화된 조직에서 그의 경영자들이 어떻게 행동할 것인가이다. 그러한 조직에서는 타협과 상충은 매트릭스 보고관계 속에 내포되어 있다. 예를 들어, 행동에 가장 근접한 경영자들은 의사결정을 해야 하며, 속도와 과감성이 중요하다고 그는 지속적으로 강조한다. 그는 ("꼭 맞고 느린 것보다 대충 맞지만 빠른 것이 더욱 낫다"는) 자주 반복되는 구호와 (10개의 좋고 빠른 결정 중 7개가 완벽한 해법을 추구하는 느린 행동보다 훨씬 낫다는) '7/3 공식'과 같은 단순 경험 법칙으로 그의 메시지를 강화한다.

바르네빅이 말하기를 "내 수준에서 내가 할 수 있는 최선은 분위기를 조성하고 몇 개의 경영행동규칙을 설정하는 것이다. 사업 및 수익센터들을 운영하는 사람들만이 판단을 내릴 수 있다"라고 하였다. 지식 보유자가 결정을 선도하도록 허용하는 맥락을 만드는 것은 우리가 다음 장에서 더 전개할 주제이며, 다양한 글로벌 역할들을 가진 개인을 개발시키고, 그들의 다양성에 정당성을 부여하며, 그들을 일관성 있는 팀으로 통합하기를 희망하는 기업들의 핵심과제이다. 무엇보다도 그러한 능력은 기업 리더가 진정한 글로벌 경영자가 되는, 그리고 기업이 정말로 초국적으로 되는 가장 분명한 지표이다.

CHAPTER 12 변혁 프로세스관리: 합리화, 활성화, 재생

〈국경 없는 경영*Managing Across Borders*〉 초판 발행 무렵 다수의 기업들은 이미 우리가 책에서 묘사한 종류의 조직을 구축하고 역량을 개발하고자 노력하고 있었다. 비록 그중에는 이상을 향해 노력하고 있는 기업들도 있었지만, 우리가 연구에서 다룬 어떤 기업도 우리가 정의한 모범적 초국적기업transnational company은 아니었다. 실제로 전 세계적으로 대부분의 기업들이 세계화, 규제완화, 민영화가 제시하는 기회, 정보화시대와 지식혁명이 창조하는 변화, 그리고 산업 간 경계의 융합과 서비스 기반 경제의 도래가 야기하는 구조적 붕괴에 대응하기 위해 스스로를 재창조하고자 노력하였다. 이러한 예외적으로 불연속적인 변화의 시대는 현대기업의 역사에서 가장 치열한 변혁transformation을 촉발시켰다.

〈국경 없는 경영〉 초판 출간에 이어서 이루어진 연구 프로젝트에서 우리는 10곳 이상의 기업들이 이러한 다양한 기회와 요구에 대응하기 위해 시행한 새로운 프로그램과 프로세스를 연구했다.[01] 그러나 성공적 변혁 사례가 있는 반면 동일한 수준의 큰 실패 사례도 존재했다. GE의 극적인 성과 개선의 다른 한편에는 계속되는 실망과 위기로 인해 결국 몰락한 웨스팅하우스Westinghouse가 있었고, 통신업계에서 승승장구하여 글로벌 리더에 등극한 에릭슨Ericsson의 사례는 끝없는 추락을 뒤집는 데 실패한 ITT의 사례를 더 참혹하게 보이게 만든다. 또한 1990년 이후 필립스Phillips가 이뤄낸 성공적 조직 활성화revitalization는 그 전 10년간 지지부진했던 노력을 부각시킬 뿐이다.

일부 기업들의 성공과 그 외 다수 다른 기업들의 실패 원인은 무엇인가? 기업들은 어떻게 명백하게 지지부진하던 변혁 프로세스에 반전을 일으켰는가? 요구되는 전략적 역량(5장~7장)을 정의하고, 조직적 시사점(8장~10장)을 설명한 후, 이번 장에서는 다국적 모델을 도입하기 위해 조직 프로세스와 관리행동에 요구되는 거대한 변화를 실현시켜야 하는 관리과제에 대해 무엇을 이야기해 볼 수 있을까?

우리는 성공적인 기업 변혁 프로세스과정과 부진했던 또는 완전히 실패한 사례를 대조하였고, 두 가지 차이점을 발견했다. 첫째, 성공적 변혁 프로세스는 거의 항상 적절한 순서로 특정 조직적 능력개발에 집중하는 세심하고 단계적인 접근법을 취했다. 둘째, 성공적인 기업의 경영진은 최고경영진이 통제하는 전략, 구조, 시스템만큼이나 조직 내 개인들의 행위가 변혁에 큰 영향을 미친다는 것을 인지하고 있었다. 결과적으로 경영진들은 구조조정 및 리엔지니어링 프로그램에만 몰두하기보다는 기업의 행동적 맥락behavioral context을 근본적으로 바꾸기 위해 일으켜야 하는 변화에 집중했다.

변화의 단계적 순서

변혁 시도에 실패한 대다수 기업들의 문제는 변화를 너무 적게 시도한 것이 아니라 너무 많이 시도했다는 것이다. 치열한 경쟁과 급변하는 사업환경으로 나타난 어려운 과제들에 직면하여, 경영자들은 대체로 공급 주도의 시장에서 경영 사조의 유행에 관한 컨설턴트와 학자들의 임의적인 처방적 조언을 기꺼이 해법으로 받아들였다. 최근 조사에 의하면 1990년과 1994년 사이에 평균적인 기업은 유행하는 경영 도구와 기법들 25개 중에서 기업 비전 설정 및 TQM 프로그램부터 임파워먼트 및 리엔지니어링 프로세스 등 11.8개의 도구를 사용했다고 한다.[02] 그러나 또 다른 연구에 따르면 이런 광범위하고 열성적인 활동에도 불구하고 기업이 사용한 도구 수와 재무성과에 대한 만족도 간에는 상관관계가 없었다. 그럼에도 저자들은 적합한 도구를 적시에 선택하여 적절히 실행할 경우 대다수의 도구들이 "유용할 수 있다"고 결론 내렸다.[03]

이러한 일반화가 자명하게 느껴질지라도 위와 같은 결론이 보여주는 점에 공감한다. 즉 변화과정에서 취하는 행동의 순서와 시행이 매우 중요하다는 점이다. 많은 기업들에서 일선 경영자들은 다수의 일관성 없는 우선순위를 부여받아 당혹스러워하는 경우가 많다. 대조적으로 유연하고 반응적인 조직으로의 변혁에 성공한 기업들은 활동을 더욱 단순하고 집중된 순서로 시행했다는 것을 알 수 있었다.

이러한 단계적 변혁 프로세스 중 가장 널리 알려진 것은 잭 웰치Jack Welch의 제너럴 일렉트릭GE 활성화 사례이다. 1980년대 초 · 중반에 다운사이징, 직계 간소화delayering, 포트폴리오 가지치기pruning를 강조하던 웰치는 1980년대 말 더욱 개발적이고 통합적인 활동으로 초점을 옮겼다. 이에 따라 1990년대 초에는 "경계 없는 자기재생적인 조직boundaryless and self-renewing organization"을 만들기 시작했다. 훗날 더 민첩하게 움직이지 않았다고 자책하긴 했으나, 잭 웰치는 행동의 순서를 정하는 논리, 그리고 각 단계에서 충분히 진전을 이룬 후 다음 단계로 넘어가야 할 필요성에 대해 굳은 확신을 가졌다.[04]

우리의 연구결과들은 GE 사례가 기업 변혁 모델로서 널리 적용될 수 있음을 보여준다. GE 사례는 기업의 성과가 두 가지 핵심역량인 각 구성단위의 강점과 이들 단위 통합의 실효성에 달려 있다는 간단한 인식에 기반한다. 우리가 주로 기업의 국가별 자회사들의 글로벌 네트워킹에 집중하고 있지만, 위의 인식은 조직의 가치사슬상 개별적으로 강력한 기능별 그룹들의 통합 또는 시너지를 내기 위한 기업의 사업부문 포트폴리오의 연계에도 똑같이 적용된다. 이러한 전제는 [그림 12-1]에서 기업 재생 모델의 두 개의 축을 정의한다.

재생에 관한 도전에 직면할 경우, 대다수의 기업들은 [그림 12-1]과 같이 표현될 수 있는 사업 포트폴리오를 보유하고 있다는 것을 발견한다. 즉 강력하고 독립적인 소수의 부문과 활동(2사분면에 존재하는 분명하게 정의되었으나 분리된 원들), 통합은 더 잘 되었음에도 개별적 성과는 좋지 않은 또 다른 사업군(3사분면에 존재하는 느슨하고 중복되는 원들), 그리고 개별적 성과가 좋지 않으면서 상호 간 자원과 능력의 연계와 활용이 비효율적인 사업부문들, 국가별 자회사들 또는 기능별 조직그룹(1사분면에 존재하는 분명하게 정의되지도, 연결되지도 않은 원들) 등을 보유하는 것이다.

| 그림 12-1 | 변혁 모델

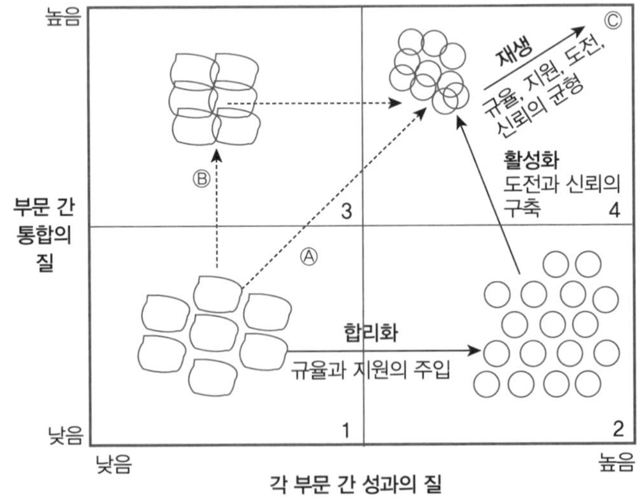

변혁 프로세스의 종합적인 목적은 전체 포트폴리오를 4사분면으로 이동시키고 각각의 부문이 과거의 운영방식으로 회귀하지 못하도록 하는 방법을 찾는 것이다. 잘 통합되고 효율적으로 운영되는 조직을 개발하고자 하는 목표는 분명하나, 그 조직적 이상향nirvana으로 가는 경로는 잘 정의되지 않는다. 그러나 이는 매우 중요하다.

일부 기업들은(예컨대, 1980년대 제너럴 모터스GM) 대각선 경로 A와 같이 직행 노선을 시도했다. 두 가지 분야의 개선을 동시에 시도하는 대담한 접근법은 이성적으로나 감성적으로는 매력적이지만 대개 실패로 끝났다. 복잡하며 흔히 상호모순적인 요구들이 조직에 과도한 부담이 되기 때문이다. 이는 GM이 1980년대 5개의 자동차 사업부의 부문 간 시너지의 개선을 시도하는 동시에 각각의 시장점유율과 수익성을 향상시키도록 압박을 가했을 때 얻은 교훈이다. 차체 스타일과 섀시chassis 설계에 대한 조정 요구가 특정 세분시장의 니즈와 기회에 대응하는 각 사업부의 능력과 충돌하게 된 것이다. GM과 마찬가지로 1980년대 말 각 부문의 개별 성과와 기업 통합을 동시에 개선하려 한 IBM의 기업 변혁 프로그램 시도 역시 진통을 겪었다.

반면, 1980년대 말의 필립스와 같은 다른 기업들은 더욱 집중된 경로를 따랐다. 즉 부문 간 시너지를 개선하면 각 사업부문의 개별적인 성과 향상에 도움을 줄 것이란 가정하에 1차적으로 부문 간 통합을 추진한 것이다. 그러나 경로 B로 대표되는 이러한 변화 모델도 성공적이지 못했다. 대담한 조직개편의 일환으로, 필립스의 코르 반 데르 크룩트Cor van der Klugt 대표는 자사의 가정용 전자기기사업, 전문 전자기기사업, 부품사업, 조명사업을 '상호의존적인 핵심'사업으로 선언하고, 이들 부문들의 상호의존성을 관리하는 구조와 프로세스를 만들고자 했다. 그 결과 필립스는 내부적으로 큰 어려움을 겪는 각 사업의 통합은 매우 어렵다는 것을 발견했다. 통합에 성공한 경우에도 경쟁력 없는 개별 사업 간 연계는 각각의 약점을 부각시키고 강화할 뿐이었다. 기업성과가 계속 악화되고 다른 접근을 시도하기 위해 새로운 CEO가 선임되자, 필립스의 경영자들은 우리에게 "네 명의 뚱보로는 효과적인 팀이 될 수 없다"는 으스스한 농담을 했다. 불행히도 다임러-벤츠는 이러한 교훈을 얻지 못하고, 인력 과잉 상태인 다수의 사업부들을 통합하려고 계속 노력하다가, 1995년 즈음 새로 들어선 최고경영진이 고전 중이던 변혁 프로그램의 방향을 전환하기 시작했다.

우리가 보기에 가장 효과적인 변혁 순서를 정의한 것은 모델 중 3번 옵션인 경로 C이다. 잭 웰치는 1980년대 초에 시작한 지속적 변화 프로세스를 통해 GE를 이끌면서 이 경로를 따랐다. 우리는 세계 최대기업인 GE의 전 세계적으로 존경받는 변혁 프로세스를 검토하면서 여기에 합리화rationalization, 활성화revitalization 그리고 재생regeneration으로 구분되는 뚜렷한 3단계가 존재함을 발견할 수 있었다.

잭 웰치는 합리화단계에서 GE 내 각 사업의 성과를 강화하는 것에 집중하며, 각 부문을 '해당 업계 1위 또는 2위'로 만들고자 했다. 그 후 5년간 그는 거의 100억 달러에 상당하는 사업을 매각 또는 폐쇄했고, 180억 달러 상당의 신사업을 인수했다. 그는 오랫동안 일선 사업부문에 부담으로 작용한 각 부문과 그룹의 과도한 상부구조를 제거했으며, 본사 스태프corporate staffs의 규모와 책임을 대폭 축소했다. 이러한 간소화로 인해 GE는 조직 간 활동의 통합과 조정능력을 일부 잃었으나, 웰치의 주된 관심은 핵심사업을 담당하는 경영자들에게 새로운 전략을 개발하고 해당 사업의 운영을 통제하는 자유를 부여하는 것이었다. 그는 조직적 명료성과 관리적 단순성을 창출하여 경영자들이 결과에 대한 책임을 지도록 만들 수 있을 것이라고 생각했다.

합리화단계의 인수와 매각이 대부분 마무리된 1980년대 중반, 잭 웰치는 변혁 프로세스의 두 번째 단계인 활성화를 시작했다. 기업의 핵심인 13개의 사업부문이 탄탄하게 운영되자 그는 잠재적으로 규모의 경제를 활용하고, 각 부문의 자원들을 활용하며, 부문 간 학습 기회를 포착하기 위해 핵심사업들을 연계시킬 방법을 찾기 시작했다. 최고위 기업 임원위원회 회의를 시작으로, 잭 웰치는 사업부문 간 공조를 통해 협력의 이점을 구체적으로 보여줄 수 있는 환경을 만들었다. 그는 고위 임원들로 하여금 몇몇 가시적 · 상징적 합의, 예를 들어 16파운드의 GE의 플라스틱을 모든 GE 냉장고에 포함시키고 철도부문 엔지니어들이 가전부문의 어려운 디자인 문제 해결을 돕도록 하는 등에 동의하도록 했다. 그 후 수년간 잭 웰치는 마음을 열고, 소통채널을 명확히 하며, 각 기능과 사업을 고립시키며 사업부문을 서로 분리시키는 편협한 태도를 제거하는 프로그램을 통해 조직 내 협력을 더 강하게 추진했다.

10년이 지나자 잭 웰치는 조직을 합리화하고 사업을 활성화했으나, 후계자에 물려 주고자 했던 지속적으로 스스로를 보완하고 재생시키는 조직을 만들지는 못했음을 깨달았다. 그래서 그는 GE를 변혁의 세 번째 단계로 이동시키기 시작했다. 이 단계는 소위 재생이라는 역량으로 조직을 채우는 단계이다. 웰치는 '경계 없는 조직boundarylessness'의 개념으로 GE 직원들을 독려하며, 우수한 개별부문의 성과를 달성하는 동시에 통합의 전사적 이익을 활용하기 위해 타 사업부문과 협력하는 노력에 내재된 조직적 긴장과 관리적 역설의 균형을 이룸으로써, 지속적으로 자기재생능력을 가진 조직을 개발하고자 했다. 첫 번째, 두 번째 단계처럼 이 단계도 GE 구성원들의 근본적인 행동 변화를 요구한다.

새로운 행동적 맥락

기업 변혁 프로세스에 있어 가장 큰 제약과 변혁 프로세스를 신중하게 단계적으로 진행해야 하는 이유는 사람들의 변화 수용능력이다. 실제로 가장 성공적인 기업들은 행동 변화가 변혁의 결과이자, 변혁을 일으키는 원동력임을 인식했다. 그 결과로 이들 기업들은 위계조직의 구조조정 및 프로세스 리엔지니어링의 전통적인 접근을 넘어서, 개인의 태도, 추측 및 행위의 변화라는 더욱 미묘하고 어려운 과제에 집중했다.

잭 웰치 역시 GE의 위계조직의 단계를 축소하고 70,000명의 직원을 감축하는 대담하고 효과적인 직계 간소화와 다운사이징 프로그램을 개시하고 몇 년 되지 않은 1980년대 중반에 동일한 깨달음을 얻었다. 비록 당초의 목적은 매우 성공적으로 달성되었으나, 일선 직원들은 잭 웰치를 '중성자탄 잭Neutron Jack'이라 부르기 시작하며 그의 동기를 의심하였으며 심지어 냉소적인 태도까지 보였다. 잭 웰치는 직원들은 마음을 얻고 그들의 행동을 바꾸지 않는 한 장기적인 목표달성이 불가능함을 이해하고 있었다. 1985년, 그는 직원 연설을 통해 "기업이 구조조정, 관료주의 제거, 다운사이징을 통해 생산성을 향상시킬 수 있으나, 문화적 변화 없이는 높은 생산성 유지가 불가능하다"는 것을 인정했다.

잭 웰치가 인지했듯이 성공적인 기업 변혁은 단순히 거시적 변화 프로그램을 통해 위에서 강제할 수는 없었다. 변혁은 모두가 변화를 이해하고 지지하도록 만드는 활동을 통해 아래로부터 이루어져야 했다. 효과적인 변혁 프로세스는 기업의 '하드웨어'(사업구성 및 조직구조)와 '소프트웨어'(임직원 동기부여, 가치, 헌신)에 동시에 집중해야 한다. 다시 말해, 경영자들은 구조와 시스템을 변화시키는 동시에 기업의 '행동적 맥락'도 변화시켜야 한다.[05]

행동적 맥락의 정의는 어렵고 개발은 더욱 어렵지만, 느끼고 경험하기는 쉽다. 어떤 경영자의 설명에 따르면 행동적 맥락은 기업이 어떻게 기능하는지를 보여주는 수많은 작은 세부사항들이 보여주는 '장소의 냄새smell of the place'이다. 행동적 맥락은 기후처럼 기업 곳곳에 스며들어 있고 영향력이 강하다. 마치 봄에 산중 휴양지의 맑고 청량한 공기로 기운을 얻듯이 기업의 행동적 맥락은 사람들에게 자극의 샘이 될 수 있다. 불행히도 그간 많은 대기업들은 마치 한여름 도심의 오염되고 숨막히는 환경에 더 가까우며, 개인의 에너지를 앗아가고 무관심을 초래하는 내부 분위기를 만들어냈다. 우리 인터뷰 대상자 중 한 사람의 표현에 의하면, 이들 기업 경영자들의 과제는 "야구공으로 창문을 깨, 생명을 주는 맑은 공기가 다시 통하게 하는 것"이다. 변혁의 가장 큰 과제는 사람들에 활력을 주기 위해 행동적 맥락을 변화시키는 것이다.

GE를 비롯한 여러 기업들이 길고 고통스러운 과정을 통해 관료주의적 위계를 자기재생적 조직으로 바꾸고 진화하였다. 우리는 이를 관찰하면서 그 구성원에 활력을 주지 못하면 기업은 사업운영을 재생시킬 수 없음을 명백하게 깨달았다. 또한 기업이 합리화, 활성화, 재생단계를 거치면서 직원에게 요구하는 행동의 성격은 진화한다. 예를 들어, 잭 웰치가 요구했던 속도, 간결화 및 자신감에 암시되는 성과지향적 행동과 그가 추후 강조했던 '경계 없는 조직'에서 끌어내고자 했던 협력적인 행동은 다르다.

우리의 관찰에 의하면 변혁적 행동적 맥락의 4대 필수요소인 규율, 지지, 도전, 그리고 신뢰는 조직재생의 세 단계와 마찬가지로 순차적인 방식으로 개발될 때 가장 효과적이었다. 예컨대 규율과 지지의 개발은 합리화단계를 통한 기업경영에 매우 중요하고, 도전과 신뢰의 구축은 활성화관리의 핵심이며, 네 가지 요소의 통합과 균형은 지속적인 재생의 열쇠이다.

합리화: 일선 조직 주도성Initiative 구축

우리의 연구에 처음부터 포함되지는 않았으나 〈국경 없는 경영*Managing*

Across Borders〉을 집필하면서 묘사한 다수의 개념을 우리와 같은 시점에 실행하던 기업이 있다. 바로 ABBAsea Brown Boveri라는 기업으로 당시 거대한 변혁과제를 경험하고 있었다. 1988년에 70억 달러 규모의 스웨덴 발전장비 거대 기업인 Asea(우리의 용어 정의에 따른 진정한 국제적조직)와 60억 달러 규모의 스위스 소재 경쟁사인 Brown Boveri(다국적조직의 전형) 간 합병으로 탄생한 ABB는 전형적인 초국적조직으로 발전했다.

합병 후 ABB는 극히 비우호적 사업환경에서 활동을 개시했다. 합병 전 10년간 대규모 전력 프로젝트 수요가 크게 감소하여 12개의 주요 글로벌 장비 공급업체 간 극심한 경쟁이 도래했고, 각 업체들은 1980년대 시설 용량의 1/3 내지 1/2만 가동하는 것으로 추산되었다. 이런 극심한 경쟁환경에서 Asea와 Brown Boveri는 업계의 '낙오자also rans'로 전락했고, 세전이익률은 매출액 대비 1.5~2.5%를 기록하였다. 필연적으로 예견되는 업계 구조조정에서 ABB가 생존할 것으로 보는 시각은 극소수였다. 그러나 활력 넘치는 Asea 신임 CEO인 퍼시 바르네빅Percy Barnevik이 Asea의 극적 호전을 이루어내면서 새로운 가능성이 보이기 시작했다. 그의 노력으로 인한 에너지가 합병의 모멘텀을 만들었고, 바르네빅이 신임을 얻으면서 자연스레 합병된 새 회사의 리더가 되었다.

바르네빅의 최우선순위는 양사의 운영을 합리화하고 효과적이고 초국적인 조직(그의 표현에 따르면 "세계적이면서도 지역적이고, 크면서 작고, 급진적으로 분권화되어 있으나 중앙에서 통제되는")으로의 통합을 지원하는 강력한 프레임워크를 제공하는 것이었다. 수개월 내에 그는 자신이 물려받은 매우 관료주의적이나 때론 무정부적인 조직의 단순화를 위해, 분권적 책임과 개인적 책무를 중시하는 강한 믿음에 근거한 새로운 조직구조를 공표했다. 이전의 8~9단계 계층구조에서 변경된 4단계 매트릭스 조직구조가 ABB가 사업을 전개하고 있는 140개국 1,300개의 운영회사에 적용되었다. 이들은 65개 글로벌 비즈니스지역 중 한 곳, 그리고 65개 사업지역들을 분류한 7개의 사업 세분시장들business segments 중 하나의 지역 관리자의 지시를 받았다. 이렇게 2명의 상사의 지도와 지휘를 받는 일선 운영회사 대표들은 상호의존적 회사들의 전 세계적 네트워크 형성을 위해 어떤 잉여 사업장을 폐쇄하고, 어떻게 책임을 배정할지 결정하기 위해 협의했다.

또한 바르네빅은 처음부터 양사의 단편적이고 뒤엉킨 시스템을 재정의하는 것에 집중했다. 그는 백지상태에서 12개월 내에 새로운 단일 정보 및 보고시스템을 도입하도록 지시했다. ABB 회계 및 소통시스템ABB accounting and communication system의 앞 글자를 따 ABACUS로 불리게 된 새로운 보고시스템은 전사 관리자들에게 수백 개의 잠재적 측정 항목에 관해 정확하고 적시성 있는 비교정보를 제공했다.

그러나 합리화과정에는 직계 간소화와 시스템 정리 이상이 필요했다. CEO의 관점에서 볼 때 가장 중요한 과제는 위계적 관료주의하에서 평생 일했던 직원들이 생각하고 행동하는 방식을 바꾸는 것이었다. 그는 "리더는 먼저 교사가 되어야 한다"고 하며, 이후 수년간 소극적이고 때론 기가 죽은 경영자들에게 승자가 되는 법에 관한 교육을 다수 제공하였다. 이러한 노력의 목표는 기존의 맥락인 준수 강제와 통제를 내면화된 행동 모델로 바꾸는 것이었다. 이를 통해 바르네빅과 경영진들은 구조적 간접비용을 없애고 관료적 보고 요건을 단순화하는 것 외에도, 자기규율이라는 강력한 규범의 수립과 지지 및 격려의 맥락 구축이라는 도전과제에 집중할 수 있었다.

규율 구축

우리는 바르네빅Barnevik과 주요 변화 프로그램의 리더들이 준수의 규범을 내재된 자기규율의 맥락으로 바꾸기 위해 시행한 다양한 조치들 중 가장 효과적인 세 가지를 구분했다. 바로 분명한 성과기준에 대한 집중, 피드백 제공의 약속, 일관된 보상과 제재의 적용이다.[06]

바르네빅은 처음부터 그저 그런 성과는 더 이상 용인되지 않을 것임을 분명히 했다. 그는 ABB를 진정한 세계적 리더로 만들 성과목표, 즉 영업성과는 4.8%에서 10%로, 자본이익률은 11.8%에서 25%로 증가시키겠다는 목표를 조직에 발표했다. 또한 그는 수치상 목표를 넘어 일상업무처리에 관한 높은 성과기준을 설정했다. 그는 21페이지짜리 '정책 바이블policy bible'에 "모든 경영자는 스스로를 통제해야 된다"는 분명한 기대를 설정하고, 의사소통을 통해 이를 끊임없이 강조하였다. 그는 탄탄한 비즈니스 이해도 및 치열한 데이터분석을 기초로 경영자들이 신속하게 의사결정할 것을 기대했다(이 점을 강조하기 위해 그는 회의 시 '제 생각에'란 표현을 금지했다. '알거나 모르거나 둘 중 하나'일 뿐이라는 것이다).

한편 이러한 기대는 ABB의 높은 성과기준을 위한 확실한 피드백 제공을 요구했다. 대체된 기존 보고시스템과 달리 ABACUS는 명시적으로 '정보를 민주화'하도록 설계되었다(ABACUS의 'C'는 통제가 아닌 커뮤니케이션을 의미했다). 축적된 데이터 사용에 있어 고위 경영진의 핵심역할은 일선 직원들이 집중했으면 하는 몇몇 핵심변수를 분리하여 내부자들이 '성취도 평가표performance league table'라 부르는 것을 작성함으로써 동료와 비교 시 자기위치가 어디인지를 각각의 수익센터 또는 자회사에 보여주는 것이었다. 이에 대해 고란 린달Göran Lindahl 부사장은 "저는 아무 말도 할 필요가 없습니다. 경영자들은 낮은 순위를 피하기 위해 미친 듯 싸울 것입니다"라고 말했다.

자기규율 맥락 구축의 세 번째 공통요소는 성과기준과 분명히 연계되며 일관성 있게 적용되는 보상과 제재이다. ABB에서 매트릭스구조는 상이한 기대를 가진 2인의 상사가 개인성과를 평가한다는 것을 의미한다. 글로벌 사업 경영자는 광범위한 전략목표를 강조하지만 지역 경영자는 대개 단기

영업성과를 추구한다. 오직 양쪽 모두를 만족시킨 경영자들만이 보너스와 승진을 얻고, 목표를 달성하지 못한 자들은 교체되었다. 500명이 넘는 내부 후보자를 상세히 심사하여 새로운 접근법을 실행할 300명의 핵심 경영자를 선정했음에도 불구하고 그중 절반 이상이 첫 6년 내에 교체되었다. 한편 나이가 많고 융통성이 떨어지는 동료를 제치고 새로운 세대인 젊고 저돌적인 경영자들이 변경된 회사의 리더로 등용되었다. 이러한 필연적 리더 교체는 ABB의 변화(합병 전 조직의 특징이었던 소극적 준수의 맥락에서 직원들이 자신의 목표를 달성하는 자기규율의 맥락으로의 변화)의 핵심부분이 되었다.

지원의 내재화

규율로 인한 성과를 지속적으로 강조하는 것은 시간이 지남에 따라 사람을 지치게 할 수 있다. 우리는 초국적 통합 네트워크형태로의 변혁에 성공한 기업들을 연구하면서 합리화단계에서 요구되는 급진적인 구조조정이 종종 개인의 에너지 소진이나 전사적인 거부를 초래한다는 것을 발견했다. 그러나 보호적이고 지원적인 맥락으로 규율이라는 냉혹한 도구에 균형을 잡아주면 이러한 부작용은 크게 줄어든다.[07] ABB가 발견했듯이 정당한 권한부여에 대한 약속, 자원에의 접근 및 코칭과 지도에 기반한 경영스타일은 지원적 환경 형성에 가장 효과적인 조치이다.

바르네빅Barnevik은 처음부터 규율을 따르는 실행에 대해 높은 기대를 하는 한편 책임을 근본적으로 분산하고 고객과 접촉하는 일선에 위치한 경영자들에게 진정으로 권한을 부여하고자 했다. 이러한 소신이 그로 하여금 각각 평균 200명의 직원을 보유한 1,300개 자회사를 중심으로 거대한 글로벌조직을 만들게 했다. 각 자회사는 법적으로 별개의 존재이며 위임된 책임을 달성할 자유가 주어진다. 바르네빅은 우리에게 "제 자리에서 보면 ABB는 복잡합니다. 그러나 실제 일이 이루어지는 현장에서 우리의 업무는 최대한 단일 기업과 비슷하게 이루어져야 합니다. 우리 경영자들은 잘 정의된 책임, 명쾌한 책무 및 최대한의 실행의 자유가 필요합니다"라고 말했다.

그러나 책임과 책무의 급진적 위임이 진정한 권한부여가 되기 위해서는 새롭게 위임된 업무를 실행하기 위해 필요한 보완자원의 분산이 동반되어야 한다. 이 단계에 있는 많은 타 기업들과 달리 ABB는 합리화 프로세스 일부로서 자원에 큰 변화를 일으켰다. 바르네빅은 이를 '30/30/30'규칙이라고 명명하고, 모든 본사조직 직원(기업, 사업, 지역수준의)을 다음 공식에 따라 급진적으로 재배치하도록 주문했다. 우선 30%는 일선 운영회사나 타 사업부문으로 전출하고, 30%는 각자의 서비스를 시장 요율로 판매하는 자력 판매 인력으로, 마지막 30%는 감원조치되었으며, 나머지 10%는 부가가치를 창출하는 본사 역할을 지속하는 것이었다. 이 프로세스를 통해 1,300개의 자회사들이 ABB 핵심자원의 절대 다수를 통제하였다(연간 R&D 지출의 90% 및 인력자원의 95%(채용, 직원 개발, 보상 결정 등) 포함). 또한 자회사들은 손익계산서뿐 아니라 대차대조표도 직접 관리하였고, 자본금 증감을 통해 매년 성과를 승계받게 되었다. 더욱이 이들은 현지차입도 허용되었고, 이익의 30%까지 보유할 수 있었다. 이러한 자회사의 일선 경영자들은 기술, 인력, 재무자원의 통제를 통해 먼저 제안하고, 행동을 추진하며, 성과에 대한 책임을 수용할 수 있었다.

과거 최고경영진이 항상 자원을 통제하고 의사결정을 했음을 생각해 보면, 대다수 일선 경영자들이 상기의 책임을 맡는 것이 익숙하지는 않다. 따라서 이들의 성공을 돕기 위해 고위 경영진들은 기획자 및 통제자라는 전통적 역할에서 물러나서, 새로이 권위가 부여된 부하직원들과 더 발전적이고 지원적 관계를 형성해야 한다. 바르네빅은 이 역할을 언급하며 "리더는 반드시 우선 교사가 되어야 한다"고 했다. 그는 연간 200일을 출장

다니며, 경영철학뿐 아니라 전략적 비전을 조직에 전달함으로써 자신의 말을 행동으로 뒷받침했다.

바르네빅과 경영진은 ABB의 목표, 우선순위, 규범, 가치를 집중적으로 커뮤니케이션하는 것을 넘어 강력하고 새로운 ABACUS시스템을 조심스럽게 활용했다. 시스템이 ABB의 전 세계 모든 사업정보를 온라인, 실시간으로 보여주기 때문에 최고경영진은 개입과 통제에의 욕구가 커지기 때문이다. ABB의 임원들은 사업 현황에 대해 잘 파악하는 한편, 그로 인해 일선 경영자들을 허수아비로 만들지 않도록 주의했다. ABB에서 잠재적 문제가 드러날 경우, 경영진은 세 가지 질문을 했다: "문제의 원인은 무엇인가?" "문제해결을 위해 무엇을 하는가?" "내가 어떤 도움을 줄 수 있는가?(이는 본사의 고전적 접근법인 "우리가 문제를 발견했다. 분석을 위한 태스크포스팀을 보내 대책을 권고하겠다"와는 매우 다르다)"

린달Lindahl 부사장은 처음에는 경영행동을 설정하기 위해 상당히 강한 목표와 기대의 틀을 정의해야 했으나, 끊임없는 상호작용을 통해 목표를 "엔지니어를 관리자로, 관리자를 리더로 개발하는 것"으로 수정했다고 설명한다. 그의 견해에 의하면 리더는 스스로의 목표를 설정하고 스스로의 행동을 모니터링할 수 있는 자이나 그 상태에 도달하려면 엄청난 시간을 투자해야 한다. 그리고 부사장은 이 과정에서의 지원을 바로 자신의 주요한 직무로 보았다.

이러한 경영철학과 이를 지원해 주는 광범위한 훈련 프로그램, 조직 인센티브, 개별 코칭에 의해 ABB의 최고경영진은 조직에 요구한 고도의 규율 지향적인 냉혹성을 완화시키는 지원적인 환경을 조성했다. 규율과 지원이 정교하게 균형 잡힌 행동적 맥락은 Asea Brown Boveri와 ABB가 첫 5년간 인수한 60개 이상의 회사의 통합된 조직운영의 합리화를 달성한 경영개선의 원동력이 되었다. 전 세계적인 불경기 속에서 경쟁사 대부분의 실적이 악화된 1993년, ABB의 매출은 59% 성장한 283억 달러를 기록

하였고, 영업이익은 매출의 4.8%에서 7.7%로 늘어났으며, 자본이익률이 12.1%에서 16.1%로 증가하였다.

활성화: 부문 간 관계 재배열

바르네빅Barnevik이 1993년 연차보고서에서 공표했듯이 ABB는 1,300개 일선 운영회사로 책임이 이양되었던 합병 및 통합단계를 지나, 사업부문 간의 더 큰 통합을 요하는 확장단계를 맞이하였다. 그는 "우리의 분권화된 조직은 개별 수익센터에서 혁신, 책무, 기업가정신을 촉진한다"고 하며, "그러나 우리가 규모와 시장 진출 범위의 이점을 충분히 거두려면, 기업들 및 국가들 간 글로벌 팀워크와 협력에 집중해야 한다"고 말했다.

이러한 목표를 지원하기 위해 ABB는 턴키 프로젝트 활성화 및 토털시스템 솔루션 제시를 더욱 강조하기 시작했다. 이러한 종류의 사업을 추진하기 위해서는 1,300개 독립회사가 각 부문(예, 발전, 송전) 내뿐만 아니라 부문 간에도 협력할 것이 요구되었다. 한편 협력을 요하는 거대 인프라 프로젝트는 주로 ABB의 진출 역사가 짧은 아시아, 남미, 동유럽 등에 위치하였다. 따라서 초국적인 지식 이전 및 전문성 활용 역시 강조되었다. 바르네빅은 이러한 도전을 다음과 같이 묘사했다.

> 더 많은 ABB의 미국인 보일러 전문가들이 인도, 중앙아시아, 말레이시아로 2일이 아닌 2년간 파견되어야 합니다. 또한 독일 현지회사들은 새로운 중국 및 인도네시아 기업들을 수용하는 데에 더욱 집중해야 합니다. 스위스 직원들은 이들 신시장에서의 정착을 위해 터빈기술 이전을 가속화해야 합니다.

합리화단계에서 조직구조와 프로세스 변화(예컨대, 조직 세분화 및 강력한 재무통제시스템 개발)가 행동의 변화를 촉진하였듯이 조직 활성화를 촉진하는 행동적 맥락을 조성하기 위해서는 조직의 하드웨어적 변화가 필요하다. ABB에서는 조직의 각 수준에 겹겹으로 위치한 이사회, 위원회 및 태스크포스팀으로 인해 세심하게 균형 잡힌 글로벌 매트릭스가 사업부문 간 협력에 내재된 갈등을 드러내고 간극을 해소하기 위한 수단을 제공해 주었다. 바르네빅의 관점에서 조직구조의 목표는 글로벌 경쟁에 내재하는 갈등을 부정하거나 최소화하는 것이 아니라 관리하는 것이다. 이를 위해 그의 표현에 따르면 "세계적이면서 지역적이고, 크면서 작고, 급진적으로 분권화되어 있으나 중앙에서 통제되는" 조직을 만들었다. 그러나 그가 인정했듯이 그런 조직은 또 임직원들에게 요구하는 것들이 많다.

ABB 변혁의 새로운 단계에 대비하여 바르네빅은 1993년 산업부문 수를 6개에서 4개로, 지리적 부문의 수를 6개에서 3개로 통합하여 매트릭스 내 긴장을 일부 감소시켰다. 동시에 사업분야의 수를 60개에서 37개로, 일선 운영회사의 수를 1,300개에서 1,000개로 줄이기 시작했다. 목적은 "특히 복합 플랜트 프로젝트에서의 내부 시너지 강화"였다.

그러나 합리화단계의 효과적인 이행을 위해 규율과 지원이라는 행동 소프트웨어를 필요로 했던 것과 마찬가지로, 활성화단계는 조직 하드웨어의 변경을 넘어서는 새로운 행동적 맥락을 필요로 한다. 우리는 성공적인 사업부문 간 통합에는 도전stretch과 신뢰trust라는 두 가지 핵심적인 행동 특성이 필요하다는 결론을 내렸다. ABB의 경험은 한 조직에서 이 두 가지 행동적 맥락이 어떻게 형성되어 기업 변혁의 두번째 단계를 성공하도록 만드는지를 보여주는 좋은 예이다.

도전stretch의 활용

도전이란 구성원 개인 및 회사에 대한 기대를 제고해 주는 조직적 맥락의 속성이다. 소심함과 점진주의의 반대 개념으로, 안전하고 성취가능한 목표에 안주하지 않고 야심 찬 목표를 위해 노력하는 대담성을 갖게 한다. 우리는 GE, 인텔, ABB 등의 조직 활성화 노력을 관찰하면서 개인이 더 큰 포부를 가지도록 하고 이례적인 수준의 노력을 하도록 환경을 조성하는 데 성공한 경우에 공통적으로 세 가지 핵심요소가 있다는 점을 발견하였다. 첫 번째는 조직에 활력을 부여하는 공동의 목표를 개발하는 것, 두 번째는 조직에 대한 개인의 헌신을 강화할 수 있는 통합적 가치를 확립하는 것, 세 번째는 임직원들의 개인적인 기여를 더 큰 활성화 아젠다에 직결시켜 개인적 성취감을 제공하는 것이다.[08]

합리화단계에서 성공의 원동력은 직원들을 좁은 이해관계에서 분리하는 것이고, 이를 위해 기업들은 강력한 협력 동기를 제공해야 한다. 대부분 기업에서 이는 조직이 협력 없이는 성취할 수 없는 야심 찬 공동 목표를 설정하는 것을 의미한다. 즉 개인을 넘어 집단적인 목표에 도전하게 만드는 것이다. 바르네빅은 가장 넓은 수준에서 ABB를 "사업분야에서 가장 경쟁력 있고, 유능하며, 기술적으로 뛰어나고 품질마인드를 겸비한 전기엔지니어링기업이자 글로벌 리더"로 만들겠다는 전사적인 목표를 설정하였다. 그는 이 목표를 성취할 경우 ABB의 자본이익률 및 영업이익이 1988년 수준에서 두 배 이상 성장한 25% 및 10%가 될 것이라고 주장했다. 바르네빅과 경영진은 이러한 대담한 목표를 조직의 일상운영과 분리된 추상적 비전이나 수치적 목표로 남겨 두기보다는 각 운영단위가 이를 이해하고 각자의 목표에 포함시킬 수 있도록 각 자회사를 방문하면서 이를 소통하고 해석하여 기업 공동의 야망으로 체득시켰다.

야망은 조직에 활기를 부여하지만, 조직의 목표가 개인의 기본적 신념체계와 연결될 경우에만 개인적 헌신이 지속될 수 있다. 바로 이 점을 돕는 것이 통합적 가치의 설정이다. ABB는 기업의 야망에 대한 개인적 수준의 헌신을 고취시키기 위해 넓게 정의된 조직가치 내에서 야망을 설정했다. 그중 하나가 "환경적으로 건전하고 지속가능한 성장에 기여하며 모든 국가에서 더 나은 생활수준을 실현한다"는 기업목표의 선언이었다. 이러한 종류의 선언은 경영진의 행동에 따라 직원 개인의 목표를 기업목표에 통합해 줄 수도, 직원들의 조직 냉소주의를 불러일으킬 수도 있다. 바르네빅은 선언된 가치를 연차 보고서에 포함시켰을 뿐 아니라, 직원들이 '정책 바이블'로 부르는 기업 문서인 〈ABB 미션, 가치, 정책〉 내 기업의 약속에 포함시켰다. 그러나 더욱 중요한 것은 그 가치가 조직 모든 직급체계에서 최고경영진과 직원 간 대면 논의의 기초가 되었으며, ABB가 환경경영역량을 취득하고 개발도상국에서 대규모 투자 약속을 하면서 경영진의 행동에서 확인되었다는 점이다.

끝으로 경영진은 일반적으로 현대사회, 특히 대기업이 개인에게 무언가를 바꿀 수 있다고 느낄 기회를 거의 제공하지 않는다는 사실을 해결해야 한다. 도전의식 조성을 위해 기업들은 개인들에 만연한 본인의 기여에 관한 무의미성을 상쇄하고 이를 개인적 성취감으로 대체해야 한다. 이를 위해 기업들은 거시적 활성화 아젠다를 개인의 과제와 기여에 연계할 수 있어야 한다. 비록 ABB 및 유사한 기업의 급진적 분권화된 조직이 전사적 도전과제를 개별 사업부문의 성과 및 개개인의 행동에 연관시키는 것을 상대적으로 쉽게 만들었으나, 대부분의 경우 통합 채널과 포럼이 개인에게 성취감을 부여하는 가장 강력한 수단이 된다. 이러한 중첩된 장치는 최고경영진이 각국의 현지법인장을 타 지역 사업부문 내부 이사회 또는 심지어 전 세계 사업위원회에 참여하도록 초대할 수 있게 해준다. 마찬가지로 현지 기능부문장들은 전 세계의 베스트 프랙티스를 식별하고 전파하기 위한 기능협의회의 구성원으로 활동할 기회를 가진다. 이런 활동을 통해 개인들은 자신의 역할이 어떻게 기업의 목적에 부합하며, 더 중요하게는 자신의 노력이 어떻게 더 광범위한 아젠다에 기여하는지를 직접적으로 볼 수 있다.

신뢰개발

자원을 연계하고 역량을 활용하는 능력은 활성화 프로세스의 핵심이며, 이러한 심도 있는 협력적 행동은 구성원의 목표와 기대를 도전적으로 만드는 것만으로는 촉진되지 않는다. 규율과 마찬가지로 도전은 개인의 에너지와 기업가정신을 북돋는 행동적 맥락을 촉진하나, 과할 경우 조직적 탈진을 야기할 수도 있다. 재생 프로세스의 두 번째 단계에서 도전의 부담을 적절히 상쇄해 주는 것은 효과적인 활성화의 원동력인 협력적 행동을 개발하고 증진하는 데 중요한 맥락적 특성인 신뢰trust다.[09]

불행히도 대대적인 합리화 프로세스가 막 끝난 기업에서의 신뢰수준은 통상적으로 매우 낮다. 자율적인 사업부문들은 희소자원을 둘러싸고 치열하게 경쟁하며, 과거 충성스러웠던 직원들은 연속적인 인력 해고와 감축으로 인해 기업과의 묵시적 합의가 깨졌다고 느낀다. 우리가 연구한 기업의 대부분이 이러한 개인 및 집단관계의 약화를 조직 변혁과정의 불가피한 부산물로 받아들이는 듯하다. 이 기간 동안 기업들은 부작용의 영향을 최소화하려 하지만, 개인 및 집단 간 신뢰 재구축 과제는 주로 개인 및 조직단위 간 빈번하고 자발적인 협력이 중요하게 요구되는 활성화단계에 맡겨지게 된다. 우리가 관찰하기에 신뢰행동을 지원하는 조직환경의 핵심특성은 포용과 참여 선호, 공정과 형평의식 그리고 동료의 역량에 대한 신뢰이다.

참여는 신뢰의 가장 결정적 전제의 하나이며, 참여를 통해 기업들은 조직 정당성과 개인 신뢰성을 구축할 수 있다. ABB의 경우 통합적 포럼을 광범위하게 활용하여 경영자들이 일상적으로 모여 핵심이슈에 대해 논의하고 결정하는 인프라 역할로 활용하였다. 앞에서 암시했듯이 주요 현지법인 경영자들은 사업분야위원회에 선임되어, 사업의 글로벌전략과 운영에 영향을 주는 주요 의사결정에 참여하는 반면, 기능별 경영자들은 전 세계 기능협의회에 참여하여 자신의 전문분야를 규율하는 정책 결정 및 관행개발에 대한 주요한 역할을 수행했다.

그러나 ABB의 고위 경영자들은 이러한 포용과 참여 촉진을 공식위원회를 넘어 확대시켜, 직원의 참여를 일상 경영 스타일의 핵심적인 부분으로 만들었다. 예컨대, 우리가 연구한 계전기relays사업에서 새로운 글로벌전략을 수립한 것은 글로벌사업 경영자 혹은 그 직원, 심지어 더 포괄적인 사업분야위원회가 아니었다. 전략은 전 세계의 사업 현장에서 일하고 있는 경영자들이 만들었다. 이들은 고객, 기술 및 경쟁시장의 최전선에서 일하는 자의 시각에서 본 사업의 목적, 옵션 및 우선순위를 정의하도록 요구받았고, 이를 통해 전략을 개발한 것이다. 전략개발 및 그에 대한 최고경영진 승인의 과정은 해당 경영자들 간의 강한 유대와 이들에 대한 경영진의 신뢰감을 형성시켰다. 이렇게 생겨난 새로운 관계는 이들이 함께 개발한 전략적 청사진과 함께 비공식적인 계약에 반영되고 확인되었다.

자신이 직접 통제하는 부분을 넘어서는 이슈 관련 행동 및 결정에 참여하는 것은 조직에 개방성을 부여하며, 이는 신뢰 구축 맥락을 구성하는 두 번째 요소인 조직의 공정성 및 형평성을 창조하는 중요한 요소다. ABB의 공식적 매트릭스 조직(경영진이 볼 때 ABB가 "세계적이면서 지역적이고, 크면서 작고, 급진적으로 분권화되어 있으나 중앙에서 통제되는" 조직에 대한 딜레마를 관리가능케 하는 핵심설계요소)은 양면적 구조에 잠재된 긴장을 해소하고 전략적 모순으로 인해 충돌하는 수요를 관리하는 조직규범의 개발을 요구한다. 수많은 위원회, 팀, 협의회의 기능은 광범위한 참여를 허용하는 것뿐 아니라 종종 상충하는 견해와 목적을 드러내 개방적이고 합리적 방식으로 논의 및 해결되는 채널과 포럼을 형성하는 것이다.

그러나 공정성은 단순히 조직구조 내에서 만들어질 수 없으며 경영진, 특히 최고위급 임원의 말과 행동을 통해 강화되어야 한다. 엄격하나 명확한 기준과 우선순위 및 '공정성, 개방성 및 존중'에 기반한 직원관계 구축을 약속하는 '정책 바이블'의 의지로 ABB의 고위 경영진은 밀실이 아닌 투명하고 합리적인 환경에서 공장 폐쇄, 종업원 해고, 경영진 재배치 관련 결정들을 내렸다. 이들 결정에 내재된 긴장과 고통에도 불구하고, 투명한 의사결정으로 인한 공정성 인식은 신뢰를 보호하며 향상시켰다.

끝으로 신뢰를 구축하려면 동료, 특히 리더의 역량을 믿어야 한다. 새로운 도전적 목표달성을 위해 종래의 안전한 점진주의와 작별하는 상황에서 구성원이 리더를 신뢰해야만 하기 때문이다. ABB의 경우 바르네빅Barnevik이 고위 경영진 선정에 있어 이러한 분위기를 조성했다. 그는 기업의 과감한 직계 축소 및 급진적인 조직 분권화로 인해 모든 직급의 직원에 높은 수준의 역량이 요구됨을 인지하고, Asea 및 Brown Boveri 출신 임원 400명 이상을 직접 면담하였다. 이를 통해 합병된 신설기업의 고위직 인사 선임 프로세스가 흥정이 아닌 능력 평가에 의해 이루어지도록 한 것이다. 이러한 행동은 조직 전체의 선임 및 승진 프로세스에 본보기를 제공했을 뿐 아니라 인적자원의 파악과 개발이 경영진의 중요한 역할이라는 신호를 보냈다.

부문 간 통합 확대로 지원되는 이러한 활성화 프로세스는 ABB가 1988~1990년 동안 진행된 대대적인 합리화 프로그램에서 일회성으로 생겨난 생산성 향상을 활용하고, 새로운 제품 및 새로운 시장의 개발로 1990년대 초 3~4년간 대부분의 경쟁사가 거쳐간 불경기 및 대량해고의 여파를 상쇄할 수 있게 해주었다.

재생: 지속적 학습 보장

효과적으로 운영 합리화와 사업 활성화를 수행한 기업들이 직면한 가장 어려운 도전은 계속되는 변혁 프로세스에서의 모멘텀 유지이다. 이는 두 개의 프로세스를 연속해서 거쳤으며, 일선 영업조직의 지속적 성과 촉진에 필요한 개별 직원의 활동을 지원하기 위한 내적 맥락과 자원의 연계 및 개별 조직 간의 베스트 프랙티스 전파를 지원하기 위한 협력적인 팀 기반 행동 모두를 유지하기 위해 애쓰는 기업에게는 특히 어려운 과제이다. 이 과정은 조직 자기재생의 최종상태이며, 조직이 과거로부터의 내재된 관행과 통념에서 해방되고 내부적으로 계속하여 재생하는 단계이다.

변혁의 초기단계와 마찬가지로 재생단계에서의 도전과제는 단순한 구조나 프로세스의 변화가 아니라, 경영자들이 생각하고 행동하는 방식을 근본적으로 바꿔야 한다는 것이다. 1997년에 바르네빅Barnevik에 이어 CEO에 취임한 고란 린달Göran Lindahl은 변혁 프로세스의 최종단계인 재생은, 그가 '인간공학'이라고 표현한 길고 치열한 개발 프로세스(이를 통해 엔지니어를 유능한 관리자로, 유능한 관리자를 효과적 리더로 변화시키기를 희망함)에 성공한 경우에만 달성된다. "관리자 모두를 리더로 개발하고 난 후에야 우리는 자기주도적이고 자기재생적 조직을 가질 것이다"라고 그는 설명한다.

ABB가 목표달성에 있어 큰 성취를 이루었으나(영업이익 9.7%, 투입자본수익률 22.6% 달성), 린달 및 최고경영진은 ABB가 자기재생적인 계속적 재생상태에는 도달하지 못했음을 기꺼이 인정했다. 지난 10년간 실제로 조직 변혁 프로그램을 수행한 많은 기업 중 합리화단계에서 크게 진전된 경우는 거의 없고, 우리가 묘사한 방식으로 성공적으로 사업을 활성화한 경우는 더더욱 없다. 그러나 더 최근의 연구에서 우리는 지속적으로 새로운 역량을 개발하고 신사업을 창출함으로써 끊임없이 스스로를 재생하는 단계에 도달한 몇몇 기업을 볼 수 있다.

그 예인 미국의 3M이나 유럽에서 활동하는 덴마크 청소 용역회사인 ISS를 포함하여 재생단계에 도달한 기업들의 경우, 그 어려운 자기재생역량이 깊이 내재된 기업의 가치관과 조직규범에 기반하고 있었고, 이는 기업 창립주 혹은 초기 지도자의 영향력으로 인한 경우가 많았다. 그러나 우리는 상대적으로 최근 이루어진 변혁 프로세스가 인상적인 조직역량으로 귀결된 몇몇 사례도 발견할 수 있었다. 그 좋은 예가 도쿄 소재의 소비자용품업체이며, 우리가 최초의 프로젝트에서 연구했던 카오Kao이다. 카오는 초기 국제화 시도에서는 어려움을 겪었지만(제8장 참조), 1990년대 중반 무렵에는 훨씬 상황이 좋아졌다. 카오는 확대된 지역 기반에서 우리 연구의 사례 중 가장 효과적인 자기재생조직 중 하나가 되었다.

카오는 설립 후 첫 50년간은 비누를 만드는 가족기업이었으나, 1940년대에 세제로 제품 영역을 확장하였다. 이를 위해 선진 외국기업을 노골적으로 흉내 내며 현대화를 했다(심지어 카오의 기업로고는 프록터 앤 갬블Procter & Gamble의 유명한 달과 별 모양 심볼과 놀랄 만큼 비슷했다). 그러나 1971년 야시오 마루타Yashio Maruta 박사의 사장 취임 이후에는 자기재생역량을 점진적으로 개발했다. 이에 대해 마루타 박사는 "독특한 창의성Distinct Creativity이 정책목표가 되어 우리만의 활동분야를 탐구 · 개발하려는 결의를 뒷받침했다"고 표현했다. 개인 미용용품, 위생용품, 화장품 및 심지어 플로피디스크로 사업을 확장한 이후인 1990년경 카오는 혼다, 소니, NEC 등과 함께 일본의 10대 우수기업으로 선정되었고, 도요타, 후지-제록스, 노무라증권, 캐논보다 앞서게 되었다.

우리는 카오와 3M, ISS, 인텔, 캐논Canon 등 기타 성공적 자기재생기업을 분석하면서, 그 역량개발에서 필연적으로 중심 역할을 한 2대 핵심 경영과제에 관한 개념을 개발했다.

첫 번째는 규율과 지원이라는 맥락요소에 의해 형성되는 기업가적 성과지향적 행동을, 이와 동일하게 중요하며 도전과 신뢰라는 경영 특성으로 구분되는 부문 간 통합적 학습에 통합시키는 능력이다.

두 번째는 다소 의외의 과제로, 시스템이 과거를 강화하고 방어하는 정지 모드로 들어가 버리지 않도록 이들 기본적 맥락요소를 역동적 불균형 dynamic disequilibrium상태로 유지하는 것이다.

맥락적 프레임의 통합

마루타Maruta 박사는 항상 자신을 먼저 불교학자로 그 다음에 카오Kao의 사장으로 소개했으며, 그 두 역할을 불가분의 관계로 보았다. 그는 강력한 불교적 가치와 믿음 두 가지를 카오의 자기재생역량의 기초로 내재시켰다. 첫 번째 핵심원칙은 개인에 대한 절대적 존중과 믿음, 즉 엘리트주의와 권위주의에의 명시적 거부이자 개인의 창조성과 주도성에 대한 적극 장려로 나타나는 가치이다. 두 번째 가치는 기업을 교육기관으로 기능하게 만들려는 의지로서, 조직 내의 모두가 교사와 학생으로서 이중 역할을 받아들이게 된다. 이러한 수준의 기업철학과 조직가치가 이루어지자, 중요한 기업가적이고 협력적인 행동이 정당성을 부여받고 조직 내로 통합되었다.

마루타 박사는 경영자 각각의 아이디어와 주도성이 성과의 원동력이란 강한 믿음을 반영하여, 모든 직원이 자신의 아이디어를 추진하고 자신이 한 제안에 대한 지원을 요구할 수 있는 조직을 만들었다. 이러한 기업환경의 중심에는 세계에서 가장 정교한 기업정보시스템이 존재했다. 통제라는 최고경영진의 필요를 지원하기 위해 설계된 대다수 정보시스템과는 달리, 마루타 박사는 20년 이상 공을 들여 기업정보시스템이 운영 차원의 창의성과 혁신을 자극하는 역할을 수행하도록 만들었다. 예컨대, 한 내부 네트워크는 카오를 수천 곳의 소매점과 직접 연계하여, 마케팅 관리자들이 시장활동과 추세를 직접 모니터링하게 해줄 뿐 아니라, 소매상들에게 점포 수준 데이터분석 내용을 부가서비스로서 제공할 수 있게 했다. 또한 카오는 막대한 양의 시장, 제품, 세그먼트 데이터를 처리하는 인공지능 기반시장연구시스템을 개발하여, 고객 니즈, 미디어 실효성, 기타 다양한 핵심 마케팅 질문에 대한 실마리를 제공했다. 카오의 소비자 생활 연구실이 지원하는 세 번째 정보수집 프로세스는 제품 사용에 관한 전통적 방식의 모니터링과 고객서비스 콜센터로 걸려온 통화에 대한 지속적 분석을 결합시켰다. 여기에서 나온 통합 결과물을 이용해 경영자들은 신제품 특성을 정의하고 기존 제품군을 미세 조정할 수 있었다.

소피나Sofina 화장품 라인 출시를 준비하면서, 카오의 신제품팀은 업계 통념을 거스른 제품-시장전략을 정의하기 위해 상기 프로세스, 기타 데이터 자원 및 정보시스템을 사용했다. 이들은 전통적 성분을 새롭게 조합하기보다는 기술 데이터와 과학적 연구를 기반으로 독특한 제품군을 개발했다. 또한 개발한 제품을 전통적 이미지 플랫폼이 아닌 피부관리제품으로 포지셔닝했으며, 전문매장이 아닌 대량소매 채널을 통해 판매했고, 고가품이 아닌 일상 사용제품으로 가격을 책정했다.

카오의 기업철학의 중심에는 개인의 주도성에 대한 존중과 장려가 위치했으나, 전사적 협력에 대한 약속, 특히 지식을 이전하고 전문성을 활용하는 수단으로서의 협력 역시 매우 중요시되었다. 이는 마루타 박사의 묘사에 따르면 “개별적 지혜의 집단적 축적이 가지는 힘”을 성취하기 위한 것으로, 이를 위해 “흐르는 시스템처럼 운영되도록 설계된” 조직이 필요했다.

이러한 철학의 증거는 카오의 조직 곳곳에서 나타났으나, 특히 직원들이 ‘결정 공간’으로 알려진 개방된 회의장소를 널리 이용한다는 점에서 지식과 전문성 공유에 대한 의지가 잘 드러난다. 10층의 임원실에서 아래 직급에 이르기까지, 중요 현안은 결정 공간에서 공개적으로 논의되고, 주변을 지나가는 사람을 포함해 관심 있는 자는 누구나 토론에 참여할 수 있다는 규범이 있었다. 또한 R&D 우선순위는 공개 주간회의에서 정해졌으며, 프로젝트들은 연구실 주재 월례회의에서 논의되었으며 기업 내 어느 부서의 누구나 회의에 초대될 수 있었다. 이 모든 포럼에서 정보는 자유롭게 이전되었고, 누구도 아이디어를 '소유'하지 않았으며, 의사결정은 투명하게 진행되었다.

이러한 메커니즘을 통해 특정 부문의 개별적인 지식이 타인에 이전되었고, 그 과정에서 학습을 '회사의 방식'으로 제도화하는 조직의 정책, 관행, 루틴이 내재되었다. 그와 비슷하게 고립되어 있던 전문성들이 타 부문과 연계되고 활용되었고, 그 과정은 새로운 전략개발의 기반이 되는 독특한 역량과 능력으로 발전되었다.

이러한 조직개발단계에서 경영진에게 주어진 중요한 역할은 각 사업부 부문 성과의 원동력이 되는 개별적 지식과 전문성개발을 자극할 뿐 아니라, 조직 학습 프로세스를 통해 지식을 내재시키고 역량을 개발하는 사업부문 간 상호작용과 집단 협력을 지원하는 내부환경을 조성하고 유지하는 것이다. 여기에는 정교하게 균형 잡힌 행동적 맥락의 조성이 필요한데, 이를 통해 도전과 규율이라는 냉혹한 규범이 신뢰와 지원이라는 부드러운 가치로 균형 잡히게 된다. 마루타Maruta 박사는 이를 인간 신체에 비유했다. 그는 '생물학적 자기통제'라는 개념을 주창하며, 우리 신체의 팔다리 중 하나에 통증이나 감염이 있을 때 반응하듯 자신이 만든 조직이 반응하기를 기대했다. 즉 요청이나 지시 없이도 관심과 지원이 즉시 필요한 곳으로 흘러가기를 기대한 것이다.

이러한 상태가 되면 조직은 매우 효율적으로 지식과 전문성을 개발, 전파 및 제도화할 수 있게 된다. 그러나 규율, 지원, 도전 및 신뢰로 만들어진 맥락이 조직재생의 필요조건이나 충분조건은 아니다. 맥락 프레임이 역동성을 유지하도록 하려면 제2의 힘force이 필요하다.

역동적 불균형 유지

개별 부문의 성과와 부문들 간 협력 모두를 지원하는 행동적 맥락의 조성이라는 명백한 과제에 비해 상대적으로 간과될 수 있는 경영과제는 행동적 맥락이라는 시스템을 점진적인 악화로 이끄는 안락한 수준의 '적합성'에 빠지지 않도록 방지하는 것이다. 카오Kao의 예와 같이 생물학적 자기통제의 정교하게 균형 잡힌 시스템이 가진 큰 위험은 조직이 전문성을 내재시키고 지식을 제도화함에 너무 효과적이 될 수 있다는 것이다. 조직 내의 통념이 아무 의심 없이 받아들여지고, 촘촘하게 집중된 역량이 조직의 유연성과 전략적 반응성을 제약할 때, 이러한 역량은 약점으로 돌변해 점진적으로 시스템을 위축시킬 우려가 있다.

최근 인기 있는 경영 관련 출판물에는 한때 위대했던 기업들이 깊이 내재된 신념과 정교하게 다듬어진 자원으로 인해 피해자로 전락한 사례들이 넘쳐난다. 소위 성공의 실패 신드롬failure of success syndrome이다. 디지털 이큅먼트Digital Equipment사는 미니 컴퓨터 시장 기회를 조기에 인식하여 VAX 컴퓨터에 집중하였으나, 이로 인해 경영진들은 자신들이 서비스를 제공하는 세그먼트가 사라지고 있음을 알아차리지 못했다. 이와 비슷한 사례는 GM, 폭스바겐, 필립스, 마쓰시타 등 수백 개의 타 기업에서도 찾아볼 수 있다. 이들 사례는 자신들이 만들어낸 조직적 맥락이 안락하고 정적인 평형상태로 안주하지 않도록 해야 하는 최고경영진의 핵심역할을 강조한다. 우리가 본 자기재생적 기업의 고위직 경영자들은 조직적 적합성이라는 인기 있는 개념에 반하는 '기업의 자기만족이란 안락함을 뒤흔들' 필요성에 대해 관심을 쏟았다.

역동적이고 자기재생적인 기업의 최고경영진들은 자신들의 임무를 '회사의 방식'을 담은 정책선언서에 담긴 지식을 강화하며 확립된 역량을 기업의 핵심역량으로 지정하여 재확인하는 역사적으로 당연하게 생각되어 온 역할과는 완전히 정반대로 생각했다. 일선 및 중간 경영자들이 지식과 전문성을 생성하고, 이전하며, 내재시키는 맥락을 설정하는 동안, 최고경영진들은 자신들의 역할은 그 강력한 프로세스를 조정 및 제한하는 것으로 보았다. 통념에 도전하고, 축적된 지식의 근거가 되는 데이터에 의문을 제기하며, 새로운 역량 창조를 위해 전문성을 재결합함으로써, 카오Kao, 인텔, ISS, 3M 등 기업의 최고경영진은 재생 프로세스의 지속성에 있어 결정적인 요소인 역동적 불균형 의식을 조성했다.

카오Kao의 마루타Maruta 박사와 동료들은 개인의 사고에 계속적으로 도전하는 미시적 프로세스와 조직 전반의 초점과 우선순위를 정기적으로 재편하는 거시적 프로세스의 두 가지 장치를 통해 이러한 가벼운 조직적 불안정disequilibrium상태를 유지했다. 전자에 대해 마루타 박사는 스스로가 카오의 매우 정교한 지식 구축 프로세스의 강력한 통합력에 대한 평형추 역할을 하겠다는 의지를 분명히 했다. 그는 조직에 "과거의 지혜는 절대 제약이 되어서는 안 되며, 도전의 대상이 되어야 한다"는 것을 반복하여 강조했다. 경영자들이 깊이 내재된 지식을 너무 쉽게 통념으로 수용하지 않도록 마루타 박사가 채택한 접근법은 미래의 계획을 논의할 때 이전의 성과 또는 확립된 관행에 의존하지 않도록 하는 것이었다. 한 고위 경영자는 "우리가 예전에 했던 것에 대해 얘기하면 최고경영진은 바로 언짢아한다"고 표현했다. 마루타 박사는 미래에 가치를 더해 줄 어떤 새로운 지식을 배웠는지를 끊임없이 경영자들에게 물었다. 그는 "과거의 성공 공식이 오늘날에는 구식 신조가 되는 경우가 많다"며 "우리는 계속하여 과거에 도전해 매일 자신을 새롭게 해야 한다"고 주장한다.

마루타 박사는 더 거시적인 차원에서 합리화와 활성화를 번갈아 강조함으로써 역동적 도전이라는 느낌을 만들어냈다. 1971년 카오Kao 사장 취임 직후, 그는 소위 CCR운동을 시행해, 인력 감축을 목표로 자동화를 광범위하게 이루기 위한 중요한 기업 차원의 노력을 시작했다. 이러한 효율화 조치에 이어 1970년대 중반에는 TQM 프로그램을 시행하여 장기 성과 향상을 위해 전사적 투자와 사업부문 간 통합을 이끌었다. 1980년대 초가 되자 사무 자동화의 추진으로 기업 초점이 합리화로 옮겨 갔고, 이는 1980

년대 중반 총비용 감소TCR: Total Cost Reduction 프로그램으로 확대되었다. 그러나 1980년대 말이 되자 최고경영진은 다시 활성화 아젠다를 강조하기 시작했으며, 기업의 TCR 슬로건은 사업부문 간 집중적 협력을 요하는 '전체적인 창의성 혁명total creative revolution'으로 재해석되었다.

마루타 박사는 이렇게 합리화와 활성화 아젠다를 계속 번갈아 강조하여 두 가지 역량을 모두 지원할 뿐 아니라, 한 가지 운영 모드가 주도적 모델로 간주되지 않으며 역동적으로 두 가지 역량 모두를 내재시키는 조직을 만들 수 있었다. 그러한 조직적 맥락은 지속적인 사업재생의 관건이 되었다.

재생 프로세스 주도

전 세계 다수 대기업의 경영자들은 우리가 묘사한 급진적 변화의 필요를 인정한다. 그러나 대부분은 실행을 주저한다. 한 굴지의 미국기업의 유럽지역 책임자가 지적 이해와 행동에 대한 정서적 의지 간 차이에 대해 아마도 가장 그럴듯한 설명을 했다. 즉 "대기업 최고경영진의 비극은 노력의 성공 여부를 확신할 수 없는 상황에서 근본적 변화를 시도하는 것보다 그 결과가 분명히 실패일 것을 알면서도 현상유지가 훨씬 더 안심이 된다는 것이다."

최근 쏟아져 나온 기업 변혁에 관한 서적과 논문 다수가 그 프로세스가 본질적으로 복잡하고 혼란스럽다고 주장한다. 사실이다. 하지만 또한 많은 저자가 거기에 신비로운 특징을 부여하여 일반화가 불가능하다고 주장한다. 이는 사실이 아니다. 우리는 기업들이 우리가 묘사한 자기재생역량의 확립을 위해 효과적이고 지속가능한 변혁을 수행하는 사례를 여럿 보았다. 모토로라Motorola, GE, AT&T, 필립스Philips, ABB, 루프트한자Lufthansa 등의 사례를 통해 중복적이고 뚜렷한 합리화, 활성화 및 재생단계가 순차적으로 진행되는 동일한 프로세스를 관찰할 수 있었다. 한편 IBM, 다임러-벤츠Daimler-Benz, DEC, 히타치Hitachi와 같이 다른 방식을 시도한 기업들의 경우는 성과가 미미하여 최고경영진이 교체되고 결국 우리가 묘사한 것에 가까운 모델이 채택됨을 보았다. 웨스팅하우스Westinghouse의 더글라스 댄포스Douglas Danforth CEO의 경우처럼 단계적 접근법이 실패하는 경우, 그 이유는 조직의 하드웨어적 변화에 행동이라는 소프트웨어적인 변화가 수반되지 못했기 때문이다. 우리는 우리가 제시한 모델이 일반적으로 적용될 수 있다고 믿는다. 우리는 실무를 관찰하여 단계적 모델을 추론했으나, 최근 이루어진 이론적 발전 역시 조직의 관성을 무너뜨리기 위해서는 우리가 제안한 특정한 순서가 필요하다는 것을 보여주고 있다.

물론 한 기업을 이러한 재생 프로세스를 통해 이끄는 것은 쉽거나 금세 이루어지는 것이 아니며, 고통스러울 수밖에 없다. 애벌레가 나비로 변하는 과정에의 비유는 낭만적이지만, 애벌레에게 변화는 즐거운 것이 아니다. 그 과정에서 애벌레는 눈이 멀고, 팔다리가 떨어져 나가며, 몸이 찢어져야 아름다운 날개가 돋아난다. 이와 마찬가지로 위계적 관료주의로부터 유연하고 자기재생적인 기업으로의 변화는 고통스러울 것이며, 그런 변혁 프로세스를 이끄는 자들의 엄청난 용기가 필요할 것이다. 우리가 제시한 로드맵이 오늘날 기업 경영진이 직면한 가장 험난한 도전에서 신비주의와 불확실성을 일부 제거하여, 용기를 내는 데 도움이 되기를 희망한다.

CHAPTER 13

초국적 솔루션

가장 용감한 또는 멍청한 미래학자들만이 국제경영환경의 장기 트렌드를 예측하려 든다. 장기간에 걸쳐 무역장벽은 높아졌다가 또 낮아졌고, 화폐가치는 변동을 거듭했다. 뿐만 아니라 계속되는 기술적 변화는 드라마틱한 효과를 만들어냈고, 소비자의 요구와 선호 역시 밀물과 썰물처럼 변화하였다. 경험이 많은 국제 경영자들은 오래된 명언인 "변화 외에 불변하는 것은 없다"에 크게 공감하며, 여기에 "변화가 있을 때마다 해결책은 더욱 복잡해진다"라는 문장을 추가하고 싶을지도 모른다.

변화와 복잡성을 일으키는 외부요인은 이와 마찬가지로 중요한 조직의 변혁으로 인해 더욱 강화된다. 앞서 살펴보았다시피 한때는 자국 내의 핵심비즈니스와 해외조직을 완전히 분리된 것으로 생각하던 기업들도 전세계적인 전략과 운영을 통합할 필요성을 느끼게 되었다. 세계적으로 모든 조직을 동일한 방식으로 관리할 수 있다고 믿었던 기업들 역시 환경적 다양성에 더욱 민감하게 대응할 필요성을 느끼고 있다. 즉 기업들이 국제적인 비즈니스환경에서 끊임없이 변화하는 다차원적인 수요에 대응하기 위해 점점 더 복잡한 전략을 채택하고 있는 것이다.

따라서 국제적인 기업의 경영자에게 요구되는 업무는 어느 정도는 예측 가능하다. 업무의 역동성은 계속되고 더욱 복잡해질 것이다. 그러나 앞서 강조한 대로 바로 이러한 지극히 조직적인 특성이 관리하기 어렵다. 전통적인 조직형태가 아닌 초국적 모델은 바로 이러한 복잡성 및 변화에 대응하기 위해 설계 및 개발되었다.

본 장에서는 세 가지 문제를 다룬다. 첫째, 앞서 제기한 개념과 솔루션이 얼마나 광범위하게 적용될 수 있는지를 살펴본다. 둘째, 초국적 모델이 전통적인 전 세계 조직의 구성 및 관리방식과 어떻게 다른지 검토한다. 마지막으로 초국적조직이 향후 전 세계 기업에는 일반적인 모델이 될 것인지 혹은 국제적인 조직을 구성하고 관리할 다른 적절한 대안방식이 존재하는지 검토한다.

초국적조직: 교훈lessons의 확장

우리가 진행한 연구와 그 시사점이 전 세계의 기업들이 경험하는 전략적 및 조직적 수요의 변화에 초점을 맞추긴 했으나, 더 많은 경영자들과 대화를 할수록 우리의 진단과 처방이 더 광범위하게 적용될 수 있다는 것을 깨닫게 되었다. 계속 증가하는 복잡성, 다양성 및 변화를 관리하는 것이 우리가 연구를 시작한 목표이자, 조직의 세계 진출규모와 관계없이 전 세계의 모든 경영자들에게 주어진 도전과제이기 때문이다.

특히 두 가지 트렌드로 인해 우리가 살펴본 대규모의 세계적 조직과는 다른 기업들에게 '초국적 솔루션'이 유의미한 모델이 될 수 있다. 첫 번째 트렌드는 국제비즈니스환경에서 계속되고 더욱 가속화되며 기업들을 자국 밖으로 끌어내는 변화이다. 두 번째는 점점 복잡해지는 기업과 주주의 조직 간 관계로서, 이는 한때 불가침이라고 여겨졌던 기업 내 경계의 전반을 새롭고 차별화된 방법으로 관리하도록 요구하고 있다.

국내 경영자에 주어진 새로운 도전과제

우리는 조직을 국제화할 방법을 열심히 찾고 있는 기업들을 연구하면서, 1970년대 및 1980년대에 국제경제 전반을 휩쓸었던 변화의 요인(유류파동, 무역협정, 변동환율제, 글로벌 경쟁 게임, 국가산업정책, 국제부채위기 등등)에 완전히 노출되었던 소수의 기업들에 집중하였다. 이들 기업들은 다양한 방법으로 국제경제에서 일어난 최초의 근본적인 변화의 충격을 흡수하였고, 국가경제 전반으로 퍼져 나간 충격은 크고 작은 현지 및 글로벌기업 모두에 영향을 끼쳤다.

반면 국제환경의 복잡성, 다양성 및 변화를 모색하지 않았던 기업들은 다양하고 가속화된 구조적 변화 및 환경적 단절로 인한 충격을 떠안게 되었다. 역사적인 미국 · 캐나다 무역협정United States-Canadian trade agreement, 1992년 유럽공동체 이니셔티브the 1992 initiative in the European Community, 그리고 격렬한 논쟁의 대상이었던 GATT협정의 서비스 영역으로의 확대 적용 등 변혁적인 변화들로 인해 매우 지역 한정적인 기업의 경영자들마저 비즈니스를 경영하는 방식을 재고하게 되었다. 한때는 규모가 크고 발전된 국제적기업에만 국한되었던 전략적 및 조직적 도전과제가 이들 기업에게도 생겨났기 때문이다. 점점 더 복잡성, 다양성 및 변화의 관리가 모든 기업이 직면한 주요한 이슈가 되었다.[01]

집중화된 기업에 대한 새로운 요구

국경 없이 경영하는 기업에 적용되는 교훈은 다른 종류의 조직적 복잡성(기업 내 경계를 넘어서서 경영하는 기업들)을 가진 기업에게도 상당히 관련이 깊다. 글로벌 경쟁과 현지적응성 그리고 국제적 혁신에 대한 압박이 커짐에 따라 많은 기업들은 이들 세 가지 영역 모두에서 세계적 수준의 경쟁역량을 개발하는 능력이 부재함을 깨닫게 된다. 사업 영역을 전화 비즈니스로 규정하던 기업들은 기술적 혁명으로 인해 통신 및 정보처리 영역의 역량을 길러야만 했다. 은행들은 완전히 통합된 금융서비스 비즈니스로 변화해야 하였고, 컴퓨터기업들은 하드웨어 판매에서 시스템, 소프트웨어 및 서비스를 통합하는 '솔루션' 판매기업으로 전략을 바꾸어야만 했다.

바로 이런 변혁이 요구하는 막대한 투자와 다양한 역량으로 인해 많은 기업들이 전략적 파트너십, 연합 및 제휴를 맺을 수밖에 없게 되었다. 이로 인해 경영자들은 위계질서를 통제하는 전통적인 직무에서 벗어나 네트워크관리 직무로 생각 자체를 변화시켜야 했다.[02] 초국적기업과 마찬가지로 이들 조직들은 다수의 관점과 역량, 분산된 자산과 자원, 차별화된 역할과 책임을 지닌 조직으로 특정된다. 기업 내 경계가 없는 경영은 여러모로 국경 없는 경영이라는 과제와 공통점을 가진다. 따라서 본 저서의 시사점(특히 통합된 네트워크의 구축 및 관리에 대한 시사점들)이 이들 기업에도 유의미하게 적용될 것이다.

경영 시사점: 직무task, 도구tool, 프로세스process

직무 : 목표의 재정의

제2장에서 논의했듯이 많은 기업들은 더욱 복잡해지는 환경에 대응하기 위한 방법으로 더욱 복잡한 조직형태를 만들어냈다. 상충되는 갈등에 대응하기 위해서는 공식구조를 통한 접근이 최선의 선택이라는 가정으로 인해 글로벌 매트릭스가 개발되었다. 많은 이들이 새로운 환경적 요구에 적합하다고 생각하는 모델이기 때문이었다.[03]

글로벌 매트릭스를 채택하고자 하는 논리는 매우 타당성이 있다. 이중

보고 채널은 서로 다른 수요의 상충을 인식하고, 문제를 해결할 구조적 수단을 제공하였다. 조직은 다수의 정보 채널을 통해 외부 복잡성을 인지하고 분석할 수 있었으며, 기업이 외부 변화에 내재적으로 유연하게 대응할 수 있도록 역할 및 책임은 중첩되게 주어졌다.

이러한 매트릭스구조는 단순하고 합리적인 것처럼 보이나, 국제적 환경 속에서 매트릭스구조가 만드는 프로세스는 사실상 관리가 불가능하였다. 이중보고체계는 혼란과 충돌을 만들어냈고, 공식적인 채널은 정보의 흐름에 정체를 야기시켰으며, 중첩되는 역할은 영역 싸움과 책임 회피를 만들어냈다. 거리, 언어, 시간 및 문화의 차이로 인해 경영자들은 국내 조직에서 하던 대로 혼란을 파악하고 갈등을 해결하는 역할을 제대로 수행하지 못했다.

경영자들은 점차적으로 목표를 부적절한 언어로 정의했다는 것을 인지하게 되었다. 스토포드와 웰스의 단계적 모델Stopford and Wells's stages model 혹은 유사이론에서 한 발짝 떨어짐으로써, 환경에 대응하는 것은 단순히 '구조적 적합성structural fit'의 문제가 아님을 깨닫게 된 것이다. 조직의 역량을 기르기 위한 단순하고 정적인 구조적 솔루션이 존재하는 것이 아니라, 새롭게 등장하는 환경에 대응하기 위한 조직적 역량을 길러야 하는 것이다. 따라서 초점은 공식적인 조직도에서 경영적 의사 결정 프로세스로 옮겨 갔다. 분석의 대상단위가 기업 전체에서 경영자 각각과 그의 행동으로 변해 간 것이다.

이러한 태도의 변화를 가장 잘 보여주는 사람이 연구에 앞서 파일럿단계에서 살펴본 회사인 코닝글래스웍스Corning Glass Works사의 해외사업부장International division president이다. 코닝의 빠른 해외 확장에 따라 생겨난 혼란을 줄이기 위해 약 10년간 구조적인 접근을 추진한 이후, 접근법을 다음과 같이 바꾸었다.

> 새롭게 직면한 어려움을 해결할 솔루션을 모색하면서 우리는 계속 구조에 대해 생각했습니다. 즉 다른 기업들은 어떤 조직을 가지고 있는지, 특정한 형태의 조직이 다른 형태의 조직에 비해 어떤 장점이 있는지를 살펴보고 논의했습니다. 그러나 오랜 시간 후, 다양한 시장에서 다수의 사업을 운영하는 코닝의 복잡한 국제경영업무에 완벽하게 들어맞는 구조는 없다는 것을 깨닫게 되었습니다.
>
> 이러한 깨달음은 프로세스 측면에 대해 생각하기 시작하면서 얻게 된 것입니다. 정보는 어떻게 흐르는 것일까요? 다양한 의사결정은 어디서 어떻게 이루어져야 하는 것일까요? 비즈니스별 그리고 이슈별로 어떠한 역할과 관계가 필요한 것일까요? 이러한 질문에 대한 답을 생각해 보기 시작하자 진정한 진척이 이루어지기 시작했습니다.

우리의 연구에 따르면, 크고 발전된 경험이 풍부한 국제기업의 경영자들은 조직적 도전과제의 복잡성을 하나의 도구(대개 공식적인 조직)로 해결할 수 있는 단순한 선택의 문제로 축소하고자 노력해 왔다. 하지만 다행히도 많은 기업들은 코닝의 경영자들이 내린 것과 같은 결론에 다다랐다. 조직역량을 적절히 구축하기 위해서는 구조적 형태를 선택하는 것 이상이 필요하고, 국제기업의 관리는 중앙집중형 혹은 분산형 의사결정구조 그 이상을 의미한다. 즉 가장 적합한 조직구조를 찾는 것이 아니라, 다양한 환경적인 요구의 변화를 감지하고 이에 대응하는 적절한 의사결정 프로세스를 정립하고 관리하는 것이 중요하다.

도구: 생물학적 비유

구조적 단계 모델이 국제적 조직 발전을 적절하게 설명할 수 없다면, 어떻게 초국적 모델의 구축 및 관리를 개념화할 수 있을까? 연구과정에서 우리는 조직적 특성을 묘사하기 위해 종종 생물학적 비유를 사용하게 되었다.[04] 한 조직의 공식구조는 기초적인 해부구조를 정의하고, 시스템과 정보의 흐름은 조직의 생리를 형성하는 한편, 조직의 문화와 가치는 심리를 구성한다. 이들 요소 중 한 가지에만 작용하는 전략적 변화보다는 세 가지 모두에 작용하는 전략적 변화를 구상하는 것이 훨씬 더 효과적일 것이다.

국제기업의 공식적인 조직구조를 결정하는 것은 공식 의사결정 채널을 정의하고 책임 및 권한을 분배하기 때문에, 기업의 경영자가 내리는 가장 중요한 결정 중 하나이다. 그러나 우리가 살펴본 기업의 경영자 대부분은 공식적인 조직구조라는 거시구조적 도구에는 중대한 제약사항이 있다는 점을 잘 알고 있었다. 의사결정 프로세스를 일차원적이고 대칭적이며 정적인 방식으로 정의하는 경향이 있기 때문이다. 다차원적이고 차별화된 역동적인 환경에서 경영자들은 공식적인 구조가 만들어낸 편향을 보완해야 함을 깨닫게 되는 것이다. 이러한 깨달음은 조직의 구조적인 측면(해부학)을 형성하기 위한 더욱 세밀하고 절묘한 도구를 모색하게 한다.

경영자들은 더욱 초국적인 특성을 개발하기 위해 거시구조적 도구라고 불릴 수 있는 장치들을 활발히 활용하였다. 태스크포스, 위원회 및 프로젝트팀이 이용되었고 때론 조직구조의 일부로 자리잡아, 공식적이고 거시적인 기본 조직구조가 결정한 의사결정 채널과 책임 분배를 경영자들이 세부적으로 조정할 수 있도록 하였다. 이러한 오프라인 장치들은 그 관리에 많은 시간과 비용이 들 수 있기 때문에, 활용에 명확한 목적이 있어야 하고 밀착관리되어야 한다. 그러나 효과적으로 구현될 경우 이들은 직속 상사가 아닌 경영자의 관점을 정당하게 표현하고, 책임과 권한의 주류 배정을 보완할 좋은 방법이 될 수 있다.

거시 및 미시구조적 도구는 경영자들 사이의 공식관계를 정의하여 조직관리 프로세스가 작동하는 방식에도 영향을 준다. 그러나 경영자들은 경영행정시스템, 의사소통 채널 및 비공식적 관계를 조정하여, 규모 있는 조직에서 의사결정에 영향을 주는 정보의 흐름을 광범위하게 통제할 수 있다. 정보의 흐름은 모든 경영 의사결정의 핵심요소이므로 조직의 생리학으로 간주한다.

이미 많은 연구에 의해 직무가 복잡하고 불확실해질수록 정보를 필요로 한다는 연관성이 증명되었다. 끊임없이 변화하고 때론 모순적인 환경 속에서 독립적인 시스템을 운영하는 초국적조직의 경영자들은 다량의 정보를 수집 · 교환 및 처리하여야만 한다.[05] 또한 의사결정이 더 이상 기업 본사(중앙화된 허브구조의 경우) 혹은 현지자회사(분권화된 연합체의 경우)에만 집중되는 것이 아니기 때문에, 초국적조직의 생리적 기능은 다량의 복잡한 정보를 통합된 조직 네트워크 내의 다양한 장소로 전달할 수 있어야 한다.

앞서 살펴본 바와 같이 공식시스템만으로는 이러한 다량의 정보처리 요구를 지원할 수 없다. 실제로 많은 기업들은 정보, 기획 및 통제시스템에 대한 요구가 증가함에 따라 어려움을 겪고 있다. 따라서 정보처리 및 교환을 위한 새로운 채널 및 공간이 필요하게 되었고, 대개의 경우 비공식적 시스템을 통해 이를 충족시킨다.

경영자들은 수많은 정보교환 및 의사결정이(적어도 그 대부분이) 비공식 채널 및 관계에 의해 이루어진다는 점을 오래 전부터 인식해 왔다.[06] 그러나 특히 국제적인 기업에서 비공식 채널 및 관계는 경영 프로세스에 있어 중요하지 않은 것으로("가십이나 루머에 불과하다") 혹은 관리 불가능("업무에 차질을 일으키는 파벌 혹은 위험한 연맹을 출현시킬 수 있다")한 것으로 치부된다. 그러나 정보에 대한 요구가 매우 크거나 기존 시스템에 과부하가 걸린 조직은 이러한 편견을 재평가하여야 한다. 우리가 살펴본 기업의 상당수에서는 경영자가 비공식적 시스템에 어느 정도의 통제와 영향을 행사하고자 하였다. 모순적이게도 경영자들은 오히려 전 세계에 조직을 둔 기업의 비공식적 프로세스에 상대적으로 영향을 행사하기가 쉽다고 생각하였다. 조직단위들이 널리 퍼져 있고 서로 다른 조직 간에 접촉이 상대적으로 드물기 때문에, 최고경영진이 접촉의 특성과 빈도를 결정하여 경영자들 간의 관계를 형성시킬 기회가 더 크기 때문이다. 대부분의 기업이 이러한 영향력 행사가 정당하며 중요하다고 생각하였다.

1970년대에 뚜렷하게 나타난 국제통신과 운송수단의 급격한 발전은 공식시스템과 보고를 좀 더 직접적인 대면방식의 소통으로 대체하였다. 모든 직급의 경영자들이 정규 보고시스템을 통해 얻은 데이터에 의존하기보다는 더 빠르고 간편하며 저비용의 국제항공수단으로 인해 짧고 목표가 뚜렷한 임무의 수행을 목적으로 해외출장을 갈 수 있게 되었다. 여러 국제기업들이 처음으로 정규시스템이 아닌 개인적 접촉을 주요한 의사소통수단으로 여기기 시작한 것이다. 이 새로운 접근법은 조직단위 간 이해 증진에 매우 큰 영향을 미쳤다.

최고경영진은 해외출장, 주요 회의 참여 또는 주요 위원회 참여 인원의 참석 빈도 및 의제에 영향을 줌으로써 개인정보 교환 네트워크의 잠재력을 활용할 수 있음을 깨달았다. 그 좋은 예가 코닝글래스웍스Corning Glass Works사의 '유사체 경영analog management'시스템이다. 정보의 불일치 및 최고경영진에게 보고되는 권고안의 충돌을 해결하기 위해 추가적인 공식시스템과 절차를 만드는 대신 비공식적인 의사소통 채널을 합법화한 것이다. '기능적 유사체들functional analogs'(다양한 기능적 직무를 담당하는 경영자들)은 각각의 활동을 조율하고 국가적 경계를 넘어 지식을 공유하는 역할을 맡게 되었다. 예를 들어, 공장 증설 혹은 어느 국가에 생산량을 늘려야 할지에 대해 비즈니스 경영자와 다른 국가의 동일 직무 담당자 사이에 의견 불일치가 발생한다면, 각 지역의 생산담당 경영자와 본사의 생산인력 경영자(이들 모두는 생산을 담당하는 기능적 유사체들이다)들은 비공식적인 방식으로 해결책을 조율하도록 시도할 것이다.[07]

우리는 기업들이 초국적조직의 생리학적 기능을 발전시키기 위해 다양한 도구(공식적, 비공식적, 거시적, 미시적)를 사용한다는 점을 알게 되었다. 대개 공식적인 도구가 공식적 구조에 맞는 폭넓은 주류 커뮤니케이션을 강화하는 반면, 비공식적 시스템과 프로세스는 정보를 전달하여 미묘하고 유연한 방식으로 의사결정과정과 그 결과를 형성하는 지류, 개울, 연결 수로 및 임시 채널의 네트워크를 형성한다.

또한 대부분의 기업들은 조직의 해부학적 · 생리학적 구조만큼이나 효과적으로 개발 및 관리될 수 있는 강력한 조직의 심리학(명시적 혹은 암시적인 공동의 가치 및 신념)이 있었다.[08] 조직의 심리학은 특히 여러 가지 이유로 인해 국제적인 기업들에게는 중요한 조직적 특성이다. 기업 내에 다양한 국적을 가진 직원들이 있을 때, 이들이 공통의 가치나 공동규범을 따를 것이라고 가정해서는 안 된다. 또한 거리 및 시차의 장벽으로 분리되어 있는 경영자들이 공통적인 경영적 이해도를 가지고 있다면 이는 구조나 시스템보다 더욱 강력한 조율 도구로 활용될 수 있다. 그럼에도 조직적 변화를 끌어내고자 하는 경영자들은 좀 더 친숙한 도구인 조직구조 개편이나 시스템 재구성을 이용하려는 경향이 있다.

초국적조직을 검토하면서, 조직심리 형성에 특히 중요한 세 가지 기술technique을 발견하였다. 첫 번째는 기업의 미션과 목표를 명확하게 이해하고 공유하는 것이다. 마쓰시타Matsushita의 250년 된 기업이 세계 사회에서 수행하여야 할 역할250-year vision of its role in a world society, NEC의 컴퓨터와 통신에 대한 헌신commitment to Computers and Communications, 고마쓰Komatsu의 "캐터필러를 공략하자(마루 C)Surround Caterpillar('Maru C')"는 모두 다양한 전략적 및 조직적 수준에 적용되는 미션 및 목표의 공유를 보여주는 예시이다.

두 번째 도구는 고위 경영진의 가시적이고 공개적인 행동이다. 외국 지사로 보내지는 정보의 양이 막대하여 경영진의 신호가 희석되거나 왜곡될 수 있는 초국적기업에서는 최고경영진의 액션이 기업문화에 막대한 영향력을 가진다. 소니Sony의 창립자이자 CEO인 모리타 아키오Akio Morita가 미국 사업 확장을 위해 뉴욕으로 이사한 것은 해외 확장에 대한 기업의 진정 어린 의지를 보여주는 매우 설득력 있는 메시지가 되었다.

조직의 심리학을 바꾸기 위해 주로 이용되는 세 번째 도구는 바로 기업의 인사정책이다. 다차원적이고 유연한 조직 프로세스를 개발하기 위해서는 인적자원시스템이 적절한 인재상 및 행동을 장려하여야 한다. 이전 장에서는 유니레버Unilever가 인사정책을 활용해 인재를 개발할 뿐 아니라 조직의 의사결정과 기업가치를 형성했다는 점을 살펴보았다. 유니레버는 채용정책을 통해 혼자 일하는 뛰어난 사람보다 팀 플레이어를 선호한다는 점을 강조하였고, 경영개발 프로세스를 통해 우수한 잠재력을 가진 경영자를 다양한 상품군과 지역으로, 현지회사에서 본사로 이동시키며 기술과 지식을 개발하고 시야를 넓히도록 하였다. 또한 교육 및 트레이닝 프로그램을 통해 기업가치를 강화하고 여러 직급 전반에서 비공식적 접촉이 일어나도록 다양한 기회를 제공하였다. 실적 평가 프로세스는 정량적인 결과뿐 아니라 동료와의 협력 및 조직가치 준수도 고려하였다.

한 조직의 문화, 가치 혹은 신념을 바꾸는 데는 오랜 시간이 걸린다. 그러나 조직심리의 변화는 초국적조직의 개발에 특히 중요하다. 조직심리의 변화가 동반되지 않으면 조직의 해부학 및 생리학적 변화는 진정한 이해 혹은 의지 없는 기계적인 반응에 그칠 것이기 때문이다.[09]

프로세스: 대조적인 두 가지 모델

많은 경영자들은 공식적인 구조의 변화가 조직 변화 프로세스를 끌어내는 주요한 요인이라고 생각한다. 이러한 믿음은 특히 관리적 유산에 따라 경영 프로세스의 형식화를 선호하는 미국기업에서 두드러진다.

우리는 전 세계 기업에서 구조적으로 조직 변화 프로세스를 추진하는 사례를 많이 볼 수 있었다. 코닝Corning의 수 차례에 걸친 조직개편 시도와 전 세계에 미니 GE를 두는 대신 직접 연결 개념으로의 조직을 변화시킨 GE가 그 예이다. 그러나 가장 드라마틱한 예시는 웨스팅하우스Westinghouse의 조직개편이다. 8년 전 설립한 국제상품조직에 대해 불만족한 최고경영진은 1979년 하나의 임원팀을 구성하여 90일 동안 웨스팅하우스 국제조직의 문제점을 검토하도록 하였다. 임원들이 제안한 글로벌 믹스는 채택되었고, 이에 따라 임원팀은 3개월 동안 '새로운 구조를 정비' 하도록 주문받았다.

이러한 예시가 특별한 것은 아니다. 실제로 수백 곳의 기업들이 동일한 과정을 거쳤다. 경영자들은 공식적인 역할과 보고관계의 변화가 조직 연결성 및 의사결정 프로세스를 변화시켜 경영자 각각이 생각하고 행동하는 방식을 바꿔 놓을 것으로 믿었다. 이러한 조직 변화 프로세스 모델이 [그림 13-1]에 설명되어 있다.

❙ 그림 13-1 ❙ 모델 I: 전통적 변화과정

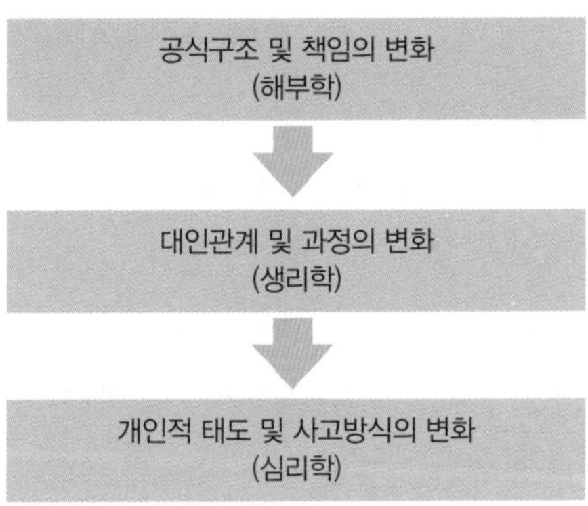

변화를 불러오는 것은 마치 조직도의 상자를 옮기고 선을 다시 그려서 새로운 조직도를 만드는 작업처럼 생각하기 쉽다. 또한 경영자들이 조직도의 구조적 구현 뒤에 존재하는 실제 조직을 간과하는 경우가 많다. 무심코 이리저리 움직이는 조직도의 상자에는 단순히 특정 역할을 지닌 포지션만이 아닌 능력, 의욕과 흥미를 가진 사람들이 들어 있다. 또한 무심코 다시 그려 넣는 선들은 단순한 공식 보고 채널이 아닌, 구축하는 데 수년

이 걸리는 인간관계이다. 결과적으로 공식적인 구조를 바꿔 조직 프로세스와 경영 사고방식에서 변화를 일으키려 하다가는 값비싼 대가를 치르게 될 수 있다. 조직도에 정의된 새로운 관계는 가장 기본적인 수준의 관계 형성에만도 수개월이 걸리고, 진정으로 효과적인 관계에 도달하기까지는 일 년 이상이 필요하다. 많은 임직원이 새로운 직무요건을 수행하기 위해 좌절, 소외감, 혹은 단순히 압도되는 느낌을 받게 되므로, 새로운 개개인의 태도와 행동을 개발하기 위해서는 더욱 오랜 시간이 걸린다.

한편 대부분의 유럽 및 일본기업들은 조직 변화 프로세스에 관해 조금 다른 태도를 보였다. 이들 기업은 초기 경영 프로세스에 핵심적인 역할을 했던 소위 '인맥old boy network'을 기반으로 한 업무 할당과 발령으로 대인관계를 형성하고, 조직적 응집력을 키우고, 정책 일관성을 구축하였다. 이들 기업이 원하는 국제 프로세스를 개발하는 데 있어 이러한 방식은 구조적 변화만큼이나 중요하였다.

일본기업의 경우 개인이 조직에 융합되고, 기업가치 전반에 순응하는 태도를 가지는 것을 매우 중요하게 생각하였다. 조직 변화는 구조 혹은 시스템의 재구성보다는 집중교육 프로그램 등으로 이루어지는 듯하였다.

변화를 일으키는 프로세스 혹은 순서가 기업마다 다르긴 했으나, 전반적인 패턴은 조직구조 개편을 통한 변화 프로세스와는 완전히 달랐다. 실제로 순서가 미국기업과 반대였다. 큰 변화를 일으키고자 하는 유럽 및 일본기업 다수의 첫 번째 목표는 개개인, 특히 핵심포지션에 있는 개인의 이해와 인식에 영향을 끼치는 것이었다.

그 후에는 커뮤니케이션의 흐름 및 의사결정 프로세스를 변화시키고자 하였으며, 마지막 단계에 와서야 구조개편으로 변화를 통합 및 확인하였다. 이러한 프로세스는 [그림 13-2]의 모델에서 확인할 수 있다.

물론 본 장에서 전 세계 기업의 조직 변화에 대한 이 두 가지 모델의 프로세스는 매우 단순하게 표현되어 있고, 국가적 차이점은 일반화되어 있

| 그림 13-2 | 모델 Ⅱ: 새로운 변화과정

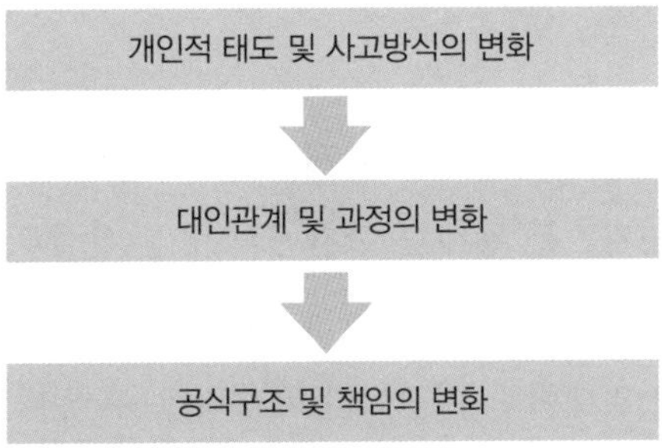

다. 모든 변화 프로세스는 조직적 해부학, 생리학 및 심리학의 변화에 있어 필연적으로 상당한 중복과 상호작용을 수반한다. 두 가지 모델의 순서는 프로세스상의 도구 중 상대적으로 강조되는 부분의 차이에서 비롯된 것이다. 또한 이들 두 모델에는 역사적으로 존재해 온 국가별 성향이 반영되어 있으나, 이러한 차이는 점차 줄어들고 있다. 미국기업들은 사회화 프로세스의 중요성을 인식하였고, 유럽과 일본기업들은 구조 및 시스템을 정교화하는 등 서로에게서 배우고 있다.

새로운 방식의 변화 프로세스를 시행하는 것이 조직적인 충격이 적기 때문에 중대한 문제 혹은 심각한 거부를 초래할 가능성은 낮지만, 공식구조의 변화로 시작하는 전통적인 접근방법을 사용하는 것이 적절할 때도 있다. 특히 조직적 위기 상황(만성적인 실적 악화, 조직구조 정렬의 실패 혹은 중대한 환경구조적 변화 등)에서는 신속하고 전면적인 구조조정을 시행하는 것이 필요할 수 있다.[10] 그러나 대부분의 조직에서 드라마틱한 구조적 변화는 충격이 매우 크고, 경영자들이 내부적 구조 변경에 집중하게 되어 외부적인 직무를 제대로 수행할 수 없게 될 수 있다. 다행히도 변화 프로세스의 대부분은 점진적인 방식으로 이루어질 수 있다. 기업이 개인적인 시각과 인간관계의 변화를 우선 시도한 후 공식적인 책임과 권한을 재분배할 경우, 조직 변경 프로세스가 성공할 확률은 더욱 높아진다.

초국적조직: 그 특성과 오해

초국적조직이 그 이전 형태인 국제적, 다국적, 글로벌조직과 가장 크게 다른 점은 무엇인가? 본 저서는 다차원적 경영 관점과 유연한 조율 및 통제 프로세스에 주안점을 두기 때문에 초국적조직을 단순히 과거의 전 세계적 매트릭스의 업데이트 버전이라고 생각할 수 있다. 그러나 이러한 결론은 현재 진행 중인 논의의 핵심을 놓치는 것이다. 신중하게 개발되고 조화롭게 균형 잡힌 초국적조직의 조직역량을 매트릭스수준으로 축소한다면, 초기 사고를 제한하던 지나치게 단순화된 구조로 돌아갈 위험이 생긴다.

매트릭스 그 이상

많은 이들에게 글로벌전략이라는 단어가 제품표준화, 운영 합리화 및 의사결정 집중에 대한 뻔한 접근으로 축소된 것처럼, 글로벌 매트릭스라는 개념은 본 저서에서 제안하는 점을 정확히 설명하기에는 적절치 않아졌다. 기업의 전 세계적 경영 프로세스상에 다수의 공식 보고관계 및 소통을 도입하는 융통성 없는 구조 지배적인 솔루션을 제안하는 것은 아니다. 앞서 살펴본 바와 같이 글로벌 매트릭스 설계의 명백한 논리와 단순함은 공동 책임을 일반화하고 다방향 커뮤니케이션을 형식화하여 막대한 조직 복잡성을 초래했다.

이에 반해 초국적조직은 더욱 점진적이고 차별화된 방식으로 만들어진다. 초국적조직의 설계 복잡성과 미묘함은 아이러니하게도 경영 프로세스에 더 큰 명료성과 단순함을 가져다준다. 초국적조직의 최고경영진은 고전적인 매트릭스구조와 같이 모든 것에 공동 책임을 할당하기보다는 위계질서는 명확하게 유지하는 반면, 책임의 분배에 크게 관심을 쏟는다. 이러한 조직 내에서는 국가 자회사 경영자, 제품사업부 경영자 및 기업 스태프 경영자 모두가 권한, 영향력 그리고 자원에 대한 접근을 가지고 자신의 관점을 관철시키는 것은 중요하다. 동시에 기업은 책임의 지나친 중첩을 경계해야 한다. 내부적인 협상과 갈등해결로 경영자의 역할을 매우 힘들게 할 수 있기 때문이다.

초국적 경영자들은 총체적 일반화에 기반해 조직 의사결정을 하는 것은 옳지 않다는 것을 알고 있다. 실제로 과거 중앙집중적 혹은 분산형 의사결정조직인 글로벌 혹은 초국적기업의 지나친 개념 단순화로 인해 많은 문제가 발생하였다. 산업 또는 전략적 태세를 분류하는 것이 아니라, 관리해야 하는 문제가 있을 때 이를 직무별 그리고 의사결정별로 결정하는 것이 중요하다.

본사에서 전 세계를 대상으로 하는 의사결정(예를 들어 연구 우선순위나 자금조달에 관한 의사결정)이 있는 반면, 현지경영진이 결정하는 것이 적절한 의사결정(주로 영업 및 서비스 직무 및 노사관계 등)들도 있다. 그러나 다양한 관점의 반영과 책임의 분산이 필요한 문제들도 있다. 예를 들어, 제품정책 결정에는 규모의 경제 달성을 위해 표준화를 추구하는 글로벌 제품본부 경영자와 현지시장의 수요에 맞춰 제품을 변경하고자 하는 자회사 경영자 간의 협의가 이루어질 것이다.

앞서 살펴보았다시피 초국적기업에서는 상기 공동 의사결정이 주류 의사결정에서 분리되어, 특별하게 조성된 의사결정환경에서 이루어지는 경우가 종종 있다. P&GProcter & Gamble는 유로브랜드팀Euro Brand Teams을 두어, 자회사 및 제품 경영자들이 유럽 전역에서 출시되는 브랜드의 공동 마케팅전략을 협의하도록 한다. 또한 필립스Philips의 소비자 가전본부는 세계정책위원회World Policy Committee와 세계전략협의회World Strategy Council를 만들어, 본사의 비즈니스 및 기능별 경영자들과 주요 국가별 조직의 경영자들 사이의 전략 및 운영상의 간극을 줄이는 기회를 제공한다. NEC의 경우 연간 전략회의, 분기 테마 회의 및 기타 제품개발위원회 등의 통합적 네트워크를 통해 전 세계 조직단위를 중앙연구개발연구소로 연결시켰다.

사실상 이들 기업들은 공동의 결정을 촉진하고 공동 작업을 조율하기 위해 일련의 미니 매트릭스조직을 만든 것이다. 그러나 이러한 오프라인 의사결정 포럼도 글로벌 매트릭스의 잠재적인 문제를 가지고 있기 때문에 책임이 명확하게 분배될 수 없는 몇 가지 문제에만 활용되어야 한다. 우리가 들여다본 기업들의 경험에 비추어 볼 때, 이들 의사결정 포럼이 관료적인 장애물 혹은 권력분배 및 물밑협상의 장이 되지 않기 위해서는 최고경영진이 그 조직 및 운영 모니터링에 긴밀하게 관여하여야 한다.

초국적조직은 비즈니스, 기능, 심지어 직무별로 나뉜 역할과 책임R&R을 지닌 복잡한 조직처럼 보이나, 적어도 R&R이 명확하게 정의되어 글로벌 매트릭스에서 긴장과 혼란을 발생시키는 끊임없는 중복 및 책임 공유문제를 발생시키지 않는다. 이러한 초국적조직의 조정과 통제에는 공식적인 시스템만큼이나 조직 구성원의 사회화가 중요하다.

이러한 접근은 의사결정과정을 크게 단순화하고, 최고경영진의 막대한 부담을 덜어주며, 과부화가 걸린 기업의 소통 채널을 원활히 하여 모두에게 장점을 제공한다.

보편적인 솔루션?

그렇다면 초국적조직이라는 형태가 전 세계에서 경영을 하는 모든 기업에 적합할까? 어떤 의미로는 이 질문 자체에 오해의 소지가 있다. 초국적조직은 구조적 분류라기보다는 조직의 능력과 경영 사고방식으로 구현되는 광범위한 조직적 개념 혹은 철학에 가깝기 때문이다.

즉 NEC, P&G, 에릭슨Ericsson, 필립스Philips 혹은 마쓰시타Matsushita 및 유니레버Unilever와 같은 다양한 기업들은 초국적 모델의 특징으로 생각되는 조직적 역량 및 특성을 개발한 것이다. 산업환경 및 관리적 유산의 큰 차이로 인해 꽤나 다른 전략적 직무와 조직적 도전과제에 부딪쳤지만, 이들을 포함한 다양한 기업들이 국가 경계를 초월한 조직을 관리하는 공통적인 방법을 개발하게 된 것이다.

경영진은 영업활동에 영향을 미치는 복잡하고 변화하는 외부요인의 중요성을 인지하였을 뿐만 아니라, 다차원적인 관점과 분산되고 차별화된 조직적 역량을 가졌으며 상충되지만 상호의존적인 이해관계를 조율하는 유연한 관리 프로세스를 지닌 조직을 개발해 외부요인을 내부적으로 소화하고자 하였다.

분명 NEC의 경영진이 해결해야 할 국제조직적 문제와 유니레버Unilever의 경영진이 해결해야 할 과제는 매우 다르다. 글로벌 규모의 효율성, 국가별 정치적 요구에 대한 대응성, 그리고 지속적이고 값비싼 기술혁신에 대한 압박은 소비재산업에 비해 통신산업에서 훨씬 크다. 게다가 역외에서 제조 및 개발활동을 지원하기 위해 중앙집중적인 일본 경영진을 재정비해야 하는 NEC의 문제는 분산형 조직을 더 잘 조율해야 하는 유니레버의 문제보다 해결이 더욱 어렵다.

그럼에도 불구하고 우리는 두 기업 모두 초국적조직으로 변화하고 있다고 생각한다. 의식적으로 글로벌 경쟁력, 현지적응성 및 전 세계적 학습이라는 전략적 역량을 개발하고자 노력하고 있는 것이다. 이를 위해 두 기업은 다차원적 경영 관점 및 역량의 정당성 및 실현가능성이 유지되고, 차별화되고 상호의존적인 네트워크에서 분산된 자산과 자원이 개발되며, 전체 시스템이 유연한 조율 프로세스로 통합된 조직을 만들고 있다.

그러나 그러한 조직 특성을 개발하는 데는 높은 비용이 들고, 복잡한 프로세스로 인해 경영자, 특히 조직의 최상위수준에 있는 경영자들의 우수한 경영 및 대인관계기술이 요구된다. 몇몇 기업은 그 정도 수준의 역량을 개발할 의지 혹은 능력이 없기 때문에 좀 더 전통적인 글로벌, 국제화 혹은 초국적조직형태를 유지하게 된다. 이러한 단순한 조직형태로 인해 환경에 대응하는 기업의 능력이 떨어질 수 있는 반면, 전략적 약점은 간결한 의사결정 프로세스와 낮은 간접비라는 경영상의 장점으로 부분적으로나마 상쇄된다.

그렇다면 기업은 초국적조직의 개발 여부를 어떻게 결정할 수 있을까? 이 복잡한 질문에 대답하기 위해서는 세 가지 분야의 경영과제를 살펴보아야 한다. 첫 번째 과제는 기업이 속한 산업의 구조 및 경쟁환경을 형성하는 요인의 본질과 그 강도를 살펴보는 것이다. 분류 및 예상이 아닌 분석 및 예견하는 것이다. 단순히 비즈니스를 '세계적global' 또는 '지역적local'으로 구분하는 것이 아닌, 새롭게 등장한 산업 속 트렌드와 변화하는 경쟁 특성에 관해 심도 있게 이해하는 작업이다.

이러한 분석은 초국적조직의 역량을 개발해야 할 필요성이 있는지를 밝혀 줄 수 있다. 예를 들어, 유니레버의 경영진은 이미 잘 발전된 현지시장을 이해하고 대응하는 능력에 추가해, 브랜드 패키지 상품시장에서 경쟁우위를 만들어낼 수 있는 기회를 포착하였다. 점차적으로 시장, 특히 유럽시장 간 소비자의 선호가 비슷해지고 장벽이 낮아지면서, 유니레버는 공동의 노력을 통해 혁신을 개발하고 퍼트리며, 통합된 조직에 생겨난 규모의 경제를 더 잘 이용할 수 있게 되었다. 그러나 이러한 변화는 통신산업에서 더욱 강력하게 나타난다. NEC는 사실상 국제통신시장에 대한 접근법을 바꿔야만 했다. 여기서 국제화는 시장 기회가 늘어나는 것 그 이상을 의미하였다. 전 세계 곳곳에서 통신서비스에 대한 규제가 완화되었고, 전자기계 및 아날로그 디바이스에서 전자 디지털 스위치에 이르기까지 산업 전반이 완전히 변화되면서, 시장, 기술 및 경제요인 모두에 단절을 일으켰다. 산업의 대대적인 통폐합이 예상되는 가운데, 서로 다른 현지시장에 적응하고, 훌륭한 현지서비스를 지원하는, 혁신적이고 가격경쟁력이 있는 기업만이 살아남을 수 있게 되었다. 이런 상황 속에서 경쟁하는 기업들은 선택의 여지없이 산업의 요구에 따라 초국적 역량을 길러야만 했다.

초국적조직 구축에 관한 결정은 환경적 고려뿐만 아니라 그러한 조직을 만들고 관리할 수 있는 기업의 능력에 달려 있다. 따라서 초국적조직 개발 여부를 고려하는 경영진이 취해야 할 다음 행동은 기업의 관리적 유산을 평가하는 것이다. 평가를 통해 기업이 새로 등장하는 외부 수요에 맞춰 대응하는 능력을 개발할 수 있는지를 살펴본다. 더 야심 찬 목표를 설정하자면, 변화의 요인을 형성하고 이에 영향을 줄 수 있는지 생각해 볼 수 있다.

이러한 접근은 기업이 속한 산업이 초국적화되고 있으나(즉 글로벌 경쟁력, 다국적 대응 및 전 세계적 학습역량이 증가하고 있는 경우), 관리적 유산으로 인해 변화에 맞춰 적응할 수 없는 경우에는 유일한 선택지이다. 이런 상황에 있는 기업은 초국적 경쟁자의 장점을 상쇄하거나 다른 방법으로 비슷한 장점을 길러 성공적인 국제 포지션을 구축할 수 있을 것이다. 전자는 자국 정부의 도움을 받는 '국가 챔피언national champion' 기업들이 선호하는 방식이다. 정부는 자본 투자금을 파이낸싱해 주고, 수출보조금 및 R&D자금 지원을 통해 국가 챔피언 기업들에게 초국적기업과 경쟁할 수 있는 기회를 제공한다.[11]

또 다른 방법은 이미 상호보완적인 기술 및 전략적인 위치를 보유한 기업과 동맹을 맺어, 초국적인 경쟁자들과 동일한 수준의 전략적 역량을 확보하는 것이다. 최근 많은 기업들이 국제적인 제휴를 추구하는 이유가 바로 독자적으로는 복합적인 전략적 수요에 대응할 수 없기 때문이다. AT&T는 유럽에서는 필립스Philips와 극동아시아에서는 금성GoldStar*사와 제휴를 맺어 전 세계 시장에 대한 민감성과 적응성을 빠르게 키우고, 해외 생산역량을 더하여 비용절감을 추구하였다.[12]

그러나 역사적으로 글로벌 전략적 제휴는 결코 만족스럽지만은 않았다. 파트너의 이해관계는 시간이 지남에 따라 달라지고, 상호보완적이고 균형

* 역자주: 현 LG

잡힌 역량은 하루 아침에 일방적이고 위협적으로 변할 수 있다. 한 조직 내에서 다차원적인 관점과 분산된 자산을 조율하고 통제하는 것도 쉽지 않은데, 기업의 경계를 넘어서는 조율과 통제는 얼마나 어렵겠는가?[13] 그러나 산업 내 요소가 끊임없이 변화할 경우 AT&T와 같은 기업들은 다른 선택의 여지가 없을지도 모른다.

이와 같이 변화에 대한 외부적 요구를 분석하고, 내부적 변화관리역량을 평가한 후, 최고경영진에게 남은 한 가지 중요한 과제는 변화의 시행을 평가하는 것이다.[14] 복잡한 구조와 유연한 프로세스를 구축하는 것만으로도 어렵지만, 계속 강조했다시피 초국적조직의 개발에는 다차원적인 역량과 상호의존적인 자산 그 이상이 필요하다. 바로 조직 구성원의 사고방식을 변화시키는 것이다. 다수의 전략적 역량이 필요함을 이해하고, 각종 문제와 기회를 현지 및 글로벌 관점 모두에서 살펴보며, 다른 조직과 개방적이고 유연하게 상호작용할 의지가 있는 공통의 경영 사고방식으로 다양한 역할과 분산된 조직이 단단히 결집되어야 한다. 과제는 정교한 매트릭스 구조를 구축하는 것이 아니라 '경영자의 마음 속에 매트릭스'를 창조하는 것이다.

적절한 조직역량을 개발하는 것은 항상 기업의 성공, 실제로는 기업의 생존에도 매우 중요했다. 저명한 경영 역사가인 알프레드 챈들러Alfred Chandler는 한 기업의 리더가 할 수 있는 '가장 중요한 기업활동'은 효과적인 경영조직을 만들어내는 것이라고 한다. 오늘날 대부분의 기업 지도자들은 글로벌환경에서 직면한 전략적 도전을 인식하고 있다. 부족한 것은 점점 복잡해지고 계속 변화하는 전략을 구현할 수 있는 조직의 역량이다.

앞으로 국제경쟁환경 속에서 초국적조직역량을 개발하는 기업의 능력은 승리하는 기업과 겨우 살아남는 기업을 가르는 핵심요소가 될 것이다.

응용 핸드북

〈국경 없는 경영*Managing Across the Borders*〉은 전 세계에서 효율적으로 경쟁하기 위해 필요한 기업역량을 기르고자 하는 학습자로서의 경영자들에게 필수적인 개념을 제시하고 문제를 제기한다. 본 저서는 새로운 경영기법을 가르치거나 새로운 조직구조를 만들어내기 위함이 아닌, 글로벌 경제의 일부인 기업을 관리하는 새로운 사고방식을 구상하기 위해 집필되었다.

이러한 새로운 사고방식은 국제적인 환경에서 운영되고 있는 모든 기업에 필수적인 초국적 솔루션의 한 부분이다. 또한 한 조직이 글로벌 효율성을 관리하고, 지역에서 오는 차이에 대응하며, 혁신을 전 세계에서 일으킬 수 있도록 하는 열린 사고의 유연한 사고방식이다.

본 '응용 핸드북'은 다양한 구조화된 훈련을 통해 본인의 조직 및 〈국경 없는 경영*Managing Across the Borders*〉에서 제시하는 활동에 대한 생각을 정리하도록 하는 간편한 도구이다. 즉 '응용 핸드북'의 목표는 학습자가 본인의 국제 및 경쟁전략을 다시 생각해 볼 수 있는 프로세스를 시작하고 정의하도록 돕는 것이다.

본 '응용 핸드북'을 완료하면 학습자는 다음을 이해하고 실행할 수 있다.

- 기업이 위치한 국제 및 현지시장에서 변화를 만들어내는 요인에 관한 지식이 증대된다.
- 효과적인 국제기업이 글로벌 효율, 국가별 대응 및 지식이전이라는 세 가지 주요 전략을 유연하고 효과적으로 개발 및 사용해야 할 필요

성을 검토하고 이해한다.

- 기업이 지닌 관리적 유산이 어디에서 왔는지, 그리고 기업의 관리적 유산이 국경을 넘어 경쟁하는 능력에 어떤 영향을 미쳤는지를 이해한다.
- 초국적조직의 개념을 검토 및 이해하고, 기업에 적응하여 차별화된 방식으로 관리하여야 할 비즈니스, 기능, 직무를 파악한다.
- 초국적방식으로 경영해야 할 필요가 있는 경우 기업의 조직, 정보/자원관리시스템 및 비전/문화를 검토한다.
- 초국적기업 내의 다양한 주요 경영자(글로벌사업 경영자, 전 세계 기능별 경영자들, 국가/현지 경영자 등)의 역할을 검토하고, 기업 내에서 이들 경영자들을 양성/지원하는 방법을 개발한다.
- 본 저서의 아이디어 및 개념을 본인의 기업, 기능 혹은 현지 비즈니스에 적용할 구체적인 '다음 단계'를 개발한다.

핸드북의 활용

본 핸드북은 9개의 세그먼트 및 결론으로 구성되어 있으며, 결론부분에서는 비즈니스분야에 대한 시사점 및 본 핸드북의 개념을 적용해 생각해 볼 수 있는 행동을 도출하게 된다. 핸드북은 학습자가 대답을 생각해 보고 스스로 채워 보는 도표로 구성되어 있다. 학습자가 질문에 대한 대답을 별개의 종이에 적고, 숫자를 적어 넣기 전에 이를 복사(확대할 수도 있다)하여 워크시트로 이용할 것을 권장한다. 각자의 답변과 워크시트를 별개의 바인더에 보관하여 주기적으로 참고하고 업데이트할 수 있다.

동료들과 함께 핸드북을 풀어 보는 것도 좋은 생각이다. 각 세그먼트를 이용해 기업 및 학습자를 비롯한 경영자들이 기업의 지속적인 경쟁력을 담보하기 위해 무엇을 할 수 있을지에 관한 논의를 활성화할 수 있을 것이다.

만약 혼자 핸드북을 풀어 본다면 다음의 사전작업을 이용해 자신의 비즈니스 영역을 주의 깊게 살펴보고, 전 세계 시장에서 효과적으로 경쟁하는 데 필요한 역량을 개발하고 개선하기 위해 취할 수 있는 행동을 식별할 수 있을 것이다.

사전작업

기업의 비즈니스 혹은 기능에 대한 다음의 사전작업 질문에 답하여 보자. 이를 통해 〈국경 없는 경영*Managing Across Borders*〉에서 읽은 아이디어 및 도구를 본인의 조직에 적용하는 것을 준비할 수 있다. 도입부분 및 질문에 대답하는 것은 30분이면 충분하다. 추가적인 준비 작업을 원한다면 도입 섹션의 끝에 있는 추가 사전 작업을 참고하자.

본인이 관리하는 비즈니스, 기능 혹은 가장 밀접하게 관련된 비즈니스(예를 들어 본부, 국가 혹은 지역, 생산조직 등)를 생각하며 각 질문에 대답해 보자. 만약 기업 내에서 다양한 비즈니스부문과 함께 일하는 것이 자신의 역할이라면 그중 하나를 선택하여 대답하거나, 기업 전체에 대해 대답할 수 있다. 각 질문에 대답하기 위해 연구를 하거나 데이터를 모을 필요는 없다. 단지 본인이 속한 비즈니스 혹은 기능 내에서의 경험에 기반하여 대답하면 된다.

질문 1

변화를 일으키는 요인들

오늘날 자신의 산업 내에서 변화를 일으키는 요인에 대해 생각해 보자. 이 중에는 점점 비슷해지는 소비자의 취향, 제조업에서 규모의 경제의 필요성, 글로벌 경쟁자들의 전략 및 접근법, 그리고 증가하는 연구개발비용 등과 같이 글로벌 효율성을 더 높이기를 요구하는 요인들도 있을 것이다.

반면 각국 소비자 취향의 차이, 국가별 인프라, 현지정부의 요구사항 및 규제, 그리고 역내 경쟁자들의 전략 및 접근법과 같이 현지시장 상황에 대한 신속한 대응 혹은 대응 속도 개선을 요하는 요인들도 있을 것이다. 이 중 가장 중요한 요인들은 무엇인가? 또한 이들 요인이 당신이 속한 산업 및 비즈니스 혹은 기업에 영향을 미치는가?

질문 2

경쟁기업들

본인의 비즈니스 혹은 가장 연관성이 큰 비즈니스의 주요 경쟁사들을 검토해 보자. 이들 경쟁사 혹은 경쟁사들이 본인의 비즈니스 혹은 기업에 비해 어떤 장점을 가지는지 제품, 지역 혹은 기타 분야를 적어보자. 이들 장점은 어디에서 오고, 왜 이러한 장점이 존재하는가? 반대로 본인의 비즈니스 혹은 기업이 경쟁우위를 가지는 제품, 지역 및 기타 분야를 적어보자. 마찬가지로 각각의 경우에 어떤 장점을 가지며, 왜 이러한 장점이 존재하는지 적어보자. 검토를 마친 후 패턴이 존재하는지 살펴본다. 예를 들어, 경쟁사가 특별히 더욱 경쟁력이 있는 지역, 제품분야가 있는지 혹은 경쟁사가 가진 지배적인 경쟁우위(기술 등)의 근원이 무엇인지 등의 패턴을 찾아본다.

질문 3

비즈니스의 성장 및 개발에 대한 영향

비즈니스가 전 세계적으로 경쟁할 수 있는 능력은 과거의 성장 및 발달 패턴의 영향을 받는다. 본인의 비즈니스(및 기업 전반) 과거에 대해 아는 바를 검토해 보자. 과거에 비즈니스의 국제적인 성장 및 개발에 가장 큰 영향을 준 요인(예를 들어, 핵심임원, 출신 국가의 문화, 사업 확대 시점의 국제적 상황, 특정 지역에서의 비즈니스 인수 등) 두세 가지를 노트에 적어보자. 식별한 요인 각각이 '국제적으로 사업하는 방식'에 어떤 영향을 미쳤는지 고려해 보자. 해당 요인이 비즈니스 혹은 기업에 계속하여 영향을 미치고 있는가? 만약 그렇다면 어떤 방식으로 영향을 주고 있는가?

추가 사전작업

몇 분을 더 투자해 다음 질문을 읽어보고 각자의 답을 생각해 보자. 더 큰 통찰을 얻고자 한다면, 짧은 비공식적 논의를 통해 조직 내의 다른 구성원들에게 동일한 질문을 해보는 것도 고려해 볼 수 있다. 자신보다 직급이 낮은 직원 한두 명 이상 및 직속 상사 한두 명 이상과 이야기해 보는 것이 가장 이상적이다.

자신의 생각, 그리고 다른 구성원들과의 논의를 통해 찾아낸 점을 적어보자. 이는 본 핸드북의 다른 부분에서 활용하게 될 것이다.

질문

1. 본인이 속한 기업의 미래를 위한 종합적인 비전은 무엇인가? 본인의 비즈니스의 비전은 무엇인가?
2. 비전이 본인에게 얼마나 효과적으로 커뮤니케이션되었나? 비전을 좀 더 효과적으로 명확하게 소통하기 위해서는 어떤 노력이 필요했을까?
3. 기업의 가치에 대해 생각해 보자. 기업을 이끌어 주는 가치(예를 들어, 직원들이 일하고, 의사결정을 내리고, 고객 및 서로를 대함에 있어 가장 중요하게 생각하는 것)들은 무엇인가?
4. 기업의 문화를 묘사해 보자. 본인의 기업이 다른 조직과 차별화되는 문화 한두 가지를 생각해 보자.

파트 I

전략적 도전과제

세그먼트 1

새로운 글로벌환경

세그먼트 1에서는 전 세계적 경쟁에 영향을 미치는 요인과 성공적인 기업들이 어떻게 경쟁에 대응하였으며 향후 어떻게 대응해야 할지를 검토하고 논의한다. 본 세그먼트에서는 다음을 학습한다.

- 글로벌 통합 및 국가별 대응 등 자신의 비즈니스에서 변화를 끌어내는 요인들을 검토하고 이해할 수 있다.
- 상기 요인이 자신이 속한 산업에 미치는 영향을 검토하고, 이들 요인이 미래에 어떤 변화를 일으킬지를 예상해 본다.

주요 개념 요약

지난 10년 동안 글로벌 정치적 경계가 재형성되었다. 지역 블록들이 생겨났고, 기술적 진전은 산업의 기반인 경제구조를 바꾸었으며, 경쟁 역학관계는 여러 산업에서 게임의 규칙을 다시 만들었다. 글로벌 통합을 가져온 이들 요인들은 기업이 국가 경계를 넘어 더욱 통합되고 조정되도록 만들었다.

그러나 국제기업이라면 모두 잘 알듯이 국가환경에 대한 민감도 및 대응을 요하는 또 다른 요인들이 존재한다. 우선 소비자들이 국가마다 다르다. 국가별로 인프라도 다르고 시장마다 경쟁자들도 다르다. 그리고 현지 정부는 기업이 자신의 이해관계를 수용해 주길 요구한다.

따라서 기업들이 국경을 넘어서 더욱 통합되고 조정되도록 만드는 일련의 요인들이 존재하는 반면, 기업들이 각국의 차이점에 민감하게 반응하고 대응하도록 요하는 반대 요인들도 존재한다.

이들 요인들은 각 산업마다 매우 다르게 작용한다. 따라서 정해진 공식은 없다. 각 산업은 고유의 기준, 니즈 및 요구를 가지기 때문이다. 국제전략 및 조직에 관한 분석 및 이해를 위해서는 본인이 속한 산업이 어디에 위치하는지에 대한 이해가 선행되어야 한다.

국제적 환경요인분석

1단계

산업을 형성하는 요인

국제적인 환경요인분석을 위해 학습자는 사전 작업에서 도출한 생각 및 아이디어를 사용하게 된다. 동료들과 함께 분석을 하고 있다면 자신이 속한 산업의 구조 및 자본환경을 형성해 온 주요한 국제적 · 환경적 요인들에 대해 논의(혼자 분석하고 있을 경우 생각)해 보자. 그 후 [도표 A.1]에 오늘날의 산업을 정의하는 요인들을 적어보고, 향후 5~10년 사이 등장하여 시장에 큰 영향을 끼칠 요인을 예측해 보자. 이와 같은 약식 개요에 작성해 본 역학관계가 자신이 속한 산업 내에서 변화를 일으키는 주요 요인을 보여줄 것이다.

〈참고〉 기업이 속한 산업에 변화를 일으키는 요인을 정의하도록 하자. 기업의 세부적인 포지셔닝의 경우 산업 내의 요인 및 또 다른 기타 요인들에 영향을 받을 것이다. 이 점에 대해서는 추후 다른 분석을 통해 검토할 예정이다.

도표 A.1 본인의 산업을 형성하는 요인들

5~10년 전	현재	지금부터 5~10년 후

2단계

글로벌 통합 및 현지 대응

우선 아래 세 칸에 있는 각 요인을 검토하고 이들이 각각 산업에 미치는 영향을 분류해 보자. 어떠한 요인이 글로벌 조정 혹은 통합에의 필요로 이어지는가? 어떤 요인이 국가적인 차이에 대해 더 큰 민감성 및 대응을 요구하는가? 분류를 통해 [도표 A.2]에 추가적인 분석을 구성할 수 있게 된다.

1단계에서의 분석을 이용해 세 가지 기간(5~10년 전, 현재, 5~10년 후)에 본인이 속한 산업(기업이 아닌)의 '무게중심'을 작성해 보자. 글로벌 통합요인 혹은 국가별 대응요인 중 무엇이 더 영향이 컸는지 혹은 커질 것인지에 따라 작성하면 된다.

예를 들어, 5년 전 글로벌 통합요인이 약했고 국가별 대응요인이 더 컸다면, [도표 A.2]의 오른쪽 아래 모서리 쪽을 향해 'P'를 적어 넣는다. 반대로 5년 전 글로벌 통합요인이 강했고 국가별 대응요인이 약했다면, [도표 A.2]의 왼쪽 윗부분에 'P'를 적어 넣으면 된다.

| 도표 A.2 | 통합/대응 매트릭스

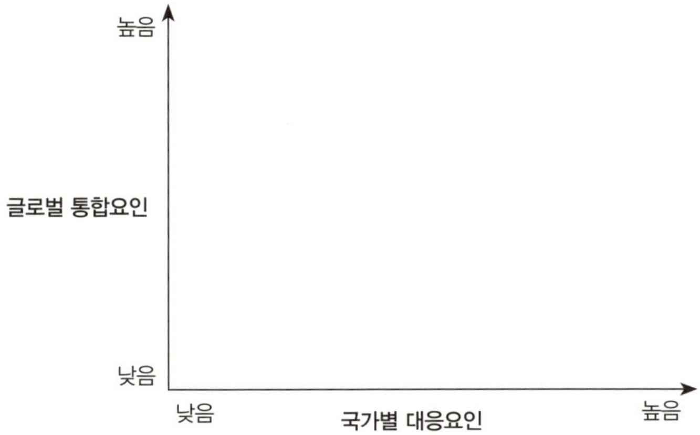

- P: 5년 전
- T: 현재
- F: 지금부터 5년 후

3단계

시사점

본인이 작성한 요인 및 매트릭스상에 표기한 산업의 위치에 근거해 다음의 질문에 대답해 보자.

1. 자신이 속한 산업에 새롭게 등장해 변화를 가져올 국제적 요인의 본성 및 영향력에 대해 얼마나 잘 이해하고 있는가? 변화를 일으키는 요인 중 더 학습이 필요한 것은 무엇인가?
2. 변화를 일으키는 요인들이 향후 자신이 속한 산업에 어떻게 영향을 미칠 것인가?
3. 자신이 묘사한 미래의 시나리오에 더해 추가적인 변화를 가져올 다른 요인은 무엇인가?

세그먼트 2

기업의 관리적 유산: "어디에서 왔는가?"

세그먼트 2에서는 한 기업의 과거(국제화, 출신 국가 문화, 창립자 혹은 다른 주요한 리더가 남긴 영향력 등)가 전 세계적인 경쟁을 일으키는 유인에 대응하는 현재 기업의 능력에 어떻게 영향을 미치는지를 살펴본다. 본 세그먼트를 통해 다음을 학습한다.

- 기업의 관리적 유산이라는 개념을 살펴보고, 이것이 국제적인 경쟁자로서의 기업의 강점 및 약점에 어떤 영향을 주는지를 생각해 본다.
- 본인이 속한 기업이 가진 관리적 유산의 주요 요소를 조사 및 이해할 수 있다.
- 기업의 관리적 유산에서 비롯되는 구체적인 강점뿐만 아니라 관리적 유산으로 인해 산업 내에서 변화를 일으키는 요인에 대해 취약하거나 준비되지 못한 부분을 파악할 수 있다.

주요 개념 요약

기업의 과거(출신 국가 문화, 역사, 특정 임직원 개개인의 영향 등)의 다양한 측면이 포괄적으로 기업의 관리적 유산을 구성한다. 한 기업이 자신의 관리적 유산을 이해하는 것은 다음의 두 가지 이유에서 중요하다. 첫째로 기업의 강점이 관리적 유산에 깊게 녹아내려 있고, 둘째로 이러한 강점을 계속 유지하기 위해서는 이들을 파악하고 있어야만 한다. 그러나 동시에 관리적 유산은 변화에 대한 가장 큰 장애물이 될 수도 있다.

한편 유럽, 미국 및 일본기업들의 관리적 유산은 매우 큰 차이를 보인다.

많은 유럽기업들은 각국 시장 간의 장벽이 매우 높았던 1920년대에서

1930년대 사이에 국제화되었다. 이 시기 국제화를 진행한 기업은 국내활동이 스스로 운영되도록 만들어 각국의 환경에 민감하고 빠르게 대응하는 것에 집중했다. 이러한 기업이 전 세계적인 성공을 거두려면 무엇을 해야 할까? 바로 각각의 현지시장에서 성공하는 것이다. 이는 분권화된 연합체 조직decentralized federation을 사용하는 다국적전략multinational strategy으로 묘사된다.

이를 제2차 세계대전 이후 국제화를 진행한 다수의 미국기업들과 비교해 보자. 이들 기업들은 우수한 기술과 전문성을 기반으로 해외진출을 하게 되었다. 기업이 보유한 혁신을 좀 더 큰 규모의 국제시장에서 활용하기 위해 국제화를 진행한 것이다. 결과적으로 이들 기업들은 자신의 핵심역량은 미국 내에 유지하는 반면, 해외에 설립한 자회사들은 본국의 신기술, 신제품 혹은 현지시장에 맞는 기술 혹은 제품을 골라 쓰거나 현지화해서 적용했다. 미국인들이 개발한 이 전략은 국제적 전략international strategy(국제제품수명주기를 활용했기 때문에 붙여진 이름)으로 해외자회사들에게 자율성을 주되 엄격한 형식체계 및 통제를 적용하는 조정된 연합체조직coordinated federation organization을 채택하였다.

관세가 급격하게 줄어들고 운송수단 및 통신이 빠르게 발전한 1960년대 중반에는 일본기업들이 국제화를 시작하였다. 상기 언급한 변화로 진정한 의미의 수출 기반 전략이 실현가능해졌고, 일본기업들은 주요한 자산 및 자원을 중앙에 유지하면서, 운송수단 및 통신의 발전을 이용해 글로벌 규모로 경쟁할 수 있었다. 외국 자회사들은 현지시장으로 제품을 운송하는 파이프라인에 지나지 않았다. 이러한 접근법은 전세계를 전략분석의 기본 단위로 하는 글로벌전략global strategy이라고 불린다. 이때 기업은 중앙화된 허브centralized hub로서 의사결정 및 권한이 본사에 집중되고 외국 자회사들은 본사의 결정을 단순히 이행하게 된다.

결론적으로 전형적인 유럽, 미국 및 일본기업들은 각자의 독특한 관리적 유산으로 인해 서로 다른 조직과 고유의 전략을 구축하였다.

관리적 유산의 분석

1단계

기업의 관리적 유산

본인 기업의 과거에 대해 아는 바를 검토해 보고, 기업조직의 성장 및 발전에 가장 큰 영향을 끼친 두세 가지 요인을 적어보자(예: 주요 임원의 영향력, 출신 국가 문화, 기술, 특정 지역의 기업인수 등)

1. 검토에 기반하여 본인의 기업이 국제활동을 위해 취한 조직 모델은 분권화된 연합체조직decentralized federation, 조정된 연합체조직coordinated federation organization 혹은 중앙화된 허브centralized hub 중 무엇인가?(기업 확장이 여러 번 다른 시기 혹은 다른 방식(인수 및 신설투자 등)으로 이루어진 기업의 관리적 유산은 다수 존재할 수 있다는 점을 고려할 것)
2. 국제운영에 대한 본인의 기업의 태도를 결정짓는 가장 중요한 전략적 사고방식은 다국적 관점(각국의 자회사들을 하나의 포트폴리오로 취급), 국제화 사고방식(해외사업체를 본사의 부속물 혹은 파생물로 취급) 혹은 글로벌 관점(전 세계를 구분 없이 하나의 전략법인으로 취급) 중 무엇인가? 다시 한 번 언급하자면 한 조직의 여러 부분이 서로 다른 관리적 유산을 가질 수 있다.

2단계

경쟁사의 관리적 유산

1. 세그먼트 1의 세 기간별로 산업의 특성 변화를 [도표 A.3]에 나타내

보자.

2. 자신이 속한 기업의 관리적 유산분석에 기반해 기업이 역사적으로 취해 온 포지셔닝을 표시해 보자(예를 들어, 분권화된 연합체조직 decentralized federation을 가진 다국적기업이라면 오른쪽 아래쪽에 위치할 것이고, 조정된 연합체조직coordinated federation organization을 가진 국제적 기업이라면 국가별 대응이 낮고 글로벌 통합은 높으므로 차트 중간 정도에 위치할 것이다). 자신이 속한 산업에 대한 분석과 마찬가지로 세 가지 기간에 대해 기업의 포지셔닝을 표기해 보자.
3. 자신이 아는 한도 내에서 경쟁사 두세 곳의 포지셔닝(각 경쟁사의 관리적 유산에 따른)을 표시해 보자.

| 도표 A.3 | 관리적 유산

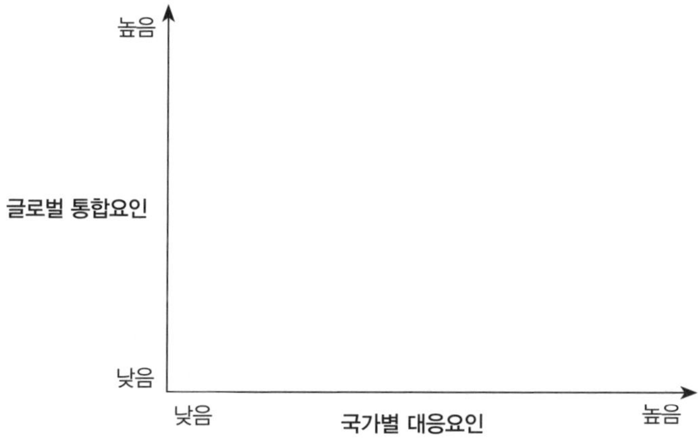

• P: 5년 전
• T: 현재
• F: 지금부터 5년 후

3단계

시사점

1. 어떤 기업의 관리적 유산(자산의 구성 및 내부적인 전략 사고방식)이 그가 속한 산업의 위치 및 트렌드에 가장 잘 어울리는가?
2. 본인의 기업은 그 포지셔닝으로 인해 어떠한 전략적인 격차 및 경쟁적인 취약점이 있는가? 반면 어떠한 자산 및 장점이 있는가?

세그먼트 3
새로운 전략적 요구: "어디로 가는가?"

세그먼트 3에서는 조직이 효과적으로 경쟁하기 위해 글로벌 효율성, 현지시장 대응 및 전 세계적인 학습과 혁신 공유의 세 가지 주요 역량을 결합하여야 할 필요성에 대해 살펴본다. 학습자는 본 세그먼트를 통해 다음을 학습한다.

- 초국적기업의 개념과 그 개념이 의미하는 유연한 역량 믹스를 검토한다.
- 본인의 조직이 현재 소속된 산업 내에서 효과적으로 경쟁하기 위해 요구되는 역량 중 현재 어떤 역량을 보유하고 있는지, 반면 어떤 역량을 획득하여야 하는지, 또한 본인이 속한 조직의 역량은 경쟁사와 비교할 때 어떠한지를 검토하고 이해할 수 있다.
- 추가적인 역량이 요구되고 다양한 경쟁우위(초국적기업의 다양한 역량을 의미)의 근원이 개발되어야 하는 분야를 파악하여 특정한 기회를 포착할 수 있다.

주요 개념 요약

본 세그먼트에서는 한 기업의 관리적 유산과 그가 속한 산업의 주요 특징 사이의 적합도수준에 대해 살펴본다. 운이 좋아서 혹은 훌륭한 경영 덕에 관리적 유산과 산업의 특징이 잘 어울리는 기업들도 있는 반면(예를 들어, 미쓰비시의 관리적 유산인 중앙화된 허브centralized hub는 소비자 가전산업의 주요한 특성에 잘 맞아떨어진다), 역사적으로 형성되어 온 역량이 산업의 요구에 맞지 않는 경우도 있다(소비자 가전산업의 다른 기업인 필립스의 분권화된 연합체조직decentralized federation이 그 예이다).

그러나 세계는 계속하여 변화하고 기업들이 글로벌 통합 및 국가별 대응을 추구하도록 하는 요인 역시 지난 10여 년간 크게 변화하였다. 따라서 기업들은 전략적 적합성도 계속하여 변하는 것임을 알게 되었다. 이는 특히 글로벌 통합 및 국가별 대응 모두의 필요성이 증가하는 시기에 현격하게 나타난다. 즉 기업들이 더욱 글로벌한 경쟁력을 갖추는 동시에 국가적인 차이에 더욱 민감하고 빠르게 대응해야 함을 깨닫게 된 것이다. 따라서 미국 및 유럽기업들이 글로벌 통합에 집중하는 동안 일본기업조직들은 국가별 대응의 필요성에 더욱 관심을 기울였다.

이러한 트렌드는 현재의 초국적산업 및 초국적기업을 탄생시켰다. 초국적기업은 무엇이 다른가? 이러한 유형의 기업은 특정한 관리적 유산으로 생겨난 지배적인 전략적 자산을 다양한 경쟁우위의 원천으로 확장시키고 계속하여 쌓아 올린다. 선도적인 다국적기업들은 글로벌기업의 효율성을 따라잡기 시작했고, 선도적인 글로벌기업들은 다국적기업들의 현지 대응을 따라잡기 시작했다. 이들 기업들이 서로의 효율성과 대응성을 따라잡기 시작하면서, 제3의 경쟁우위 원천인 전 세계적인 규모의 학습 및 혁신을 만들어내기 시작하였다. 이로 인해 기업들은 전 세계를 각 시장의 총합뿐만이 아닌 엄청난 정보와 전문성의 원천으로 보게 되었다. 또한 전 세계에서 일어나고 있는 기술 및 소비자 트렌드를 포착하고, 현지의 자원, 역량 및 기업가정신을 이용할 수 있으며, 그 결과 조직 전반에서 생겨나는 혁신을 지렛대 삼을 수 있게 되었다. 따라서 초국적기업들은 글로벌 효율성 및 국가별 대응, 그리고 전 세계적으로 혁신을 개발할 수 있는 능력에 기반하여 경쟁한다.

그러나 이렇게 다양한 층의 경쟁우위를 개발하기 위해서는 매우 다른 유형의 조직, 즉 통합된 전 세계 사업 네트워크에 연결되어 있는 전문적이고 상호의존적이며 여러 부문을 기반으로 하는 조직이 필요하다. 다음 섹션에서는 이러한 초국적조직을 구축하고 관리하는 데 필요한 조직적 역량을 탐구해 본다.

새로운 전략적 요건 분석

1단계

경쟁적 벤치마킹

세그먼트2에서는 기업의 글로벌 통합 및 국가별 대응역량의 상대적 강점에 따른 위치를 도표에 표시하였다. 이번에는 여기에 세 번째 차원을 더해본다. 글로벌 통합, 국가별 대응에 지식이전 및 혁신을 더해 세 가지 주요한 역량에 따라서 기업의 위치를 생각해 보는 것이다.

[도표 A.4]의 전형적인 다국적기업은 국가적 차이에 대응하는 능력이 훌륭하나 글로벌 효율성을 활용하는 능력이나 혁신 및 전문성을 전 세계로 전파하는 능력은 상대적으로 떨어지는 것으로 표시될 것이다. 대조적으로 전형적인 국제기업은 전 세계적 혁신 및 학습을 활용할 수 있으나 국가별 대응 혹은 글로벌 효율성은 상대적으로 떨어질 것이다. 이와 마찬가지로 글로벌기업도 지배적인 강점을 표시하도록 위치시키면 된다.

| 도표 A.4 | 경쟁적 벤치마킹

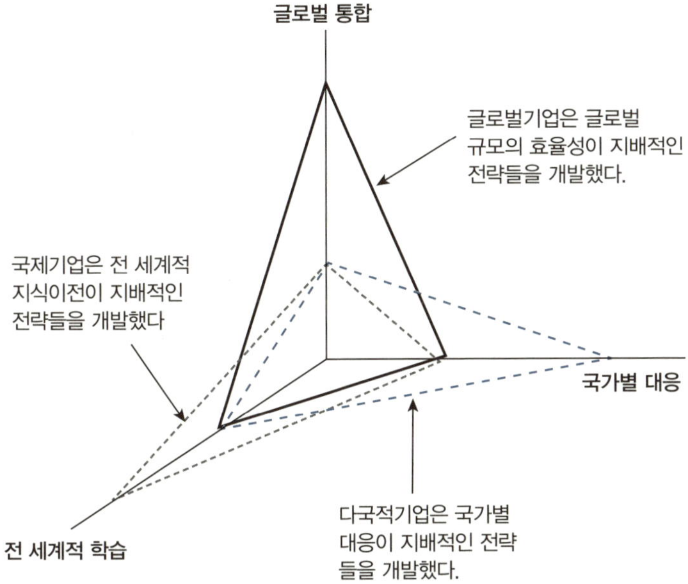

1. [도표 A.5]에 본인의 조직을 현재 및 미래의 세 가지 기간(5년 전, 현재, 5년 후)의 글로벌 통합, 국가별 대응 및 전 세계적인 학습역량에 따라 표시해 보자. 상대적인 경쟁력 포지션을 매트릭스로 활용하여 각 축에 눈금으로 정의하자. 예를 들어, 경쟁사들에 비해 글로벌 규모의 효율성을 이뤄내고 조율적인 글로벌 경쟁전략을 효율적으로 이용해 왔다면, 수직 축에 포지션을 높게 표시한다. 반면 다른 기업에 비해 글로벌 통합 및 조정에서 오는 장점을 확보 및 이용하는 것에 비효율적이었다면, 포지션을 축의 0점 혹은 그에 가깝게 표시할 것이다.
2. [도표 A.6]에 기업의 경쟁사 두세 곳을 생각하며 동일한 프로세스를 반복한다.

| 도표 A.5 | 본인 기업의 전략적 역량

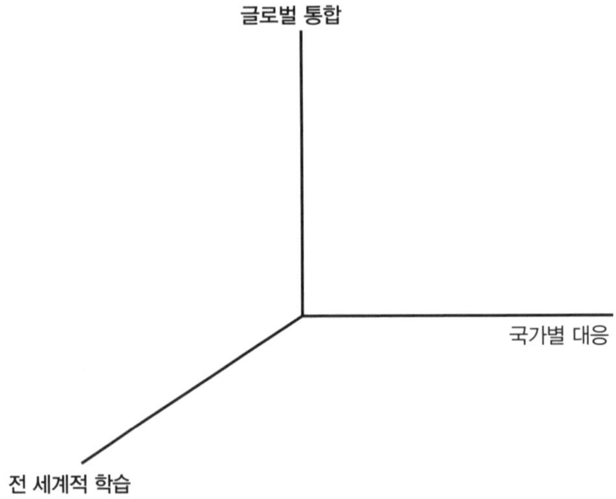

| 도표 A.6 | 경쟁기업의 전략적 역량

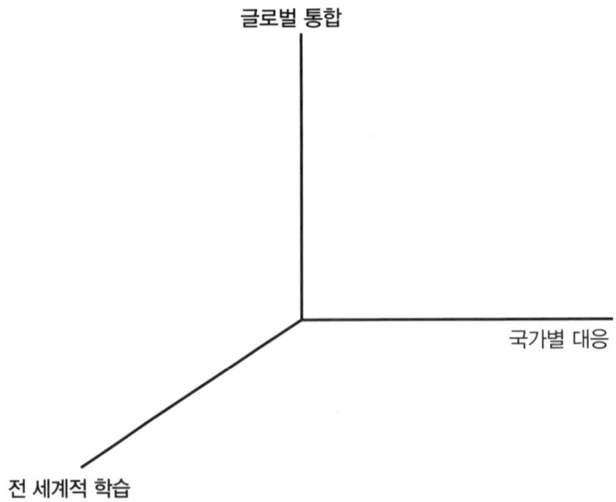

2단계

시사점

1. 세그먼트 1에서의 분석을 확장하여 경쟁적 환경에서 세 가지 지배적인 역량이 필요하도록 만드는 두세 가지 주요 요소를 나열해 보자(세그먼트 1에서 작성한 노트를 활용해도 좋다). 파악한 요소를 [도표 A.7]에 작성해 보자.
2. 기업이 이들 요소에 대응하는 능력을 등급(높음, 중간, 낮음)으로 표시하고, 본인이 각 직무에 가져오는 주요한 자원 및 역량을 파악해 보자.
3. [도표 A.5] 및 [도표 A.6]의 분석 및 검토에 기반하여 볼 때, 현재 자신이 속한 조직이 경쟁우위를 가지고 있는 영역은 어디인가?
4. 자신이 속한 조직이 경쟁우위를 필요로 하지만, 대응할 능력이 없거나 부족한 영역은 어디인가?

| 도표 A.7 | 환경적 요구와 전략적 역량

지배적 역량	글로벌하게 조정된 효율성 및 경쟁력	국가별 대응 및 유연성	전 세계적 혁신 및 지식이전
각 역량의 필요성을 유도하는 요인들			
상대적 대응역량			

세그먼트 4

초국적 솔루션

세그먼트 4에서는 중앙화된 허브, 분권화된 연합체조직 및 조정된 연합체조직의 강점과 약점을 살펴보고, 이들 전통적 모델이 새롭게 등장한 초국적전략 과제의 요구를 달성할 수 없다는 결론을 도출한다. 〈국경 없는 경영*Managing Across Borders*〉은 통합된 네트워크조직을 초국적조직의 기본구조로 설명하고, 조직 자율성, 생리학 및 심리학의 관점의 비유를 들어 초국적조직의 특성을 묘사한다. 본 세그먼트에서는 다음을 학습한다.

- 통합된 네트워크조직을 탄생시킨 니즈를 설명한다.
- 조직 자율성, 생리학 및 심리학이 무엇을 의미하는지 개요를 학습한다.

주요 개념 요약

기업들은 관리적 유산에서 오는 제약사항을 극복하기 위한 해법을 찾기 위해 경쟁사로 눈을 돌리게 되었다. 따라서 서구기업들은 글로벌 효율성을 추구하는 일본 모델을, 일본기업들은 서구의 경쟁기업들이 가진 시장에 가까운 국가별 자회사의 유연성 및 번뜩이는 기업가정신을 부러워했다.

사실 일본 및 서구기업들은 서로를 모방하는 것을 넘어서야 한다. 이들이 진짜로 해결해야 할 과제는 기존과는 다른 조직, 한 기업이 다양한 경쟁우위의 원천을 개발할 수 있도록 하는 조직을 만드는 것이다.

이러한 과제로 인해 기업들은 전통적인 중앙집중형 혹은 분권형 조직에 비해 더욱 복잡한 원리에 기반한 조직을 개발하게 되었다. 통합된 네트워크, 즉 자원이 분권화 및 전문화된 동시에 상호의존적으로 구성된 조직을 개발하게 된 것이다. 이는 단순한 조직구조가 아닌, 좀 더 다양한 단어로 묘사될 필요가 있기 때문에 인체 생물학적 용어를 이용해 본다.

첫 번째 요소는 자산과 자원의 분배 그리고 역할과 책임R&R의 할당을 정의하는 조직구조인 조직해부학이다.

조직의 생리학은 이러한 기본적인 뼈대 위에 흐르는 조직의 혈액이다. 조직의 제품, 자원(재정자원 및 인적자원), 정보의 흐름 그리고 이들이 만들어내는 조직 프로세스와의 관계를 포함한다.

마지막으로 인간은 이 모든 것을 이어주고 의미를 부여하는 마음과 정신(즉 심리학)을 가지고 있다. 조직의 경우 조직의 심리란 그 조직의 문화, 공유되는 비전과 가치로 경영자들이 조직 내에서 생각하고 행동하는 방식에 실질적인 영향을 준다. 조직구조가 복잡해질수록 제품, 자원, 그리고 정보의 흐름도 복잡해지고, 이 모든 것을 한데 묶어줄 접착제에 대한 필요성도 커진다. 이 모든 다양한 요소를 한데 묶어 주는 접착제가 바로 조직심리학이다.

〈참고〉 본 세그먼트는 중간적 세그먼트로 토론 또는 액티비티단계는 없다.

파트 Ⅱ

조직적 도전과제

세그먼트 5

초국적조직 해부: 새로운 구조

본 세그먼트에서는 초국적조직이 어떻게 작동하는지, 그 핵심구조적 특징은 무엇인지 살펴본다. 또한 서로 다른 비즈니스, 기능 및 직무에 따라 경영 프로세스를 조정할 필요성을 집중 조명한다. 본 세그먼트에서는 다음을 학습한다.

- 초국적기업의 구조적 특성과 관련 있는 조직구조의 개념을 살펴본다.
- 조직구조 내에서 초국적역량을 구축하기 위한 특정한 도구 및 아이디어를 탐구한다.
- 초국적역량을 구축하기 위해 이용되거나 적용될 수 있는 조직구조의 구체적인 특성을 파악할 수 있다.

주요 개념 요약

세그먼트 5에서는 초국적조직에 필요한 종류의 구조를 집중적으로 다룬다.

규모가 큰 기업이라면 어디든 조직적 대칭, 즉 비슷한 조직단위를 비슷하게 취급하여야 한다는(예를 들어, 관련 팀이 모두 중앙집중적인 글로벌 제품본부를 통해 관리되어야 한다든지) 압박이 매우 크다. 그러나 이런 식의 접근은 한 기업이 성공을 위한 필수요건인 세 가지 전략적 역량을 구축하고자 할 때 부딪칠 수 있는 복잡성에 잘 대응할 수 없기 때문에 종종 실패하고 만다.

초국적조직은 한 기업이 각 비즈니스에 요구되는 까다로운 전략적 요건에 잘 대응할 수 있도록 해준다. 예를 들어, 어떤 비즈니스의 경우 글로벌 통합을 추구하는 요인이 더 강력한 반면, 다른 비즈니스는 국가별 대응에 대한 요인이 더욱 강력할 수 있다.

그러나 중요한 것은 모든 조직에 있어 기업 전체(모든 비즈니스 및 제품)가 복잡한 글로벌 매트릭스조직으로서 관리되어서는 안 된다는 것이다. 목표는 가능한 곳에서 단순화를 이루는 것이다. 글로벌 특성이 있는 비즈니스는 중앙화된 허브에서 관리되어야 하는 반면, 다국적인 특성을 지닌 비즈니스는 분권화된 연합체조직으로서 관리되어야 할 것이다. 더욱 복잡한 초국적 접근법은 이러한 구조가 진정으로 가치를 더해줄 경우, 즉 이러한 접근법이 맞는 경우의 비즈니스에만 이용되어야 할 것이다.

한 기업 내의 각 기능에 대하여도, 심지어 한 기능 내의 직무나 지역별로도 마찬가지이다. 예를 들어, 특정 비즈니스에 초국적역량이 필요하다고 해서 해당 비즈니스의 모든 측면이 초국적방식으로 관리되어야 함을 의미하지는 않는다. 마케팅marketing기능은 초국적방식으로 관리될 필요가 있을 수 있지만, 연구research는 글로벌하게 관리되는 것이 더욱 효과적일 것이다. 반면 영업sales은 현지시장 내의 관리를 요할 것이다. 그렇다면 예를 들어 동일한 기능인 마케팅 내에서도 제품정책product policy은 글로벌 방향성이 필요하나, 촉진활동promotion은 현지시장별로 관리되어야 한다고 결정할 수 있다. 제조manufacturing의 경우 싱가포르에 위치한 공장을 글로벌 생산공장으로 지정하는 한편, 인도에 위치한 공장은 현지의 니즈를 충족시키기 위한 생산공장으로 지정할 수도 있다.

요약하자면 서로 특성이 매우 다른 비즈니스, 기능 및 직무를 관리하기 위해 공통의 천편일률적 프로세스를 만들어 내려고 해서는 안 된다. 그 대신 각기 다른 활동에 필요한 다양한 전략적 요건을 이해하고 이에 따라 적절한 프로세스를 만들어 내야 각각이 가장 효율적인 방식으로 관리될 수 있다.

그렇다면 현지 자회사가 어떤 종류의 기여를 할 수 있는지는 무엇이 결정하는가? 여기에는 두 가지 중요한 측면이 있다. 첫 번째는 해당 자회사가 위치한 현지환경의 전략적 중요성이다. 두 번째는 해당 자회사 자체의 강점 및 역량이다. 이 두 가지 측면을 합쳐 보면 현지자회사가 한 기업의 전 세계 전략에서 맡을 수 있는 역할이 네 가지임을 알 수 있다([도표 A.8] 참조).

1. 전략적 리더: 전략적 리더 유형의 자회사는 전세계 전체에서 특정 비즈니스를 이끌 수 있다.
2. 기여자: 리더 역할을 하고 있는 법인(본사 혹은 기타 현지 지부)과 연결되어 전략적 리더를 지원하도록 할 수 있다.
3. 블랙홀: 블랙홀 상황은 지속되어서는 안 된다. 블랙홀 유형의 자회사는 자원과 역량을 길러주어 블랙홀에서 전략적 리더로 변화되어야 한다.

| 도표 A.8 | 국가별 자회사의 전략적 역할

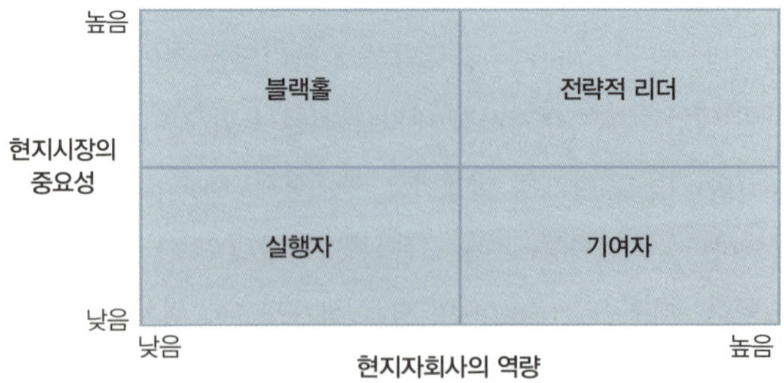

4. 실행자: 어떤 비즈니스든지 기업조직의 대부분은 실행자다. 실행자의 직무는 다른 곳에서 결정한 전략을 자신의 시장에서 최대한 효율적으로 시행하는 것이다.

요약하면 각 기업은 자기자신을 비즈니스별뿐만 아니라 기능별, 국가별 때로는 직무별로 살펴보고, 각각에 적합한 역할과 관계를 결정하여야 한다. 이러한 결정은 기획 담당자가 시행하는 분석 프로세스가 아닌 경영협상 프로세스여야 한다.

조직의 구조적 니즈분석

본 핸드북을 동료들과 함께 풀어나가고 있다면, 토론의 리더가 점점 증가하는 매트릭스분석을 수행하도록 기업의 니즈에 관한 지식을 이용하여 돕고 있을 것이다. 혼자 하고 있다면 [도표 A.10]에서 [도표 A.13]의 매트릭스를 스스로 완성해 보자.

[도표 A.9]의 샘플분석을 참고할 수 있다.

| 도표 A.9 | 통합과 차별화의 니즈: 유니레버(Unilever)

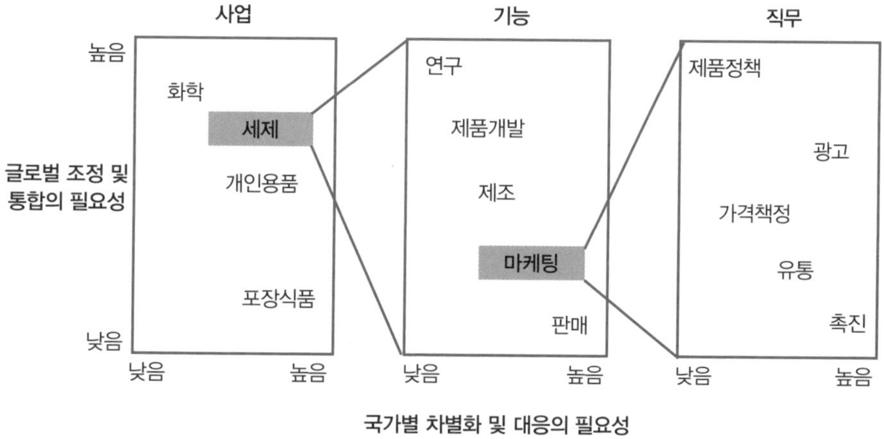

1단계

비즈니스, 기능 및 직무분석

이제 [도표 A.10]의 매트릭스를 채워 보자. 혼자 하고 있다면 자신이 선택한 조직을 이용하여 분석을 완성한다. 우선 자신이 속한 기업의 비즈니스가 국가별 차별화 및 대응에 대한 필요(X축)와 글로벌 조정 및 통합(Y축)에 있어 어디에 속하는지를 맨 위에 있는 매트릭스에 표기한다. 그리고 비즈니스 중 하나를 골라 중간 매트릭스에 그 기능들을 표시한다. 마지막으로 기능들 중 하나를 골라 그 직무를 마지막 매트릭스에 표시하자(시간이 된다면 지리적 위치에 대한 추가 매트릭스를 만들어 주요 기능 한 가지에 관한 지리적 단위 각각의 역할도 표시해 보자).

| 도표 A.10 | 통합과 차별화의 니즈: 본인 사업

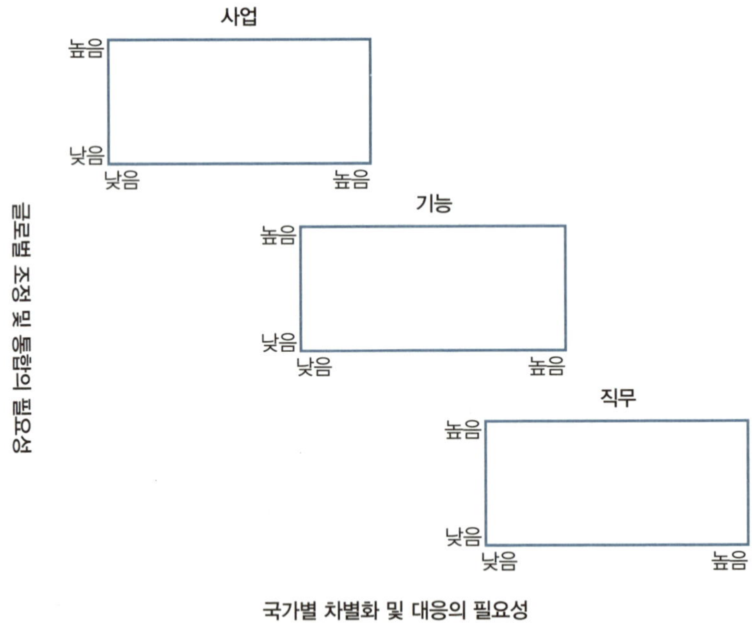

2단계

차이

본 분석을 완료한 후 이 분석이 본인의 기업, 그리고 특히 분석한 조직에 어떤 시사점을 주는지 논의 혹은 고려해 보자.

1. 본인이 속한 조직의 구조적 대칭성에 의해 제약(예를 들어, 모든 비즈니스는 글로벌 제품본부 또는 해외사업본부하에서 관리됨)을 받는 사업부문은 무엇인가? 어떤 사업부문이 중앙집권화 혹은 분권화를 선호하는 보편적 기업경영철학에 의해 가장 많은 제약을 받는가?
2. 니즈에 맞지 않는 방식으로 구성된 비즈니스, 기능 또는 직무를 발견했을 때, 글로벌 통합 · 국가별 대응 차원에서 어떻게 하면 그 역할과 책임을 보다 효과적으로 분배할 수 있겠는가? 글로벌 통합 및 조정이 더 필요한 것은 무엇인가? 현지에서의 유연성 및 자율성이 더 필요한 것은 무엇인가? 아울러 매트릭스의 중심에서 어떤 제한된 수limited number의 기능과 직무가 협상에 기반한 의사결정을 더 필요로 하는가?

3단계

다른 상황

만약 조를 지어 이 문제를 풀고 있다면, 다른 기업에 대해 이 분석을 시도해 본다. 아니면 두 번째 비즈니스를([도표 A.10]의 상위 매트릭스로부터) 선택하고 이를 분석해 본다. 이러한 분석이 서로 다른 비즈니스에 대해 얼마나 상이한 결과물을 산출해내는지 보는 것은 흥미롭다. [도표 A.11]의 매트릭스를 활용하라. 기업의 현지조직에 어울리는 역할에는 전략적 리더, 기여자, 실행자, 블랙홀 이렇게 네 가지가 있다. [도표 A.12]는 이러한 역할들이 현지환경의 전략적 중요성과 현지자원 및 역량과 어떻게 관련되는지를 보여준다. 각각의 역할은 〈국경 없는 경영*Managing Across the Borders*〉에서 언급된 대로 예시들이 제공된다.

| 도표 A.11 | 통합과 차별화의 니즈: 본인 기업의 또 다른 사업

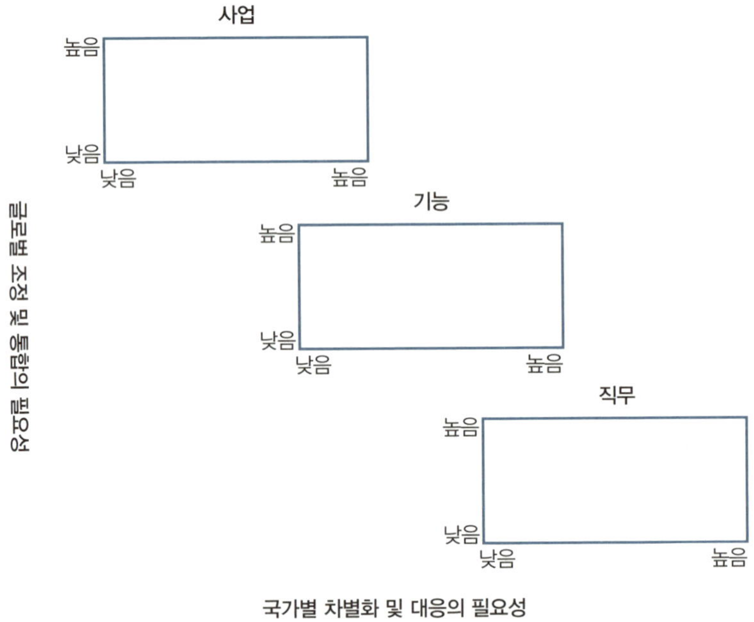

| 도표 A.12 | 현지조직의 역할: 사례

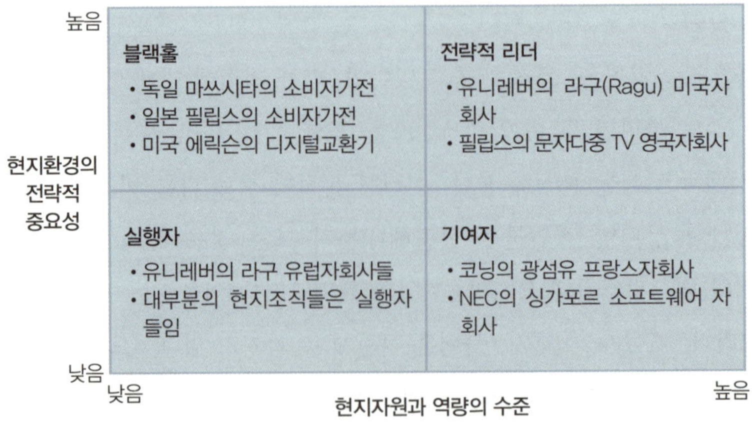

4단계

국가별 자회사의 역할

주요 제품 또는 비즈니스 각각에 대해 본인이 속한 기업의 모든 주요 자회사 또는 현지사업체를 [도표 A.13]에 표시해 본다. 시장의 중요성과 내부역량이 비즈니스마다 다를 수 있으므로, 이러한 역할들은 변할 수 있다. 실제로 이러한 상황은 자회사 간 긍정적인 상호 종속관계를 형성하고 조직적 학습을 촉진하는 상호의존성을 조성하기 때문에 바람직하다.

| 도표 A.13 | 본인 기업의 현직조직들의 역할

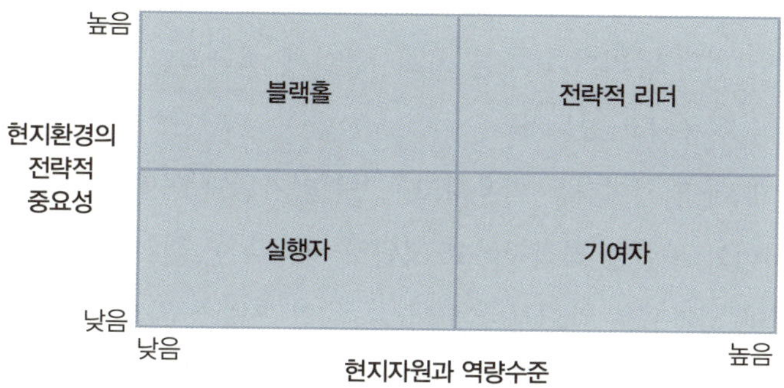

5단계

시사점

본인이 속한 기업의 주요 사업지역에서 확인한 역할에 따라 다음 사항을 고려해 본다.

1. 기업의 주요 자회사 또는 현지사업체가 이 매트릭스상에서 어느 곳에 배치되는 것이 이상적인가? 몇몇 국가(특히 본국)에서 리더 역할이 너무 집중되어 있지는 않는가? 시장의 전략적 중요성에 부합하도록 자회사의 자원 및 역량을 개발해 본 적이 있는가?
2. 본인이 속한 조직 내의 다른 부서에 의해 운영될 때 더 효과적일 것

같은 비즈니스 또는 제품 라인이 있는가? 예를 들어, 더 많은 자원 및 책임이 주어졌을 때 기업의 전략적 리더 또는 기여자 중 하나가 될 수 있을 것 같은 창의적이며 기업가정신을 갖춘 자회사가 존재하는가?

3. 비즈니스를 보다 효과적으로 지원하기 위해 다른 역할을 부여할 만한 지역이 있는가? 예를 들어, 다른 지역과 똑같은 기능을 수행함으로써 그 역량이 낭비되는 자회사가 있는가?
4. 전략적 리더를 충분하고 적절하게 지원하고 있는가? 예를 들어, 전략적 리더에게 전 세계의 기술, 경쟁사 및 고객 요구사항을 모니터링할 수 있는 역량이 주어졌는가? 유니레버Unilever가 라구Ragu를 이용하는 것처럼 전략적 리더가 다른 자회사들에게 적극적인 자문자가 될 수 있게끔 이용되고 있는가?
5. 어떻게 하면 기여자를 활용하고, 그들의 자원과 역량을 기업의 전략적 리더와 관련한 직접적이고 지원적 역할로 연결시킬 수 있겠는가? NEC의 싱가포르 자회사나 코닝Corning의 프랑스 자회사의 경우처럼 기여자들이 제품을 개발하는 방식에 집중할 수 있는가?
6. 실행자를 효과적으로 지원하고 활용하고 있는가? 실행자는 기업의 전략적 리더와 기여자들의 노력을 불필요하게 복제하지 않고도 그들이 개발한 것들을 실행하고 있는가?
7. 어떻게 블랙홀을 바꾸는가? 전략적으로 중요한 블랙홀시장들에서 자회사의 자원 및 역량을 어떻게 개발할 수 있는가?

세그먼트 6

초국적조직의 생리학: 새로운 프로세스

세그먼트 6에서는 정보, 제품 및 자원의 사용과 이동이 초국적기업의 글로벌 효율성, 현지대응 및 전 세계 정보와 혁신 공유를 어떻게 지원하는지 살펴본다. 본 세그먼트에서는 다음을 학습한다.

- 초국적기업의 생리학 개념, 즉 초국적기업의 정보와 자원의 흐름 및 관리와 그것들이 어떻게 관리되는지를 검토한다.
- 정보, 제품 및 자원의 흐름을 관리하는 방법 및 초국적기업이 글로벌 통합, 지식 전달 및 현지대응에 대한 니즈를 충족하기 위해 다양한 도구를 사용하여 이러한 흐름을 어떻게 유연하게 관리하는지 살펴본다.
- 기업의 초국적역량을 구축하기 위해 활용하거나 변경할 수 있는 조직의 생리학적 특성을 식별할 수 있도록 이해를 돕는다.

주요 개념 요약

기업은 제품, 인력 및 금융자원, 지식, 전문지식 및 정보의 복잡한 흐름을 어떻게 조정하고 통제하는가? 대개 기업들은 '회사만의 고유의 방식the company way', 즉 그들의 관리적 유산에 의해 형성되는 지배적인 프로세스에 의존해 왔다. 가장 일반적인 세 가지 조정 프로세스로는 중앙 집권화centralization, 공식화formalization, 사회화socialization를 생각해 볼 수 있다.

중앙집권화는 가장 간단한 프로세스임이 분명하지만 모든 것을 조정하기 위한 중앙부서의 능력의 한계에 빠르게 부딪힌다.

그러나 자원의 흐름the flow of resources은 중앙집권화가 가장 잘 이루어질 수 있는 영역이며, 최고경영진이 지속적으로 관리해야 하는 영역이다. 전 세계 어느 곳에 자산을 배정할 것인지, 그리고 전 세계 주요 인사들을 어디에 배치하고 개발시킬 것인지 결정하는 것은 중앙의 경영진이 확실하게 통제해야 할 핵심자원이다.

일본기업들은 일반적으로 중앙집권화를 통해 협력해 온 반면, 공식화는 미국조직들이 선호하는 조정방식이었다. 미국인들은 일본기업들이 겪었던 과부하를 경험하지 않고 전 세계의 활동을 통제할 수 있는 시스템, 정책, 절차를 만드는 경향이 있다. 따라서 공식화 프로세스는 제품의 흐름the flow of goods을 조정하는 데 특히 효과적이라는 것이 입증되었다. 그러나 지나친 공식화는 독특한 상황이나 현지의 특수함에 있어 다소 무디고 융통성 없는 것처럼 되어버리는 한계가 있다.

중앙집권화와 공식화는 조정의 강력한 수단이지만, 반드시 조직 내 공식적 위계질서하에서 작용해야 한다. 초국적 통합 네트워크transnational integrated network는 자회사의 중앙의존성 또는 중앙으로부터의 독립성이 자회사들 사이 및 본사와의 상호의존성으로 대체되는 매우 다른 종류의 조직이다.

이러한 좀 더 수평적인 종류의 관계는 다른 조정 메커니즘을 필요로 한다. 중앙집권화와 공식화 외에도 초국적기업들은 사회화라 불리는 조정 프로세스를 점점 더 많이 사용하고 있다. 사회화는 세심한 개발과 조직 내의 비공식적인 관계의 관리를 통해 조정을 구축한다.

사회화는 기업 내에서 팀 및 태스크포스의 측면에서 가장 강력하게 구축되었으며, 조직 내에서 정보와 지식의 중요한 흐름을 촉진하는 채널과 토론의 장을 만든다.

조직의 공식 채널을 특징짓는 정보 접촉 및 관계를 생성하고 관리하는 이런 조정의 과정은 초국적조직에서 매우 중요하다. 그렇다고 해서 그러한 조직이 '위원회에 의한 경영management by committee'으로 퇴보하는 것은 아니다. 여기서 설명되는 조직은 두 개의 공식 보고체계를 통해 모든 의사소통과 조정이 강제되는 전통적인 글로벌 매트릭스와 매우 다르다. 초국적 접근법은 국가 경영자가 관리해야 하는 책임을 분리하고 글로벌하게 관리해야 할 책임을 명확히 하며, 공동 의사결정이 필요한 문제를 신중하게 정의한다. 이들은 세그먼트 5의 분석에 의해 결정되는 몇 가지 과제들로 초국적으로 관리된다. 이러한 직무들의 경우 팀 및 태스크포스는 추후에 논의되어 매우 효과적이지만 값비싼 사회화과정을 통한 조정을 가능하게 한다.

정보를 모으고 전문지식을 공유할 수 있는 능력을 생성함으로써 팀과 태스크포스는 조직 전체에 존재하는 전문지식들을 연결하고 활용하는 일종의 초국적 혁신기술을 만든다. 팀의 경영자들은 전문지식을 공유하고 한 국가의 우수 사례를 다른 나라에 도입할 수 있다.

팀은 또한 경영자들을 개발하는 완벽한 수단이 된다. 팀을 통해 경영자들은 전문지식 및 타인의 관점을 이해하는 방식의 학습으로부터 비롯된 다차원적 관점을 개발할 수 있는 토론의 장을 제공받는다. 최고경영진의 중요한 임무는 이러한 팀에 누구를 임명하는지 결정하고 팀과 태스크포스의 역할이 명확하게 정의되도록 하는 것이다.

초국적조직을 차별화하는 중요한 요소는 관리적 유산을 넘어서는 능력이다. 기업은 단일지배적인 조정방식을 넘어서서 중앙집권화, 공식화 및 사회화를 포함한 조정역량을 갖춘 포트폴리오를 구축하기 시작한다.

조직의 흐름 분석

1단계

분석

이 세그먼트는 기업을 통해 자원, 제품 및 정보의 흐름을 지시하고 통제하는 세 가지 주요 방법(중앙집권화, 공식화, 사회화)을 설명한다. 자원은 중앙에서 가장 잘 통제되는 경향이 있으며 공식화는 제품의 흐름을 통제하는 효과적인 방법이다. 정보, 지식 및 전문지식의 흐름에 있어서 초국적 기업에게는 사회화의 활용(예를 들어, 팀 및 태스크포스라는 수단을 활용함)이 필수적이다.

1. 본인이 속한 조직에는 제품, 자원 및 정보의 흐름을 통제하는 지배적인 '회사만의 방식'이 존재하는가? 만약 존재한다면 본인의 조직 내에서 이러한 방식이 특별히 더 잘 작동하는 특정 흐름을 떠올려 볼 수 있는가? 이러한 방식이 효과적이지 않는 흐름이 있는가? 본인이 속한 기업은 관리적 유산에 의해 형성된 프로세스에 의해 어떻게 제약을 받게 되는가?
2. 구체적으로 본인이 속한 기업은 제품의 흐름(예를 들어 소싱 패턴, 이전가격 결정)을 어떻게 관리하는가? 핵심결정을 내리기 위해 중앙집권화, 공식화, 사회화의 어떤 도구가 사용되는가? 조정 및 제어에 대한 이러한 접근방식이 특히 잘 작동하거나 효율적으로 작동하지 않는 경우를 떠올려 볼 수 있는가?
3. 구체적으로 본인이 속한 기업은 자원의 흐름(예를 들어, 자본의 배분 및 인력)을 어떻게 관리하는가? 주요 결정을 내리기 위해 중앙집권화, 공식화 및 사회화의 어떤 도구가 사용되는가? 조정 및 제어에 대한 이러한 접근방식이 특히 잘 작동하거나 효율적으로 작동하지 않는 경우를 떠올려 볼 수 있는가?
4. 구체적으로 본인이 속한 기업은 지식과 정보의 흐름(재무 데이터에서부터 전략정보 및 희소한 전문지식에 이르기까지)을 어떻게 관리하는가? 핵심 결정을 내리기 위해 중앙집권화, 공식화, 사회화의 어떤 도구가 사용되는가? 조정 및 제어에 대한 이러한 접근방식이 특히 잘 작동하거나 효율적으로 작동하지 않는 경우를 떠올려 볼 수 있는가?
5. 본인이 속한 기업이 계층적 조직구조 전반에 걸쳐 주요 문제에 대한

커뮤니케이션을 위해 통합 메커니즘(예를 들어, 팀)을 도입한 몇 가지 구체적인 사례를 나열해 보자. 이러한 팀과 태스크포스가 비공식 커뮤니케이션 및 조정 프로세스를 구축하는 데 얼마나 효과적이었는가?

2단계

사회화를 통한 조정

사회화는 가장 어렵고 비용이 많이 들기는 하지만, 가장 강력하면서도 사용도가 적은 조정수단이기 때문에 조직 내에서 사회화에 집중하고자 할 것이다. 본인이 속한 기업이 사회화 모델을 기업의 비즈니스, 집중해 온 비즈니스의 기능과 주요 지역에서 사용하는 범위를 생각해 보자. 위의 5번 항목에 나열한 예부터 시작하여 [도표 A.14]를 작성해 보자. 사용되는 정

| 도표 A.14 | 사회화 메커니즘 및 프로세스의 활용

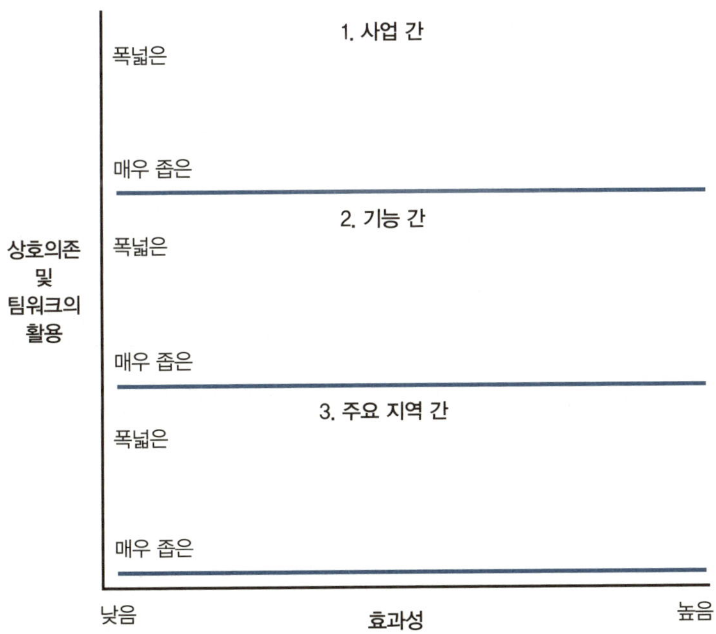

도에 따라 각 매트릭스의 Y축에 사회화요소(예를 들어, 팀, 통합회의, 태스크포스, 경력관리 경로, 경영자 교육수련회)를, X축에는 그것들의 현재 효율성 정도를 표기해 보자.

2단계의 분석을 바탕으로 어떤 통합 메커니즘을 본인이 속한 기업이 잘 사용해 왔고, 또 효과가 없었는지 생각해 보자. 왜 어떤 것들은 성공했고 다른 것들은 그러하지 못했을까? 효과가 없었던 방법들은 어떻게 개선할 수 있을까?

세그먼트 7

초국적조직의 심리학: 새로운 문화

이번 세그멘트에서는 초국적기업이 어떻게 비전, 가치, 문화를 이 새로운 형태의 조직을 접합하는 '접착제glue'로써 사용하는지 그 방법에 대해 살펴본다. 본 세그먼트에서는 다음을 학습한다.

- 초국적기업의 심리 개념(비전과 가치에 의해 형성된 문화) 및 어떻게 이들이 기업 내에서 효과를 발휘하는지 검토한다.
- 초국적기업으로서 경쟁하는 데 필요한 강력하고 유연한 문화를 개발하기 위한 특정 도구들과 직원들을 훈련, 보상, 그리고 문화에 맞게 조정하기 위해 필요한 도구를 살펴본다.
- 경영진들이 초국적문화를 조성하고 강화하기 위해 고위 경영자로서 할 수 있는 일들을 파악하고 그 이행을 약속하게 한다.

주요 개념 요약

초국적조직은 서로 다른 비즈니스들이 상이한 방식으로 운영되며, 서로 다른 기능들이 상이한 방식으로 관리되고, 서로 다른 지리적 단위들이 상이한 역할을 수행하기 때문에 혼돈과 혼란이 발생할 소지가 다분하다. 이 때문에 효율적이기에는 너무 복잡하고 책임을 지우기에는 너무 모호한 최악의 조직이 될 수도 있다. 무엇이 조직으로 하여금 스스로의 복잡성의 무게에 짓눌려 붕괴하는 것을 방지할 수 있게 하는가?

여기서 필요한 것은 이들 사업체를 하나로 묶고 차별화와 다양성을 기업의 강점으로 바꿀 수 있는 접착제다. 이 접착제를 구성하는 것은 기업의 공동문화를 정의하는 공통의 비전과 가치들이다. 기업의 모든 사업체는 공통된 비전 안에서 기업의 역할과 임무를 이해해야 한다.

명확성, 일관성, 연속성을 통해 비전은 공허한 진술vacuous statement에서 기업이 진정으로 실천하고자 하는 것으로 전환된다. 조직 전체에 걸쳐 일관되게 바라보고 시간이 지남에 따라 의도적으로 구현되는 명확한 비전은 초국적문화의 기초를 제공한다. 이러한 문화에서는 "이 조직에 속하려면 모두 구성원이 단일한 종류이어야 한다"고 말하지 않는다. 대신 "이러한 다문화적 업무에 있어서 각 사업체 및 개인은 모두 다르다. 이것은 우리의 강점이다. 우리는 통일성을 추구하기 위해 애쓰지 않는다"라고 이야기한다. 이러한 문화는 다양성을 연결하고 통합하는 능력을 제공한다.

요컨대 최고경영진이 조직을 하나로 묶는 데 사용할 수 있는 가장 강력한 두 가지 도구는 비전과 가치 집합이다. 비전과 가치는 글로벌적 접착제가 된다. 최고경영진 내에서만 고립되어 있는 비전을 갖는 것은 유용하지 않다. 비전은 가능한 모든 방법, 즉 훈련 프로그램, 개발활동, 모든 종류의 토론의 장을 통해 조직 전체에 퍼져야 한다 또한 비전은 단순한 선언에서 기업행동의 기초로 진화해야 한다.

조직의 철학분석

1단계

비전, 가치, 그리고 문화

사전 작업의 일환으로 본인이 속한 기업의 비전, 가치 및 문화에 대한 선택적 소규모 인터뷰를 수행할 기회가 있다면, 인터뷰에서 얻은 결과는 곧 이어지는 질문에 대해 논의하거나 숙고할 때 유용할 것이다. 이러한 인터뷰에서 발견한 내용을 고려하는 것과 함께, 고위 경영자들이 어떻게 하면 자신의 활동을 통해 기업의 비전, 가치 및 문화를 커뮤니케이션하고 강화할 수 있는지에 대해 생각해 보자.

이러한 사전 설문조사를 수행할 시간이 없는 경우 자신의 관점에서 다음 질문에 답을 해본다.

1. 본인이 속한 기업은 비전을 가지고 있는가? 그렇다면 그 비전은 명확하게 표현되어 있는가?
2. 본인의 조직에서 그 비전을 얼마나 잘 이해되고 있는가? 그 비전이 얼마나 잘, 특히 해외자회사들에서 커뮤니케이션되고 있는가? 기업이 나아가고자 하는 방향에 대한 이해와 해석에 일관성이 존재하는가?
3. 본인이 속한 기업의 비전은 일관성 있게 커뮤니케이션되고 이행되고 있는가? 현재의 비전은 얼마나 오래된 것인가? 본인의 조직이 장기간에 걸쳐 추구하고자 하는 목표를 대변하고 있는가?
4. 본인이 속한 기업에는 어떤 가치들이 있는가? 그 가치들은 얼마나 명확하게 표현되고 커뮤니케이션되는가? 언어와 문화의 제약을 넘어서 확산될 수 있는가?
5. 본인이 속한 기업문화를 어떻게 묘사하겠는가? 비즈니스를 전개함에 있어 다른 경쟁사로부터 구분되는 '회사만의 방식'이 존재하는가? 이

것은 경쟁력의 요소인가? 기업의 문화적 신념 내에는 어떤 제약과 한계들이 존재하는가?

2단계

시사점

비전이 가치가 있으려면 NEC, 코닝, 유니레버와 같은 기업에서처럼 조직 전체의 사람들이 비전을 실천하며 살아갈 수 있게끔 비전의 진술이 현실로 전환되어야 한다. 조별로 또는 스스로에게 어떻게 하면 본인의 기업이 가치 비전, 그리고 문화를 중심으로 정렬하는 데 도움이 될 수 있는 접근법에 대해 논의해 보자.

이러한 영역에서 본인이 속한 기업의 개발수준에 따라 다음의 주제 중 두세 가지를 선택하여 비전을 강력한 접착제로 사용할 때 더욱 효과적일 수 있는 방법에 대해 논의해 보자. 실행에 있어 기꺼이 자원을 투입할 수 있는 두세 가지 '최상의 아이디어best ideas'를 작성해 보자.

비전과 가치의 개발: 논의 주제

- "우리가 누구이며, 기업으로서 무엇을 추구하고자 하는지"를 포착하는 명확한 비전 선언문을 작성한다.
- 기업의 비전을 전파하여 모든 수준에서 비전이 이해되도록 한다(비전이 모두에게 명확하게 이해되는가?).
- 여러 지역과 모든 사업부 내에서 기업의 비전과 가치를 일관되게 유지한다(국제적으로 비전이 일괄되게 이해되고 있는가?).
- 시간이 지나도 비전과 가치의 연속성을 유지한다(적어도 향후 10년간 기업이 이러한 비전을 고수함으로써 그 연속성을 보장할 수 있는가?).

- 비전과 가치가 전 세계 지역문화들과 관련되고 이를 존중하고 있는지 분명히 한다.
- 비전과 가치가 수동적 문장으로 간주되지 않고, 모든 수준에서 행동과 결정을 이끌어 가도록, 살아있고 연관될 수 있게끔 하는 문화적 기준을 개발한다.

파트 Ⅲ

경영진의 도전과제

세그먼트 8

경영자들의 의식에 매트릭스 구축하기

세그먼트 8에서는 성공적인 초국적 경영자들은 어떻게 사고하고 기업들이 경영자들 사이에서 초국적 사고를 독려하기 위해 무엇을 할 수 있는지에 집중한다. 본 세그먼트에서는 다음을 학습한다.

- 조직 변화의 과정을 검토하고, 본인의 조직이 적절한 시기와 장소에서 초국적역량을 향상시키기 위해 스스로를 재편할 수 있는 방법을 살펴본다.
- 조직의 경영 간부 사이에서의 인적자원개발 및 태도와 사고방식 변화를 포함하는 조직 변화를 만들기 위한 특정 도구들을 살펴본다.
- 인적자원과 관리개발 차원에서 조직을 변경하기 위해 경영자로서 할 수 있는 구체적인 사안을 확인하고 전념하도록 돕는다.

주요 개념 요약

많은 서양 경영자들의 전통적 대응방식은 그들이 원하는 조직 변화를 위해 공식적 구조를 바꾸는 것이었다. 이에 대한 근본적인 가정은 조직구조에서 그러한 변화가 조직생리(주요 프로세스와 관계)의 변화를 일으키고, 그 결과 조직심리(사람들이 생각하고 행동하는 방식을 정의하는 문화와 가치)를 바뀌게 한다라는 것이다.

하지만 이러한 구조적 변화는 기업이 관리적 유산을 통해 구축한 훌륭한 자산 중 일부를 변경하기 때문에 종종 최선의 방식은 아니다. 예를 들어, 기업이 현지자회사의 자율성을 축소하기 위해 구조조정을 하면, 사실상 해당 국가조직에 존재했던 기업가정신, 창의성, 혁신이 파괴될 수 있다.

초국적기업을 설립하는 데 필요한 변화를 가져오려면 최고경영진은 다른 방식으로 사고할 필요가 있다.

조직구조의 주요 구조조정을 이끄는 대신 변화를 촉진하는 훨씬 더 강력한 방법은 먼저 경영자의 생각과 행동방식인 조직심리를 다루는 일이다. 그 이후 조직생리의 변화는 핵심경영자 간의 관계를 구축함으로써 구현될 수 있다. 마지막으로 아마도 조직심리와 생리의 변화는 공식적 역할과 책임의 변화, 즉 구조로 보완될 수 있을 것이다.

초국적조직을 구축하는 것은 정교한 매트릭스를 만드는 문제가 아니다. 여기에 요구되는 것은 조직의 경영자들 사이에서 업무의 복잡성에 대한 이해를 구축하고, 그런 이해를 조직 전체에 걸쳐 가능하게 하는 관계를 구축하는 것이다. 이것이 바로 매트릭스구조를 구축하는 것과 경영자의 의식 속에 매트릭스를 구축하는 일 사이에서의 차이점이다.

이러한 접근법은 경영자가 글로벌 효율, 국가별 대응 및 전 세계적인 학습을 달성하기 위해 경영자들과 조직이 갖추어야 할 균형을 이해하도록 도와준다. 이것이 복잡한 작업인 것처럼 보인다면 실제로 그러하다. 이 접근법은 인적자원에 대해 막대한 중요성을 부여한다.

인적자원관리의 기본적 활동은 채용일 것이다. 글로벌환경에서 국내시장에서뿐만 아니라 전 세계적으로 채용이 가능한 기업은 순수한 국내기업이 절대 개발할 수 없는 엄청난 경쟁우위를 가지고 있다. 따라서 첫 번째

작업은 경영자들을 현지 리소스 요구사항을 위해서는 물론 기업 리소스 풀을 위해 채용하는 것이 타당하고 중요한 환경을 만드는 것이다.

초국적조직 내 사람들의 개발에 대한 니즈도 역시 동일하게 중요하다. 인력자원 전문가는 자신들의 책임이 주어진 권한을 초과할 수도 있는 불확실성을 받아들이며 살 수 있는 사람들, 〈국경 없는 경영*Managing Across the Borders*〉에서 논의된 것과 같은 포럼에서 협상할 수 있는 역량이 있는 사람들, 그리고 해외를 여행하거나 거주하는 데 있어 유연성을 지닌 이들에 기업을 집중시켜야 한다. 교육과 경력관리를 통해 이러한 기술과 능력들을 신중하게 연구하고 개발할 수 있다.

초국적 경영자개발 풀을 관리하려면 최고경영진이 이러한 그룹에 대한 목록을 작성하여 유지하고 이들의 배치계획을 신중히 세워야 한다. 이러한 경영자들은 희소하고 가치 있는 자원으로서, 세그먼트 6에서 보았듯이 연결과 조정의 강력한 수단으로 활용될 수 있다.

경영자들의 의식 속에 매트릭스를 구축하고, 그들이 초국적조직의 구축에 있어 모순점들을 이해하게 함으로써, 기업은 그 어떤 공식적 체계 또는 구조보다 더 효과적으로 기업의 운영을 통합할 수 있다.

조직 변화에 대한 분석

1단계

변화 이니셔티브에 대한 분석

지난 10년간 본인이 속한 기업 또는 특정 비즈니스에서 구현한 조직의 변화를 생각해 보자. 다음 질문에 대해 스스로 답해 보거나 다른 여러 사람들과 조를 이루어 답해 보자.

1. 지난 5년에서 10년간 이루어진 구체적인 조직 변화를 나열해 보자. 어떤 변화가 가장 효과적이었는가? 어떤 변화가 덜 효과적이었는가?

2. 조직의 해부학적anatomy 변화(즉 공식구조의 변화)에 어느 정도까지 의존해 왔는가? 어느 부문에서 또 어떤 조건하에서 그것이 효과가 있었는가?
3. 조직의 생리학적physiology 변화(즉 시스템과 프로세스의 변화)에 어느 정도까지 의존해 왔는가? 그러한 변화는 얼마나 효과적이었는가?
4. 조직의 심리학적psychology 변화(즉 문화, 가치 및 행동의 변화)에 어느 정도까지 의존해 왔는가? 그러한 변화는 얼마나 효과적이었는가?

2단계

시사점

한 기업이 초국적조직이 되기 위해 요구되는 변화들은 단순히 더 복잡한 공식구조를 개발함으로써 구현할 수는 없다는 점을 강조하기 위해, 〈국경 없는 경영*Managing Across the Borders*〉에서는 초국적 경영자들을 개발하는 데 있어 인적자원의 중요성에 중점을 둔다. 특히 조직은 이러한 새로운 업무방식을 지원하기 위해 경영자를 채용, 개발 및 배치하는 방식을 검토해 볼 필요가 있다고 주장한다.

다음 질문에 답을 하면서 본인이 속한 조직과 인적자원에 대한 접근방식을 생각해 보자. [도표 A.15]를 사용하여 답을 기록하라.

1. 경영자 채용, 개발 및 배치를 위한 조직의 현재전략은 무엇인가? 예를 들어, 유니레버처럼 전 세계적인 인적 자원 풀pool을 활용하고 있는가? 아니면 하나 또는 두 곳 정도의 국가, 특히 본국에 의존하는 경향이 있는가? 타국에서의 다양한 경험 등을 제공함으로써 잠재력이 뛰어난 경영자를 개발하는가? 잠재력이 높은 경영자 풀을 전 세계적으로 추적할 수 있는 방법이 있는가? 기업의 필요와 개발 요구에 맞게 그러한 인력을 배치하는 프로세스를 갖추고 있는가?

Ⅰ 도표 A.15 Ⅰ 실행계획: 인력 채용, 개발, 배치

구분	현재의 전략들	이미 확인된 격차를 고려할 때 이러한 전략들은 어떻게 변화하는가?	이러한 전략들이 초국적기업으로 경쟁하기 위해 요구되는 경영 마인드를 구축하는 데 도움이 되는 세 가지 주요 단계는 무엇인가?
채용전략			
개발전략			
배치전략			

2. 조직의 현재역량과 더 많은 초국가적 집중이 필요한 분야 사이에서 이미 확인된 격차를 고려할 때 경영자 채용, 개발 및 배치에 필요한 전략은 무엇인가? 예를 들어, 국가별 대응이 약한 상태라면 더 많은 현지인을 개발하고 배치하는 것이 도움이 되는가? 전문지식의 이전을 더 활발히 도모하기 위해 주요 경영자들의 전근 및 단기 파견을 늘려야 하는가?
3. 이러한 새로운 전략들이 초국적기업으로 경쟁하기 위해 요구되는 경영 마인드(예: 융통성, 다양성 이해, 비전 및 사명 파악, 정보 공유 의지)를 구축하는 데 도움이 되도록 하는 세 가지 단계는 무엇인가? 어떻게 초국적 경영자 풀pool의 효과를 모니터링할 수 있는가?

세그먼트 9

초국적 경영진의 역할

세그먼트 9에서는 세 가지 주요 경영진(글로벌사업 경영자, 전 세계 기능별 경영자, 지역 또는 국가 경영자) 역할이 전 세계적으로 경쟁하는 조직능력에 얼마나 중요한지, 또 성공적인 기업들은 이러한 역할을 어떻게 육성하고 지원하는지 집중적으로 살펴본다. 본 세그먼트에서는 다음을 학습한다.

- 초국적조직 내의 세 가지 주요 경영진의 역할, 즉 팀워크, 정보 공유 및 초국적기업에 구축된 전체 통합 네트워크의 기반을 형성하는 역할을 검토한다.
- 누가 어떤 역할을 맡아야 하는지, 그리고 각 역할에는 무엇이 개입되어 있는지를 정확히 이해하도록 돕는다. 또한 각 역할이 어떻게 차별화되고, 각 역할이 초국적기업에게 필요한 세 가지 역량 중 하나에 연관되어 있으므로 그것들이 초국적으로 경쟁하고자 하는 기업에 왜 필요한지 이해를 돕는다.
- 고위 경영진이 이러한 세 가지 주요 역할들이 조직 내에서 존재하고 지원되며 조직에서 개발되도록 하기 위해 취할 수 있는 특정 사항을 살펴보고 이행하게 한다.

주요 개념 요약

초국적역량을 구축하는 목적은 세계적 규모의 효율성, 국가별 대응 및 유연성, 전 세계적인 혁신과 학습을 위한 역량 등 세 가지 역량들을 동시에 개발하여 경쟁력을 강화하는 것임을 상기하라. 이 목표를 달성하려면 특정 경영진그룹이 특정 업무를 담당해야 한다.

글로벌 효율성은 초국적조직 내 전담 경영진 그룹인 전 세계적 사업 경영자worldwide business managers의 핵심임무이다. 이들은 특정 전세계적 부서 또는 비즈니스를 담당한다. 각 경영자는 해당 비즈니스를 전 세계적인 관점에서 파악할 수 있으며, 기능적 또는 지역적 편견에 사로잡히지 않는다. 이들은 다음과 같은 세 가지 주요 기능을 수행한다. ① 전 세계적인 관점에서 새로운 위험과 기회를 인식하고 비즈니스의 글로벌전략을 수립하며, ② 기업의 전 세계적인 자산 및 자원 구성의 핵심설계자로서의 역할을 수행하며, ③ 비즈니스에 대한 제품, 정보 및 자원의 흐름을 통제하면서, 해당 비즈니스의 국경을 넘나드는 조정자 역할을 수행한다.

국가별 대응을 구축하는 것은 두 번째 경영진그룹, 국가 또는 지역 경영자country or regional mangers의 핵심역할이다. 우선 첫째, 국가 또는 지역 경영자는 기업의 전략을 현지에서 실행하는 역할을 한다. 둘째, 지역 경영자는 두 개의 다른 문화 사이에서 통역자로서, 현지에서 부상하는 기회들에 대해 대응하고, 현지시장 내에서 기업의 감지 장치역할the company's sensing device을 수행하여 수집한 정보를 전체시스템으로 보내야 한다. 마지막으로 국가 또는 지역 경영자는 기업의 글로벌전략에 기여해야 한다. 예를 들어, 특정 기술에 대해 현지환경이 우수하다면 해당 국가 또는 지역 경영자는 자신의 조직 내에서 그러한 혜택을 잘 활용하여 전 세계적인 기업을 위해 국경을 넘어 현지의 그러한 역량을 활용할 수 있는 방법을 찾아야 한다.

전 세계적인 혁신과 학습은 세 번째 주요 경영진그룹인 전 세계적인 기능별 경영자worldwide functional managers의 핵심임무이다. 이러한 경영자는 전 세계적으로 제조, 마케팅, 인사, 재무 또는 R&D를 담당한다. 그들은 전 세계적인 혁신과 학습의 촉매제 역할을 한다. 기능별 경영자는 기업에서 지식을 이전하여 전 세계적인 공유를 가능하게 하는 최고의 메커니즘 중 하나이다.

누가 이러한 역할을 만들고 통합하는 것인가? 그들은 바로 최고경영진이다. 세 개의 경영진그룹과 이들 간의 균형을 유지하기 위한 연계를 정당화하는 다차원조직을 구축해야 한다. 또한 최고경영진은 기업 내부의 자원, 인력 및 자금의 분배를 관리해야 한다. 마지막으로 주요한 최고경영인의 역할은 기업을 하나로 묶는 접착제인 공동의 비전과 가치를 창출하는 일이다.

조직을 단순히 조직단위들의 구성a configuration of units이 아닌, 경영진 역할들의 구성a configuration of management roles으로 여기는 것은 조직에 대한 매우 다른 견해이다.

이러한 관점에서 볼 때 조직의 구성요소는 구조적 개체가 아니라 위에 설명된 세 가지 경영진그룹이 된다. 그리고 조직의 가장 근본적인 목적은 구조단위를 조정하는 것이 아니라 이 세 가지 경영진그룹을 연결하는 것이다. 조직에 대한 이 같은 관점을 가지고, 최고경영진의 첫 번째 임무는 세 가지 역할을 개발하고 정당화한 후 다음 세그먼트 8에서 논의된 바와 같이 프로세스와 구조를 구축하여 이들을 연결하고 통합하는 것이다.

경영진의 역할분석

1단계

경영진의 역할

〈국경 없는 경영*Managing Across the Borders*〉에서는 초국적 대기업이 되려면 세 가지 역량, 즉 세계적인 효율성과 경쟁력, 국가별 대응 및 유연성 그리고 전 세계적인 혁신과 학습을 구축해야 한다고 주장한다. 책에서는 이러한 역할 각각이 특정 조직 내 다른 경영진그룹에 의해 주도된다고 제시한다. 그러한 핵심역량과 역할들은 [도표 A.16]에 나열되어 있다.

| 도표 A.16 | 분석: 경영진의 역할

주요 역량	누가 본인의 조직에서 이러한 역할을 수행하는가? 그들은 무엇을 하는가?	어느 부분에서 그들은 역할 수행에 있어 제약을 받는가? 그들이 직면하고 있는 장벽이나 장애는 무엇인가?
글로벌 효율성 및 경쟁력 할당된 역할: 전 세계적 사업 경영자		
국가별 대응 및 유연성 할당된 역할: 국가 또는 지역 경영자		
전 세계적 혁신 및 학습 할당된 역할: 전 세계적 직능 경영자		

1. 각 역량과 역할을 순서대로 고려할 때 누가 현재 본인의 조직에서 이러한 역할을 수행하고 있는가? 그들은 매칭된 핵심 주요 역량을 다루기 위해 어떤 특정 작업들을 하고 있는가?
2. 어느 부분에서 그들은 역할 수행에 있어 제약을 받는가? 그들이 직면하고 있는 장벽이나 장애는 무엇인가?

2단계

시사점

초국적조직이 되기 위한 조직의 경영진의 역할과 변화방법을 분석하기 위해 다음 질문에 답해보자.

1. 이러한 각각의 다른 역할들이 초국적기업 내에서 필요한 가치를 창출하게끔 돕기 위해 취할 수 있는 세 가지 주요 단계는 무엇인가?(예를

들어, 정당성을 확보하고 접근권을 제공하며 주요 결정들에 영향을 미침)

2. 이러한 경영진의 역할 전반에서 갈등이나 불일치가 일어나는 주요 영역은 무엇인가?
3. 이러한 역할을 조정하고 갈등과 중첩을 줄이기 위해 어떤 특별한 일을 할 수 있는가? 팀워크, 협력 및 이들 그룹 간의 정보 및 자원 공유를 구축하기 위해 가장 먼저 취할 수 있는 조치는 무엇인가?(공동팀이 만들 수 있는 특정 프로젝트 또는 이슈를 확인하려면 세그먼트 6의 분석을 참조할 것)

결론

본 결론부문에서는 학습자가 이 핸드북을 통해 얻은 아이디어와 이해들에 대한 요약을 제공하며, 학습자로 하여금 한 발짝 물러나 〈국경 없는 경영*Managing Across Boarders*〉에서 배운 점들을 본인의 비즈니스 영역에 어떻게 적용할지에 대해 생각해 보는 기회를 제공한다. 본 세그먼트에서는 다음을 학습한다.

- 주요 개념과 이해 내용을 요약한다.
- 본인의 조직을 초국적 방향으로 움직이게 하기 위한 특정 활동들을 발견하게 한다.
- 특정 계획을 수립하고 그 실행을 약속하게 한다.

요약

유일한 초국적 솔루션이란 것은 존재하지 않는다. 사실 초국적역량을 지닌 다양한 조직구조를 가지는 것은 가능하다. 예를 들어, NEC는 중앙화된 허브로부터 탈피하고 있는 중이며, 아주 다른 산업에서 매우 다른 배경을 지닌 유니레버도 초국적역량을 지향하고 있다.

기업은 하룻밤 사이에 새로운 조직을 구축할 수 없다는 점을 이해해야 한다. 특히 초기에 서로 커뮤니케이션을 해본 적이 없는 사람들 간의 연결고리를 만들 때 시간, 노력 및 비용이 든다. 그러나 형식적 회의와 접촉이 비형식적 관계로 접어들고, 태스크포스task force에 같이 앉은 경영자가 전화를 들고 다양한 문제와 사안들에 대해 서로 이야기하기 시작하면서 그러한 비용을 결국 그 값어치를 발한다. 상당한 보상이 있는 것이다.

초국적경영은 전 세계적인 대기업에만 국한되는가? 꼭 그런 것은 아니다. 이 책은 주로 그러한 기업들에 초점을 맞추긴 했으나, 본 연구에서 나타난 관리 개념은 비단 정치적 경계를 넘어서는 관리뿐만 아니라 모든 종류의 경계를 넘나드는 관리에도 적용된다. 예를 들어, 독일, 일본 또는 미국 내에서만 운영되는 기업 역시 〈국경 없는 경영*Managing Across Boarders*〉에서 논의된 동일한 문제들을 상당수 직면한다.

이 책은 각 기업이 궁극적으로 그들의 환경 내에서 직면해야만 하는 새로운 경쟁구도에 대응할 수 있는 기업역량을 구축하기 위한 전반적인 가이드를 제공한다. 이 책의 아이디어와 그 응용 프로그램은 기업의 최상위수준 또는 기획부서에서 다루어지는 분석활동 이상의 것이 되어야 한다. 고위 경영자가 자신의 산업을 변화시키는 힘, 현재의 전략적 기업역량, 그들이 가고자 하는 곳, 그러한 목표를 이루기 위해 필요한 조직을 구축하는 방법 등을 충분히 생각해 볼 수 있게 하는 일련의 개념과 도구를 제공한다.

전념에 대한 약속

〈국경 없는 경영*Managing Across Boarders*〉을 읽고 본인의 생각과 아이디어를 응용 핸드북을 통해 검토해 보자. 문제와 아이디어 목록problem and idea inventory의 사항들을 요약하고 순위를 매겨보자.

문제와 아이디어 목록을 사용하여 초국적경쟁을 위해 조직이 개선되거나 변화되어야 한다고 생각하는 최소한 두 가지 영역에서 취할 단계를 문서화한 실천계획을 수립해 보자.

각각의 영역에 대해 다음 사항을 실행해 보자.

- 다루고 싶은 영역을 적어본다.
- 그 영역을 다루는 데 있어서의 목표를 적어본다.
- 필요하다고 생각되는 단계들을 적어본다.
- 극복해야 할 것이라고 예측한 장애물들을 파악해 본다.
- 필요할 것 같은 도움과 언제까지 진전사항을 확인해 볼 것인지 날짜를 적어본다.

혼자 일하고 있다면 자신의 결과물을 다른 사람과 공유할 수 있게 계획을 세운다. 팀을 이루어 일하고 있다면, 후속 기획 및 토의 세션을 위한 계획을 지금 세우도록 한다.

Notes

CHAPTER 01

01 국제경제환경에 있어서 이러한 주요한 변화들의 함의는 몇몇 방면에서 주목을 끌어왔다. 한 가지 주요한 초점은 국가들의 상대적 경쟁력과 비교우위 측면에서의 변화에 있다. 주된 관심사는 그동안 미국이 지녔던 지배력의 약화, 유럽의 침체와 구조조정, 그리고 일본 및 동아시아 신흥공업국들(NICs : Newly Industrialized Countries)의 성장이다. 주요한 실증분석의 경향 및 이론적 사안들과 관련된 논문들의 핵심적인 시사점이나 편집본(edited volume)은 Scott and Lodge(1986)를 참고할 수 있으며, 신고전주의 경제학자의 입장에서 그 책을 평한 Krugman(1986)의 리뷰도 참고하기 바란다. 두 번째 초점은 어떻게 변화의 세력들이 산업조직의 지배적인 패턴, 특히 대량생산(mass production)시스템과 관련된 제도의 쇠퇴와 같은 구조조정을 이끌었는지 그리고 좀 더 유연한 형태의 산업조직의 출현으로 이어졌는가에 있다(Piore and Sabel, 1984; Powell, 1987). 세 번째 초점 그리고 이 책의 핵심 중 하나는 바로 기업들 간 경쟁역학의 변화(changing dynamics of competition)에 관한 것이다. 이 주제에 대한 중요한 시사점 및 핵심논문들을 보려면 Porter(1986)의 책을 참고하기 바란다.

02 이에 대한 보다 자세한 논의는 Levitt(1983)을 참고하기 바란다. 또한 이 기간 동안 여러 산업들에서 글로벌 통합과 조정에 대한 필요성을 주도하는 세력들에 대한 포괄적인 논의를 위해서는 Porter(1986, 1987)를 참고하기 바란다.

03 예를 들어, Owen(1976)은 유럽에 있는 대부분의 기업들이 생산기술의 진보와 EEC와 같은 시장통합으로 인해, 최적규모를 훨씬 밑도는 적은 규모로 생산을 하고 있다는 것을 제시하는 연구를 수행했다.

04 특히 규모나 요소비용의 효율성을 통한 국제적 합리화 및 생산방식의 조정으로 얻을 수 있는 경제적 편익과 관련해서는 Scherer et al.(1975)과 Flaherty(1986)

를 참고하기 바란다. 생산합리화(manufacturing rationalization)가 어떻게 새로운 규모 증대 기술(scale enhancing technology)의 채택으로 이어질 수 있는지에 대한 고전적인 사례연구는 Pool(1976)을 참고하기 바란다. 이 연구에서 그는 스웨덴 볼 베어링 제조업체인 SKF가 배치작업을 통합하고 이를 연속 생산기술로 대체한 방법에 대해 설명한다. 반면에 Doz(1978)는 그러한 전략을 실행하는 데 있어 직면할 수 있는 커다란 어려움을 살펴본다.

05 마케팅과 같은 다운스트림활동을 글로벌화하는 데 따른 어려움은 Buzzell의 고전적이며 수사적인 에세이 "다국적 마케팅을 표준화할 수 있는가?(Can You Standardize Multinational Marketing?"에서 살펴볼 수 있는 반면, 마케팅과 광고에서 글로벌 표준화에 대한 몇몇 기회와 사례들은 Killough(1978), Keegan(1980), Takeuchi and Porter(1986)를 참고하기 바란다.

06 이러한 예들은 아마도 시장의 글로벌화에 대한 Levitt의 도발적인 논문을 뒷받침하는 가장 두드러진 사례들일 것이다.

07 글로벌전략적 게임의 역학에 관해서는 Kiechel(1981), Hout, Porter, and Rudden(1982), Kogut(1985a, 1985b), 그리고 Hamel and Prahalad(1985)에서 상당히 자세하게 논의되었다. 이러한 비유는 투자를 저지하는 시장진입, 각 국가시장 간 가격차별 등과 같이 글로벌 경쟁상황에서 경쟁기업들이 채택할 수 있는 전략적 움직임과 그에 따른 대응적 움직임의 계산된 순서를 강조한다. 이러한 통찰력의 이론적 기초는 현대 산업경제학의 전략적 과점 상호작용 모델에서 찾을 수 있다. 전략경영의 발전과 시사점에 대한 리뷰는 Porter(1981)를 참고하기 바란다.

08 다른 시장에서의 경쟁을 위해 특정 시장에서 얻은 재무적 자원을 활용하는 것을 교차보조(cross-subsidization)라고 부르며, 이 개념은 Hamel and Prahalad(1985)가 제시한 글로벌전략의 핵심이다. 또한 Watson(1982)의 연구도 참고하기 바란다.

09 Levitt(1983)을 참고하기 바란다.

10 Porter(1986, 1987)는 글로벌화의 세력요인들에 대한 자신의 견해를 가지고 국가별 대응에 대항하는 요인들을 명확하게 대조했다. 그러한 긴장관계에 대한 보다 자세한 분석은 Prahalad(1976), Doz(1976) 그리고 Doz, Bartlett, and Prahalad(1981)를 참고하기 바란다.

11 Piore(1987)는 부품의 시스템화와 모듈화 경향의 결과는 대량생산과 유연한 전문화 사이에서 이루어지는 혼합형 생산방식이며 이를 '유연한 대량생산

(flexible mass production)'이라고도 부를 수 있다고 주장한다.

12 전통적으로 규모는 언제나 도움이 되고 절대 해를 끼치지 않은 온전한 축복으로 여겨졌다. 하지만 최근에 많은 연구자들은 다른 주장을 해왔다. 이에 대해서는 Evans(1982)를 참고하기 바란다. 규모효율성은 증가하는 전문화 및 전용 자산과 시스템의 창출을 통해서 확보되는 것으로 알려져 왔다. 동일한 프로세스들은 유연성을 떨어뜨리고 변화에 대처하는 기업의 능력을 제한한다. 환경적 변동성으로 인해 전략적 유연성과 운영적 유연성의 필요성이 증가하고 있다(Mascarenhas, 1984). 이러한 논쟁의 극단은 규모가 지배적인 어셈블리 방식을 대체할 수 있는 크래프트 생산방식의 재현에 대한 예측으로까지 이어졌다(Piore and Sabel, 1984). 하지만 보다 일반적인 주장은 CAD나 CAM과 같은 현대적 기술과 유연한 생산시스템을 이용해, 규모와 유연성 간 균형을 맞추는 것이 필요하다는 것이었다(Gold, 1982).

13 글로벌 경쟁의 맥락에서 정부와 다국적기업들(MNCs)의 전략적 상호작용은 Doz(1976, 1979)가 수행한 연구의 주된 초점이었다.

14 다국적기업에게 불어닥친 폭풍(storm over the multinational)은 Vernon(1977)을 참고하기 바라며, 궁지에 몰린 주권(sovereignty at bay)에 대해서는 Vernon(1971)을 참고하기 바란다.

15 다양한 형태의 정부개입과 이에 대한 다국적기업의 대응에 대한 토론을 위해서는 Poynter(1985)를 참고하기 바란다.

16 세계경제에서 경쟁력을 위한 혁신의 중요성은 이제 거의 옛말이 되었을 만큼 일반적으로 받아들여지고 있다(예, Kanter, 1983; Teece, 1987). 하지만 놀랍게도 전 세계적인 기술혁신의 엄청난 잠재력을 실현하기 위해서 다국적기업(MNC)을 어떻게 조직해야 하는지에 대해서는 상대적으로 많은 관심을 기울이지 않았다. Terpstra(1977), Ronstait(1977), Behrman and Fischer(1980), Ghoshal(1986), Ronstat and Chamer(1982)의 연구와 같이 일부 예외적인 연구들도 있다.

17 소위 전략적 제휴(strategic alliances)라고 불리기도 하는, 직접적인 경쟁자가 될 수 있는 기업들 간의 협력의 추세는 상당한 관심의 대상이었다. 글로벌 R&D분야에서의 기업 간 협력에 대해서는 Fusfeld and Haklisch(1985)와 Perlmutter and Heenan(1986)을 참고하기 바라며, 보다 일반적인 리뷰는 Horwitch(forthcoming)를 참고하기 바란다.

18 Ronstadt and Kramer(1982) 및 Harrigan(1984)을 참고하기 바란다.

19 기술표준 및 글로벌 경쟁에 대한 뛰어난 논문 및 그 시사점들을 살펴보기 위해서는 Gabel(1987)을 참고하기 바란다.

20 제품수명주기의 단축과 한 세대의 기술이 다른 기술로 전환됨에 있어 선도기업(first-movers)이 누릴 수 있는 엄청난 이점은 Foster(1985)에 의해 강조되었다.

21 Vernon(1966)에 의해 처음 제시된 제품수명주기이론은 다국적기업이 일반적으로 자신들의 본국에서 국내시장의 요구에 부응하기 위해 국내자원과 기술을 활용하여 신제품을 개발하고 그 다음 전 세계에 단계적으로 혁신을 확산한다는 것을 제안한다. 즉 이 이론에 따르면 혁신적인 신제품들은 유럽 및 미국 기반의 다국적기업들이 본국에서 먼저 개발하고 그 다음 그들의 본국에서 달성된 제품개발단계와 유사한 수준의 국가로 확산되며, 그 이후에 덜 발달된 국가로 확산된다고 본다.

CHAPTER 02

01 〈뉴스위크〉(1986년 4월 14일자)를 참고하기 바란다.

02 비누 및 세제시장에서 이러한 국가별 차이점에 대한 보다 자세한 논의를 위해서는 Bartlett의 하버드 비즈니스 스쿨 케이스 "Procter & Gamble Europe : Vizir Launch", Harvard Business School case #9-384-139를 참고하기 바란다.

03 거대 체인의 부상으로 인해 분산된 유통채널의 집중도가 크게 증가하게 되었으며, 그 결과 유통경로상의 영향력이 제조업체에서 유통업체로 이동하게 되었다. 예를 들어, 1970년에 2,000개 이상의 대형 유통업체들이 영국 가전제품시장의 약 50퍼센트를 점유하고 있었다. 하지만 1984년에 들어서는 단 26개의 유통업체들이 영국 내 가전제품시장에서 동일한 시장점유율을 차지하게 되었다. 또한 이러한 유통채널의 집중화는 일본, 독일, 프랑스, 미국 그리고 대부분의 다른 커다란 선진시장을 포함한 다른 시장에서도 존재했다.

04 이 산업에서 글로벌화를 촉진시킨 또 다른 요인은 현지서비스역량의 니즈와 중요성이 점진적으로 감소하고 있다는 것이었다. 새로운 부품들(트랜지스터, 집적회로(ICs) PCB기판(PCBs) 등)과 새로운 제조공정(자동 삽입, 컴퓨터 온라인 테스트 등)의 채택은 제품의 신뢰성을 증가시킨 반면, 서비스에 대한 필요성은 감소시켰다. 더군다나 교체가능한 서비스 보드의 개발은 실질적으로

숙련된 서비스 기술자의 필요성을 제거했다. 현지서비스에 대한 니즈는 글로벌기업에 대한 강력한 진입장벽으로 작용된다. 그리고 이러한 장벽의 점진적 감소 및 최종적인 제거는 우리가 설명한 다른 요소들만큼이나 이 산업의 글로벌화에 있어 중요하다.

05 상이할 수 있다. 그러한 차이점에 대한 설명은 Ghoshal(1986)을 참고하기 바란다. 우리는 가장 순수한 의미에서 글로벌산업 또는 글로벌전략이라는 용어를 사용한다. 예를 들어, 여기서의 글로벌전략은 세계시장을 하나로 통합된 동질적인 시장으로 가정하고, 제품설계, 생산설비의 입지 및 규모, 기술의 선택, 소싱 패턴 그리고 경쟁전략을 정의하는 것을 의미한다. 즉 이 전략은 중앙에서 고안되고 통제되는 계획에 따라 중앙집권화된 글로벌규모의 공장으로부터 전 세계의 시장으로 표준화된 제품을 수출하는 고전적인 접근방식을 말한다. Porter(1980)는 이를 순수한 글로벌전략(pure global strategy)이라고 칭한 반면, Prahalad and Doz(1987)는 글로벌 통합전략(strategy of global integration)이라고 불렀다.

06 이것은 Porter(1986)가 다국적전략(multidomestic strategy)이라고 묘사한 것에 해당하며, Prahalad and Doz(1987)는 현지대응전략(strategy of local responsiveness)이라고 불렀다.

07 국가별로 상이한 우편, 전신 및 전화국(PTT)의 역할로 인해, 현지대응의 필요성에 대한 자세한 논의는 통신교환산업에 대한 Doz(1986)의 논의를 참고하기 바란다. 이러한 PTT들은 그들의 주요 공급처를 주로 '현지(local)'기업들로 제한하는 경향들을 보이는데, 이러한 경향은 각 국가시장에서 시장점유율이 소수의 기업에게 상당히 집중되어 놀라우리만큼 안정적인 경우에 명확하게 나타난다. 미국에서 AT&T는 통신서비스 공급부문에서 실질적인 독점권을 갖고 있었는데, AT&T는 자신들의 완전소유자회사(wholly owned subsidiary)인 웨스턴 일렉트릭(Western Electric)으로부터 통신서비스 하드웨어 요구사항의 70퍼센트를 조달함으로써 통신장비시장을 거의 독점시장으로 전환시켰다. 일본의 경우 일본전기통신공사(NTT)는 NEC, 후지쯔(Fujitsu), 오키전기(Oki Electric), 히타치(Hitachi) 등과 같이 '덴덴(Denden)'의 관계사로부터 필요한 부품들을 조달했다. 영국에서 영국우체국(British post office)은 영국 내 현지 제조업체들로부터 필요한 부품들을 조달했으며, 그 결과 GEC, 플렛세이(Plessey), STC 등의 시장점유율이 놀라우리만큼 안정되었다. 프랑스, 독일, 벨기에, 네덜란드 및 이탈리아에서는 PTT의 주문방식과 유사한 직접적 또는

간접적 '견적(quote)'시스템이 운영되고 있었다. 이들 국가에서 상위 4개사의 시장집중도는 65~95%까지 다양했으며, 이러한 시장집중도는 20년이 넘는 동안 상당히 안정적으로 유지되었다.

08 산업의 요구사항, 기업의 전략 그리고 조직 간의 '적합성(fit)'의 개념은 최근의 경영학의 연구들에서 매우 중요한 역할을 했다. 반면 경제학자들은 기업들의 성과 차이가 산업구조와 기업전략 간의 적합성을 살펴봄으로써 설명될 수 있다고 주장해 왔다. 즉 구조-행위-성과(SCP: Structure-Conduct-Performance) 패러다임으로 명명된 이 개념은 실제로 산업경제학이라고 불리는 경제이론의 새로운 지류(substream)의 발전에 핵심적인 역할을 했다(보다 자세한 사항은 Caves(1980)를 참고하기 바람). 산업특성과 기업전략(Venkatraman, 1987) 그리고 기업전략과 그 조직(Chandler, 1962) 간의 동일한 적합성의 개념은 "왜 특정 기업이 다른 기업보다 좋은 성과를 보이는지"를 설명하기 위해 조직이론(organization theory), 경영정책(business policy) 그리고 전략(strategy)분야의 학자들에 의해 광범위하게 사용되었다. 이 개념을 뒷받침하기 위해 학계의 연구자들은 많은 실증적 증거들을 수집하였다. 그러한 증거들에 대한 심도 있는 리뷰는 Hrebeniak et al.(1988)을 참고하기 바란다.

09 Stopford and Wells(1972)를 참고하기 바란다.

10 Davis and Lawrence(1977)가 매트릭스조직(matrix organization)을 제안했는데, 이들은 항공우주분야의 기업과 같이 다수의 우발성에 직면한 조직에서 기능 및 프로젝트 투입의 균형문제에 대한 해결책으로 매트릭스조직을 제안했다. 현대의 국제적 맥락에서 이러한 매트릭스조직의 기본적 형태는 다국적기업들(MNCs)이 직면한 글로벌 통합(global integration)과 국가별 대응(national responsiveness)이라는 과제에 대한 조직적 해결책으로 정교화되었다(Prahalad and Doz, 1987).

11 당시 Citibank의 회장이었던 Walter Wriston은 Davis and Lawrence의 저서인 '*Matrix*'의 서문을 쓰기도 했다.

CHAPTER 03

01 우리가 연구한 9개 기업의 경험으로부터 귀납적으로 도출된 이 주장은 조직이론분야에서 잘 작성된 논문에 의해서 강한 지지를 받고 있다. Stinchcombe

(1965)는 왜 많은 조직들이 설립 후 오랜 기간 동안 그들의 구조적 특성을 유지하는지를 설명하려고 시도한 최초의 인물이다. 그는 조직이 역사적으로 특정 시기에 조직 구축의 파고를 경험하며, 창립기 이후에는 매우 천천히 변화한다고 기록했다. 따라서 조직은 지울 수 없는 창립기의 특성에 '각인(imprinted)'되며 한 기간에 형성된 조직은 다른 기간에 형성된 조직과 다를 수 있다. 이러한 패턴에 대한 설명은 역사의 특정 지점에서 만들어진 조직적 발명(organizational inventions)은 당시의 사용가능한 사회적 기술(social technology)에 달려 있다는 것이다. 왜냐하면 그러한 조직들은 특정기간 동안의 관행들에 성공적이며 효과적으로 기능하기 때문에, 그러한 관행들은 제도화되고 조직의 기본 구조는 비교적 안정적으로 유지되는 경향이 있다. 우리의 연구는 이 귀중한 통찰력을 반복적으로 제시한다. 나중에 논의하겠지만 필립스와 같은 유럽계 다국적기업들의 다국적 특성(multidomestic character)은 그들이 설립될 당시 유럽 내의 사회적 상황에 기인하고 있었다. 그 당시에 유럽 국가들은 엄청난 중상주의 국가들이었다. 또한 유럽의 무역회사들은 국가별로 조직되었으며, 이러한 국가별 조직은 이들 기업들에게는 자연스러운 모델이었다. 더군다나 식민지 경험을 통해 해외에서도 편안하게 근무할 수 있는 해외주재원들을 쉽게 구할 수 있었다.

02 많은 조직 이론가들은 조직의 관성(organizational inertia) 그리고 적응과 변화에 대한 조직의 역량에 있어 관리적 유산(administrative heritage)의 영향력에 대해 다루어 왔다. 이러한 이론적 함의에 대해 더 알기를 원하는 독자는 Hannan and Freeman(1977, 1984)이 창안한 인구생태학(population ecology) 프로그램에 관한 연구들을 참고하기 바란다. 그들의 연구에 의하면 조직의 관성은 종종 관리적 유산으로부터 기인한다고 한다. 표준운영절차와 업무 및 권한의 분배가 합의된 후에는 이것들을 변경하기가 매우 어렵다. 규범적 합의(normative agreements)는 최소한 두 가지 방식으로 적응을 제한하게 된다. 첫째, 규범적 합의는 조직 재구성에 저항하려는 요소들(예컨대, 공유된 원칙에 저항할 수 있는 요소들)에 대한 정당성 및 구성원칙을 제공한다. 둘째, 규범적 합의는 많은 대안적 대응의 진지한 고려를 배제한다. 이러한 견해는 관리적 유산의 역기능을 강조한다. 그러나 관리적 유산은 또한 독특한 역량의 원천이기도 하며(Selznick, 1957), 기업이 경쟁우위의 원천으로 사용할 수 있는 '보이지 않는(invisible)' 자산을(Itami, 1987) 나타내기도 한다. Powell(1987)은 조직적 기억(organizational memory)의 유용성과 골칫거리에 대한 흥미

로운 대조를 제시했다.

03 유니레버의 역사적인 진화에 대한 우리의 설명은 유니레버 경영자들과의 자체적인 토론 이외에도 이미 출판된 많은 자료들을 바탕으로 작성되었다. 유니레버의 진화에 대한 자세한 설명은 Wilson(1970), Knox(1976), Fieldhouse (1978) 및 Reader(1980)를 참고하기 바란다.

04 P&G의 진화에 대한 자세한 설명은 Schisgall(1981)을 참고하기 바란다.

05 설립자들이 조직의 성격과 제도화 패턴에 미치는 영향은 Selznick(1959)에 의해 강조되어 왔다. 이러한 견해에 대한 실증적인 지지는 의대 발전에 대해 토론하는 동안 Kimberly(1980)에 의해 제공되었다. 그는 설립자들의 개인적인 가치관과 관리방식이 독특한 방식으로 조직의 진화를 형성한다는 것을 강조했다.

06 Schisgall(1981, p.182)을 참고하기 바란다.

07 유니레버와 P&G가 설립될 당시의 사회적 환경과 이에 따른 이들 회사의 국제적 운영에 있어 매우 상이한 구조적 진화 간의 대조는 Stinchcombe가 주장하는 요점에 초점을 둔다(본 장의 노트 1을 참고하기 바람). 우리가 나중에 살펴보겠지만, 일본 다국적기업들의 진화는 이러한 중요한 이론적 통찰과 맥을 같이한다.

08 전략, 조직 및 문화를 형성하는 데 있어서 리더의 역할은 1960년대 조직연구의 핵심이었다. Barnard(1939) 및 Selznick(1957)과 같은 연구자들은 기업의 행동에 영향을 미치는 강력한 리더십의 영향력을 강조했으며, Andrews (1967)는 기업이 지닌 전략적 역량의 중심에 리더십이 있다고 보았다. 그러나 1960년대와 1970년대 들어서 리더십에 대한 관심은 중심에서 배경으로 밀려났다. 그 이유들은 Horwitch(forthcoming)에서 찾아볼 수 있다. 이제 리더십 연구에 있어서 새로운 관심이 일고 있으며, Bennis and Nanus(1985), Schein(1985) 그리고 Kotter(1988) 등과 같은 학자들의 연구는 리더십연구에 뛰어난 공헌을 하고 있다.

09 Meyer and Rowan(1977)은 조직의 헌장(organization's charter)과 규범적 합의(normative agreements)가 어떻게 조직의 역사 초기에 조직의 진화를 형성하는지에 대한 논의를 했는데, 이 논의에서 마쓰시타는 전형적인 예시였다.

10 때대로 신화라고 불리는 이야기들은 조직의 과거에 있었던 중요한 사건들과 위대한 지도자들의 행동들을 중심으로 전개된다. 그리고 이러한 이야기들은 점차적으로 조직의 역사적 정체성을 정의한다. 이러한 상황이 발생하면

Selznick(1957)의 용어로 '행정적 조직(administrative organization)'은 외부에서 부과된 목표를 달성하기 위해 소모적인 도구(expendable instrument)에서 '제도(institution)'로 변환된다(Selznick, 1957). 자체적으로 생명력을 지닌 시스템은 독자적인, 즉 고유한 정체성을 갖는다. 이에 대한 고전적인 예로는 안티오크(Antioch), 리드(Reed) 및 스워스모어(Swarthmore)대학을 대상으로 수행한 Clark의 연구 '특색 있는 대학(distinctive colleges)'을 꼽을 수 있다. 이러한 맥락에서 그는 역사적 위업(historical exploits)을 바탕으로 한 독특한 성취에 대한 집합적인 이해를 의미하는 '전설(saga)'의 중요성에 대해 이야기하고 있다. '전설'을 믿는 사람들은 조직에 충성을 다하고 조직으로부터 긍지와 정체성을 얻는다(Clark, 1972, p.198). 개작되고 재구성되는 것을 통해 꾸며진 이 전설은 해당 조직의 현재를 과거와 연결시켜 준다. 예컨대, 마쓰시타 고노스케의 삶과 철학에 관한 전설은 아마 마쓰시타 조직시스템의 제도화에 있어 가장 강력한 원천이며, 회사가 마쓰시타 고노스케로부터 영향을 받는 방식일 것이다. 이에 대해서는 Ghoshal and Bartlett의 하버드 비즈니스 스쿨 케이스 'Matsushita Electric Industries LTD(MEI)', Harvard Business School case #9-388-144를 참고하기 바란다.

11 국가문화가 기업에 미치는 영향은 많은 연구의 주제로 다뤄져 왔다. 이에 대한 실증분석결과는 다국적기업에 따라 일관된 차이점 및 일반적 패턴들을 보여준다(이에 대해서는 Negandhi and Baliga(1981)를 참고하기 바람). 그러나 이러한 연구들은 설명력을 제공한다는 측면에서는 그리 만족스럽지는 않다. 한 연구의 흐름은 사회적 · 심리적 측면에 치우쳐 있으며, 상이한 가치구조를 강조하고 사회의 지향성을 필요로 한다(이에 대해서는 Hofstede(1983) 및 Laurant(1986)를 참고하기 바람). 다른 연구의 흐름은 계급구조, 교육수준, 노동시장의 특성 등과 같은 사회제도 및 구조를 살펴보고 이들을 주요한 설명변수로 간주한다(이에 대해서는 Dore(1973) 및 Rohlen(1974)을 참고하기 바람). 혼다(Honda)와 같은 일본 다국적기업의 미국 공장을 대상으로 한 실증분석결과에 의해 최근 이러한 설명력의 문제점들이 제기되었다. 주로 미국인 근로자들을 고용하고 있는 일본 다국적기업들의 미국 공장은 놀랍게도 일본의 특성을 보이고 있다. 이 때문에 일부 연구자들은 문화적 설명력이 역사적으로 문화적 근거가 있지만 반드시 그 근거에 결부되지는 않았을 수 있는 조직 프로세스와 구조의 중요성을 모호하게 할 수 있는 점을 제안했다(이에 대해서는 Shimada and MacDuffie(1987)를 참고하기 바람).

12 Chandler(1986)를 참고하기 바란다.

13 '경영 자본주의(managerial capitalism)'는 M-form기업의 발전에 대한 뛰어난 역사를 제시하고 있는 Chandler(1977)의 저서 '*The Visible Hand*'에 극적(dramatically)으로 묘사되어 있다.

14 Servan-Schreiber(1968)를 참고하기 바란다.

15 해럴드 제닌(Harold Geneen)의 흥미로운 전기와 그가 ITT에 미친 영향에 대해서 보다 자세히 살펴보기 위해서는 Schoenberg(1985)를 참고하기 바란다.

16 예컨대, 일본기업들의 사회조직에 대한 보다 자세한 내용은 Abegglen(1958) 및 Yoshino(1961)를 참고하기 바라며, 일본기업들과 그들이 속한 폭넓은 사회적 환경과의 상호작용의 측면을 자세히 살펴보기 위해서는 Rohlen(1974) 및 Westney(1987)를 참고하기 바란다.

17 이러한 관행들은 Rohlen(1974)에서 어느 정도 논의되었다.

18 다국적기업의 진화에 대한 보다 상세한 역사적 분석에 관심이 있는 독자들은 Chandler(1962, 1977, 1986)의 고전적인 저서들을 참고하기 바란다. 1994년에 출판한 '*Scale and Scope*'에서 그는 다국적기업의 성장에 대한 이론적 근거를 규모의 경제와 범위의 경제(여러 생산 라인에 걸쳐 자본투자를 분할할 수 있는 능력)를 실현할 수 있는 잠재성으로 보는 상세한 증거들을 제시했다.

19 Franko(1976) 및 Dyas and Thanheiser(1976)는 이 시대의 차별화되고 보호주의적인 환경이 왜 그리고 어떻게 유럽 다국적기업들의 역량과 방향성을 적합시켰고 성공적이며 빠른 해외진출을 이끌었는지에 대한 삽화와 증거들을 제공한다.

20 Buckley and Casson(1985, p.200)을 참고하기 바란다.

21 Wilkins(1977)는 이 기간 동안 미국기업들의 국제적 확장에 대한 가장 상세한 분석을 제공한다.

22 또한 Servan-Schreiber(1968)도 참고하기 바란다. Servan-Schreiber(1968)는 유럽 기업들의 발전에 널리 공유된 견해를 반영하고 형성했다. Servan-Schreiber(1968)는 미국 다국적기업들의 막대한 경제력이 유럽 국가들의 정책결정과정을 방해할 수 있다는 가능성을 제기했다. Servan-Schreiber(1968) 및 Wilkins(1977)와 같은 다른 연구자들에 따르면, 제2차 세계대전 이후 20년 동안 미국 다국적기업들의 성공은 독특한 조직시스템을 통해 신제품과 기술을 개발하고 이러한 혁신을 전 세계적으로 활용하는 기술적 역량과 관리적 역량에 기인한다.

23 제1장에서 우리는 지난 20년 동안 가속도가 붙은 주요한 글로벌화의 세력들에 대해 간략히 살펴보았다. 이러한 세력들과 다국적기업 경영에 있어서의 시사점들은 다양한 관점을 지닌 많은 연구자들에 의해 설명되어 왔다. 그러한 연구자들에는 Levitt(1983)과 Porter(1986) 외에도 Kogut(1984, 1985)과 Prahalad and Doz(1987)도 포함되어 있다.

CHAPTER 04

01 본 장에 우리가 제시한 초국적기업의 개념은 다른 연구자들이 강조하는 많은 특징들을 가지고 있다. 우리의 관점과 가장 유사하며, 우리의 접근방식 및 해석에 상당한 영향을 미친 개념은 바로 Perlmutter(1969)의 중요한 연구에서 찾을 수 있다. 그는 다양한 다국적 사고방식(multinational mentalities)의 분류체계나 인지적 지향성(cognitive orientations)을 개발했으며, 이러한 유형들은 20년 전에 제안되었지만 오늘날에도 여전히 유효하다. 그는 다국적기업을 본국중심적(ethnocentric), 현지국중심적(polycentric), 세계중심적(geocentric) 유형으로 분류했다.

첫 번째로 본국중심적 유형은 우리가 설명한 중앙화된 허브(centralized lab) 모델의 중심이 되는 본국 지배적인 접근법을 말한다. 두 번째로 현지국중심적 유형은 분권화된 연합체(decentralized federation) 모델과 유사하게 각 자회사를 국가별로 다루는 기업들을 의미한다. 세 번째로 세계중심적 유형은 전 세계적이고 통합적인 스타일을 개발하는 기업을 의미하며, 이러한 접근법은 우리가 초국적이라고 묘사하는 조직형태와 유사하다.

또한 Perlmutter(1969)의 유형과 유사하게 Hedlund(1986)가 제안한 다국적기업의 헤테라키 모델(the heterarchy model of MNCs), Prahalad and Doz(1987)가 묘사한 다초점조직(the multifocal organization) 그리고 White and Poynter(1989)가 제안한 수평적 조직형태(the horizontal organizational form) 등은 많은 환경적 그리고 조직적 세력들을 식별하고 있다. 이와 같은 환경적 그리고 조직적 세력들은 다국적기업들로 하여금 현대적이고 복잡한 조직역량을 개발하게 하고 우리가 초국적이라고 묘사하는 몇몇 특징들을 강조하게 한다. 지금까지 살펴본 이러한 모델들은 특이성(specificity)의 수준이 매우 상이하지만 효과적인 전 세계적 조직운영을 위해서 조직적 역량이 점점 더 핵심적인 제약요소가 되고 있다는 과도한 결론을 공유한다.

02 이러한 딜레마에 대한 이론적 검토를 위해서는 Ghoshal(1986)을 참고하기 바란다.

03 자산과 자원의 구성에 대한 이러한 접근방식은 Kogut(1985a)과 Porter(1986)의 연구들과 일치한다. 이들은 다국적기업의 활동을 소위 가치사슬(value-added chain)이라고 부르는 다른 가치창출활동들(value-generating activities)과 차별화하고, 각 활동의 구성에 대한 상이한 전략적 논리를 제안했다.

04 톰슨(1967)은 공통적(pooled), 순차적(sequential) 그리고 상호호혜적 의존성(reciprocal interdependencies) 간의 차이를 제시했다. 그는 각 유형의 상호의존성에 대해 각각 규칙(rules), 계획(plans) 및 상호조정(mutual adjustment)이라는 적절한 조정 메커니즘을 제안했다.

05 네트워크를 차별적인 조직형태로 훌륭하게 개념화시킨 내용들을 살펴보기 위해서는 Aldrich and Whetten(1981)을 참고하기 바란다.

06 우리가 사용한 '통합된(integrated)'이라는 용어는 Kanter(1983)가 사용한 '통합적(integrative)' 조직이라는 용어에서의 표현과 유사하다.

07 필수차별화(requisite differentiation)에 대한 이러한 개념은 "오직 다양성만이 다양성을 죽일 수 있다(only variety can kill variety)"는 Ashby(1956)의 필수다양성의 법칙(law of requisite variety)을 따른다.

08 우리가 사용한 분화(differentiation)의 개념에 대한 이론적 토대는 Blau and Schoenherr(1971), Lawrence and Lorsch(1967) 및 Lawrence and Dyer(1983)로 거슬러 올라갈 수 있다.

09 Lawrence and Dyer(1983)는 환경에 따른 상황론적 관점(the environmental contingency perspective, Lawrence and Lorsch, 1967)과 자원의존 관점(the resource dependency perspective, Pfeffer and Salancik, 1978; Aldrich, 1979) 등 분화(differentiation)에 대한 두 가지 개별적인 논리를 통합했다.

10 조직학습(organizational learning)의 개념은 Cyert and March(1963), March and Olsen(1976), Argyris and Schon(1978), Duncan and Weiss(1979) 및 Hedberg(1981) 등과 같이 다양한 조직 이론가들에 의해 논의되어 왔다. 그러나 조직학습의 개념화에는 상당한 차이가 존재한다. 그러한 문헌의 종합적인 리뷰에서 Fiol and Lyles(1985)은 한편으로는 통찰력의 개발로서의 학습과 지식상태의 변화를 구별하였고, 다른 한편으로는 구조적 결과

및 조직적 결과를 구별했다. 우리가 제시하는 조직학습의 개념은 두 측면을 모두 포함한다. 그렇지만 우리는 조직 내의 혁신 프로세스(innovation processes)에 초점을 맞추고 있는데, 혁신 프로세스는 아마도 조직학습의 광범위한 개념에서 가장 중요한 부분이기 때문이다.

11 이러한 내용은 Vernon(1979)에 의해 강조되었다.

12 이 개념은 Lawrence and Lorsch(1967)와 관련이 있는데, 이들은 필수 차별화(requisite differentiation)의 필요성 외에도 조직성과를 향상시키기 위한 적절한 통합장치의 중요성을 강조했다.

13 매트릭스조직구조(Davis and Lawrence, 1977)는 프로젝트 · 제품 및 기능별 투입의 균형을 맞추기 위한 니즈에 대응하기 위해 발전했지만, 불가피하게 발생된 갈등을 해결하기 위해서는 상호조정 메커니즘이 필요했다. 이러한 주제들은 우리가 제8장에서 다루게 될 것이다.

14 초국적기업의 이러한 개념은 조직 역시도 정치적 영역이며(Cyert and March, 1963; Pettigrew, 1973; Pfeffer, 1981; Mintzberg, 1983), 조직 내 지배적인 정치 연합체의 중요성(Thompson, 1967)을 인정한다.

15 이러한 지배적인 정치연합체는 조직 내 권력의 결정요인에 대한 선행연구의 예측과 일치한다. 중대한 비상사건을 처리하는 조직 하위조직에 권력이 발생한다는 견해는 프랑스의 관료조직 두 곳에 대한 현장조사를 통해 Crozier(1964)가 제시하였으며, 그 후 Hickson et al.(1971)이 이론적으로 공식화했고 Hickson et al.(1971) 및 Hinings et al.(1974)이 실증적으로 입증했다.

16 권력의 배분과 조직에서의 영향력을 관리하는 데 있어 이러한 균형 있는 접근법을 달성하는 것의 어려움은 Bacharach and Lawler(1981)에서 논의되었다.

17 행정적 자원(administrative resource)의 배분이 경제학에서의 제약된 최대화 문제(constrained maximization problem)와 유사한 것으로 간주된다는 생각은 Caves(1982)에 의해 제안되었다. Caves(1982)는 조직 이론가들이 다른 행정적 메커니즘(administrative mechanisms)의 비용과 편익에 거의 관심을 기울이지 않는다는 점을 지적했다. 그러한 조직 이론가들 사이에서의 중요한 예외는 Thompson(1967)과 Ouchi(1977, 1980)이다.

18 조정과 통제의 수단으로 중앙집권화(centralization), 공식화(formalization), 그리고 사회화(socialization)의 사용은 Pugh et al.(1968, 1969), Blau and Schoenherr(1971), Child(1972, 1973) 및 Ouchi(1977, 1980) 등을 포함한 많은 연구자자에 의해서 논의되었다. 다국적기업이라는 구체적인 맥락에서

Bartlett(1979)은 '실질적 의사결정관리(substantive decision management)', '임시적 연합관리(temporary coalition management)', '의사결정 맥락관리(decision context management)' 등을 다국적기업의 대안적 관리 프로세스 방식으로 구분하는 모델에서 조정과 통제 메커니즘의 프로세스적 함의를 설명했다. 이에 관한 다양한 학자들의 견해는 Otterbeck(1981)을 참고하기 바란다.

19 Nonaka(1972)는 시장개입과 계층적 조정이 일본 기업들의 중요한 특징이라고 지적했다.

20 이러한 개념은 아마도 경영이론에서 가장 지속적으로 통찰력을 지닌 개념 중 하나이며, Barnard(1938) 및 Selznick(1959) 연구의 핵심적인 주제였다.

21 기업성과에 있어 보다 진보된 인적자원관리(HRM) 프로그램의 중요성에 대한 완벽한 증거는 몇몇 주요 미국기업들의 HRM 관행에 대한 조사를 바탕으로 Kanter(1983)에 의해 제시되었다.

CHAPTER 05

01 조직은 여러 가지 방법으로 위기에 대처할 수 있다. Starbuck et al.(1978)과 Starbuck(1983)은 현상을 유지하기 위한 지배 세력의 기득권으로 인해, 조직들이 주로 위기에 대처하지 않으려고 노력한다는 점을 강조했다. 그러나 Lewin(1951)이 지적한 바와 같이 위기는 조직의 '해빙(unfreezing)'을 촉발할 수도 있고, 그러한 해빙은 꽤 극적인 변화를 가져올 수 있다(Miller and Friesen, 1984).

02 야마이치증권이 추정한 바로는 마쓰시타의 매출 감소는 엔고(yen appreciation)에 기인했다.

03 이에 대한 뛰어난 경영학적 설명을 위해서는 Kogut(1985a)을 참고하기 바란다.

04 산업경제학적 관점에 대한 다양한 논의는 Hout, Porter, and Rudden(1982)과 Ghemawat and Spence(1986)를 참고하기 바란다.

05 국제경영학적 관점에 대해서는 Buckley and Casson(1976)과 Rugman(1979)을 참고하기 바란다.

06 가치사슬의 국제적 배열에서 채택될 수 있는 전략적 논리에 대해서는 Kogut(1984, 1985a)과 Porter(1986)를 참고하기 바란다.

07 Mascarenhas(1982), Kogut(1985b), Ghoshal(1986) 등은 이처럼 '이상적으

로 구성된(ideal configured)' 사업에 있어 경제적 환경 변동성에 의해 발생되는 위험성을 지적했다.

08 그러한 끊임없는 기업 구조조정의 위험에 대한 보다 자세한 설명은 Bartlett(1982, 1983)을 참고하기 바란다.

09 변화에 대한 이러한 점진적 접근법은 Lindblom(1959)과 Quinn(1980)에 의해 제안되었다.

10 유연생산(flexible manufacturing)의 이점과 함의에 대한 보다 자세한 논의는 Gold(1982)와 Piore and Sabel(1984)을 참고하기 바란다.

11 이코노미스트 컨퍼런스 단체(The Economist Conference Unit)의 후원으로, 1985년 6월 런던에서 개최된 'Going Global' 컨퍼런스에서 코 반 데르 클루트(Cor van der Klugt)는 "Penetrating Global Markets : High Technology Companies"라는 제목의 연설에서 이와 같이 언급했다.

12 Vernon(1979, 1980)은 경쟁우위의 중요한 원천으로서 글로벌 스캐닝(global scanning)의 중요성을 강조한 초기의 연구자들 중 한 명이다.

13 Kogut(1985a)을 참고하기 바란다.

14 다국적기업이 갈수록 변동성이 심화되는 세계경제의 불확실성을 자신의 우위로 활용할 수 있는 방안을 모색하는 방법에 대한 설명은 Kogut(1985b)을 참고하기 바란다. Kogut(1985b)에 따르면 변화하는 요소비용(factor costs)과 환율로부터 수익을 얻기 위한 다수의 소싱(multiple sourcing), 생산의 이동 및 자본과 정보시장에서의 불완전성을 활용하기 위한 중재(arbitrage)는 뛰어난 글로벌전략의 전형적인 특성의 일부이다.

15 글로벌 경쟁의 맥락에서 환율 변동의 재무적 및 운영적 함의에 대한 보다 자세한 논의는 Lessard and Lightstone(1986)을 참고하기 바란다.

16 이것은 Piore and Sabel(1984)이 이전의 대량생산(mass production)시스템을 대체할 것이라고 주장하는 생산시스템인 '유연한 전문화(flexible specialization)'의 핵심이다.

17 Terpstra(1977)는 성공적인 국제제품정책(international product policies)의 수립을 위한 글로벌 R&D의 중요성을 강조했다.

18 Kanter(1983)를 참고하기 바란다.

19 상호호혜적 의존성(Thompson, 1967)은 상호조정이 필요한 조건을 창출하고, 일반화된 상호주의의 규범에 기반한 조정의 제도화를 허용한다(Powell, 1987).

CHAPTER 06

01 글로벌 제품조직을 형성하는 문제들에 대한 보다 자세한 논의는 Davidson and Haspeslagh(1982)를 참고하기 바란다.

02 이 프레임워크는 Lawrence and Lorsch(1967)에 의해 개발되어 널리 알려진 차별화–통합의 개념(differentiation–integration concepts)으로부터 파생되었으며, Prahalad(1976)에 의해 다국적기업(MNC)의 과업분석에 처음으로 적용되었다.

03 이 주제에 대한 대부분의 학술적 연구들은 또한 본사–자회사 간 관계적 특성이 다국적기업 내 모든 자회사들에게 유사하게 나타난다는 가정에 기초하고 있다. 이러한 가정은 여러 측면에서 명백해진다. 어느 한 국가에 위치한 여러 상이한 다국적기업들의 자회사들로부터 획득된 데이터에서 얻은 결과들은 다국적기업들이 얼마나 중앙집중화(centralization)되었는지의 정도와 관련한 일반적인 결론을 도출하는 데 사용되었다(Hulbert and Brandt, 1980). 다국적기업의 구조(structure of the MNC)와 정보–처리 요건(Egelhoff, 1982), 과업환경(Kagono, 1981) 또는 제품다양성(Daniels et al., 1985) 등과 같은 환경적 맥락(environmental context)의 다양한 측면 간 적합성(fit)의 필요와 같은 상황론적인 논쟁(contingency arguments)들은 주로 기업이 처한 상황의 측정과 다국적기업 전체의 공식적 구조에 기초해 왔다. 심지어는 상이한 자회사들의 상황적 특성들이 다국적기업의 구조에 미치는 영향에 주된 초점을 맞춘 연구들조차도 자회사의 크기나 연령 등과 같은 상황적 변수들은 각각 개별 자회사단위로 측정하였지만 중앙집중화와 같은 구조적 특성들은 단일 다국적기업수준의 측정치를 사용하였다(Gates and Egelhoff, 1984).

04 다국적기업의 출현과 역사적 발전에 대한 논의는 Wilkins(1974)와 Chandler (1986)를 참고하기 바란다.

05 Dyas and Thanheiser(1976), Wilkins(1977), Yoshino(1976)를 참고하기 바란다.

06 전 세계에 걸쳐 사업을 조직화하려는 초창기 많은 시도의 이면에는 요소가격의 차이를 활용하려는 기본적인 동기가 있었다. 이에 대한 자세한 예는 Clee and di Scipio(1959) 및 Clee and Sachtjen(1964)을 참고하기 바란다.

07 Weick(1969, 1979)는 상이한 인지적 지향성(different cognitive orientations)이 조직의 행동, 구조 및 프로세스에 강력한 영향을 미칠 수 있다는 점을 지적

했다.

08 이러한 사고방식은 전 세계적인 소비자의 취향과 시장의 동질화에 대한 Levitt (1983)의 다소 강한 견해와 일치한다.

09 아마도 이 관리자는 동일한 은유법(metaphor)을 사용한 Ohmae(1985)의 영향을 받았던 것 같다.

10 가족 은유법(family metaphor)은 Franko(1976)에 의해서 가장 명백하게 사용되었는데, 특히 그가 유럽 다국적기업들의 본사-자회사 간의 관계를 모녀(mother-daughter)관계로 비유할 때 그러했다. 이 은유법은 본사가 상이한 자회사들을 '자녀들과 같이' 동등하게 대할 뿐만 아니라 '어머니'인 본사와 '딸들'인 자회사들 간 위계적 지위를 설명하기 위해서 주로 사용되었다. 이러한 관계의 본질에 대한 추가적인 논의는 Dyas and Thanheiser(1976)에서 찾을 수 있다.

11 통제의 형태와 조직 구성원의 정서적 안녕(emotional well-being) 및 동기(motivation) 사이의 관계는 Ouchi(1977)에 의해 보다 광범위하게 연구되어 왔다.

12 Bartlett이 작성한 하버드 경영대학 사례 "Dominion Engineering Works (Harvard Business School case #9-383-185"와 "Note on the Paper Machinery Industry(Harvard Business School case #5-383-191)"를 참고하기 바란다.

13 다국적기업이 활용할 수 있는 다양한 범위의 경제(economies of scope)에 대한 보다 상세한 설명은 Ghoshal(1987)을 참조하기 바란다.

14 Christensen이 작성한 하버드 경영대학 사례 "Bic Pen Corp.(Harvard Business School cases #9-374-305 및 #9-374-306)"을 참고하기 바란다.

15 Terpstra(1977)와 Ronstadt(1977)는 다국적기업이 전 세계에 걸친 학습능력이 있다는 측면에서 다국적기업이 보유한 뚜렷한 이점을 지적하였다.

16 해외직접투자(foreign direct investment)과정의 순차적 특성은 Kogut(1983)에 의해 기술되어 왔다. 시간이 지남에 따라 다국적기업이 처한 현재의 전략적 환경과 맞지 않는 자원의 배치가 쉽게 발생될 수 있다. 더욱이 이러한 자원분배는 때때로 매우 접착성이 높으며(very sticky), 쉽게 변경할 수 없다(Zeitz, 1980). 이 문제에 대한 생생한 예시는 Stopford and Turner(1985)에 의해 제공되었는데, 그들은 영국계 다국적기업들과 영국연방 내 그들의 편향된 자원분배에 관한 논의를 통해서 그러한 예시를 제시하였다.

17 이러한 전략적 역할들에 대한 보다 자세한 논의는 Bartlett and Ghoshal (1986)을 참고하기 바란다.

18 Rugman and Poynter(1982)는 전 세계 시장에서 판매되는 제품에 대한 전 세계적인 책임을 지는 성숙한 개별 국가 자회사를 할당하려는 경향에서 이와 비슷한 현상을 관찰했다.

19 미국, 유럽, 동아시아 등 3대 주요 경제 축에 모두 존재한다는 중요성도 Ohmae (1985)에 의해 강조되어 왔다.

20 이처럼 정보가 만족스럽지 못하게 확산되는 이유는 Westney(1987)에 의해 강조되었다. 그녀의 관점에 따르면 정보 확산의 주된 장애물들로 ① 해외 R&D 자회사에 대한 불명확하고 때때로 상충되는 전략적 의제들, ② 제조 및 마케팅과 분리된 효과적인 연구부서를 보유하는 것의 어려움, ③ 특히 일본에서 그러했는데, 지역사회, 기업 그리고 연구 네트워크에 침투하는 것의 어려움 등을 들 수 있다.

21 현지기업을 인수(acquisition)함으로써 해외시장에 진출하는 방식은 오늘날 많은 기업들이 매우 선호하는 전략적인 선택이다. 하지만 전문가들은 그러한 전략이 의도된 대로 긍정적인 결과를 보이는지에 대해서는 여전히 확신하지 못하고 있다. 그러나 인수가 성공적이 되기 위해서는 피인수기업을 인수하는 모기업조직(parent organization)으로 통합하는 과정에 세심한 주의를 기울여야 한다는 것은 분명해 보인다(Jemison and Sitkin, 1986).

22 글로벌시장에 진출하기 위해서 전략적 제휴를 사용하는 기업들이 최근 들어 급증했다. 이에 대한 자세한 사항은 Kogut(1988), Contractor and Lorange (1987) 그리고 Horwitch(1992)를 참고하기 바란다.

23 Haspeslagh(1982)는 그러한 포트폴리오 계획기법의 사용과 한계에 대해서 설득력 있게 논의했다.

CHAPTER 07

01 이 주장은 Vernon(1966)이 제안한 제품수명주기이론에 내재되어 있다. 이 주장은 해외직접투자의 국제화와 전유성(appropriability)이론에서 보다 명확하게 언급되었다. 보다 자세한 사항은 Buckley and Casson(1976), Calvet (1981) 그리고 Rugman(1979)을 참고하기 바란다.

02 다소 도발적이긴 하지만 이러한 두 가지 사고방식(mentalities)에 대한 흥미로운 논의는 Levitt(1983)을 참고하기 바란다.

03 NIH증후군(Not-Invented-Here Syndrome)은 자신들이 개발한 것이 아닌, 다른 조직에서 개발된 아이디어나 해결책들을 배척하거나 적대시하는 경향을 의미한다. 이 증후군에 대한 토론과 자세한 설명은 Allen(1977)을 참고하기 바란다.

04 개발과정에 대한 상세한 설명은 Bartlett이 작성한 하버드 경영대학 사례 "Procter & Gamble Europe : Vizir Launch(Harvard Business School case #9-384-139)"에 제시되어 있다.

05 Westney and Sakakibara(1985)는 많은 다양한 일본기업들을 대상으로 R&D와 운영단위 간 접점을 지배하는 내부적 준시장(internal quasi-markets)의 유사한 시스템을 관찰했다.

06 일본기업들 내 연구인력(research personnel)의 경력 측면에 있어서 이러한 전환에 관한 보다 상세한 논의 및 이와 관련된 미국과 일본의 관행을 비교하기 위해서는 Westney and Sakakibara(1985)를 참고하기 바란다.

07 우리가 분권화된 연합체(decentralized federation)라고 묘사하는 조직형태는 Franko(1976)가 많은 유럽의 거대 다국적기업을 대표적으로 묘사한 모녀 조직(mother-daughter organization)과 많은 공통점을 공유하고 있다. Hedlund(1981)는 그러한 기업들의 국가적 (해외)자회사가 전형적으로 강한 그리고 기업가적인 현지경영팀을 개발하고 상대적으로 높은 수준의 현지자원을 축적한다는 것을 보여주었다. 우리가 느끼는 이러한 두 가지 속성들이 바로 현지에서의 혁신을 촉진하기 위한 기업역량의 핵심이 된다.

08 사회화과정(socialization processes)과 경력시스템(career systems)에서의 그러한 차이가 변화와 혁신을 향한 경영자들의 태도에 어떻게 영향을 미칠 수 있는지에 대한 풍부한 이론적 논의는 Van Maanen and Schein(1979)을 참고하기 바란다.

09 일본기업들의 의사결정과정에서 자회사 경영 관여의 문제에 대한 논의는 Bartlett and Yoshihara(1988)를 참고하기 바란다.

10 조직혁신에 대한 초기 연구의 대부분은 대규모 및 다중 단위조직(multiunit organizations)의 개별 하위단위(subunits) 내에서 착안, 생성 및 구현되는 혁신에 주된 초점을 맞추어 왔다. 예컨대, Burns and Stalker(1961)는 다음과 같이 명료하게 언급하였다. "이러한 연구들의 대상이었던 20개의 회사들

(concerns)은 모두 개별적으로 구성된 회사는 아니었다. … [그들 중 일부는] 모회사의 작은 부분들(자회사)이었다. … 이것이 우리가 본원적인 용어로 '회사(concern)'를 사용한 이유이다. …" 다른 연구자들도 이와 유사하게 GE(General Electric)의 관내영업점 한 곳(a district sales office)이나 3M 본사 내의 한 부서(a department in the headquarters) 그리고 Polaroid의 부서데이터 처리사무소 한 곳(a divisional data processing office)을 관찰했지만, 이들 중 어떠한 곳도 해당 기업의 전체를 대표하지는 못했다.

따라서 이러한 연구들은 이른바 우리가 현지혁신(local innovations)이라고 부르는 것에 초점을 맞추고 있다. 그리고 그러한 연구들 대부분은 '유기적(organic)', '통합적(integrative)' 혹은 단순히 '우수한(excellent)' 것으로 다양하게 묘사되어온 조직의 혁신을 촉진하는 핵심적인 요소로 내부적 통합(internal integration), 현지 여유자원(local slack), 분권화된 권한(decentralized authority)등을 밝혀냈다(이에 대한 예들은 Burns and Stalker(1961), Peters and Waterman(1982), Kanter(1983) 등을 참고하기 바란다). 지금까지 지역혁신을 효율적으로 만드는 요인들에 관한 우리의 연구결과들은 초기 연구자들이 제시한 결론들과 완전히 부합한다. 그러나 우리 연구의 주요한 출발점은 이러한 지역혁신을 복잡한 조직에서 혁신이 일어날 수 있는 다양한 프로세스 중 하나로 간주한다는 것이며, 또 서로 다른 혁신 프로세스를 촉진하는 조직적 요인들이 서로 상이할 뿐만 아니라 상호 모순적일 수도 있다고 제안하는 것에 있다.

11 다국적기업에서 통합 메커니즘(integration mechanism)으로 인적자원의 이전(personnel transfers)을 사용하는 것은 많은 학자들, 특히 Edstrom and Galbraith(1977)에 의해 강조되었다.

12 Kanter(1983)를 참고하기 바란다.

CHAPTER 08

01 조직 내 서로 다른 정치적 이해에 관해 균형을 이루는 데 있어서의 어려움은 조직이론에서 상당히 학문적으로 유명한 주제였다(예를 들어, Cyert and March, 1963; Zaleznick, 1970; Pettigrew, 1973; Wildavsky, 1979; Pfeffer, 1981; Mintzberg, 1983). 최근에는 현지 하부문화로부터 비롯된 조직 구성원들의 '사상계' 차이에 관해 균형을 이루는 추가적인 문제에 관심이 쏠렸다(Douglas,

1986). 예를 들어, 신제품개발 연구에서의 Dougherty(1987)는 마케팅, 엔지니어링, 제조관리자들이 활동에 관해 갖는 아주 다른 개념을 언급했다. 그녀는 많은 사례에서 신제품개발 프로젝트의 실패는 이러한 이질적인 사상계 때문이라는 것을 알아냈다.

02 조직 내 권력의 핵심근원으로서 정보 통제의 중요성은 Pettigrew(1972)에 의해 지적되었다.

03 이것은 위의 주석 1에서 논의된 '사상계'에 관한 차이의 고전적인 사례이다.

04 기업 경영자들과의 현장 인터뷰와 더불어, 에릭슨의 조직개발의 역사는 Altman and Olsson(1977)과 Meurling and Jeans(1985)에 의존한다.

05 Hedberg et al.(1976)에서 불필요한 중복 및 부적합요소의 구축은 자기설계조직의 핵심적 처방이다.

06 자기적응조직에게 필요한 애매모호함의 중요성은 March and Olsen(1976)에 의해 입증되었다.

07 다국적기업(MNC)의 보충적 채널 및 포럼의 활용은 널리 퍼져 있으며 효과적이다. 더욱 자세한 논의를 위해서는 Bartlett(1983)을 참고하라.

08 반드시 명확하고 선험적인 목적을 갖는 것은 아니지만, 다양한 맥락에서 유연하게 활용될 수 있는 영향력과 정보 채널을 창출하는 조직 프로세스를 수립하는 중요성에 대해서는 Nystrom et al.(1976)을 참고하라.

09 자기균형적(예, Wildavsky, 1972; Landau, 1973); 자기적응적(예, Hedberg et al., 1976); 자기반사적 조직(예, Argyris and Schon, 1978)의 특징들을 묘사하는 탐구는 오랫동안 조직이론가들의 관심을 사로잡았다.

CHAPTER 09

01 전 세계 운영에 대한 통제와 이것이 수행되는 수단을 설정하는 데 있어서 본사 경영진의 역할은 Doz and Prahalad(1981, 1984)와 Prahalad and Doz(1981)에 의해 충분히 설명되었다.

02 중앙집권화는 본사–자회사관계의 구조에 대한 연구들에서 가장 흥미로운 변수였다. 이러한 연구결과들의 탁월한 공헌과 검토는 Gates and Egelhoff(1984)가 보여주었다.

03 일본 다국적기업(MNC)에서의 조정과 통제의 주요 형태로서 중앙집권화를 활용하는 것은 Kagono(1981)에 의해 서술되었고, 이에 대한 한계점들은

Bartlett and Yoshihara(1988)에 의해 논의되었다.

04 공식화는 루틴(routine)과 표준운영절차로서 해석될 수 있으며(Nelson and Winter, 1982), 이러한 의미에서 본사-자회사관계를 조정하기 위해 유럽 다국적기업(MNC)이 활용하는 점점 더 흔한 접근으로서 Hedlund(1981)에 의해 연구되었다.

05 Sampson(1973)이 ITT의 다소 어설픈 설명을 인용했던 것과 같다.

06 Schisgall(1981)를 참고하라.

07 '프록터방식(The Procter Way)'은 Nelson and Winter(1982)의 '루틴(routines)'에 대한 논의의 완벽한 사례이다.

08 사회화는 조직 구성원들이 분야 합의 및 공유가치에 도달하는 과정이다(Van Maanen, 1978; Van Maanen and Schein, 1979). 통제 및 조정 메커니즘으로서의 그러한 가치는 Ouchi(1980)에 의해 논의되었다. Jaeger(1983)는 이러한 활용을 일본 다국적기업에서의 조정 메커니즘으로 기술했다.

09 Edstrom and Galbraith(1977)는 인력 순환 및 이전의 역할을 MNC에서의 조정 및 통제를 위한 전략으로 처음으로 주목하였다.

10 1985년 4월, 하버드 경영대학(Harvard Business School)에서 국제경영 수업 중에 학생들에게 설명했다.

11 여러 조정 및 통제 메커니즘의 상대적 비용-편익은 Thompson(1967)과 Ouchi(1980)에 의해 논의되었다. 조직분석에서 이러한 계산법을 포함시키는 중요성은 Caves(1980)에 의해 강조되었다. Caves(1980)는 어떠한 경제적 자원과 같이 통제 및 조정자원들도 희소하다고 주장하였다. 따라서 조직 설계 처방도 제한된 극대화의 표준적 엄격함을 따라야 한다.

12 다국적기업에서의 이전가격문제에 대한 논문 모음을 보려면 Murray(1981)를 참조하라.

13 세계적 기업들에서의 정보처리에 대한 기존 연구(예를 들어, Egelhoff, 1982)는 정보처리문제를 환경 또는 과업 상황들을 처리하는 것으로 간주한다. 우리가 기술했듯이 우리의 개념은 추가적으로 정보창출, 정보이전, 학습을 포함한다.

14 하지만 Mascarenhas(1984)가 지적했듯이 글로벌환경에서의 변동성은 공식화가 비공식적인 소통 채널을 통해 보완되어야 함을 요구한다. 유사한 이유로 Lessard and Lightstone(1986)은 MNC에 존재하는 유연성과 차익거래의 옵션들(Kogut, 1985b)이 실질적으로 행사될 수 있기 위해서는 공식화가 단순한

운영절차보다는 다채로워야 하며 준비된 전략적 의사결정규칙들을 포함해야 한다고 지적했다.

15 이러한 결과들은 Ghoshal and Nohria(1987)에 의해 보고되었다.

16 다차원적인 조정 메커니즘들은 메커니즘들 사이의 다양한 균형을 반영하는 구조적 형태 이상이며(Khandwalla, 1977), 그럼에도 불구하고 특정 상황에서도 적합한 내적 일관성을 갖는다.

CHAPTER 10

01 March and Olsen(1976)은 조직들을 더 일반적으로 다양한 정당들의 상호작용의 영역이라고 생각하였던 몇몇 이론가들의 전형이다. 그들이 제안하는 조직의 모델은 조직화된 무질서조직(organized anarchy)으로 불려진다. 다양한 이익집단의 정치경제로서의 조직에 대한 이러한 개념은 또한 Benson(1975)과 관련된다.

02 이것은 복잡한 조직관리에서의 가장 지속적인 처방 중의 하나이며, 그 근원은 Barnard(1938)와 Selznick(1957)으로부터 비롯된 것이다.

03 조직적 사고방식은 또한 조직이론에서 최근의 인지주의적 전환의 최전선에 있다. 이러한 주제에 관한 최근 논문들의 탁월한 모음에 대해서는 Sims et al.(1986)을 참고하라.

04 Iacocca와 Levesque가 설명한 전략적 비전에 중심이 되는 유사한 특징들은 Westley and Mintzberg(1988)에 의해 발견되었다.

05 Maliers에 의해 제안된 일관적인 사전 예방적 몰입(정확히 한 단계 후퇴하고 두 단계 전진하는 삼바(samba) 스텝)을 유지하려는 의향은 또한 White and Poynter(1984)의 추천사항이다. White and Poynter(1984)는 현지국 정부 대비 실행가능한 교섭지위를 유지한다면 이것이 MNC 자회사의 전략이어야 한다고 주장했다.

06 이 사례의 세부사항들은 기업에 대한 (A에서 D까지)연속된 사례들에 담겨 있다. Bartlett and Yoshino, "Corning Glass Works, International," Harvard Business School cases #9-381-160 to #9-381-164를 참고하라.

07 해외파견 경영자들의 실패 사례에 대해서는 Tung(1982)을 참고하라.

08 Kunda(1987)는 'Tech'(저명한 미국 미니컴퓨터 제조기업의 감춰진 이름)에 관한 훌륭한 연구에서 조직의 고몰입문화를 창출하는 데 있어서의 훈련 및 개

발의 주요 역할을 확실히 서술한다.

09 사회화와 변화 주도자로서의 기업 특유의 개발 프로그램의 중요성은 Tichy (1983)에 의해 논의된다.

10 Matsushita의 정신교육훈련법은 Kunda(위의 주석 8 참고)가 서술한 것과 매우 흡사하다.

11 Schein(1985)은 이러한 암묵적, 내재적 믿음을 기업문화로 정의한다.

12 통합과 통제를 위한 전략으로서 다국적기업에서의 경영자의 순환 및 이전의 중요성은 Edstrom and Galbraith(1977)에 의해서 진척되었다.

13 세력 다툼의 문제에 관한 고전적인 기술에 대해서는 Wildavsky(1979)를 참고하라.

14 대규모 공공개발기관(테네시 밸리 당국(Tennessee Valley Authority))의 진화에 관한 Selznick(1949)의 고전적인 연구는 또한 포섭(co-optation)전략으로서 많은 이익집단들을 한데 모으는 광범위한 의무를 갖는 특별 포럼들을 활용하는 전략을 상술한다.

CHAPTER 11

01 모든 경영자들을 세계화하기 위한 기업의 정책은 〈국제 경영자에 관한 탐색(*The Quest for the International Manager*)〉(1991)과 Pucik, Tichy, and Barnett(1992)에 반영되어 있다. 그러한 노력의 어려움과 위험들은 몇몇 논문에서 보여진다. 예를 들어, "규정하기 힘든 유럽 경영자(The Elusive Euro-Manager)"(1992)에서 보여진다.

02 Taylor(1991: 94)에서 이러한 견해는 ABB의 회장인 퍼시 바르네빅(Percy Barnevik)에 의해 강력하게 만들어진다. 그에 따르면 "글로벌 기업은 수천의 글로벌 경영자들을 필요로 하지 않는다. 우리는 ABB가 잘 운영되기 위해 아마도 15,000명 중 500명 정도를 필요로 한다. 그 이상은 아니다. 나는 경영자들이 필요 이상으로 더욱 글로벌화되는 것에 관심이 없다. 우리는 사람들이 "나는 더 이상 독일인이 아니다. 나는 국제적이다"라고 말하도록 그들의 국적을 포기하게 할 수 없다. 세계는 그와 같이 작동하지 않는다. 당신이 독일에서 제품과 서비스를 판매하고자 한다면, 당신은 독일인이어야 한다!
"우리는 (우리의 집행위원회, 사업분야(BAs: Business Areas)를 운영하는 팀, 기타 주요 자리에서의) 최고위 글로벌 경영자들의 핵심그룹을 필요로 한다."

03 불행하게도 다국적 경영에 대한 학문적 연구는 환경, 전략, 조직, 운영 이슈들에 집중하고, 개별 경영자들의 역할에 대해서는 적게 강조하는 경향이 있었다. 결과적으로 사업, 국가, 기능별 경영자들의 과제에 관한 문헌은 다소 희박하다. 하지만 이러한 역할과 과제들에 대해서는 몇몇 기존 연구로부터 추론될 수 있다. 예를 들어, 전 세계적 사업 경영자들의 역할과 과제들은 Davidson and Haspeslagh(1982)에서 보여진다. 그리고 Doz(1978)가 설명하듯이 MNC 내에서의 제조 합리화의 도전은 이러한 역할과 확실히 관련되어 있다. 유사하게 Kanter(1991)가 설명한 대부분의 이슈들도 또한 이러한 역할과 관련되어 있다.

04 국가 경영자의 역할은 Quelch(1992)에서 충분히 설명되었다. 이러한 역할은 또한 Hulbert and Brandt(1980)의 핵심이었다. 이러한 역할에 관한 몇몇 시사점들은 적어도 몇몇 특정 국가 자회사들의 내용에서, 캐나다 자회사 관련 White and Poynter(1984); 영국 자회사 관련 Young, Hood, and Hamill (1985); 그리고 에스파냐 자회사 관련 Jarillo and Martinez(1990)로부터 또한 도출될 수 있다.

05 역사적으로 다국적 경영에 관한 문헌은 R&D(De Meyer and Mizushima, 1989), 생산(De Bodinat, 1976), 마케팅(Buzzell, 1968; Quelch and Hoff, 1986), 인적자원관리(Evans, Doz, and Laurent, 1989), 그리고 재무(Dufey and Giddy, 1978)와 같은 특정기능들에 집중했다. 최근에는 MNC 내에서의 전문적 지식의 보관자로서의 기능들에 관한 보다 넓은 개념화는 Lessard and Nohria(1990)에 의해 설명되었다.

06 리더십에 관한 다수의 논문들은 다국적기업에서의 기업경영의 역할과 과제와 관련될 수 있다. Kotter(1990), Kouzes and Posner(1987), 그리고 Bennis and Nanus(1985)의 연구는 특히 관련되어 있다. 다국적 경영의 특정 맥락에서 아마도 이러한 역할에 관한 최고의 반영은 퍼시 바르네빅(Percy Barnevik)과 같은 실무자의 관점들에서 발견될 수 있다(Taylor, 1991 참고).

CHAPTER 12

01 이러한 연구는 Ghoshal and Bartlett(1997)에서 자세히 묘사된다.

02 결과들은 Rigby(1994)에 서술된 Bain & Co.의 기획 포럼 설문으로부터 도출된다.

03 전게서.

04 잭 웰치(Jack Welch)는 1989년 Harvard Business School에서의 프레젠테이션에서 이러한 논리를 설명했다. 또한 이 논리는 Tichy and Sherman(1993)에서의 변화에 관한 자세한 설명으로부터도 추론될 수 있다.

05 우리가 행동적 맥락으로 묘사한 것과 전략과정 문헌에서 조직적 맥락으로 묘사된 것은 매우 유사하다. Bower(1970)와 Burgelman(1983)을 참고하라. 조직 이론가들은 분위기 및 문화라는 표현을 선호해 왔다. Schein(1985)과 Denison(1990)을 참고하라. 최근의 이러한 문헌들의 비교연구에 대해서는 Denison(1993)을 참고하라. Denison이 '패러다임 전쟁'으로 묘사한 것과 개인적 행동이 내재된 맥락의 개념 '아티팩트(artifacts)'(Schein, 1981 참고)를 피하기 위해 우리는 행동적 맥락이라는 용어를 선택한다.

06 조직 분위기에 관한 과거 연구는 스탠더드 피드백의 중요성과 조직규율의 구축에서의 제재들을 강조했었다. 예를 들어, Litwin and Stringer(1968); Pascale(1985); 그리고 Gordon and DiTomaso(1992)를 참고하라.

07 기업성과의 강화에 대한 지원의 중요성은 Walton(1985)에서 강조되었다. 이러한 행동적 맥락의 속성을 만들기 위한 조직적 요구들에 관한 더욱 학문적인 기반을 둔 분석을 위해서는 Calori and Sarnnin(1991)을 참고하라.

08 Gordon and DiTomaso는 야심 찬 목표가 가질 수 있는 긍정적 영향과 조직 분위기를 보여주었다(Gordon and DiTomaso(1992)). 가치와 개인적 의미의 중요성은 Hackman and Oldham(1990)과 Thomas and Velthouse(1990)에서 강조된다.

09 신뢰의 중요성은 조직 분위기에 관한 학문적 연구에서 현저하게 특징지어진다. 예를 들어, Campbell et al.(1970)을 참고하라. 신뢰의 영향에 관한 보다 최근의 기여를 위해서는 Denison(1990)을 참고하라.

CHAPTER 13

01 국제환경의 변동성과 역동성이 어떻게 현지기업들에게 영향을 주는지에 관해서는 Lessard and Lightstone(1986)을 참고하라.

02 그러한 네트워크 또는 '하이브리드조직(hybrid organizations)'을 관리하기 위한 도전들에 관한 이론적 토론이나 흥미로운 실례를 위해서는 Powell(1987)과 Eccles and Crane(1987)을 참고하라.

03 심지어 MNC구조의 진화에 관한 초기 연구(Stopford and Wells, 1972)조차도 글로벌 매트릭스를 최종단계로 보았다. 이러한 형태의 장점들에 관한 보다 세밀한 토론은 Prahalad and Doz(1987)의 최근 책에서 보인다.

04 조직 생활의 다양한 측면을 담아내는 비유적 이미지의 사용은 Morgan(1986)의 책의 소재이다.

05 정보 · 프로세싱(information-processing)시스템으로의 MNC의 모델에 관해서는 Egelhoff(1982)를 참고하라.

06 Dalton의 경영하는 사람(Men Who Manage)과 같은 조직의 현장연구는 비공식적인 상호작용 유형들이 공식적인 관계들보다 조직구조를 실제로 더욱 잘 반영한다는 것을 분명히 보여준다.

07 '기능적 아날로그(functional analog)'시스템의 자세한 설명에 관해서는 Bartlett and Yoshino의 'Corning Glass Works, International(C1),' Harvard Business School case #9-381-163를 참고하라.

08 Deal and Kennedy(1982)를 참고하라.

09 광범위한 조직개발(OD: Organization Development) 문헌은 주로 조직 변화의 역동성과 관련되고, 조직구조 또는 과정의 변화가 개인의 인지적이고 효과적인 지향성의 변화를 동반해야 한다는 주장을 지지한다. 이러한 전통에서의 몇몇 중요한 연구들은 Bennis(1966), Beckhard(1969), Beckhard and Harris(1977), Beyer and Trice(1978), Beer(1980), 그리고 Tichy(1983)에 의한 연구들이다. 이러한 연구 전통에 의해 지지되는 몇몇 원칙들의 적용을 묘사하는 대단히 흥미로운 연구는 Pettigrew(1985)의 Imperial Chemicals Industries, p.l.c. 기업에 관한 연구이다.

10 이러한 견해는 Miller and Friesen(1984)에 의해 강조된다. 그들은 진화적이거나 점진적인 변화의 과정들이 보다 빈번하게 효과적인 전환전략들이라고 인정하는 반면, 그들은 특정 상황들에서는 혁명적이거나 엄청난 변화가 더욱 효과적인 접근일 수 있다고 주장한다.

11 국가별 챔피언들을 촉진시키기 위한 정부정책들의 논의에 관해서는 Poynter(1985)와 Doz(1986)를 참고하라.

12 현대전략에서의 전략적 제휴의 역할을 검토하기 위해서는 Contractor and Lorange(1987)와 Horwitch(forthcoming)를 참고하라. MNC들이 3개의 주요 경제적 축들(북미, 유럽, 극동)에서의 민감성을 개발하도록 하는 국제제휴의 중요성은 Ohmae(1985)에 의해 논의된다.

13 몇몇 유명한 제휴들의 다툼에 관해서는 〈비즈니스위크(*Business Week*)〉(July 21, 1986)의 "기업 커플(Corporate Couples)"이라는 기사를 참고하라. 그러한 실패의 원인들은 Hamel and Prahalad(1988)에 의해 설명되었다.

14 그러한 변화과정을 이끄는 데 도움을 줄 수 있는 기존 연구들의 목록들에 관해서는 위의 주석 9를 참고하라.

참고문헌

Abegglen, J. C. *The Japanese Organization: Aspects of Its Social Organization.* New York: Free Press, 1958.

Aguilar, F. J. *Scanning the Business Environment.* New York: Macmillan, 1967.

Aldrich, H. E. *Organizations and Environments.* Englewood Cliffs, NJ: Prentice-Hall, 1979.

Aldrich, H. E., and D. A. Whetten. "Organization-sets, Action-sets, and Networks: Making the Most of Simplicity." In *Handbook of Organizational Design,* edited by P. C. Nystrom and W. H. Starbuck. London: Oxford University Press, 1981, pp. 385-408.

Allen, T. J. *Managing the Flow of Technology.* Cambridge, MA: MIT Press, 1977.

Allison, G. T. *Essence of Decision: Explaining the Cuban Missile Crisis.* Boston: Little, Brown, 1971.

Altman, A., and U. Olsson. *LM Ericsson: 100 Years.* Stockholm: Interbook Publishing AB, 1977.

Andrews, K. *The Concept of Strategy.* Homewood, IL: Irwin, 1980.

Argyris, C., and D. Schon. *Organizational Learning: A Theory of Action Perspective.* Reading, MA: Addison-Wesley, 1978.

Ashby, W. R. *Introduction to Cybernetics.* London: Chapman and Hall, 1956.

Bacharach, S. B., and M. Aiken. "Structural and Process Constraints on Influence in Organizations: A Level Specific Analysis." *Administrative Science Quarterly,* Vol. 21(1976): 623-642.

Bacharach, S. B., and E. J. Lawler. *Power and Politics in Organizations.* San Francisco: Jossey-Bass, 1981.

Bain, J. *Industrial Organization.* New York: Wiley, 1959.

Baliga, B. R., and A. M. Jaeger. "Multinational Corporations: Control Systems and Delegation Issues." *Journal of International Business Studies,* Fall(1984): 25-40.

Barnard, C. I. *The Functions of the Executive.* 30th Anniversary Edition. Cambridge, MA: Harvard University Press, 1968.

Bartlett, C. A. Harvard Business School cases: "Compania Telefonica Mexicana(CTM): ATI in Mexico," #9-387-115; "EMI and the CT

Scanner(A)," #9–383–194; "EMI and the CT Scanner(B)," #9–383–195; "Merloni Group," #9–383–152; "Ideal Standard France: Pat Peterson," #9–382–139; "Kentucky Fried Chicken(Japan) Limited," #9–387–043; "Conex do Brasil," #9–385–257; "Dominion Engineering Works," #9–383–185; "Note on the Paper Machinery Industry," #9–383–191; "Caterpillar Tractor Company," #9–385–276; "Komatsu Limited," #9–385–277; "Corning Glass Works, International," #9–381–160 to #9–381–164; "Procter & Gamble Europe: Vizir Launch," #9–384–139.

______. *Multinational Structural Evolution: The Changing Decision Environment in International Divisions.* Unpublished doctoral dissertation. Boston: Harvard Business School, 1979.

______. "Multinational Structural Change: Evolution Versus Reorganization," in *The Management of Headquarters-Subsidiary Relationships in Multinational Corporations,* edited by L. Otterbeck. Aldershot, UK: Gower Publishing, 1981, pp. 121 – 145.

______. "How Multinational Organizations Evolve." *Journal of Business Strategy,* Vol. 3, No. 1(Summer 1982): 20 – 32.

______. "MNCs: Get Off the Reorganization Merry–Go–Round." *Harvard Business Review*(March – April 1983): 138 – 146.

______. "Building and Managing the Transnational: The New Organizational Challenge." In *Competition in Global Industries,* edited by M. E. Porter. Boston: Harvard Business School Press, 1986, pp. 367 – 401.

Bartlett, C. A., and S. Ghoshal. "Tap Your Subsidiaries for Global Reach." *Harvard Business Review*(November – December 1986): 87 – 94.

______. "Managing Across Borders: New Strategic Requirements." *Sloan Management Review*(Summer 1987): 7 – 17.

______. "Managing Across Borders: New Organizational Responses." *Sloan Management Review*(Fall 1987): 45 – 53.

Bartlett, C. A., and H. Yoshihara. "New Challenges for Japanese Multinationals: Is Organization Adaptation Their Achilles'Heel?" *Human Resource Management,* Vol. 27, No. 1(Spring 1988): 19 – 43.

Baumol, W. J., J. C. Panzer, and R. D. Willig. *Contestable Markets and the Theory of Industry Structure.* New York: Harcourt Brace Jovanovich, 1982.

Beckhard, R. *Organization Development: Strategies and Goals.* Reading, MA: Addison–Wesley, 1969.

Beckhard, R., and T. Harris. *Organizational Transitions.* Reading, MA: Addison–Wesley, 1977.

Beer, M. *Organization Change and Development: A Systems View.* Santa Monica, CA: Goodyear, 1980.

Behrman, J. N., and W. A. Fischer. *Overseas R&D Activities of Transnational*

Corporations. Cambridge, MA: Oelgeschlager, Gunn, & Hain, 1980.

Bennis, W. *Changing Organizations.* New York: McGraw−Hill, 1966.

Bennis, W., and B. Nanus. *Leaders: The Strategies for Taking Charge.* New York: Harper & Row, 1985.

Benson, J. K. "The Interorganizational Network as a Political Economy." *Administrative Science Quarterly,* Vol. 20(1975): 229 – 249.

Beyer, J. M., and H. Trice. *Implementing Change.* New York: Free Press, 1978.

Blau, J., and R. A. Schoenherr. *The Structure of Organizations.* New York: Basic Books, 1971.

Blau, P. M. "A Formal Theory of Differentiation in Organizations." *American Sociological Review,* Vol. 35(1970): 201 – 218.

Bower, J. *Managing the Resource Allocation Process.* Boston: Division of Research, Harvard Business School, 1970.

Brandt, K., and J. M. Hulbert. "Patterns of Communications in the Multinational Corporation: An Empirical Study." *Journal of International Business Studies,* Vol. 7, No. 1(Spring 1976): 57 – 64.

Buckley, P. J. and M. Casson. *The Future of the Multinational Enterprise.* London: Macmillan, 1976.

______. *The Economic Theory of the Multinational Enterprise.* New York: St. Martins, 1985.

Burgelman, R. A. "A Model of the Interaction of Strategic Behavior, Corporate Context, and the Concept of Strategy. "*Academy of Management Review,* Vol. 8, No. 1,(1983): 61 – 70.

______. "Strategy Making and Evolutionary Theory: Toward a Capability Based Perception." Research paper 755, Stanford University, 1984.

Burgelman, R. A., and L. R. Sayles. *Inside Corporate Innovation: Strategy, Structure and Managerial Skills.* New York: Free Press, 1986.

Burns, T., and G. M. Stalker. *The Management of Innovation.* London: Tavistock, 1961.

Buzzell, R. D. "Can You Standardize Multinational Marketing?" *Harvard Business Review*(November – December 1968): 102 – 113.

Calori, R., and P. Sarnnin. "Corporate Culture and Economic Performance: A French Study." *Organizational Studies*, Vol. 12, No. 1(1991): 49 – 74.

Calvet, L. "A Synthesis of Foreign Direct Investment Theories and Theories of the Multinational Firm." *Journal of International Business Studies*(Spring – Summer 1981): 43 – 59.

Campbell, J. P., M. D. Dunette, E. E. Lawler, and K. E. Weick. *Managerial Behavior, Performance and Effectiveness.* New York: McGraw−Hill, 1970.

Caves, R. E. "Industrial Organization, Corporate Strategy and Structure." *Journal of Economic Literature,* Vol. 18(March 1980): 64 – 92.

______. *Multinational Enterprise and Economic Analysis*. Cambridge: Cambridge University Press, 1982.

Chandler, A. D. *Strategy and Structure: Chapters in the History of American Industrial Enterprise*. Cambridge, MA: MIT Press, 1962.

______. *The Visible Hand: The Managerial Revolution in American Business*. Cambridge, MA: Harvard University Press, 1977.

______. "The Evolution of Modern Global Competition." In *Competition in Global Industries*, edited by M. E. Porter. Boston: Harvard Business School Press, 1986, pp. 405 – 448.

______. *Scale and Scope: The Dynamics of Industrial Capitalism*. Cambridge, MA: Belknap Press, 1994.

Child, J. "Organization Structure and Strategies of Control: A Replication of the Aston Study." *Administrative Science Quarterly*, Vol. 17(1972): 163 – 177.

______. "Strategies of Control and Organizational Behavior." *Administrative Science Quarterly*, Vol. 18(1973): 1 – 17.

Chorafas, D. N. *Developing the International Executive*. New York: American Management Association, 1969.

Clark, B. R. "The Organizational Saga in Higher Education." *Administrative Science Quarterly*, Vol. 17(1972): 1 – 25.

Clee, G. H., and A. di Scipio. "Creating a World Enterprise." *Harvard Business Review* (November – December 1959): 77 – 89.

Clee, G. H., and W. M. Sachtjen. "Organizing a Worldwide Business." *Harvard Business Review*(November – December 1964): 55 – 67.

Contractor, F. J., and P. Lorange(eds.). *Cooperative Strategies in International Business*. Cambridge, MA: Ballinger, 1987.

Cook, K. S. "Exchange and Power in Networks of Interorganizational Relations." *Sociological Quarterly*, Vol. 18(1977): 62 – 68.

Cray, D. "Control and Coordination in Multinational Corporations." *Journal of International Business Studies*(Fall 1984): 58 – 98.

Crozier, M. *The Bureaucratic Phenomenon*. Chicago: University of Chicago Press, 1964.

Cutcher–Gershenfeld, J. *The Collective Governance of Industrial Relations*. Unpublished doctoral dissertation. Cambridge, MA: MIT Sloan School of Management, 1988.

Cyert, R., and J. March. *A Behavioral Theory of the Firm*. Englewood Cliffs, NJ: Prentice–Hall, 1963.

Dalton, M. *Men Who Manage*. New York: Wiley, 1959.

Daniels, J. D., R. A. Pitts, and M. J. Tretter. "Strategy and Structure of U.S. Multinationals: An Exploratory Study." *Academy of Management Journal*, Vol. 27(1984): 292 – 307.

_____. "Organizing for Dual Strategies of Product Diversity and International Expansion." *Strategic Management Journal,* Vol. 6(1985): 223 - 237.

Davidson, W. H., and P. Haspeslagh. "Shaping a Global Product Organization." *Harvard Business Review*(July - August 1982): 125 - 132.

Davis, S. M., and P. R. Lawrence. *Matrix.* Reading, MA: Addison-Wesley, 1977.

Deal, T. E., and A. A. Kennedy. *Corporate Cultures: The Rites and Rituals of Corporate Life.* Reading, MA: Addison-Wesley, 1982.

De Bodinat, H. *Influence in the Multinational Enterprise: The Case of Manufacturing.* Unpublished doctoral dissertation. Boston: Harvard Business School, 1976.

De Meyer, A., and A. Mizushima. "Global R&D Management." *R&D Management,* No. 19(1989): 135 - 146.

Denison, D. R. *Corporate Culture and Organizational Effectiveness.* New York: John Wiley, 1990.

_____. "What Is the Difference Between Organizational Culture and Organizational Climate? A Native's Point of View on a Decade of Paradigm Wars." Mimeo. School of Business Administration, University of Michigan, July 1993.

DiMaggio, P., and W. Powell. "The Iron Cage Revisited: Institutional Isomorphism and Collective Rationality in Organizational Fields." *American Sociological Review,* Vol. 48(1983): 147 - 160.

Dore, R. P. *British Factory—Japanese Factory.* Berkeley: University of California Press, 1973.

Dougherty, D. *Introducing New Products: The Myth of the "Mouse in Search of the Better Mouse-Trap."* Unpublished doctoral dissertation. Cambridge, MA: MIT Sloan School of Management, 1987.

Douglas, M. *How Institutions Think.* Syracuse: Syracuse University Press, 1986.

Downey, H. K., and R. D. Ireland. "Quantitative Versus Qualitative: Environmental Assessment in Organizational Studies." *Administrative Science Quarterly,* Vol. 24(1979): 630 - 637.

Doz, Y. "National Policies and Multinational Management." Unpublished doctoral dissertation. Boston: Harvard Business School, 1976.

_____. "Managing Manufacturing Rationalization within Multinational Corporations." *Columbia Journal of World Business*(Fall 1978): 82 - 93.

_____. *Government Control and Multinational Strategic Management.* New York: Praeger, 1979.

_____. "Government Policies and Global Industries." In *Competition in Global Industries,* edited by M. E. Porter. Boston: Harvard Business School Press 1986, pp. 225 - 266.

_____. *Strategic Management in Multinational Companies.* Oxford: Pergamon Press, 1986.

Doz, Y., C. A. Bartlett, and C. K. Prahalad. "Global Competitive Pressures v. Host Country Demands: Managing Tensions in Multinational Corporations." *California Management Review,* Vol. 23, No. 3(Spring 1981): 63-74.

Doz, Y., and C. K. Prahalad. "Headquarters Influence and Strategic Control in MNCs." *Sloan Management Review*(Fall 1981): 15-29.

______. "Patterns of Strategic Control in Multinational Corporations." *Journal of International Business Studies*(Fall 1984): 55-72.

Drucker, P. F. *Innovation and Entrepreneurship.* New York: Harper & Row, 1985.

Dufey, G., and I. H. Giddy. "International Financial Planning: The Use of Market-Based Forecasts." *California Management Review,* Vol. 21, No.1(1978): 69-81.

Duncan, R. B., and A. Weiss. "Organizational Learning: Implications for Organizational Design." In *Research in Organizational Behavior,* Vol. 1, edited by B. Staw. Greenwich,CT: JAI Press, 1979, pp. 75-123.

Dutton, J., and S. Jackson. "Categorizing Strategic Issues: Links to Organizational Action." *Academy of Management Review,* Vol. 12(1987): 76-90.

Dyas, G. P., and H. T. Thanheiser. *The Emerging European Enterprise: Strategy and Structure in French and German Industry.* London: Macmillan, 1976.

Eccles, R. G. *The Transfer Pricing Problem: A Theory for Practice.* Lexington, MA: Lexington Books, 1985.

Eccles, R. G., and D. B. Crane. "Managing Through Networks in Investment Banking." *California Management Review,* Vol. 30, No. 1(Fall 1987): 176-195.

Edstrom, A., and J. R. Galbraith. "Transfer of Managers as a Coordination and Control Strategy in Multinational Organizations." *Administrative Science Quarterly,* Vol. 22(June 1977): 248-263.

Edstrom, A., and P. Lorange. "Matching Strategy and Human Resources in Multinational Corporations." *Journal of International Business Studies*(Fall 1984): 73-83.

Egelhoff, W. G. "Strategy and Structure in Multinational Corporations: An Information-Processing Approach." *Administrative Science Quarterly,* Vol. 27(1982): 435-458.

Evans, J. S. *Strategic Flexibility in Business.* Report No. 678. Palo Alto, CA: SRI International, 1982.

Evans, P., Y. Doz, and A. Laurent(eds.). *Human Resource Management in International Firms.* London: Macmillan, 1989.

Everitt, B. *Cluster Analysis,* 2nd ed. New York: Wiley, 1980.

Fayerweather, J. "Four Winning Strategies for the International Corporation." *The Journal of Business Strategy*(Fall 1981): 25-36.

Fieldhouse, D. K. *Unilever Overseas: The Anatomy of a Multinational.* London:

Croom Helm, 1978.

Fiol, M. C., and M. A. Lyles. "Organizational Learning." *Academy of Management Review,* Vol. 10, No. 4(1985): 803 - 813.

Fischer, D. H. *Historians'Fallacies.* New York: Harper & Row, 1970.

Flaherty, T. M. "Coordinating International Manufacturing and Technology." In *Competition in Global Industries,* edited by M. E. Porter. Boston: Harvard Business School Press, 1986, pp. 83 - 109.

Foster, R. *Innovation: The Attacker's Advantage.* New York: Summit Books, 1985.

Fouraker, L. E., and J. M. Stopford. "Organization Structure and Multinational Strategy." *Administrative Science Quarterly*(June 1968): 57 - 70.

Franko, L. G. *The European Multinationals.* Greenwich, CT: Greylock, 1976.

Freeman, C. *The Economics of Industrial Innovation.* Cambridge, MA: MIT Press, 1982.

Fusfeld, H. I., and C. S. Haklisch. "Co-operative R&D for Competitors." " *Harvard Business Review*(November - December 1985): 60 - 76.

Gabel, L.(ed.). *Product Standardization as a Tool of Competitive Strategy.* New York: North-Holland, 1987.

Galbraith, J. *Designing Complex Organizations.* Reading, MA: Addison-Wesley, 1973.

Garnier, G. H. "Context and Decision Making Autonomy in the Foreign Affiliates of U.S.National Corporations." *Academy of Management Journal,* Vol. 25, No. 4(1982): 893 - 908.

Gates, S. R., and W. G. Egelhoff. "Centralization in Parent Headquarters-Subsidiary Relationships." Paper presented at the Annual Meeting of the Academy of Management, Boston, 1984.

Ghemawat, P., and M. A. Spence. "Modeling Global Competition." In *Competition in Global Industries,* edited by M. E. Porter. Boston: Harvard Business School Press, 1986, pp. 61 - 79.

Ghoshal, S. *Environmental Scanning: An Individual and Organizational Level Analysis.* Unpublished doctoral dissertation. Cambridge, MA: MIT Sloan School of Management, 1985.

_____. *The Innovative Multinational: A Differentiated Network of Organizational Roles and Management Processes.* Unpublished doctoral dissertation. Boston: Harvard Business School, 1986.

_____. "Global Strategy: An Organizing Framework." *Strategic Management Journal*(September - October 1987): 425 - 440.

Ghoshal S., and C. A. Bartlett. "Creation, Adoption, and Diffusion of Innovations by Subsidiaries of Multinational Corporations." *Journal of International Business Studies*(Fall 1988): 365 - 388.

_____. "Matsushita Electric Industries LTD." Harvard Business School case #9-388-144.

_____. *The Individualized Corporation: A Fundamentally New Approach to Management*. New York: Harper Business, 1997.

Ghoshal, S., and N. Nohria. "Multinational Corporations as Differentiated Networks." Working paper 87/13. Fontainebleau, France: INSEAD, 1987.

Gold, B. "Robotics, Programmable Automation, and International Competitiveness." *IEEE Transactions and Engineering Management*(November 1982): 135-146.

Gordon, G. G., and N. DiTomaso. "Predicting Corporate Performance from Organizational Culture." *Journal of Management Studies*, Vol. 29, No. 6(1992): 783-798.

Gruber, W. M., S. Mehta, and R. Vernon. "The R&D Factor in International Investment of U.S. Industries." *Journal of Political Economy*(February 1967): 20-37.

Hackman, J. R., and G. R. Oldham. *Work Redesign*. Reading, MA: Addison-Wesley, 1980.

Hall, R. H. *Organizations: Structure and Process*. Englewood Cliffs, NJ: Prentice-Hall, 1972.

Hamel, G., and C. K. Prahalad. "Do You Really Have a Global Strategy?" *Harvard Business Review*(July-August 1985): 139-148.

_____. "Strategic Alliances: Success or Surrender." Mimeo. London Business School, 1988.

Hannan, M., and J. Freeman. "The Population Ecology of Organizations." *American Journal of Sociology*, Vol. 82(1977): 929-964.

_____. "Structural Inertia and Organizational Change." *American Sociological Review*, Vol. 49(1984): 149-164.

Harrigan, K. R. "Innovation Within Overseas Subsidiaries." *The Journal of Business Strategy*, Vol. 4, No. 4(Spring 1984): 47-55.

_____. "Research Methodologies for Contingency Approaches to Business Strategy." *Academy of Management Review*, Vol. 8, No. 3(1983): 398-405.

Haspeslagh, P. "Portfolio Planning: Uses and Limits." *Harvard Business Review*(January-February 1982): 58-73.

Hedberg, B. L. T. "How Organizations Learn and Unlearn?" In *Handbook of Organizational Design*, edited by P. C. Nystrom and W. H. Starbuck. Vol. 1. London: Oxford University Press, 1981, pp. 3-27.

Hedberg, B. L. T., P. C. Nystrom, and W. H. Starbuck. "Camping on Seesaws: Prescriptions for a Self-Designing Organization." *Administrative Science Quarterly*, Vol. 21(March 1976): 41-65.

Hedlund, G. "Autonomy of Subsidiaries and Formalization of Headquarters-

Subsidiary Relations in Swedish MNCs." In *The Management of Headquarters-Subsidiary Relationships in Multinational Corporations,* edited by L. Otterbeck. Aldershot, UK: Gower Publishing, 1981, pp. 25 – 78.

_____. "The Hypermodern MNC: A Heterarchy?" *Human Resource Management*(Spring 1986): 9 – 35.

Hickson, D. J., C. R. Hinings, C. A. Lee, R. E. Schneck, and J. M. Pennings. "A Strategic Contingencies'Theory of Intraorganizational Power." *Administrative Science Quarterly,* Vol. 16(1971): 216 – 229.

Hinings, C. R., D. J. Hickson, J. M. Pennings, and R. E. Schneck. "Structural Conditions of Intraorganizational Power." *Administrative Science Quarterly,* Vol. 19(1974): 22 – 44.

Hofstede, G. "National Culture in Four Dimensions." *International Studies of Management and Organizations,* Vol. 13(1983): 97 – 118.

Horwitch, M. *Post-Modern Management: Its Emergence and Meaning for Strategy.* New York: Free Press, forthcoming.

Hout, T., M. E. Porter, and E. Rudden. "How Global Companies Win Out." *Harvard Business Review*(September – October 1982): 98 – 108.

Hrebeniak, L. G., W. F. Joyce, and C. C. Snow. "Strategy, Structure, and Performance: Past and Future Research." In *Strategy, Organization Design, and Human Resource Management,* edited by C. C. Snow. Greenwich, CT: JAI Press, 1989.

Hulbert, J. M., and W. K. Brandt. *Managing the Multinational Subsidiary.* New York: Holt, Rinehart and Winston, 1980.

Itami, H. *Mobilizing Invisible Assets.* Cambridge, MA: Harvard University Press, 1987.

Jacobs, D. "Dependence and Vulnerability: An Exchange Approach to the Control of Organizations." *Administrative Science Quarterly,* Vol. 19(1974): 45 – 59.

Jaeger, A. M. "The Transfer of Organizational Culture Overseas: An Approach to Control in the Multinational Corporation." *Journal of International Business Studies*(Fall 1983): 91 – 114.

Jaeger, A. M., and B. R. Baliga. "Control Systems and Strategic Adaptation: Lessons from the Japanese Experience." *Strategic Management Journal,* Vol. 6(1985): 115 – 134.

Jarillo, J. C., and J. I. Martinez. "Different Roles for Subsidiaries: The Case of Multinational Corporations in Spain." *Strategic Management Journal,* Vol. 11, No. 7(November – December 1990): 501 – 512.

Jemison, D. B., and S. B. Sitkin. "Corporate Acquisitions: A Process Prospective." *Academy of Management Review,* Vol. 11, No. 1(January 1986): 145 – 163.

Kagono, T. "Structural Design of Headquarters–Division Relationships and Economic Performance: An Analysis of Japanese Firms." In *The*

Management of Headquarters-Subsidiary Relationships in Multinational Corporations, edited by L. Otterbeck. Aldershot, UK: Gower Publishing, 1981, pp. 147 – 185.

Kanter, R. M. *The Change Masters.* New York: Simon and Schuster, 1983.

______. "Transcending Business Boundaries: 12,000 World Managers View Change." *Harvard Business Review*(May – June 1991): 151 – 164.

Keegan, W. J. *Multinational Marketing Management,* 2d ed. Englewood Cliffs, NJ: Prentice–Hall, 1980.

Khandwalla, P. M. *The Design of Organizations.* New York: Harcourt Brace Jovanovich, 1977.

Kiechel, W. "Playing the Global Game." *Fortune,* November 16, 1981.

Killough, J. "Improving Payoffs from Transnational Advertising." *Harvard Business Review*(July – August 1978): 102 – 110.

Kimberly, J. R. "Imitation, Innovation and Institutionalization in the Creative Process." In *The Organizational Life Cycle,* edited by J. R. Kimberly and R. H. Miles. San Francisco: Jossey–Bass, 1980.

Knox, A. M. *Coming Clean: A Postscript after Retirement from Unilever.* London: Heinemann, 1976.

Kogut, B. "Foreign Direct Investment as a Sequential Process." In *The Multinational Corporation in the 1980s,* edited by C. P. Kindelberger and D. B. Audretsch. Cambridge, MA: MIT Press, 1983, pp. 38 – 56.

______. "Normative Observations on the International Value–Added Chain and Strategic Groups." *Journal of International Business Studies*(Fall 1984): 151 – 168.

______. "Designing Global Strategies: Comparative and Competitive Value–Added Chains." *Sloan Management Review*(Summer 1985): 15 – 28.

______. "Designing Global Strategies: Profiting from Operating Flexibility." *Sloan Management Review*(Fall 1985): 27 – 38.

______. "Joint Ventures: Theoretical and Empirical Perspectives." *Strategic Management Journal,* Vol. 9, No. 4(1988): 319 – 332.

Kotter, J. P. *The Leadership Factor.* New York: Free Press, 1988.

______. *A Force for Change: How Leadership Differs from Management.* New York: Free Press, 1990.

Kouzes, J. M. and B. Z. Posner. *The Leadership Challenge: How to Get Extraordinary Things*

Done in Organizations. San Francisco: Jossey–Bass, 1987.

Krugman, P. Review of Bruce Scott and George Lodge(eds.), "U.S. Competitiveness in the World Economy." *Journal of Economic Literature,* Vol. 24(March 1986): 110 – 111.

Kunda, G. *Engineering Culture: Culture and Control in a High-Tech Organization.*

Unpublished doctoral dissertation. Boston: Harvard Business School, 1987.

Landau, M. "On the Concept of a Self-Correcting Organization." *Public Administrative Review*(1973): 533-542.

Laurant, A. "The Cross-Cultural Puzzle of International Human Resource Management." *Human Resource Management*(Spring 1986): 91-102.

Lawrence, P. R., and D. Dyer. *Renewing American Industry.* New York: Free Press, 1983.

Lawrence, P. R., and J. W. Lorsch. *Organization and Environment.* Boston: Division of Research, Harvard Business School, 1967.

Lehmann, J. P. *The Roots of Modern Japan.* London: Macmillan, 1981.

Lessard, D., and J. Lightstone. "Volatile Exchange Rates Can Put Operations at Risk." *Harvard Business Review*(July-August 1986): 107-114.

Lessard, D., and N. Nohria. "Rediscovering Functions in the MNC: The Role of Expertise Firms'Response to Shifting Exchange Rates." In *Managing the Global Firm*, edited by C. Bartlett Y. Doz, and G. Hedlund. London: Routledge, 1990, pp. 186-212.

Levitt, T. "The Globalization of Markets." *Harvard Business Review*(May-June 1983): 92-102.

Lewin, K. *Field Theory in Social Science.* New York: Harper & Row, 1951.

Lindblom, C. E. "The Science of Muddling Through." *Public Administration Review*(1959): 79-88.

Litwin, G. H., and R. A. Stringer. "Motivation and Organizational Climate." Cambridge, MA: Division of Research, Harvard Business School, 1968.

Lorange, P., M. S. Scott Morton, and S. Ghoshal. Strategic Control. St. Paul, MN: West, 1986.

March, J. G., and J. P. Olsen. *Ambiguity and Choice in Organizations.* Bergen, Norway: Universitetsforlaget, 1976.

March, J. G., and H. A. Simon. *Organizations.* New York: Wiley, 1958.

Mascarenhas, B. "Coordination of Manufacturing Interdependence in MNCs." *Journal of International Business Studies*(Winter 1984): 91-106.

Merton, R. K. "The Role-Set: Problems in Sociological Theory." *British Journal of Sociology,* Vol. 8(1957): 106-120.

Meurling, J., and R. Jeans. *A Switch in Time.* Chicago: Telephony Publishing, 1985.

Meyer, J. W., and B. Rowan. "Institutionalized Organizations: Formal Structure as Myth and Ceremony." *American Journal of Sociology,* Vol. 83(1977): 340-363.

Miller, D. "The Genesis of Configuration." *Academy of Management Review,* Vol. 12(1987): 686-701.

Miller, D., and P. H. Freisen. *Organizations: A Quantum View.* Englewood Cliffs, NJ: Prentice-Hall, 1984.

Milligan, G. W., and M. C. Cooper. "An Examination of Procedures for Determining the Number of Clusters in a Data Set." *Psychometrica,* Vol. 50(1985): 159 - 179.

Mintzberg, H. *The Structuring of Organizations: A Synthesis of the Research.* Englewood Cliffs, NJ: Prentice-Hall, 1979.

______. *Power In and Around Organizations.* Englewood Cliffs, NJ: Prentice-Hall, 1983.

Mohr, L. "Determinants of Innovation in Organizations." *American Political Science Review,* Vol. 63(1969): 111 - 126.

Morgan, G. *Images of Organization.* Newbury Park, CA: Sage, 1986.

Murray, R.(ed.). *Multinationals Beyond the Market: Intra-Firm Trade and Control of Transfer Pricing.* New York: Halstead Press, 1981.

Negandhi, A. R., and R. Baliga. "Internal Functioning of American, German and Japanese Multinational Corporations." In *The Management of Headquarters-Subsidiary Relationships in Multinational Corporations,* edited by L. Otterbeck. Aldershot, UK: Gower Publishing, 1981, pp. 107 - 120.

Nelson, S., and S. Winter. *An Evolutionary Theory of Economic Changes.* Cambridge, MA: Harvard University Press, 1982.

Nonaka, I. *Organization and Market: Exploratory Study of Centralization vs. Decentralization.* Unpublished Ph.D. dissertation. Berkeley, CA: Graduate School of Business Administration, UC Berkeley, 1972.

Normann, R. "Organizational Innovativeness: Product Variation and Reorientation." *Administrative Science Quarterly,* Vol. 16(1971): 203 - 215.

Nystrom, P. C., B. L. T. Hedberg, and W. H. Starbuck. "Interacting Processes and Organization Designs." In *The Management of Organization Design,* edited by R. H. Kilmann, L. R. Pondy, and D. P. Slevin, Vol. 1. New York: Elsevier North-Holland, 1976, pp. 209 - 230.

Ohmae, K. *Triad Power.* New York: Free Press, 1985.

Otterbeck, L.(ed.). *The Management of Headquarters-Subsidiary Relationships in Multinational Corporations.* Aldershot, UK: Gower Publishing, 1981.

Ouchi, W. G. "The Relationship Between Organizational Structure and Organizational Control." *Administrative Science Quarterly,* Vol. 22(March 1977): 95 - 113.

______. "Markets, Bureaucracies, and Clans." *Administrative Science Quarterly,* Vol. 25(1980): 129 - 144.

Ouchi, W. G., and J. B. Johnson. "Types of Organizational Control and Their Relationships to Emotional Well Being." *Administrative Science Quarterly,* Vol. 23(June 1978): 293 - 317.

Owen, N. "Scale Economies in the EEC: An Approach Based on Intra EEC Trade." *European Economic Review*(February 1976): 143 - 163.

Pascale, R. T. "Communication and Decision–Making Across Cultures: Japanese and American Comparisons." *Administrative Science Quarterly* Vol. 23, No. 1(1978): 91–110.

_____. "The Paradox of Corporate Culture: Reconciling Ourselves to Socialization." *California Management Review*, Vol. 13, No. 4(1985): 546–558.

Perlmutter, H. V. "The Tortuous Evolution of the Multinational Corporation." *Columbia Journal of World Business*(January–February 1969): 9–18.

Perlmutter, H. V., and D. A. Heenan. "Cooperate to Compete Globally." *Harvard Business Review*(March–April, 1986): 136–152.

Perrow, C. B. "The Bureaucratic Paradox: The Efficient Organization Centralizes in Order to Decentralize." *Organizational Dynamics*, Vol. 5(1977): 2–14.

Peters, T. J., and R. H. Waterman. *In Search of Excellence*. New York: Harper & Row, 1982.

Pettigrew, A. M. "Information Control as a Power Resource." *Sociology*, Vol. 6(1972): 187–204.

_____. *The Politics of Organizational Decision-Making*. London: Tavistock, 1973.

_____. *The Awakening Giant: Continuity and Change in ICI*. Oxford: Basil Blackwell, 1985.

Pfeffer, J. *Power in Organizations*. Boston: Pitman, 1981.

_____. *Organizations and Organization Theory*. Boston: Pitman, 1982.

Pfeffer, J., and G. R. Salancik. *The External Control of Organizations: A Resource Dependence Perspective*. New York: Harper & Row, 1978.

Picard, J. "Organizational Structures and Integrative Devices in European Multinational Corporations." *Columbia Journal of World Business*(Spring 1980): 30–35.

Piore, M. "Corporate Reform in American Manufacturing and the Challenge to Economic Theory." Working paper. Cambridge, MA: MIT Sloan School of Management, 1987.

Piore, M., and C. Sabel. *The Second Industrial Divide*. New York: Basic Books, 1984.

Poole, J. "SKF Reintegrates Internationally." *Multinational Business*, No. 4(1976): 1–7.

Porter, M. E. *Competitive Strategy*. New York: Free Press, 1980.

_____. "The Contributions of Industrial Organization to Strategic Management." *Academy of Management Review*, Vol. 6(1981): 609–620.

_____. *Competitive Advantage*. New York: Free Press, 1985.

_____. "Competition in Global Industries: A Conceptual Framework." In *Competition in Global Industries*, edited by M. E. Porter. Boston: Harvard Business School Press, 1986, pp. 15–60.

______. "Changing Patterns of International Competition." *California Management Review,* Vol. 28, No. 2(1986): 9 - 40.

Powell, W. "How the Past Informs the Present: The Uses and Liabilities of Organizational Memory." Working paper. Stanford, CA: Stanford Center for Advanced Study in the Behavioral Sciences, 1987.

______. "Hybrid Organizational Arrangements." *California Management Review*(Fall 1987): 67 - 87.

Poynter, T. A. *International Enterprises and Government Intervention.* London: Croom Helm, 1985.

Prahalad, C. K. *The Strategic Process in a Multinational Corporation.* Unpublished doctoral dissertation. Boston: Harvard Business School, 1976.

Prahalad, C. K., and Y. Doz. "An Approach to Strategic Control in MNCs." *Sloan Management Review*(Summer 1981): 5 - 13.

______. *The Multinational Mission: Balancing Local Demands and Global Vision.* New York: Free Press, 1987.

Provan, K. "The Federation as an Interorganizational Linkage Network." *Academy of Management Review,* Vol. 8(1983): 79 - 89.

Pucik, V., N. M. Tichy, and C. Barnett(eds.). *Globalizing Management* . New York: John Wiley and Sons, 1992.

Pugh, D. S., D. J. Hickson, and C. R. Hinings. "The Context of Organization Structure." *Administrative Science Quarterly,* Vol. 14(1969): 91 - 114.

Pugh, D. S., D. J. Hickson, C. R. Hinings, and C. Turner. "Dimensions of Organization Structure." *Administrative Science Quarterly,* Vol. 13(1968): 65 - 105.

Quelch, J. A. "The New Country Managers." *The McKinsey Quarterly*, No. 4(1992): 155 - 165.

Quelch, J. A., and E. J. Hoff. "Customizing Global Marketing." *Harvard Business Review*(May - June 1986): 59 - 68.

Quinn, J. B. *Strategies for Change: Logical Incrementalism.* Homewood, IL: Irwin, 1980.

Reader, W. J. *Fifty Years of Unilever.* London: Heinemann, 1980.

Rigby, D. K. "Managing the Management Tools." *Planning Review*(September - October 1994): 20 - 24.

Rohlen, T. P. *For Harmony and Strength: Japanese White Collar Organization in Anthropological Perspective.* Berkeley: University of California Press, 1974.

Ronstadt, R. C. *Research and Development Abroad by U.S. Multinationals.* New York: Praeger, 1977.

Ronstadt, R. C., and R. J. Kramer. "Getting the Most Out of Innovation Abroad." *Harvard Business Review*(March - April 1982): 94 - 99.

Rugman, A. M. *International Diversification and the Multinational Enterprise.*

Lexington, MA: Lexington Books, 1979.

Rugman, A. M., and T. A. Poynter. "World Product Mandates: How Will MNCs Respond?" *Business Quarterly*(October 1982): 54 - 61.

Rumelt, R. P. *Strategy, Structure, and Economic Performance*. Boston: Division of Research, Harvard Business School, 1974.

______. "Inertia and Transformation." In *Resource-Based and Evolutionary Theories of the Firm*, edited by C. M. Montgomery. Boston: Kluwer Academic Publishers, 1995.

Sampson, A. *The Sovereign State of ITT*. New York: Stein and Day, 1973.

Schein, E. H. "Does Japanese Management Style Have a Message for American Managers?" *Sloan Management Review*, Vol. 23, No. 2(1981): 55 - 68.

______. *Organizational Culture and Leadership*. San Francisco: Jossey-Bass, 1985.

Scherer, F. M., E. Kaufer, and R. D. Murphy. *The Economics of Multiplant Operation: An International Comparisons Study*. Cambridge, MA: Harvard University Press, 1975.

Schisgall, O. *Eyes on Tomorrow: The Evolution of Procter & Gamble*. Chicago: J. G. Ferguson Publishing, 1981.

Schoenberg, R. J. *Geneen*. New York: Warner, 1985.

Scott, B., and G. Lodge(eds.). *U.S. Competitiveness in the World Economy*. Boston: Harvard Business School Press, 1986.

Selznick, P. *TVA and the Grass Roots*. Berkeley: University of California Press, 1949.

______. *Leadership in Administration: A Sociological Interpretation*. New York: Harper & Row, 1959.

Servan-Schreiber, J. J. *The American Challenge*. New York: Atheneum, 1968.

Shimada, H., and J. P. MacDuffie. "Industrial Relations and 'Humanware': Japanese Investment in Automobile Manufacturing in the U.S." Working paper. Cambridge, MA: MIT Sloan School of Management, 1987.

Sims, H. P., Jr., D. A. Gioia, and Associates. *The Thinking Organization: Dynamics of Organizational Social Cognition*. San Francisco: Jossey-Bass, 1986.

Snow, C. C., and L. G. Hrebeniak. "Strategy, Distinctive Competence, and Organizational Performance." *Administrative Science Quarterly*, Vol. 25(1980): 317 - 336.

Starbuck, W. H. "Organizations as Action Generators." *American Sociological Review*, Vol. 48(1983): 91 - 102.

Starbuck, W. H., H. Greve, and B. L. T. Hedberg. "Responding to Crises." *Journal of Business Administration*, Vol. 9(1978): 111 - 137.

Stinchcombe, A. "Social Structure and Organizations." In *Handbook of Organizations*, edited by J. March. Chicago: Rand McNally, 1965, pp. 142 - 193.

Stopford, J. M. *World Directory of Multinational Enterprises*. Detroit, MI: Gale Research Company, 1983.

Stopford, J. M., and L. Turner. *Britain and the Multinationals*. London: Wiley, 1985.

Stopford, J. M., and L. T. Wells, Jr. *Managing the Multinational Enterprise*. New York: Basic Books, 1972.

Takeuchi, H., and I. Nonaka. "The New Product Development Game." *Harvard Business Review*(January – February 1986): 137 – 146.

Takeuchi, H., and M. E. Porter. "Three Roles of International Marketing in Global Strategy." In *Competition in Global Industries,* edited by M. E. Porter. Boston: Harvard Business School Press, 1986, pp. 111 – 146.

Taylor, W. "The Logic of Global Business: An Interview with ABB's Percy Barnevik." *Harvard Business Review*(March – April 1991): 91 – 105.

Teece, D. J. "Transaction Cost Economics and the Multinational Enterprise." *Journal of Economic Behavior and Organization,* Vol. 7(1986): 21 – 45.

______. (ed.). *The Competitive Challenge*. Cambridge, MA: Ballinger, 1987.

Terpstra, V. "International Product Policy: The Role of Foreign R&D." *Columbia Journal of World Business*(Winter 1977): 24 – 32.

The Economist. "The Elusive Euro–Manager." November 7, 1992.

The Quest for the International Manager. London: The Economist Intelligence Unit, 1991.

Thomas, K. W., and B. A. Velthouse. "Cognitive Elements of Empowerment: An Interpretative Model of Intrinsic Task Motivation." *Academy of Management Review*, Vol. 15(1990): 666 – 681.

Thompson, J. D. *Organizations in Action*. New York: McGraw–Hill, 1967.

Tichy, N. M. *Managing Strategic Change*. New York: Wiley, 1983.

Tichy, N. M., and S. Sherman. *Control Your Destiny or Someone Else Will,* New York: Doubleday, 1993.

Tsurumi, Y. *The Japanese Are Coming*. Cambridge, MA: Ballinger, 1976.

Tung, R. "Selection and Training of Personnel for Overseas Assignments." *Columbia Journal of World Business,* Vol. 16, No. 1(1982): 68 – 78.

Tushman, M. L. "Special Boundary Role in the Innovation Process." *Administrative Science Quarterly,* Vol. 22(1977): 587 – 605.

Van Maanen, J. "People Processing: Strategies of Organizational Socialization." *Organizational Dynamics,* Vol. 7(1978): 19 – 36.

Van Maanen, J., and E. Schein. "Toward a Theory of Organizational Socialization." In *Research in Organizational Behavior,* edited by B. M. Staw, Vol. 1. Greenwich, CT: JAI Press, 1979, pp. 209 – 264.

Venkatraman, N. "The Concept of Fit in Strategy Research: Towards Verbal and Statistical Correspondence." Working paper. Cambridge, MA: MIT Sloan

School of Management, 1987.

Vernon, R. "International Investment and International Trade in the Product Cycle." *Quarterly Journal of Economics,* Vol. 80(1966): 190–207.

_____. *Sovereignty at Bay.* New York: Basic Books, 1971.

_____. *Storm Over the Multinationals.* Cambridge, MA: Harvard University Press, 1977.

_____. "The Product Cycle Hypothesis in a New International Environment." *Oxford Bulletin of Economics and Statistics,* Vol. 41(November 1979): 255–267.

_____. "Gone Are the Cash Cows of Yesteryear." *Harvard Business Review* (November–December 1980): 150–155.

Walton, R. "From Control to Commitment in the Workplace." *Harvard Business Review*(March–April 1985): 76–84.

Watson, C. M. "Counter–competition Abroad to Protect Home Markets." *Harvard Business Review*(January–February 1982): 40–46.

Weick, K. E. *The Social Psychology of Organizing,* 2d ed. Reading, MA: Addison–Wesley, 1969.

_____. "Educational Organizations as Loosely Coupled Systems." *Administrative Science Quarterly,* Vol. 21(1976): 1–19.

_____. "Cognitive Processes in Organizations." In *Research in Organizational Behavior,* Vol. 1, edited by B. M. Staw. Greenwich, CT: JAI Press, 1979, pp. 41–74.

Wells, L. T., Jr. *The Product Life Cycle and International Trade.* Boston: Division of Research, Harvard Business School, 1972.

Westley, F., and H. Mintzberg. "Strategic Vision: Levesque and Iacocca." Working paper. Montreal: McGill University, 1988.

Westney, E. D. *Imitation and Innovation.* Cambridge, MA: Harvard University Press, 1987.

Westney, E. D., and K. Sakakibara. "The Role of Japan–Based R&D in Global Technology Strategy." *Technology in Society,* Vol. 7(1985): 315–330.

White, R., and T. A. Poynter. "Strategies for Foreign–Owned Subsidiaries in Canada." *Business Quarterly*(Summer 1984): 59–69.

_____. "Organizing for Worldwide Advantage." In *Management of the Global Corporation,* edited by C. Bartlett, Y. Doz, and G. Hedlund. London: Routledge(forthcoming).

Wildavsky, A. B. "The Self–Evaluating Organization." *Public Administration Review*(1972): 509–520.

_____. *The Politics of the Budgetary Process,* 3d ed. Boston: Little, Brown, 1979.

Wilkins, M. *The Emergence of Multinational Enterprise: American Business Abroad from the Colonial Era to 1914.* Cambridge, MA: Harvard University Press,

1974.

______. *The Maturing of Multinational Enterprise: American Business Abroad from 1914 to 1970*. Cambridge, MA: Harvard University Press, 1977.

Williamson, O. E. *The Economic Institutions of Capitalism*. New York: Free Press, 1985.

Wilson, C. H. *The History of Unilever: A Study in Economic Growth and Social Change*. London: Cassell, 1970.

Yates, J. *Control Through Communications: The Genesis of Internal Communications in American Firms: 1895–1920*. Book manuscript. Cambridge, MA: MIT Sloan School of Management.

Yoshino, M. Y. *Japan's Managerial System*. Cambridge, MA: MIT Press, 1968.

______. *Japan's Multinational Enterprises*. Cambridge, MA: Harvard University Press, 1976.

Yoshino, M. Y., and T. B. Lifson. *The Invisible Link: Japan's Sogo Sosha and the Organization of Trade*. Cambridge, MA: MIT Press, 1986.

Young, S., N. Hood, and J. Hamill. "Decision Making in Foreign-Owned Multinational Subsidiaries in the United Kingdom." Working paper 35. Geneva: International Labour Office, 1985.

Youseff, S. M. "Contextural Factors Influencing the Control Strategy of Multinational Corporations." *Academy of Management Review*(March 1975): 136-143.

Zaleznik, A. "Power and Politics in Organizational Life." *Harvard Business Review*(May-June 1970): 47-60.

Zaltman, G., R. Duncan, and J. Holbek. *Innovation and Organization*. New York: Wiley, 1973.

Zeitz, G. "Interorganizational Dialectics." *Administrative Science Quarterly,* Vol. 25(1980): 72-88.

찾아보기

저자_ **크리스토퍼 바틀렛(Christopher A. Bartlett)** 호주 출신으로 퀸즐랜드대학교에서 경제학 학위를 취득한 후 하버드대학교에서 경영학 석사 및 박사학위를 받았다. 호주의 Alcoa에서 마케팅 관리자로 경력을 시작하여 영국에서 맥킨지 앤 컴퍼니의 경영컨설턴트로, 프랑스의 Baxter Laboratories 자회사에서 총괄 책임자로 근무했으며, 그 이후 하버드경영대학원의 교수를 역임했다. 8권의 저서와 50여 편의 논문을 발표했으며, 2001년에는 the Academy Management의 International Division에서 첫 번째로 Distinguished Scholar Award를 수상하였다.

수만트라 고샬(Sumantra Ghoshal) 인도 캘커타 출신의 세계적인 경영학자로 '유럽 경영학의 스승'으로 불린다. 2004년 3월 갑작스러운 뇌출혈로 사망했다. MIT 슬론매니지먼트스쿨과 하버드경영대학원에서 한꺼번에 2개의 박사학위 논문을 제출하기도 하였다. 프랑스 INSEAD경영대학원, 영국의 런던경영대학원과 고등경영학연구소의 교수를 역임하고 하버드경영대학원의 감독위원회 위원과 히데라바드에 있는 인도경영대학원의 초대학장을 지냈다. 10권의 저서와 70여 편의 논문을 발표했으며, 뛰어난 사례연구로 각종 상을 수상하였다.

역자_ **이재은** 강남대학교 경영학과를 졸업했으며 연세대학교에서 국제경영전략으로 경영학 석사학위 및 경영학 박사학위를 취득했다. 현재 국립순천대학교 무역학전공(국제경영전략 분야) 교수로 재직 중에 있으며, 한국경영학회, 한국국제경영학회, 한국국제경영관리학회, 한국무역학회 등 다양한 학회에서 임원 및 편집위원으로 활동 중이다. 주요 연구분야는 한국 다국적기업의 국제경영전략, 해외자회사의 역량개발 및 현지화전략, 중소기업의 국제화, 글로벌 기업가정신 등이 있다. 이러한 주제로 연구를 수행한 결과 6편의 저서와 역서를 출판하였으며, 국제적 수준의 유수 학술지들에 60여 편의 논문들을 게재하였다. 또한 산업통상부장관상을 비롯하여 국내외 학회에서 다수의 논문상 및 연구자상을 수상하였다.

박정민 연세대학교 경영학과를 졸업했으며 미국 워싱턴대학교에서 경영학 석사학위를 받았고 연세대학교에서 경영학 박사학위를 취득했다. 삼성전자에서 국제마케팅 및 국제금융 업무를 수행하였으며, 한국인터넷진흥원에서 국제기구 및 글로벌마케팅 업무를 담당했다. 현재 울산대학교 경영학부 국제경영학 전공 교수로 재직 중이다. 주요 연구분야는 한국기업의 국제화, 국제 인수합병, 해외자회사의 역할, 현지화전략 등이 있으며, 국제경영 관련 많은 연구들을 진행하였다. 그 결과 국제적 수준의 유수 학술지들에 다수의 논문을 게재하였고, 주요 저서와 역서로는 〈초국적 경영〉, 〈글로벌 전략〉, 〈추격전략 2.0〉 등이 있다.

국경 없는 경영: 초국적 솔루션

1판 1쇄 인쇄_ 2020년 3월 20일
1판 1쇄 발행_ 2020년 3월 25일

저 자_ Christopher A. Bartlett · Sumantra Ghoshal
역 자_ 이재은 · 박정민
발행인_ 이수영
발행처_ 도서출판 청람

등 록_ 2000년 8월 26일 제6-0509호
주 소_ 서울시 마포구 독막로 288(대흥동, 세양상가 109호)
전 화_ 02)3272-2601(대)~2
팩 스_ 02)3272~2603

ISBN_ 978-89-5972-749-0 93320
정 가_ 30,000원